Wolfgang Portisch, Friedrich L. Cranshaw

Praxishandbuch Unternehmensrestrukturierung nach StaRUG

Wolfgang Portisch, Friedrich L. Cranshaw

Praxishandbuch Unternehmens-restrukturierung nach StaRUG

DE GRUYTER
OLDENBOURG

ISBN 978-3-11-074216-9
e-ISBN (PDF) 978-3-11-074222-0
e-ISBN (EPUB) 978-3-11-074225-1

Library of Congress Control Number: 2022933839

Bibliografische Information der Deutschen Nationalbibliothek
Die Deutsche Nationalbibliothek verzeichnet diese Publikation in der Deutschen Nationalbibliografie; detaillierte bibliografische Daten sind im Internet über http://dnb.dnb.de abrufbar.

Einbandabbildung: Gettyimages / Eoneren
Druck und Bindung: CPI books GmbH, Leck

www.degruyter.com

Inhalt

Abkürzungsverzeichnis

AG	Amtsgericht
BaFin	Bundesanstalt für Finanzdienstleistungsaufsicht
BFH	Bundesfinanzhof
BGB	Bürgerliches Gesetzbuch
BGBl.	Bundesgesetzblatt
BGH	Bundesgerichtshof
BGHZ	Entscheidungssammlung des Bundesgerichtshofs in Zivilsachen
BR-Drs.	Bundesrats-Drucksache
BTag	Bundestag
BT-Drs.	Bundestags-Drucksache
BVerfG	Bundesverfassungsgericht
ECLI	European Case Law Identifier
FinDAG	Finanzdienstleistungsaufsichtsgesetz
GWB	Gesetz gegen Wettbewerbsbeschränkungen
InsO	Insolvenzordnung
Juris	Juristische Online-Datenbank
KWG	Kreditwesengesetz
LG	Landgericht
NJW	Neue Juristische Wochenschrift
NZI	Neue Zeitschrift für Insolvenz- und Sanierungsrecht
OLG	Oberlandesgericht
RestrukturRL	Restrukturierungsrichtlinie
SanInsFoG	Gesetz zur Fortentwicklung des Sanierungs- und Insolvenzrechts
SchVG	Schuldverschreibungsgesetz
StaRUG	Unternehmensstabilisierungs- und restrukturierungsgesetz
VG	Verwaltungsgericht
WM	Zeitschrift für Wirtschafts- und Bankrecht
ZInsO	Zeitschrift für das gesamte Insolvenz- und Sanierungsrecht
ZIP	Zeitschrift für Wirtschaftsrecht
ZPO	Zivilprozessordnung
ZRI	Zeitschrift für Restrukturierung und Insolvenz
ZVG	Zwangsversteigerungsgesetz

https://doi.org/10.1515/9783110742220-203

Autorenverzeichnis

Dr. Friedrich L. Cranshaw ist seit Jahren Rechtsanwalt bei Depré RECHTSANWALTS AG, Mannheim. Er war Jahrzehnte lang Banksyndikus und Direktor in einem großen öffentlich-rechtlichen Kreditinstitut in Baden-Württemberg.

In 2005 erfolgte die Promotion zu einem europarechtlichen Thema. Dr. Friedrich L. Cranshaw publiziert im Sanierungs- und Insolvenzrecht, im internationalen Privat- und Verfahrensrecht, im Bankrecht und auf damit verwandten Gebieten.

Er ist Autor rechtswissenschaftlicher Fachzeitschriften, Herausgeber und Autor von Büchern, Buchbeiträgen und Kommentaren in dem vorstehenden Umfeld. Er ist seit Jahren als Dozent und Mitglied bei wissenschaftlichen Einrichtungen engagiert.

Prof. Dr. Wolfgang Portisch leitet den Bereich Bank- und Finanzmanagement an der Hochschule Emden/Leer. Im Anschluss an seine Promotion am Bankenlehrstuhl der Universität Lüneburg war er für das Kreditmanagement einer großen Bank tätig.

Prof. Dr. Portisch ist Aufsichtsrat einer großen deutschen Genossenschaftsbank und Mitherausgeber der Zeitschrift ForderungsPraktiker. Des Weiteren veröffentlicht er Bücher und Fachartikel im Bereich der Sanierung und der Finanzierung.

Als Dozent hält er Vorträge zu ausgewählten Themen des Risikomanagements und er leitet seit Jahren Seminare an der Frankfurt School of Finance & Management und der Akademie Deutscher Genossenschaften.

https://doi.org/10.1515/9783110742220-204

1 Einleitung

Die Frage, ob ein Unternehmen erfolgreich saniert oder restrukturiert werden kann, stellt sich unabhängig von dessen Rechtsträger und ist allein nach ökonomischen Grundsätzen zu beurteilen. Die Erreichung des Turnarounds bedeutet das langfristige Fortbestehen eines Unternehmens als selbstständige wirtschaftliche Einheit mit den entsprechenden Ressourcen in der Hand seines Rechtsträgers. Dazu sind die Renditefähigkeit und die Kapitaldienstfähigkeit für die Anteilseigner und Gläubiger wieder herzustellen. Aber diesen Zustand aus einer Krisenlage heraus zu erreichen ist meist ein beschwerlicher Weg.

Es bestehen in Deutschland verschiedene bewährte Verfahrenswege der Sanierung und Restrukturierung für Unternehmen. Sie lassen sich in gerichtliche und in außergerichtliche Alternativen unterscheiden. Die außergerichtliche Sanierung erfolgt oft kollektiv über Verhandlungen, mündet in vertraglichen Vereinbarungen der Gläubiger und Schuldner und hat sich in der Praxis stark etabliert. Zu den gesetzlichen Alternativen zählen dagegen die aus der Insolvenzordnung abgeleiteten Verfahren der Eigenverwaltung mit oder ohne Schutzschirmverfahren, das Insolvenzplanverfahren und die übertragende Sanierung, letztere als Verwertungslösung, in der aber auch gesamte Betriebsteile fortgeführt werden können.

Die in den gesetzlichen und außergerichtlichen Verfahren eingesetzten Instrumente differieren. Die leistungswirtschaftlichen Neukonfigurationen sind immer angepasst auf den individuellen Einzelfall der Branche, der Größenklasse und dem Geschäftsmodell zu gestalten. Die finanzwirtschaftlichen Methoden lassen sich dagegen klassifizieren. Im außergerichtlichen Bereich erfolgen finanzielle Unterstützungsmaßnahmen weitestgehend auf freiwilliger Basis über Gesellschafterbeiträge und über Forbearance-Maßnahmen der Gläubiger in Form von Tilgungsaussetzungen sowie Neukreditvergaben. In den gerichtlichen Verfahren stehen weitere Finanzierungsunterstützungen, über Massekredite, Insolvenzgeldzahlungen, die Kündigung von Dauerschuldverhältnissen und Debt Equity Swaps zur Verfügung.

Zum 1.1.2021 trat das Gesetz über den Stabilisierungs- und Restrukturierungsrahmen für Unternehmen (Unternehmensstabilisierungs- und -restrukturierungsgesetz oder kurz StaRUG) neben unter anderem Änderungen in der Insolvenzordnung (InsO) in Kraft. Seitdem existieren weitere Möglichkeiten Unternehmen außerhalb einer Insolvenz und damit ohne Insolvenzmakel zu restrukturieren. Die dort vorgesehenen Verfahrensweisen sollen in diesem Werk in den unterschiedlichen Varianten sowie mit den einsetzbaren Instrumenten dargestellt werden. Es erfolgt eine Beurteilung der Eignung im Hinblick auf eine erfolgreiche Sanierung sowie abschließend eine Würdigung im Vergleich zu anderen Verfahrensweisen der Sanierung und Umstrukturierung von Unternehmen, um einen langfristigen Turnaround für Gesellschafter, Mitarbeiter und Gläubiger sowie weitere Stakeholder zu erreichen.

https://doi.org/10.1515/9783110742220-001

Die Zielsetzungen der dem StaRUG zugrundeliegenden europäischen Richtlinie über präventive Restrukturierungsrahmen waren unter anderem:

- Beitragen zum reibungslosen Funktionieren des Binnenmarktes
- Zugang zu präventiven Restrukturierungsrahmen für Krisenunternehmen
- Abbau notleidender Kredite und Vermeidung der Insolvenz

Zudem sollen weniger komplexe Möglichkeiten der Restrukturierung von Kleinstunternehmen, kleinen und mittleren Unternehmen geschaffen werden. Die Zielorientierung der Restrukturierung nach dem StaRUG ist primär ausgerichtet am Schuldner beziehungsweise an den Anteilseignern, daneben an den Gläubigern sowie den Arbeitnehmern und soll den Gesamtwert eines Unternehmens erhalten.

Es existieren verschiedene Modalitäten der Sanierung, Restrukturierung und Insolvenzbearbeitung. Die nachfolgende Abb. 1.1 gibt einen Überblick über gerichtliche sowie außergerichtliche Verfahrensweisen der Krisenbewältigung für Unternehmen. Der Fokus liegt hier auf dem Restrukturierungsverfahren nach StaRUG.

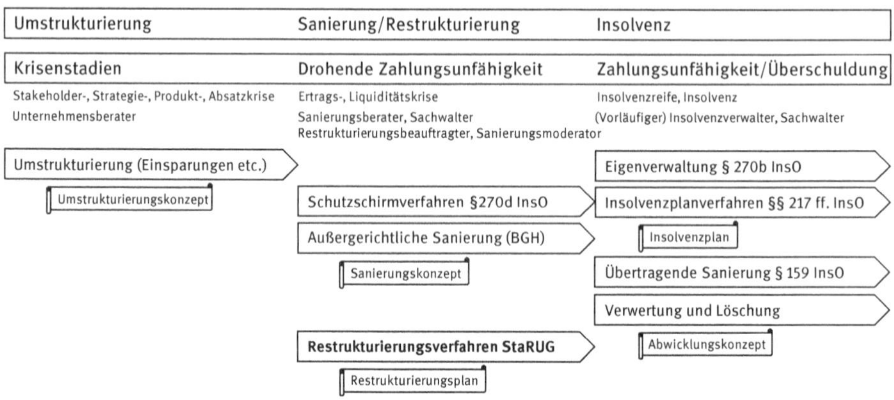

Abb. 1.1: Verfahrensweisen der Sanierung und Restrukturierung (Quelle: Eigene Darstellung)

Eine effiziente Abwicklung scheint aus den ersten bekannten Restrukturierungen heraus gut zu funktionieren. Die Verfahren wurden zügig durchgeführt. Allerdings wurden bisher mittlere und große Unternehmen und nicht kleine oder Kleinstfirmen nach StaRUG restrukturiert. Die Restrukturierungssachen verliefen weitgehend still. In zwei Fällen kam es zum Cross Class Cram Down und die Restrukturierung gemäß StaRUG wurde aufgrund der heterogenen Gläubigerpositionen gewählt. Die Anzahl der bekannt gewordenen Restrukturierungsverfahren ist bislang gering. Die außergerichtliche Sanierung und die Sanierung im Rahmen der Insolvenz, in den unterschiedlichen Verfahrensvarianten, dominieren weiterhin den deutschen Markt der Sanierung und Restrukturierung.

2 Zugangswege und Akteure in Restrukturierungen

Das Restrukturierungsverfahren nach dem StaRUG erfordert bestimmte Eingangsvoraussetzungen. Dabei sind neue Stakeholder im Spiel. Im Folgenden werden wesentliche Eigenschaften des StaRUG erläutert und bedeutende Begriffe abgegrenzt. Kerninhalte des Kapitels sind:

- Definition und Beschreibung der Begriffe der Sanierung, Restrukturierung und Insolvenz
- Zugangswege zu StaRUG-Verfahren und Abgrenzung der drohenden Zahlungsunfähigkeit
- Aufgaben von Restrukturierungsberater, Restrukturierungsgericht, Sanierungsmoderator

2.1 Sanierung, Restrukturierung, Insolvenz

Die Begriffe Sanierung und Restrukturierung haben im Sprachgebrauch eine ähnliche Bedeutung. Die Begrifflichkeiten sollen aufgrund der unterschiedlichen außergerichtlichen und gerichtlichen Gesundungswege voneinander abgegrenzt werden. Die Begriffe werden allerdings in der Praxis regelmäßig synonym verwendet.

Das Wort Sanierung stammt etymologisch vom Lateinischen (sanare) ab und bedeutet heilen oder gesund machen. Ziel der Sanierung und der Restrukturierung ist es, einem Unternehmen nachhaltig aus einer Krise zu verhelfen. Dies lässt sich mit folgenden **Merkmalen** umschreiben (vgl. Portisch, 2018, S. 6 ff.):

- Beheben von Krisenursachen und Erreichen der Kapitaldienstfähigkeit
- Schaffen einer langfristigen Ertragsgrundlage mit angemessener Rentabilität
- Sicherung der nachhaltigen Erfolgspotenziale und Wettbewerbsfähigkeit

Dabei erfolgt die Sanierung unabhängig von der Unternehmensgröße, der Rechtsform, der Branche oder der Inhaberstrukturen beispielsweise in Form von Familiengesellschaften. Auch die Art der Leitung mit der Einheit von Gesellschafter und Geschäftsführer oder alternativ eines externen Managements beeinflusst lediglich die Herangehensweise und die rechtliche Ausgestaltung des Gesundungsprozesses. Der Sanierungserfolg ist aber immer ein Markterfolg. Die Definition der **Sanierung** orientiert sich vorrangig an der wirtschaftlichen Perspektive und soll den Turnaround in der Krisenlage eines Unternehmens herbeiführen. Es sind die Ansprüche der betroffenen Interessengruppen zu beachten.

Definition: Unter **Sanierung** werden alle rechtlichen, organisatorischen, personellen, leistungs- und finanzwirtschaftlichen Maßnahmen verstanden, um die Wettbewerbsfähigkeit eines Unternehmens und damit die Ertragslage und notwendige Eigenkapitalausstattung nachhaltig zu stabilisieren und langfristig die Kapitaldienstfähigkeit für alle Gläubiger und die branchenübliche Rentabilität für die Anteilseigner und die übrigen internen und externen Anspruchsgruppen zu gewährleisten. Ziel und Ergebnis ist die langfristige Sicherung eines Unternehmens beziehungsweise seines Rechtsträgers.

https://doi.org/10.1515/9783110742220-002

Zu der Sanierung gehören finanzwirtschaftliche ebenso wie leistungswirtschaftliche Umgestaltungen. Die zu realisierenden Maßnahmen zielen auf die Behebung der jeweiligen Defizite ab. Künftig werden dann im Wettbewerbsinteresse auch Kriterien von CSR (Corporate Social Responsibility) zu berücksichtigen sein, dies entlang der Lieferkette, jeweils abhängig von der Unternehmensgröße und der Branche. Dabei ist zu beachten, dass Sanierungen und Restrukturierungen nicht auf gewinnorientierte Unternehmen beschränkt sind und Non-Profit-Unternehmen umfassen.

Eine im Rahmen des StaRUG wesentliche Unterscheidung, ist die Differenzierung der Unternehmen nach der Größe in Kleinstunternehmen, kleine und mittlere Unternehmen (KMU) sowie alternativ große Unternehmen, die andere Anforderungen an die Sanierungsaktivitäten stellen. Kennzahlen des Kleinstunternehmens sind dabei der jährliche Umsatz beziehungsweise die Bilanzsumme von höchstens 2 Mio. Euro und die Mitarbeiterzahl von unter 10 Personen in Vollzeit, entsprechend der Empfehlung der EU-Kommission (vgl. EU, 2003, S. 1 ff.).

Der Begriff der **Sanierung** ist, wie aus der vorstehenden Definition erkennbar, der Oberbegriff aller ihrer Erscheinungsformen. Sanierung findet zum einen „außergerichtlich“ statt (heute auch „freie Sanierung“ genannt), regelmäßig teilkollektiv im Verhältnis zu einer sachgerecht ausgewählten Zahl von Gläubigern des Unternehmensträgers (meist die Finanzgläubiger und Warenkreditversicherer) und stets konsensual. Dies bedeutet kein außenstehender Gläubiger kann rechtlich zur Teilnahme an der außergerichtlichen Sanierung gezwungen werden.

Für Zwecke dieses Werkes, das die Strukturen des StaRUG zum Gegenstand hat, ist die Sanierung von der Restrukturierung als Terminus des StaRUG abzugrenzen. Das Restrukturierungsverfahren nach dem StaRUG ist ein gesetzliches Instrument, das außergerichtlich oder mit gerichtlicher Einbindung vollzogen wird. Es ist dann im Grundsatz ein nicht-öffentliches im Allgemeinen teilkollektives Sanierungsverfahren, das nur Teile der Akteure wie Gläubiger umfasst. Nur in Ausnahmefällen ist das Verfahren nach dem StaRUG ein öffentliches Verfahren (§§ 84-88 StaRUG). In diesen Fällen ist es gesamtverfahrensähnlich und nahe dem Insolvenzverfahren.

Im vorliegenden Band wird die **Restrukturierung** nach dem Gesetz über den Stabilisierungs- und Restrukturierungsrahmen für Unternehmen (Unternehmensstabilisierungs- und -restrukturierungsgesetz, StaRUG) analysiert. Voraussetzung für die Anwendung ist die drohende Zahlungsunfähigkeit (§ 18 InsO).

Definition: Unter **Restrukturierung** werden die Abwendung der Insolvenz und die langfristige Absicherung der Erfolgsfaktoren eines Unternehmens nach den Verfahrensweisen des StaRUG verstanden. Es können die gerichtlichen Stabilisierungsinstrumente des StaRUG eingesetzt werden, um die gezielte finanzwirtschaftliche Umgestaltung der Passivseite eines Krisenunternehmens vorzunehmen. Ziel ist die Ausarbeitung eines Restrukturierungsplans, mit dem der Turnaround gelingt. Dabei werden regelmäßig auch Instrumente zur leistungswirtschaftlichen Verbesserung der Lage des Unternehmens eingesetzt werden müssen, um die Nachhaltigkeit der Restrukturierung zu erreichen.

Dazu sind gegebenenfalls die Unternehmensorganisation und die Prozessketten neu zu konfigurieren, um am Markt nachhaltig wettbewerbsfähig zu bleiben. In der Regel sind die Kapazitäten auf ein geringeres Niveau anzupassen sowie Kosten einzusparen, um die Gewinnsituation dauerhaft wieder herzustellen. Auch die Positionierung in neue innovative Geschäftsfelder und das Abstoßen von defizitären Segmenten wird durchgeführt. Die Restrukturierung kann so weit gehen, dass das Unternehmen (in Teilen) veräußert wird (Asset Deal) oder Änderungen im Gesellschafterkreis eintreten (Share Deal), wie aus § 6 Abs. 2 Sätze 2, 3 StaRUG hervorgeht.

Weitere Verfahrensweisen der Sanierung können im obigen Rahmen der Insolvenz erfolgen, dies mit den Instrumenten der Insolvenzordnung (InsO). Mögliche Varianten der Gesundung oder der Verfahrensweisen zu deren Förderung in einem gerichtlichen **Insolvenzverfahren** bilden die unterschiedlichen Formen der Eigenverwaltung mit Sachwalter, das Insolvenzplanverfahren oder materiell die übertragende Sanierung, in der zumindest komplette Unternehmensteile auf einen neuen Rechtsträger mit einem Asset Deal übertragen werden.

Definition: Die **Insolvenzantragspflicht** tritt mit Erfüllung der Insolvenztatbestände gemäß § 17 InsO (Zahlungsunfähigkeit) und § 19 InsO (Überschuldung) bei haftungsbeschränkten Rechtsformen ein. Es sind die Antragspflichten aus § 15a InsO beziehungsweise §§ 42 Abs. 2, 86 BGB (Vereine, Stiftungen) zu beachten. Der Insolvenzantrag ist spätestens drei Wochen nach Eintritt der Zahlungsunfähigkeit und sechs Wochen nach Eintritt der Überschuldung zu stellen (§ 15a Abs. 1 Satz 2 InsO). Des Weiteren besteht die Möglichkeit, nur durch den Schuldner, den Insolvenzantrag gemäß § 18 InsO (drohende Zahlungsunfähigkeit) freiwillig zu stellen. Beantragt der Schuldner zur Vorbereitung der Sanierung (mit vorläufiger Eigenverwaltung) den Schutzschirm nach § 270d InsO, so muss er die Bescheinigung eines externen Experten vorlegen, welche belegt, dass nur die drohende Zahlungsunfähigkeit oder Überschuldung vorliegt, nicht aber Zahlungsunfähigkeit (§ 270d Abs. 1 InsO).

Verschiedene der Verfahrensvarianten der Sanierung erfordern ein bestimmtes Stadium der Krise beziehungsweise, dass sogar nur die drohende Zahlungsunfähigkeit oder frühere Krisenphasen vorliegen. Daher sollen wichtige Krisenstadien sowie die Krisenmerkmale im Folgenden beschrieben werden, um einschätzen zu können, für welche Arten und Intensitäten von wirtschaftlichen Schieflagen das neue Restrukturierungsverfahren nach dem StaRUG geeignet erscheint.

Dabei ist zu bemerken, dass die Zahl veröffentlichter Entscheidungen zu StaRUG-Verfahren noch gering ist, was daran liegen könnte, dass diese Verfahren eben nicht öffentlich sind. Aber auch aleatorische Recherchen bei institutionellen Beteiligten zeigen bisher, dass dieses Verfahren offenbar noch nicht im nennenswerten Umfang angenommen wird. Einer der Gründe kann die pandemiebedingte Staatshilfe für etliche Unternehmen in der Krise sein. Ein anderer Grund das StaRUG als Drohkulisse einzusetzen, um Akkordstörer unter den Gläubigern zu disziplinieren. Weiter kann eine Ursache sein, dass KMU, häufig weder über das nötige Know How oder finanzielle Mittel für Berater zu verfügen, um das StaRUG-Verfahren umzusetzen.

2.2 Krisenstadien und Risikofrüherkennung

Der Terminus Krise stammt aus dem Griechischen (krisis) (vgl. Müller, 1985, S. 398) und steht im medizinischen Verständnis für eine bestimmte Entwicklungsphase einer Krankheit oder bei allgemeiner Betrachtung für die Zuspitzung einer bestimmten Situation, die zu einer Entscheidung, einem Ausgang drängt. Betriebswirtschaftlich lässt sich dieser Ausdruck im Rahmen einer einzelwirtschaftlichen Betrachtung auf Unternehmen mit wirtschaftlichen Schwierigkeiten anwenden (vgl. David, 2001, S. 22). Um den modernen betriebswirtschaftlichen Begriff der Krise zu beschreiben, lässt sich die Fehlentwicklung als **Prozess** ansehen, mit:

- Umsatzeinbußen, Ertragsrückgängen und Liquiditätsproblemen
- Bedrohung der Ziele des Unternehmens und der Kapitaldienstfähigkeit
- Einschränkung der Entscheidungsfreiheit handelnder Personen

Der Begriff der **Krise** eines Unternehmens soll, bezogen hier auf den zeitlichen Krisenentstehungsprozess und in enger Anlehnung an den Untersuchungsgegenstand der Restrukturierung, verstanden werden.

Definition: Die **Krise** eines Unternehmens wird als Prozess angesehen, der die Marktstellung und Ertragskraft einer Firma nachhaltig schwächt. Gefährdet werden die Zahlungen an die Interessengruppen, wie die vertragsgerechte Bedienung des Kapitaldienstes in Form von Zins- und Tilgungsleistungen oder Provisionen an die Kreditinstitute beziehungsweise die Leistungen an die Lieferanten und die sonstigen Gläubiger. Die Wettbewerbsfähigkeit im relevanten Markt ist durch die wirtschaftliche Schieflage nur noch eingeschränkt vorhanden und eine branchenübliche Rendite wird dauerhaft nicht erzielt. Auch die Ausstattung mit Eigenkapital ist im Branchenvergleich gering.

Zeitlich gesehen lässt sich der Krisenprozess in verschiedene Phasen zergliedern. Es lassen sich drei typische Krisenstadien und als Endpunkt der Krise die Insolvenz unterscheiden. Die Insolvenz ist zum einen als Zahlungsunfähigkeit im Sinne dauernder Liquiditätsenge des Schuldners zu begreifen, zum anderen als Überschuldung im Sinne struktureller Zahlungsunfähigkeit dergestalt, dass die Gläubiger nicht einmal dann vollständig zu befriedigen sind, wenn der Schuldner sein gesamtes Vermögen verwerten würde. Die Krisenstadien können sich überlappen und es können Interdependenzen zu den früheren Abschnitten bestehen. Der Regelkreis, der diese Verschärfung der Gefährdungslage anzeigt, ist dann im Rahmen der Sanierung und Restrukturierung nachhaltig zu durchbrechen.

Die **Strategiekrise** ist eine frühe Phase der Unternehmenskrise. Sie setzt bereits ein, wenn die Gefährdung der langfristigen Erfolgspotenziale eines Unternehmens möglich erscheint. Erfolgspotenziale sind alle produkt- und marktspezifischen Faktoren einer Unternehmung, um dauerhaft am Markt bestehen zu können und Erfolge in Form von erzielten Gewinnen vorzuweisen.

Diese relevanten Merkmale können von der Qualität der Produkte über den Standort bis hin zu der Preispolitik oder dem Aufbau eines Markennamens reichen. Folgende Beispiele zeigen Gefährdungen der **Erfolgsmerkmale** eines Unternehmens:

- Nichterreichen notwendiger Unternehmensgröße und Marktanteile
- Anpassungen an technologische Veränderungen erfolgen nicht
- Leistungsträger verlassen das Unternehmen, der Krankenstand steigt

---

Definition: Die **Strategiekrise** beschreibt eine frühe Phase im Krisenprozess. Diese setzt bereits ein, wenn eine Gefährdung der Erfolgspotenziale eines Unternehmens durch technische Änderungen in den Branchen möglich erscheint. Beispielsweise kann die künftige Wettbewerbsfähigkeit der angebotenen Produkte sowie Dienstleistungen beeinträchtigt sein, da Kundenbedürfnisse nicht ausreichend erfüllt werden. Das Geschäftsmodell des betrachteten Unternehmens ist durch interne oder externe Ereignisse und negative Entwicklungen gefährdet und die Rahmenbedingungen zum Führen eines erfolgreichen Unternehmens sind dauerhaft nicht mehr gegeben. In der Krise sind schwache und unscharfe Gefährdungssignale, Weak Signals, wahrzunehmen (vgl. Ansoff, 1976, S. 129 ff.). Die Strategiekrise setzt bereits dann ein, wenn Unternehmen sich nicht beständig fortentwickeln und wichtige Innovationen, im Unterschied zur immer mehr weltweiten Konkurrenz, versäumt werden.

In einer Phase der Strategiekrise können zwischen Schuldner und Gläubiger unterschiedliche Auffassungen über die Änderungen der betrieblichen Ausrichtung und den eigentlichen Sanierungsbedarf bestehen. Der Schuldner beziehungsweise Kreditnehmer, betrachtet man ihn aus Sicht seiner Finanzierungsinstitute, ist in dieser Phase oft noch sehr optimistisch. Die Gläubiger beurteilen diese Situation kritischer, soweit sie zeitnah unterrichtet bleiben.

Auf die Strategiekrise folgt oft die zweite Phase, die **Ertragskrise** auch Erfolgskrise genannt. In dieser Situation wird die wirtschaftliche Fehlentwicklung meist bereits im Zahlenmaterial des Unternehmens sichtbar. Über Vergleiche mit anderen Firmen einer Branche sowie negative Veränderungen im Zeitablauf lässt sich dieses Stadium der Schieflage in der Regel sicher identifizieren. Die Krisenphase zeigt sich häufig mit den folgenden **Eigenschaften**:

- Stetiger Rückgang der Auftragslage, der Umsätze und Erträge
- Erwirtschaftung von dauerhaften operativen Verlusten
- Aufzehrung der Liquidität und des vorhandenen Eigenkapitals

---

Definition: Als **Ertragskrise** wird ein Zeitraum beschrieben, in dem die Umsatz- und Ertragslage bei einem Unternehmen rückläufig und die Kapitaldienstfähigkeit bei den Banken oder anderen Refinanzierungsinstrumente gefährdet ist. Durch systematische Kennzahlenauswertungen aus dem internen Controlling sowie Analysen der Daten aus dem externen Rechnungswesen lassen sich erste Anzeichen dieser Krisenphase erkennen. Es ist für Externe wie Banken von Bedeutung zeitnah an aktuelle Informationen aus dem Jahresabschluss und betriebswirtschaftlichen Auswertungen zu gelangen, um den Unternehmer auf eine negative Entwicklung aufmerksam zu machen. Er muss diese Empfehlungen nicht befolgen, riskiert dann aber eine Verschlechterung seiner Ratingnote.

In dieser Krisenphase wird die Verschlechterung der Unternehmenszahlen von den Unternehmern oft noch als vorübergehende negative Entwicklung angesehen und mit saisonalen oder konjunkturellen Effekten durch die Firmenleitung begründet. In dieser Situation werden aber die finanziellen Ressourcen bereits merklich angegriffen. Finanzielle Mittel, die aufgezehrt werden, stehen dann für Neukonfigurationen des Geschäftsmodells nicht mehr zur Verfügung. Aus diesem Grund ist spätestens in diesem Krisenstadium entschlossen gegenzulenken, damit auch verhindert werden kann, dass wichtige Leistungsträger das Unternehmen verlassen.

Wenn sich die Zahlungsmittel als Folge einer dauerhaften Ertragskrise nachhaltig verknappen, droht in der dritten Phase der Eintritt der **Liquiditätskrise**. Dann liegt die akute Gefahr einer Zahlungsunfähigkeit vor. Es treten bei Banken bereits Kontoüberziehungen, außerhalb der eingeräumten Kreditlinien ihrer Betriebsmittelfinanzierung, auf und Darlehensraten etwa von Investitionsfinanzierungen werden nicht mehr vertragsgemäß bedient. **Kennzeichen** für diese Krisenphase sind:

- Anstieg der Inanspruchnahmen und des Informationsbedarfs der Banken
- Auftretende Zahlungsverzögerungen bei Kunden und Lieferanten
- Überziehungen und Rückbuchungen von Darlehensraten bei Banken

---

Definition: Als **Liquiditätskrise** wird eine Krisenphase bezeichnet, in der die Zahlungsfähigkeit und die vertraglich vereinbarte Bedienung des Kapitaldienstes eines Unternehmens nachhaltig gefährdet sind. So steigt die dauerhafte Ausnutzung der Kreditlinien aufgrund der rückläufigen Erträge an. Bei nachhaltigen sowie deutlichen Überziehungen besteht eine erhöhte Insolvenzgefahr, aufgrund einer drohenden oder eingetretenen Zahlungsunfähigkeit, denn die „geduldeten" Überziehungen sind täglich fällig. Hausbanken haben üblicherweise einen Einblick in die Kontoführung und verfügen über ausreichendes Datenmaterial, um eine Liquiditätskrise bei ihren Firmenkunden frühzeitig zu erkennen. Spätestens in dieser Phase ist von Seiten der Banken scharf gegenzulenken, um die Insolvenz bei gegebenen Sanierungschancen zu vermeiden, wobei Ziel der Bank sein muss, das Risiko von Forderungsausfällen klar zu minimieren. Die Initiative liegt jedoch beim Kreditnehmer, die Bank kann nur unterstützend und letztlich nur reaktiv tätig werden, will sie sich nicht als „eigentlicher" Unternehmer mit den damit verbundenen rechtlichen Risiken darstellen lassen.

Gerade die Abgrenzung in der Liquiditätskrise, ob noch eine drohende Zahlungsunfähigkeit gemäß § 18 InsO oder doch tatsächlich eine Zahlungsunfähigkeit nach § 17 InsO vorliegt, ist wesentlich für die Entscheidung einer Restrukturierung nach dem StaRUG. Die Liquiditätskrise mündet meist in einer Zahlungsunfähigkeit nach § 17 InsO und aufgrund der zeitnahen Antragsfrist gemäß § 15a InsO im Insolvenzverfahren. In der Praxis berufen sich die Schuldner nicht selten auf das Vorliegen lediglich drohender Zahlungsunfähigkeit, während schon lange die Zahlungseinstellung und damit auch die Zahlungsunfähigkeit festgestellt werden kann. Dagegen bieten sich bei der bestehenden sowie gegebenenfalls bestätigten drohenden Zahlungsunfähigkeit verschiedene Alternativen der Sanierung sowie Restrukturierung nach StaRUG oder nach der Insolvenzordnung.

Die folgende Abb. 2.1 zeigt die verschiedenen Krisenphasen mit der Zuspitzung der Schieflage in der Insolvenz und der meist folgenden Abwicklung.

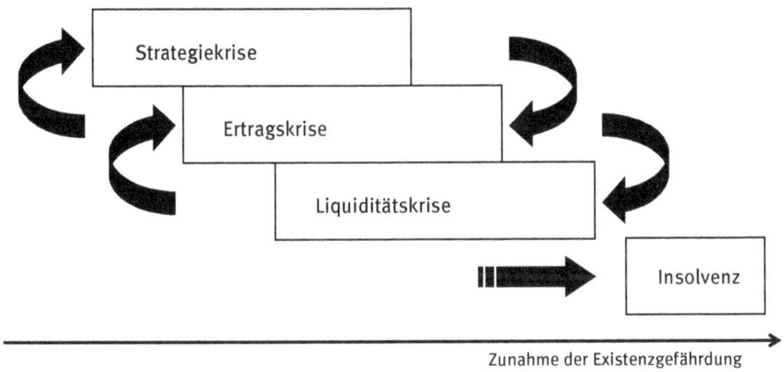

Abb. 2.1: Krisenphasen und Insolvenz mit Rückkopplungen (Quelle: Eigene Darstellung)

Eine weitere Definition der Krisenentstehung und der daran angelehnten Forderung zur Aufarbeitung dieses zunehmenden Gefährdungsprozesses erfolgt im Standard für Sanierungskonzepte IDW S 6 (vgl. IDW, 2018a, Rn. 31 ff.). Dabei wird angenommen, dass die verschiedenen Krisenstadien nacheinander durchlaufen werden. In dem Konzeptstandard IDW S 6 wird ein frühes Krisenstadium in der sogenannten **Stakeholderkrise** gesehen. Diese Art der Krise beschreibt mögliche Problemlagen eines Unternehmens gegenüber den wichtigen externen Anspruchsgruppen oder innerhalb verschiedener Interessengruppen. So kann ein stark zersplitterter oder ein heterogen zusammengesetzter Gesellschafterkreis eine Krise verursachen.

Beispiel: Es sind verschiedene Familienstämme zerstritten oder Beteiligungsgesellschaften mit hervorgehobenen Renditevorstellungen an einem Unternehmen beteiligt und haben unterschiedliche Zielvorstellungen. Des Weiteren kann ein aufgefächerter Bankenkreis eine finanzielle Gefährdung verursachen und Restrukturierungen erschweren. Vornehmlich beschreibt die **Stakeholderkrise** bedeutende Schwierigkeiten mit internen Interessengruppen oder externen Geschäftspartnern.

Ein weiteres Krisenstadium, das nach dem IDW S 6 direkt auf die Strategiekrise folgt und noch vor der Erfolgskrise eintritt, ist die **Produkt- und Absatzkrise**. Die Phase beschreibt die Gefährdung der Nachfrage nach den Hauptproduktgruppen oder den Dienstleistungen eines Unternehmens. So können die Marktanteile gegenüber Konkurrenten deutlich sinken oder das Marktvolumen in einer Branche kann stark zurückgehen, mit erheblichen Auswirkungen auf die Umsätze. Ein frühes Identifizieren der Produkt- und Absatzkrise zeigt sich in Branchen mit einem Auftragsvorlauf durch ein dauerhaftes und starkes Abschmelzen der Bestellungen.

Die übrigen Krisenstadien wurden bereits beschrieben. Die Darlegung weiterer Krisenarten und Krisenstadien kann hilfreich sein, um die Umfelddynamik des Unternehmens genauer zu erfassen und die individuellen Eigenschaften der Krise in einer bestimmten Branche oder Größenklasse von Unternehmen zu interpretieren. Die folgende Abb. 2.2 zeigt einen mehrjährigen Krisenverlauf nach IDW S 6.

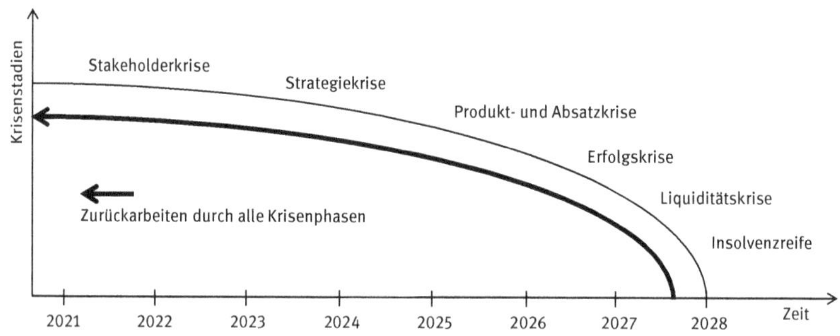

Abb. 2.2: Krisenphasen nach dem Standard IDW S 6 (Quelle: In Anlehnung an IDW, 2018a, S 818)

Von großer Bedeutung ist es, wirtschaftliche Schieflagen bei Unternehmen frühzeitig zu erkennen. Viele Änderungen der Insolvenzordnung hatten teilweise das Ziel, die Schuldner zu einem frühen Insolvenzantrag zu bewegen, in einer Phase, in der die Krise noch steuerbar, das Unternehmen noch sanierbar ist, weil die unternehmerische Substanz und die finanziellen Mittel noch nicht wie in den Spätphasen der Krise weitgehend verbraucht sind. Mit der Früherkennung bestehen deutlich verbesserte Aussichten, eine Krise erfolgreich zu bewältigen.

Daher ist die **Krisenfrüherkennung** ein wesentliches Element des StaRUG. Nach § 1 StaRUG sind die Organe einer juristischen Person in Gestalt der Geschäftsleiter oder die Geschäftsführer einer Gesellschaft ohne Rechtspersönlichkeit aufgefordert, laufend eine Krisenfrüherkennung in ihren Unternehmen durchzuführen und gegebenenfalls geeignete Gegenmaßnahmen zum Krisenmanagement einzuleiten. Den bestehenden Überwachungsorganen ist darüber Bericht zu erstatten.

Diese Pflichten ergeben sich auch aus anderen rechtsformspezifischen Normen wie unter anderem aus § 91 Abs. 2 AktG, § 43 Abs. 1 GmbHG sowie § 34 Abs. 1 GenG. Es gehört damit zu den Sorgfaltspflichten der Geschäftsleitung, auf Unternehmenskrisen so früh wie möglich zu reagieren (vgl. Andersch, 2017, S. 11).

! **Erläuterung:** Unter der **Krisenfrüherkennung** und dem Krisenmanagement gemäß § 1 StaRUG ist die Einrichtung eines Risikofrüherkennungssystems und der Aufbau eines Risikomanagementsystems (RMS) zur Erfassung und Steuerung von Risiken mit Integration der Früherkennung zu verstehen.

Im Folgenden sollen zunächst der Begriff **Risiko** und anschließend der Aufbau und der Ablauf von Risikofrüherkennungssystemen diskutiert werden.

Definition: Das **Risiko** wird verstanden als Unsicherheit künftig eintretender Ereignisse beziehungsweise als Abweichung vom Erwartungswert in Risikomodellen, bei denen eine Wahrscheinlichkeit für zukünftig eintretende Zustände ermitteln werden kann. Risiko lässt sich als ungünstige Abweichung einer Ist-Größe von einem erwarteten künftigen Wert oder einer Planungsgröße verstehen.

Im StaRUG und der vorausgegangenen EU-Richtlinie wird gefordert, dass Informationen über die Verfügbarkeit von Instrumentarien zu der frühzeitigen Identifizierung von Krisen im Rahmen von Frühwarnsystemen gegeben werden. Gemäß § 101 StaRUG sollen Daten über die Verfügbarkeit der Risikofrüherkennungssysteme veröffentlich werden und aus § 102 StaRUG werden auch Steuerberater und Wirtschaftsprüfer in Hinweispflichten über mögliche Insolvenzgründe bei Mandanten im Rahmen der Erstellung und Prüfung des Jahresabschlusses eingebunden. Die Zielrichtung, die Ausgestaltung sowie der detaillierte Einsatz der Frühwarnsysteme werden im StaRUG nicht genauer spezifiziert. In der dem Gesetz zugrundeliegenden Richtlinie wird die Bereitstellung von Frühwarnsystemen, für KMU Online gefordert (Pannen/Riedemann/Smid-Cranshaw, 2021, Art. 3 RL, Rn. 5–10). Eine wirksame Anwendung erscheint aufgrund individueller Bedürfnisse schwer möglich zu sein.

In § 1 StaRUG werden nur Mindestanforderungen an die Krisenfrüherkennung festgelegt (vgl. Braun-Ehret, 2021, § 1, Rn. 2). Des Weiteren wird die allgemeine rechtsformübergreifende Regelung zur Risikofrüherkennung und Reaktion darauf für Geschäftsleiter juristischer Personen einheitlich formuliert. Allerdings enthält das Gesetz keine konkreten Ausgestaltungen für die bekanntzugebenden Frühwarnsysteme. Die Vorgabe an die Bereitstellung von Informationen über die Verfügbarkeit von Risikosystemen ist bislang wenig klar. Des Weiteren erfordern die Risikofrüherkennung und die Einbindung in ein Risikomanagementsystem in der Regel ein individuelles Vorgehen, bezogen auf Firmengröße, Branche und Geschäftsmodell.

Damit die Dauerhaftigkeit eines Risikomanagements im Sinne einer aktiven Steuerung sichergestellt wird und auch ein System vorliegt, ist dies in der Aufbauorganisation eines Unternehmens zu verankern. In Abhängigkeit von der Größe, Branche und Rechtsform eines Unternehmens und bestehenden Unternehmensorganen kann dies unterschiedlich erfolgen. In kleineren Unternehmen kann diese Funktion in der internen Kostenrechnung sowie im Controlling durch Mitarbeiter ausgekleidet werden, die dann der Geschäftsleitung berichten. In mittleren und großen Firmen mit umfassenderen Risikokategorien kann in der Aufbauorganisation zusätzlich die Interne Revision oder ein Risikocontrolling für die Identifizierung und Steuerung von Gefährdungen verantwortlich sein. Von Bedeutung ist, dass die Verantwortlichkeit auf Organisationseinheiten wie Abteilungen und Mitarbeiter zugeordnet und in einem internen Kontrollsystem klar festgelegt wird.

Wichtig ist es im Rahmen der unternehmensinternen Risikoerkennung nicht nur auf die endogenen Faktoren zu achten. Von Bedeutung sind in erster Linie der Erfolg beim Kunden sowie die effiziente Erstellung qualitativer hochwertiger Produkte und Dienstleistungen. Dieses erfordert eine stetige und kritische Überprüfung der unternehmenseigenen Potenziale, beispielsweise entlang der Wertschöpfungskette.

Auch Qualitätsmanagementsysteme können dazu beitragen, dass die internen Prozesse und die extern bezogenen Abläufe ständig kritisch hinterfragt sowie gegebenenfalls extern evaluiert werden (vgl. Portisch/Dirkes, 2020, S. 68 ff.). Zu beachten sind im Rahmen der Risikoerkennung insbesondere Merkmale, die ein frühes Krisenstadium anzeigen, wie eine Stakeholderkrise oder eine Strategiekrise. Weitere Phasen wie die Produkt- und Absatzkrise sowie die Erfolgskrise konstatieren bereits erste Einbrüche am Markt und bedeuten unter Umständen keine wirkliche Risikofrüherkennung, da die Auswirkungen der Krise schon präsent sind.

Kriterien wie die drohende Zahlungsunfähigkeit deuten bereits auf eine Liquiditätskrise hin und bewirken oft lediglich ein Abwenden der Insolvenzgefahr. Es sind jedoch alle durchlaufenen Krisenstadien aufzuarbeiten, um eine echte Krisenbewältigung zu erreichen und die Wettbewerbsfähigkeit dauerhaft wieder herzustellen.

Des Weiteren können externe Akteure wie Steuerberater und Wirtschaftsprüfer als sogenannte **Hinweisgeber** in die Identifizierung der Insolvenzgefährdung mit einbezogen werden (vgl. Braun-Ehret, 2021, §§ 101, 102). Die in § 102 StaRUG genannte Überprüfung der Insolvenzgründe zielt allerdings nicht auf die Früherkennung einer Schieflage sowie eine Risikofrüherkennung insgesamt ab.

Insolvenztatbestände, wie auch die drohende Zahlungsunfähigkeit, zeigen im Allgemeinen späte Krisenstadien auf. Jedoch erscheint es möglich zu sein, dass Steuerberater und Wirtschaftsprüfer im Rahmen der Jahresabschlussarbeiten auch frühere Krisenstadien wie die Produkt- und Absatzkrise sowie die Erfolgskrise erkennen. Diese Akteure kennen die betreffenden Unternehmen meist über Jahre. Negativ gesehen kann dies eine gewisse Betriebsblindheit und eine übertriebene Unterordnung gegenüber dem zahlenden Mandanten bedeuten. Im positiven Sinne der Risikoerkennung können die Kenntnisse jedoch auch zur Identifizierung von marktbezogenen Krisen eingesetzt werden, wenn stetige Umsatzrückgänge auf einen weiter abnehmenden Erfolg hindeuten und Berufsträger dies erkennen.

! **Erläuterung:** Wirtschaftsprüfer und Steuerberater können als **Hinweisgeber** gemäß § 102 StaRUG in die Risikofrüherkennung einbezogen werden. Sie kennen die betreffenden Unternehmen viele Jahre und können die Erfahrungswerte nutzen, um die Geschäftsleitung der Firmen auf gefährdende Tatbestände, die auf eine wirtschaftliche Schieflage deuten können, aufmerksam zu machen. Bei einer möglichen Insolvenzgefahr besteht unter den Voraussetzungen des § 102 StaRUG die gesetzliche Verpflichtung diesen Hinweis zu geben, eine aus der Mandantenbeziehung der verkammerten Beratungsberufe resultierende Pflicht (vgl. Pannen/Riedemann/Smid-Pannen, 2021, § 102, Rn. 1).

Auch für die Abgrenzung der drohenden von der eingetretenen Zahlungsunfähigkeit können diese Akteure eingesetzt werden (vgl. Braun-Ehret, 2021, §§ 102, Rn. 7). So ist die Rechtsprechung zu diesem Themenkomplex nicht einfach. Daher kann es auch wichtig sein, sich bei bestehenden Unsicherheiten seitens der Geschäftsführung durch externe Spezialisten auf diesem Gebiet, wie insbesondere sanierungserfahrenen Wirtschaftsprüfern, abzusichern, um Haftungsrisiken und besonders Anfechtungsrisiken auszuschließen.

Die Risikofrüherkennung liegt in erster Linie in der Verantwortung der Geschäftsleitung. Das Management hat die Ausgestaltung und die Mitarbeiterkapazitäten für die Früherkennungsfunktion festzulegen. Die Umsetzung der Aufgaben liegt bei den betroffenen Mitarbeitern und in den Abteilungen. Des Weiteren kann ein Aufsichtsrat oder Beirat in die Konzeption der Risikoerkennung einbezogen sein. Die Anforderungen an ein Risikomanagement können auch durch rechtsformspezifische Pflichten wie bei Aktiengesellschaften sowie Genossenschaften oder auch inhaltlich stark in bestimmten Branchen wie Banken und Versicherungen durch aufsichtsrechtliche Regelwerke vorgegeben sein, wenn auch die Finanzindustrie nicht dem StaRUG unterworfen ist (siehe § 30 Abs. 2 StaRUG), da die Sanierung dortiger Unternehmen einem gesetzlichen Sonderregime unterliegt.

In Fällen, in denen ein Aufsichtsorgan als Pflichtorgan zu besetzen ist beziehungsweise das Organ freiwillig installiert wird, sollten die Akteure des Überwachungsorgans die Forderung zum Aufbau eines internen Risikofrüherkennungssystems aufstellen und die inhaltliche Ausgestaltung überprüfen.

In Abhängigkeit von der Rechtsform sowie bestehenden Überwachungsorganen hat eine laufende Berichterstattung über die Risikolage an den Aufsichtsrat oder seine Ausschüsse in Form des Risikoausschusses oder des Prüfungsausschusses zu erfolgen. Eine quartalmäßige oder anlassbezogene Berichterstattung in den ermittelten Risikokategorien und eine Befassung des Aufsichtsrats ist in der Unternehmensverfassung, der Satzung oder der Geschäftsordnung festzulegen.

Abteilungen, Organe und Akteure, die sich mit der **Risikofrüherkennung** und Steuerung in einem Risikomanagementsystem befassen, sind:
- Interne Revision mit der Überprüfung interner Abläufe und Systeme
- (Risiko-)Controlling und Kostenrechnung mit der Datenanalyse, Planung
- Geschäftsleitung auf Grundlage rechtlicher oder interner Vorgaben
- Aufsichtsrat oder Beirat mit Ausschüssen aufgrund der Geschäftsordnung
- Steuerberater und Wirtschaftsprüfer als Externe beim Jahresabschluss

Dabei ist zwischen berichterstattenden Akteuren und Entscheidungsträgern zu unterscheiden. Die internen Fachabteilungen wie die Interne Revision und das Controlling haben in der Regel eine entscheidungsvorbereitende Funktion und berichten anlassbezogen oder auf der Basis eines festen zeitlichen Rhythmus.

Die Geschäftsleitung oder der Vorstand haben die Entscheidungsbefugnis unter anderem für die Einsetzung von Steuerungsmaßnahmen. Der Aufsichtsrat überwacht die Entscheidungen im Hinblick auf die Wirksamkeit und muss gegebenenfalls bei wichtigen Entscheidungen durch eigene Beschlüssen mitwirken. Auch externe Akteure haben wie erwähnt Hinweispflichten, wie Steuerberater und Wirtschaftsprüfer bei der Erstellung und Prüfung des Jahresabschlusses. Es kann auch eine Prüfungspflicht bestehen. Dann sind die Wirtschaftsprüfer als fest integriert in das Risikomanagementsystem eines Unternehmens zu betrachten.

Die Berufsträger sind in die Konzeption einer Risikofrüherkennungsfunktion einzubeziehen. Dieses kann systematisch erfolgen, wenn die Ergebnisse aus der Prüfung oder der Erstellung des Jahresabschlusses inhaltlich aufgearbeitet werden. Es kann dann intern geschehen, indem die Resultate mit den Berufsträgern diskutiert werden oder eine Erörterung im Aufsichtsrat vorgesehen ist, beispielsweise in einem Prüfungsausschuss. Des Weiteren kann eine externe Befassung mit den Ergebnissen der Jahresabschlussprüfung, im Diskurs mit der Hausbank, vorgesehen sein.

Da die Ausgestaltung der geforderten Risikofrüherkennungssysteme im StaRUG unklar ist und das Verständnis darüber in Theorie und Praxis differiert, wird im Folgenden die Konzeption der Früherkennung im Rahmen eines **Risikomanagementsystems** über die aufzubauenden Strukturen und Abläufe erläutert.

! **Erläuterung:** Ein **Risikomanagementsystem (RMS)** hat die Aufgabe im Rahmen einer Verankerung in der Aufbauorganisation, über Mitarbeiterprofile und feste Abläufe die Risiken, mit dem ein Unternehmen oder eine Unternehmensgruppe in einer Branche, einer bestimmten Größe und Rechtsform konfrontiert wird im Einklang mit den rechtlichen und wirtschaftlichen Erfordernissen zu identifizieren, zu steuern und zu überwachen. Von Bedeutung sind die Festlegung der Ziele des Risikomanagements sowie die Annahmen und Rahmenbedingungen des Risikosteuerungsprozesses. Integriert sind die Planungsfunktion mit der Messung und Begründung von Planungsabweichungen. Die Berichterstattung erfolgt an die Entscheidungsgremien wie Vorstand und Aufsichtsrat.

Ziel eines Risikomanagementsystems mit einer integrierten Risikofrüherkennung ist es, Unternehmen vor wachsenden Gefahrenpotenzialen sowie einer möglichen Verlustsituation und Insolvenz zu schützen. Dadurch verändern sich auch die Anforderungen an das Management von Risiken, die Interne Revision sowie das Controlling, die auch andere operative Aufgaben zu erledigen haben. Die Unternehmen sind im Rahmen des Risikomanagements dazu aufgefordert, sich mit möglichen Gefährdungen aus der leistungswirtschaftlichen und finanzwirtschaftlichen Geschäftstätigkeit zu befassen, diese zu kennen und gegebenenfalls zu steuern. Dazu sind klare Strukturen, Abläufe und Verantwortlichkeiten zu schaffen. Primär sind die Leitungsorgane wie der Vorstand oder die Geschäftsführung und auch die Überwachungsorgane wie der Aufsichtsrat verantwortlich für die Installation eines wirksamen Risikomanagements mit individuellen Modellen zur Früherkennung von Gefährdungen.

Demnach muss in der Geschäftsleitung die Risikophilosophie und Risikokultur vorgelebt werden. Die Mitarbeiter haben diese Vorgaben im Rahmen der Risikokultur durch ein bewusstes risikoorientiertes Handeln im Tagesgeschäft umzusetzen. Integrale Bestandteile sind systemische Kontrollen der Abläufe und der Ausführung durch Mitarbeiter im Rahmen der Internen Revision. Das Controlling ist zur Ausarbeitung und Überwachung der Planungsdaten zuständig. In Abhängigkeit von der Unternehmensgröße empfiehlt sich die Institutionalisierung einer spezialisierten Abteilung zur Risikosteuerung, die bei großen Unternehmen üblich ist.

In kleineren und mittleren Unternehmen verantwortet diese Funktion die Geschäftsleitung oder die Integration der Teilbereiche wird durch das Rechnungswesen oder die Finanzabteilung koordiniert. In der folgenden Abb. 2.3 werden die wesentlichen Steuerungsbereiche und die Überschneidungen der Tätigkeiten mit anderen Funktionen im Rahmen eines Risikomanagements dargestellt.

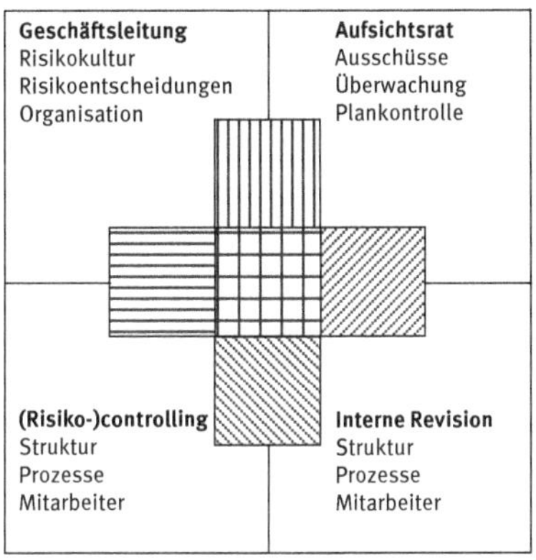

Abb. 2.3: Funktionen und Strukturen im Risikomanagement (Quelle: Eigene Darstellung)

Das Controlling hat im Rahmen der Erstellung und Überwachung von Planungsdaten die Voraussetzungen für das Erkennen gefährdender Abweichungen zu erfassen und damit ergeben sich überschneidende Aufgaben zum Risikomanagement. Daneben sind das Controlling sowie die Kostenrechnung mit der Steuerung des Tagesgeschäftes befasst. Wichtige Unterlagen zur Feststellung von Krisen sind die integriert und über Softwareprogramme erstellte Ertragsplanung und Finanzplanung mit Abweichungsanalysen. Die Prüfung der Zahlungsfähigkeit ist wichtig für den Eintritt in ein etwaiges Restrukturierungsverfahren.

Die Fachabteilung Interne Revision hat ebenfalls Bezugspunkte zu einem Risikomanagementsystem. In dieser Abteilung werden systemische Prüfungen sowie Einzelfallprüfungen vorgenommen, um Gefährdungspotenziale aus der internen Tätigkeit zu erkennen. Diese Funktion ist wesentlich für ein **Risikomanagementsystem**.

Erläuterung: Ein Risikomanagementsystem (RMS) beinhaltet auch die Tätigkeiten und Strukturen eines **Internen Kontrollsystems (IKS)**. Das IKS unterstützt das RMS und wird von der internen Revision ausgekleidet. Geprüft werden die Durchführung interner Abläufe durch die Mitarbeiter im Hinblick auf die gesetzliche Konformität sowie die intern vorgesehenen Richtlinien, um systematische oder einzelne Fehler aufzudecken. Dazu finden Systemprüfungen und auch Einzelfallüberprüfungen statt, wenn eine Wesentlichkeitsgrenze überschritten ist. Unterstützt wird das IKS durch die Prüfungstätigkeit der Wirtschaftsprüfer bei prüfungspflichtigen Unternehmen oder durch Institutionen wie die Bundesanstalt für Finanzdienstleistungsaufsicht (BaFin) im Bank- und Versicherungswesen.

Zunächst sind die Entscheidungen über die Ausgestaltung der Aufbauorganisation im Risikomanagement und die bereitzustellenden Mitarbeiterkapazitäten zu treffen. Beispielsweise werden die Abteilungen Risikocontrolling und Interne Revision gebildet. Des Weiteren wird ein Prüfungsausschuss im Aufsichtsrat eingerichtet und ein verantwortlicher Vorstand für die Risikosteuerung benannt.

Verantwortliche für den **Risikomanagementprozess** sowie die Identifizierung von Risiken sind sogenannte Risk Owner oder Risk Taker. Sie sind verpflichtet, bestimmte Risikobereiche oder sämtliche Risikoarten in einem Unternehmen stetig auf Vollständigkeit und Aktualität zu überprüfen und den eigentlichen Risikomanagementprozess zu organisieren. Auch der Aufsichtsrat und ausgewählte Mitglieder können einbezogen sein. Diese Gremien beziehungsweise Organe sind über die Risikoarten, Steuerungsinstrumente und Maßnahmen zu unterrichten. Ad-Hoc-Meldungen sind gegebenenfalls für neu erkannte relevante Risiken zeitnah abzugeben.

Definition: Der **Risikomanagementprozess** ist ein alle Unternehmensaktivitäten umfassendes Regelungssystem, das auf der Basis einer Risikostrategie die Identifikation, Analyse, Bewertung, Steuerung, Dokumentation und Kommunikation sowie Überwachung dieser Abläufe umfasst. Dabei sind die Korrelationen unter den Risikoarten und auch die Interdependenzen in der Wertschöpfungskette zu beachten. Der Risikomanagementprozess ist durch Mitarbeiter operativ durchzuführen. Verantwortlich ist in Aktiengesellschaften und anderen Rechtsformen die Geschäftsleitung für die Umsetzung dieser Maßnahmen und der Früherkennung von Risiken (§ 91 Abs.2 AktG). Der Aufsichtsrat hat die Konzepte auf Angemessenheit hin zu überprüfen und die Risikoergebnisberichte zu würdigen.

Es sind zunächst die Rahmenbedingungen der Risikosteuerung zu entscheiden. Der Erfolg des Prozesses ist kontinuierlich zu überprüfen. Dabei bietet es sich auch an in regelmäßigen zeitlichen Abständen externe Prüfer zu betrauen. Sie haben die Aufgabe die Angemessenheit der Aufbauorganisation und der Abläufe im Hinblick auf ein wirksames Risikomanagement und auch in Bezug auf die Effektivität der Risikofrüherkennungsfunktion zu überprüfen. Dazu sind zum einen systemische Tests erforderlich aber zum anderen auch Einzelfallprüfungen in Form von zufälligen Stichproben. Auf diese Weise kann gewährleistet werden, dass das Risikomanagementsystem stetig an neu aufgetretene Gefährdungen angepasst wird wie beispielsweise aktuell die Auswirkungen einer noch nie dagewesenen Pandemie.

Im Folgenden wird der Verlauf im Risikomanagementprozess in Abb. 2.4 dargestellt. Dabei sind zunächst die Rahmenbedingungen der Steuerung zu entscheiden. Der Erfolg des Prozesses ist kontinuierlich zu überprüfen.

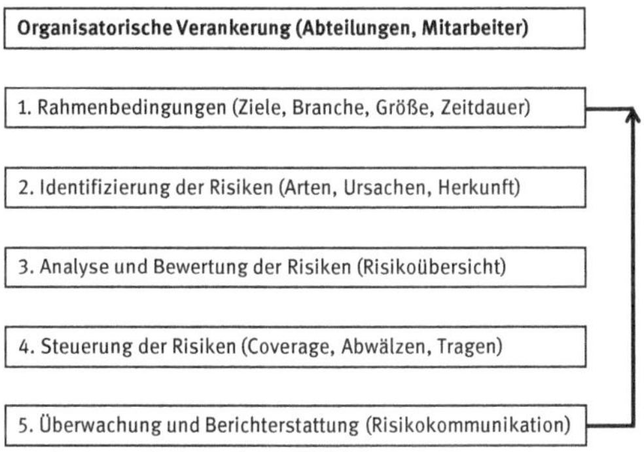

Abb. 2.4: Risikomanagementprozess (Quelle: Eigene Darstellung)

1. Rahmenbedingungen

Der Risikomanagementprozess beginnt mit der Festsetzung von Zielen und befasst sich mit den **Rahmenbedingungen** des Unternehmens und seines Umfelds. Es sind die möglichen Risikokategorien zu identifizieren und die Auswirkungen im Rahmen der Unternehmensplanung zu berücksichtigen. Erfasst werden die negativen Veränderungen von der Planung oder den Prognosewerten. Diese Planabweichungen sind zu berichten und darauf aufbauend ist zu entscheiden, ob Risiken selbst getragen, abgesichert oder auf andere Akteure übertragen werden.

Die Grundlage bildet das Geschäftsmodell des betrachteten Unternehmens inklusive der Größe, der Branche, der Marktposition, beispielsweise als Marktführer, und die Abgrenzung des relevanten Marktes. Die Demarkation **Relevanter Markt** kann anhand der folgenden Dimensionen erfolgen (vgl. Meffert et al., 2012, S. 51 ff.):

- Räumliche Abgrenzung: Regionaler, nationaler oder internationaler Markt
- Zeitliche Abgrenzung: Saisonalität des Geschäftes und Produktlebenszyklus
- Sachliche Abgrenzung: Marktvolumen, Marktwachstum, Technologiefortschritt

Die Bedeutung der Beschreibung eines relevanten Marktes liegt insbesondere darin, sektorale Entwicklungspotenziale zu untersuchen und Marktverschiebungen unter anderem im Volumen oder im Wachstum zu identifizieren. Daher kann ein sinkendes Marktvolumen in einem Segment auf Umsatzrisiken mit Kapazitätsüberhängen oder fehlende Anpassungen an den technischen Fortschritt hindeuten. Dabei spielt die Digitalisierung eine zunehmende Rolle. Fehlende Digitalisierungsstrategien des Geschäftsmodells sind unter Umständen ein wichtiges Krisenmerkmal.

Diese Abgrenzung des Marktes reicht unter Umständen nicht aus, um Risiken zu erkennen. Einen Schritt weiter geht die **Branchenanalyse**, die inhaltlich im Rahmen einer SWOT-Analyse umgesetzt werden kann, um auch das relevante Unternehmensumfeld näher zu durchleuchten. Die Branchenanalyse dient der genauen Untersuchung des Marktumfeldes, in dem ein Unternehmen tätig ist. Diese Analysetechnik ist umfassender als die reine Abgrenzung des relevanten Marktes, da weitere Determinanten in das Untersuchungsgebiet einwirken, zum Beispiel die Prüfung des Einflusses der Lieferanten, der Konkurrenten und der Abnehmer. Es wird darüber auch die Wettbewerbssituation des Unternehmens im Markt analysiert.

Auf diese Weise kann eine Branchenanalyse dazu dienen, Risiken frühzeitig zu erkennen. Die Methode ermöglicht es auch, schwache Risikosignale, sogenannte strategische Diskontinuitäten, zu ermitteln (vgl. Ansoff, 1976, S. 129 ff.). Dazu kann das Modell von Porter eingesetzt werden, um Branchen und abgegrenzte Märkte zu untersuchen. Der Ansatz von Porter zielt auf eine detaillierte Branchenanalyse ab. Dabei wird die Wertschöpfungskette eines Unternehmens sektorspezifisch analysiert und beurteilt (vgl. Porter, 2013, S. 37).

Kritische Veränderungen der Marktlage können frühe Indikatoren für eine strategische Krise darstellen und sind zu beobachten. Diese Untersuchungen können sich auf die horizontalen, vertikalen und lateralen Bereiche in der Wertschöpfungskette in einer bestimmten Branche beziehen. Es lassen sich dann fünf Determinanten der **Wettbewerbssituation** in einem abgegrenzten Marktbereich identifizieren:

- Determinanten der Konkurrenzintensität: Branchenwachstum, Konkurrenzanalyse, Preispolitik, Größe und Anzahl der Konkurrenten
- Determinanten des Markteintritts: Kapitalbedarf, kritische Unternehmensgröße, notwendige Produktdifferenzierung, Schnelligkeit des Technologiefortschritts
- Determinanten der Substitutionsgefahr: Produktqualität, Ersatzprodukte sowie alternative Leistungen, Umstellungskosten, Substitutionsneigung
- Determinanten der Lieferantenmacht: Lieferantenkonzentration, Vorwärtsintegration, Produktzuschnitt, Produktkomplexität, Input-Substitute
- Determinanten der Abnehmermacht: Abnehmerkonzentrationen, Abnehmervolumina, Gefahr der Rückwärtsintegration, Ersatzprodukte, Ersatzleistungen

Auf diese Weise können Technologieänderungen erkannt, Eintritte von Konkurrenten mit zunehmendem Preisdruck sichtbar gemacht und Abhängigkeiten von Lieferanten sowie Abnehmern festgestellt werden. In Verbindung mit einer detaillierten Marktanalyse und der Untersuchung der Wettbewerber und wichtiger Teilnehmer in der Wertschöpfungskette der Lieferanten und Abnehmer kann ein Unternehmen in Relation zu seinen Konkurrenten im Hinblick auf die Wettbewerbsfähigkeit mögliche Missstände feststellen. Diese Marktsignale von Konkurrenten über Strategieveränderungen können unter Umständen zukünftige Gefährdungen sowie Risiken für das eigene Geschäftskonzept aufzeigen (vgl. Porter, 2013, S. 120 ff.).

Die potenziellen Bedrohungen in der Wertschöpfungskette und auf dem relevanten Markt können auf der Grundlage der Wettbewerbsanalyse mit der Untersuchung der Lieferanten und Abnehmer systematisch erkannt werden. Hier kann auch eine Visualisierung zur Transparenz verhelfen, in dem wichtige Marktteilnehmer in Bezug zum Kunden gesetzt werden, wie nachfolgende Abb. 2.5 darstellt.

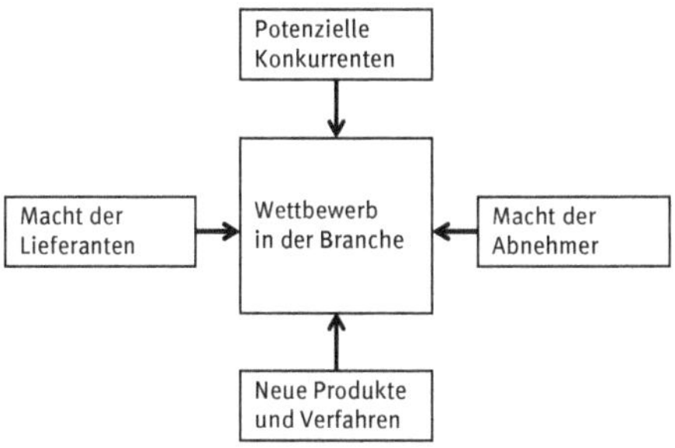

Abb. 2.5: Wettbewerbsanalyse in einer Branche (Quelle: In Anlehnung an Porter, 2013, S. 38)

Erläuterung: Ein wichtiger Baustein im Risikomanagementsystem ist die Ausgestaltung der **Risikofrüherkennungsfunktion.** Es sind die relevanten internen und externen Risikomerkmale sowie deren Korrelationen zu erfassen und Modelle, Systeme und Instrumente einzusetzen, die geeignet sind, die auf das Geschäftsmodell einwirkenden Gefährdungspotenziale frühzeitig zu erkennen. !

Die folgende Abb. 2.6 zeigt eine Systematik zur Strukturierung der Instrumente der Risikoerkennung. In Anlehnung an die vorhandene Datenbasis, den Zeitbezug der einfließenden Informationen sowie die Konzentration auf das Erkennen spezifischer Krisenphasen können jedem Element des Würfels bestimmte Risikoerkennungsverfahren aus der Theorie und Praxis zugeordnet werden.

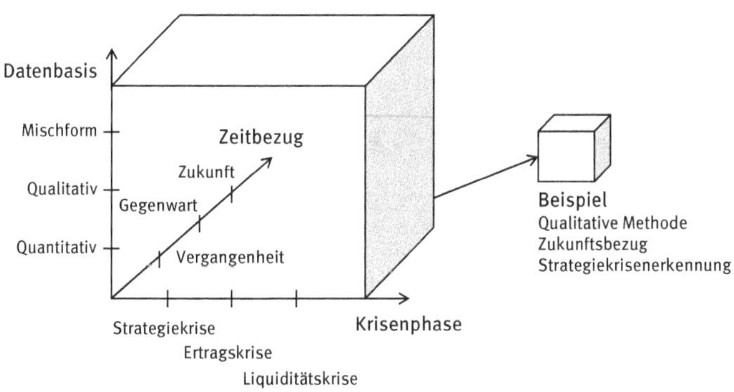

Abb. 2.6: Systematik der Krisenerkennungssysteme (Quelle: Eigene Darstellung)

2. Identifizierung der Risiken

Die Identifizierung von Risiken kann anhand der Wertschöpfungskette, der Strukturierung in interne sowie externe Gefährdungen oder finanzwirtschaftliche und leistungswirtschaftliche Risiken, erfolgen. Auch die Digitalisierungsstrategie des Unternehmens ist kritisch zu hinterfragen Der Fokus liegt dabei auf der Risikofrüherkennung, damit in Anlehnung an den Untersuchungsgegenstand eine Restrukturierung möglichst frühzeitig eingeleitet werden kann. Ausgewählte **Modelle** zur Erfassung von Gefährdungspotenzialen für ein Geschäftsmodell sind:

- SWOT-Analyse: Untersuchung der internen Stärken und Schwächen sowie der externen Chancen und Risiken des Unternehmens in seiner Umwelt.
- Risikokataloge: Aufzählung möglicher interner sowie externer Risikomerkmale und Bereiche, die in einem Unternehmen auftreten können.
- Wertschöpfungskette: Überprüfung der Produktions-, Dienstleistungs- und begleitenden Prozesse in einem Unternehmen auf mögliche Risiken.
- Produktlebenszyklus und Portfolioanalyse: Erkennen von Krisenmerkmalen aus abnehmendem Erfolg und Veränderungen von Marktanteil und Wachstum.
- Stakeholderanalyse: Nutzung der Informationen externer Stakeholder wie Banken bei der Risikobeurteilung über Ratingsysteme.

Ein theoretisches Konzept zur Früherkennung von Risiken liefert unter anderem das Modell von Ansoff mit der Entwicklung von strategischen Radarsystemen, die auf Umweltsignale reagieren sollen (vgl. Ansoff, 1976, S. 129 ff.).

Diese Methode setzt sich als Ziel, schwache Risikosignale zu erkennen, ist allerdings abstrakt konstruiert. Vorgeschlagen wird im Rahmen einer praxisnahen Umsetzung unter anderem, Risikokataloge aufzubauen, die in einer Auflistung die relevanten Gefährdungsbereiche für ein Unternehmen aufzeigen. Die folgende Tab. 2.1 zeigt eine Aufführung von Risikobereichen in einer Matrix, in der auch die zeitliche Struktur und die Herkunft der Gefährdungen erfasst werden. Als weitere Dimension kann die Position in der Wertschöpfungskette oder auch die organisatorische Abteilung benannt oder auch das Stadium differenziert nach Stakeholderkrise, Strategiekrise, Produkt- und Absatzkrise aufgezeigt werden (vgl. Exler/Werner, 2020, S. 56 ff.).

Tab. 2.1: Risikoidentifizierung anhand von Beispielen (Quelle: Eigene Darstellung)

Risikomerkmale	Krisenindikator	Zeitdimension	Krisenphase
Internes Risiko	Digitalisierungsstand	Strategierisiko	Strategiekrise
Internes Risiko	Qualitätsprobleme	Produktrisiko	Produktkrise
Externes Risiko	Pandemie	Strategierisiko	Stakeholderkrise
Externes Risiko	Abnehmende Aufträge	Strategierisiko	Absatzkrise

3. Analyse und Bewertung der Risiken

Die Risikokommunikation sollte transparent sein. Risikokataloge sollten sowohl Top Down erarbeitet werden wie auch Bottom Up kommuniziert werden, da gerade aus der operativen Tätigkeit der Mitarbeiter heraus die Gefährdungspotenziale bekannt sind. Daher sollte eine offene Kommunikation an die Entscheidungsträger erfolgen können, auch ohne direkte Sanktionsmechanismen. Es sind auch neu auftretende Indikatoren zeitnah zu erfassen und ein System dafür ist zu installieren.

Die **Analyse der Risiken** bedeutet im Anschluss an die Identifizierung die Klassifizierung und Bewertung der zu steuernden Bereiche. Dazu sind Methoden einzuführen, die eine Bedeutung der Schadenskategorien festlegen:

- Wesentlichkeitsgrenzen: Bestimmung von Schwellenwerten, die beim Übersteigen von Referenzwerten ein Risiko aufzeigen können.
- Eintrittswahrscheinlichkeiten: Errechnung oder Schätzen von Wahrscheinlichkeiten für den Eintritt ungünstiger Zukunftszustände.
- ABC-Analysen: Festlegen der Bedeutung von Risikokriterien anhand der Einstufung in mehrere Auswirkungskategorien.
- Risikokennzahlen und Scoring-Modelle: Kennzahlenanalyse, die kritische Entwicklungen unter anderem über Punktbewertungsmodelle erfassen.
- Ratingmodelle: Es können Ratingsysteme wie in einer Bank aufgebaut werden, die Risikoauswirkungen anhand einer abgestuften Skala aufzeigen.

Zur Visualisierung kann die Darstellung der Bedeutung in einer Risiko-Map oder einer Risiko-Tabelle wie in Tab. 2.2 hilfreich sein (vgl. Reichmann, 2017, S. 645 ff.).

Tab. 2.2: Risikobewertung mit einer Risiko-Tabelle (Quelle: Eigene Darstellung)

Bedeutung	A-Risiko	B-Risiko	C-Risiko
Hoch (>50%)	Rohstoffpreise	Zinsrisiko	Finanzierungsrisiko
Mittel (30–50%)	Digitalisierung	Forderungsausfälle	Logistikprobleme
Gering (< 30%)	Pandemie	Produktqualität	Währungsrisiko

Es sind die Wechselwirkungen zwischen den Risiken zu beachten. Die Wirkungszusammenhänge können in einer Korrelationsmatrix verdeutlicht und gemessen werden. So besteht im Beispielfall eine negative Korrelation zwischen einem Pandemierisiko und einem Rohstoffpreisrisiko. Eine Pandemie bewirkt einen geringeren Rohstoffpreis, aufgrund einer geringen Nachfrage nach dem Input-Faktor, auch der Umsatz ist negativ betroffen und beide Effekte wirken komplementär, es bestehen Interdependenzen. Auch Währungsrisiken und Rohstoffpreisrisiken können sich gegenseitig beeinflussen, wenn Input-Faktoren in fremder Währung beschafft werden.

Beispiel: Die Lufthansa hat zwei wesentliche Risikobereiche für den Geschäftserfolg ermittelt. Das Risiko aus den Schwankungen des Kerosinpreises als quantitatives Risiko und Gefährdungen aus einer Pandemie als qualitatives Risiko. Beide Bereiche können sich gegenseitig beeinflussen. Werden die Kerosinpreise über Futures abgesichert, dann besteht ein finanzielles Risiko aus fallenden Preisen des Underlying. Wenn eine Pandemie hinzukommt, können die Rohstoffpreise unter einer geringen Nachfrage leiden. Es besteht eine **Korrelation** beider Risiken. Eine Pandemie bewirkt im Ergebnis eine eigentlich geringere notwendige Absicherungsquote bei den Kerosinpreisen, da sich sonst die beiden negativen Effekte, Verluste aus Rohstoff-Futures und geringe Umsätze verstärken.

Es sind im Vorfeld Prognosen anzustellen, wie das wechselseitige Eintreten von Gefährdungen aufeinander wirken kann, wenn zwei Ereignisse zugleich eintreten. Des Weiteren sind künftige Szenarien anzunehmen, um die Wirkungsweise dieser eingesetzten Steuerungsinstrumente insgesamt zu prognostizieren. Im Nachgang hat ein Backtesting der Maßnahmen zu erfolgen, ob die eingesetzten Instrumente auch wie geplant wirken. Wenn ein Absicherungseffekt bei einer negativen Preisentwicklung einsetzen soll, ist anschließend die Wirksamkeit zu überprüfen.

Gemäß der folgenden Tab. 2.3 bestehen angenommene wechselseitige Beziehungen zwischen den Risikokategorien. Daran anzupassen ist auch die Absicherungsquote (Coverage) des Rohstoffpreises sowie aufgrund der gegensätzlich wirkenden Effekte unter Umständen zu verringern, damit keine Übersicherung sowie Spekulation besteht. Werden Futures zu Sicherung eingesetzt, können sich Risiken aufgrund erforderlicher Ausgleichszahlungen und Sicherheitsleistungen (Margins) ergeben.

Tab. 2.3: Korrelationen der Risikoarten zueinander (Quelle: Eigene Darstellung)

Korrelationen	Pandemierisiko	Währungsrisiko	Rohstoffpreisrisiko
Pandemierisiko	1,0	0,8	-0,5
Währungsrisiko	0,8	1,0	-0,7
Rohstoffpreisrisiko	-0,5	-0,7	1,0

Die **Risikobewertung** und die daraus abgeleitete Bedeutung der Gefährdungen bewirkt mögliche Steuerungserfordernisse. So besteht neben einer festgelegten Risikoschwelle auch eine Grenze der Risikotragfähigkeit, abgeleitet aus dem Eigenkapital eines Unternehmens. Einzelprojekte sind mit einem bestimmten Eigenkapitalanteil zu unterlegen, damit Klumpenrisiken begrenzt werden. Risiken mit einer hohen Eintrittswahrscheinlichkeit und einem starken Risikoausmaß sind aktiv zu steuern.

Bei der Risikosteuerung bestehen unterschiedliche Optionen. Die Risiken können im Rahmen der erwarteten Eintrittswahrscheinlichkeit und dem erwarteten Risikoausmaß getragen werden oder es können Maßnahmen zur Verminderung oder quotalen Absicherung über einen bestimmten Zeitkorridor oder dauerhaft erfolgen.

4. Steuerung der Risiken

Im Rahmen der Beeinflussung von Gefährdungen sind die Absicherungsquoten und die einzusetzenden Instrumente zu bestimmen (vgl. Reichmann, 2017, S. 647 ff.). Es ergeben sich grundsätzlich verschiedene Möglichkeiten der **Risikosteuerung**:

- Vermeiden von Risiken: Beispielsweise werden einzelne Geschäfte aufgrund des hohen Volumens oder der geographischen Entfernung nicht getätigt.
- Vermindern von Risiken: Absicherungsstrukturen helfen bestimmte Risikoarten und Risikobereiche bewusst einzugrenzen, zum Beispiel über Derivate.
- Begrenzen von Risiken: Es findet eine Risikostreuung statt, indem Geschäfte mit gegensätzlichen Risikostrukturen eingegangen werden.
- Überwälzen von Risiken: Gefährdungsbereiche werden auf Stakeholder wie Lieferanten vertraglich übertragen oder durch Versicherungen abgesichert.
- Selbsttragen von Risiken: Risiken sind aufgrund des geringen Volumens sowie der Eintrittswahrscheinlichkeit und der Beeinflussbarkeit tragbar.

Erläuterung: Gefährdungen werden bei der **Risikosteuerung** selbst getragen, wenn diese auf die eigene Rechnung genommen werden und über die Erfolgszahlen in der Gewinn- und Verlustrechnung oder das Eigenkapital getragen werden können. Die Risiken aus Marktpreisänderungen von Zinsen, Währungen und Rohstoffpreisen können quotal über Derivate wie Optionen, Futures und Swaps abgesichert werden. Bestimmte Risiken können auf Akteure wie Versicherungen übertragen werden.

Die verschiedenen Steuerungsmaßnahmen die eher aktiv oder passiv erfolgen, sind auf die identifizierten Risiken anzupassen. Es erfolgt eine Zuordnung der Aktivitäten auf die jeweilige Risikoart. Eine mögliche Absicherungsquote ist an die Bedeutung des Risikos anzupassen. Die folgende Tab. 2.4 zeigt das mögliche Vorgehen im Hinblick auf die Risikokategorie und die eingesetzte Steuerungsart.

Tab. 2.4: Risikosteuerung (Quelle: Eigene Darstellung)

Risikoart	Status/Bedeutung	Steuerungsart	Instrumente
Rohstoffpreisrisiko	Quantitativ/hoch	Coverage 50%	Futures
Währungsrisiko	Quantitativ/gering	Selbsttragen	Keine
IT-Risiken	Quantitativ/hoch	Überwachung	Outsourcing IT
Pandemie	Qualitativ/mittel	Überwachung	Homeoffice
Personalrisiken	Qualitativ/mittel	Einstellung	Personalabteilung

In allen Steuerungskategorien der Risiken sind die eingesetzten aktiven oder passiven Maßnahmen stetig zu überwachen und gegebenenfalls ist die Steuerung anzupassen. Die Überwachung orientiert sich an der aufgestellten Planung.

5. Überwachung und Berichterstattung

Mögliche Instanzen, die **Überwachungen** in Unternehmen vornehmen, sind die Interne Revision oder das Controlling. Den Organen ist in kontinuierlichen Intervallen wie Quartalen oder bei besonderen Anlässen Bericht zu erstatten. Dabei haben die interne und die externe **Berichterstattung** möglichst einheitlich zu erfolgen.

Die unternehmensinterne Berichterstattung erfolgt im Rahmen der Risikokommunikation an die Geschäftsleitung oder den Vorstand, den Aufsichtsrat beziehungsweise die Gesellschafterversammlung bei den Personengesellschaften sowie der GmbH ohne Aufsichtsrat. Diese Reports sollten klar, verständlich und auf die wesentlichen Inhalte der Risikosteuerung eingehen. Plan- und Ist-Zahlen sind gegenüberzustellen und negative Abweichungen von den Prognosen zu begründen. Es ist zusätzlich auf die Wirksamkeit der Steuerung von Risiken einzugehen. Die nachfolgende Tab. 2.5 soll dies auszugsweise verdeutlichen.

Tab. 2.5: Berichterstattung über die Risikosteuerung in Euro (Quelle: Eigene Darstellung)

Prognosen	Plan-Risiko	Ist-Risiko	Abweichung	Coverage
Rohstoffrisiko	150.000	180.000	-30.000	+27.000 (90%)
Zinsrisiko	100.000	100.000	Keine	Keine Steuerung
Währungsrisiko	250.000	260.000	-10.000	Keine Steuerung

Die externe Berichterstattung ist durch freiwillige sowie gesetzliche Elemente definiert. Im Lagebericht sind Angaben zu der Risikosituation darzulegen. Dieser Report dient der qualitativen Informationsübermittlung und ergänzt die quantitativen Daten des Jahresabschlusses im Hinblick auf künftige Chancen sowie Risiken aus der Geschäftstätigkeit. Diese Pflicht zur Erstellung eines Lageberichts besteht für Einzelunternehmen gemäß §§ 264 Abs. 1 i.V.m. 289 HGB bei mittleren und großen Unternehmen (§ 267 Abs. 2 und 3 HGB) und zur Verfassung eines Konzernlageberichts aus §§ 290 i.V.m. 315 HGB, insofern keine Befreiungsregeln greifen. Gemäß § 315 Abs. 1 Satz 1 HGB ist der Geschäftsverlauf und die Lage des Konzerns so darzustellen, dass ein den tatsächlichen Verhältnissen entsprechendes Bild vermittelt wird. Hinweise zur Erstellung des **Lageberichts** bietet DRS 20 (Deutsche Rechnungslegungs Standards) mit den folgenden Berichtsteilen (vgl. Portisch, 2018, S. 69 ff.):

- Wirtschaftsbericht: Im Wirtschaftsbericht ist auf den Geschäftsverlauf einzugehen und ein Plan-Ist-Vergleich durchzuführen.
- Prognosebericht: Im Prognoseteil sind die geschäftlichen Chancen und Risiken ausgewogen und zukunftsbezogen darzulegen.
- Risikobericht: Es ist eine zusammenfassende Darstellung der Risikolage abzugeben. Bestandsgefährdende Sachverhalte sind zu dokumentieren.

Bewertungsmodell der Entscheidungstheorie

Das Grundmodell der Entscheidungstheorie kann zur Verdeutlichung von Risikosituationen beitragen. Es bestehen bestimmte Handlungsalternativen (H_i), die unter anderem zur Absicherung von Risiken eingesetzt werden können.

In Anbetracht der möglichen künftigen Umweltzustände (Z_j) und der prognostizierten Wahrscheinlichkeiten (P_j) für diese Zustände ist unter Risikopräferenzen eine geeignete Alternative anhand der erwarteten zustandsabhängigen Rückflüsse (RF_{ij}) auszuwählen. Die Entscheidung kann aufgrund von Erwartungswert, Streuung oder einer Risikonutzenfunktion erfolgen. Dieses allgemeine Entscheidungsproblem wird in der Matrix in der folgenden Tab. 2.6 dargestellt.

Tab. 2.6: Grundmodell der Entscheidungstheorie (Quelle: Eigene Darstellung)

Z_j (P_j):	Z_1 (P_1)	Z_2 (P_2)	Z_3 (P_3)	Z_j (P_j)
H_1	RF_{11}	RF_{12}	RF_{13}	RF_{1j}
H_2	RF_{21}	RF_{22}	RF_{23}	RF_{2j}
H_3	RF_{31}	RF_{32}	RF_{33}	RF_{3j}
H_i	RF_{i1}	RF_{i2}	RF_{i3}	RF_{ij}

Neben der Visualisierung der Handlungsalternativen lässt sich darüber unter Umständen die Anzahl der relevanten Alternativen reduzieren. Im Fall der Dominanz einzelner Optionen in allen Zuständen können unter Umständen bestimmte Alternativen ausgesondert werden. Andere fallen unter Umständen aufgrund hoher negativer Ergebnisse oder einer starken Variabilität der Ergebnisse heraus.

Öffentlich verfügbare Risikofrüherkennungssysteme

Nach § 101 StaRUG sollen Informationen über die Verfügbarkeit von Instrumentarien zur frühzeitigen Identifizierung von Krisen öffentlich bereitgestellt werden. In Erwägungsgrund 22 und Art. 3 der Restrukturierungsrichtlinie werden öffentliche Zugangswege „zu einem oder mehreren bereitzustellenden klaren und transparenten Frühwarnsystemen für Unternehmen gefordert, die besondere Umstände erkennen können, die zu einer wahrscheinlichen Insolvenz führen können, und ihnen Firmen signalisieren können, dass unverzüglich gehandelt werden muss“. Nach § 1 StaRUG sind die Mitglieder der Geschäftsführung und indirekt auch die der Überwachungsorgane für die Risikoerkennung und zu ergreifende Gegenmaßnahmen verantwortlich. Bislang sind noch keine Systeme öffentlich bekannt gemacht geworden. Erarbeitet wurde allerdings im Rahmen des Sanierungsarbeitskreises ein pragmatischer Kriterienkatalog, in Anlehnung an frühe Krisenstadien mit internen sowie externen Risikoindikatoren (vgl. Exler/Werner, 2020, S. 60).

Dies ist ein guter erster Ansatz. Ob Checklisten oder Auflistungen von Krisenmerkmalen für die Unternehmen zur eigenen Einschätzung ausreichen ein komplexes Risikomanagementsystem zu ersetzen, ist in Frage zu stellen. Zu beachten ist, dass oft individuelle auf Unternehmen bezogene Modelle erforderlich sind.

Allgemein ist zu prüfen, ob diese Online-Systeme tatsächlich ausreichen, um ein effektives und auf ein Unternehmen angepasstes Risikomanagementsystem mit einer Früherkennungsfunktion zu konstruieren. Nicht hinreichend ist ein Risikomanagement, das Mechanismen zur Gegensteuerung gegen eine Krise erst vorsieht, wenn das Stadium der drohenden Zahlungsfähigkeit gemäß § 18 InsO erreicht ist. Die drohende Zahlungsunfähigkeit ist zwar Voraussetzung, um eine insbesondere gerichtliche Restrukturierung nach dem StaRUG einzuleiten (vgl. diese Voraussetzung von Instrumenten des Stabilisierungs- und Restrukturierungsrahmens in § 29 Abs. 1 StaRUG), zeigt jedoch ein spätes Krisenstadium an. Viele Firmen sind darüber hinausgehend bereits tatsächlich insolvent. Eine Risikofrüherkennung beginnt eher. Dennoch ist ein Trigger für den Eintritt in die Restrukturierung nicht nur nach der Restrukturierungsrichtlinie (vgl. EU, 2019, Art. 2 Abs. 2 Buchstabe b), Art. 4 Abs. 1 RL), sondern auch nach StaRUG zutreffend vorgeschrieben, um strategische Restrukturierungen zu Lasten der Gläubiger entgegen zu wirken, andererseits aber als Kriterium einer Risikofrüherkennung eben zu spät.

Im Krisenphasenschema sind erste Krisenstadien die Stakeholderkrise, die Strategiekrise und die Produkt- und Absatzkrise oder die Ergebniskrise. Die Krisenstadien Liquiditätskrise und drohende Zahlungsunfähigkeit sind sehr späte Phasen der Krise, die bereits auf eine Insolvenzreife mit Insolvenzantragspflichten hindeuten können. Aus diesem Grund sind echte Krisenfrüherkennungssysteme einzurichten.

Stakeholderanalyse zur Risikoerkennung

Neben den eigenen im Unternehmen eingesetzten Modellen und Instrumenten lassen sich auch die Informationen anderer Interessengruppen, der **Stakeholder**, für die eigene Risikoerkennung im Unternehmen verwenden. Dann können Erkenntnisse externer Gruppen für die Einschätzung von Risiken und die Risikofrüherkennung aus unterschiedlichen Sichtweisen genutzt werden:

- Lieferanten: Höhere Ausnutzungen von Lieferantenkreditlinien, Kürzung Limits und Zahlungsfristen auch bei anderen Unternehmen der Branche.
- Kreditversicherer: Negative Veränderungen in den Rating- sowie Scoringbewertungen der Kreditversicherer aufgrund der Branchenlage.
- Kunden: Abschwächung der Auftragslage sowie Einbruch des Marktvolumens und des Umsatzvolumens in der Branche oder bei Marktanteilen.
- Kreditinstitute: Auslastung der Banklinien bei Kreditinstituten, erhebliche Verschlechterungen in der Ratingnote, negative Bankauskünfte.
- Wirtschaftsprüfer und Steuerberater: Hinweispflichten zu der möglichen Insolvenzreife an Geschäftsleiter und Überwachungsorgane (§ 102 StaRUG).

Externe Stakeholder lassen sich als potenzielle Hinweisgeber für Krisensituationen einsetzen, die Schuldnern oder Schuldnerunternehmen aufzeigen, dass eine frühe oder späte Krisenlage besteht. In der Regel verfügen externe Stakeholder wie erstens Kreditinstitute als Hausbanken im Rahmen der Ratingerstellung und Risikofrüherkennung bei der Umsetzung der Mindestanforderungen an das Risikomanagement (MaRisk) zur Risikofrüherkennung und Risikoklassifizierung über eine hohe Informationsdichte bei Firmenkunden. Zweitens sind Steuerberater und Wirtschaftsprüfer im Rahmen der Erstellung des Jahresabschlusses und bei der gesetzlichen oder freiwilligen Prüfung über den Einblick in die Geschäftsunterlagen und die Jahresabschlüsse in der Lage die Risiken ihrer Mandanten zu beurteilen (§ 102 StaRUG). Die Eignung der **Steuerberater und Wirtschaftsprüfer** besteht aufgrund von:

- Branchenwissen mit Spezialisierungen und vielen Mandaten in einem Sektor
- Wissen aus anderen betreuten Fällen in einer sich andeutenden Krise
- Größenklassenspezifische Erfahrungen bei kleinen und mittleren Firmen

Bei der Risikofrüherkennung aus der Sicht der Kreditinstitute können unter Umständen Informationsnachteile zu individuellen Marktgegebenheiten und Firmeninterna bestehen, die nur den Führungskräften in den Unternehmen bekannt sind. Dieses sind bestehende Informationsdefizite und Informationsunterschiede, die im Rahmen der Agency-Theorie beschrieben werden. Auch die **Kreditinstitute** können Vorteile im Rahmen der Risikoerkennung besitzen, aufgrund von:

- Erfahrungen: Kreditfälle in der gleichen Branche oder aus einem angrenzenden Wirtschaftszweig eines Zulieferers oder eines Abnehmers liefern wichtige risikorelevante Informationen für die Risikofrüherkennung.
- Spezialwissen: Die Risikoanalyse von Unternehmen auf Basis von Kennzahlen aus Jahresabschlüssen und der Kontoführung ist ein Spezialgebiet von Banken und ermöglicht eine statistische Analyse mit quantitativen Daten.
- Branchenwissen: In Banken werden Branchenspezialisten eingestellt, um sich dem Kenntnisstand der Firmenkunden anzugleichen. Diese haben den Vorteil viele Kreditnehmer in einem Sektor zu betreuen und vergleichen zu können.

Die Durchführung des Ratingprozesses sowie die Nutzung weiterer vielfältiger IT-gestützter Modelle zu Krisenfrüherkennung erlaubt es Banken grundsätzlich Kreditnehmer in Krisen frühzeitig zu identifizieren und Unternehmen auf die Schieflage anzusprechen. Aus BTO 1.2.4 und 1.2.5 MaRisk sollen Banken initiativ tätig werden und eine Intensivbetreuung oder einen professionellen Sanierungsprozess mit dem Kreditnehmer gemeinsam einleiten. Die Überwachung der Kontoführung, die Hereinnahme und Auswertung von Planungsunterlagen des Kreditnehmers in Form der Auftragslage und der Finanzplanung sowie die Jahresabschlussanalyse und die Erteilung der abschließenden Bonitätsnote mit der dazugehörigen Ausfallwahrscheinlichkeit ermöglichen eine genaue Risikobeurteilung durch Banken.

Zusätzliche Erkenntnisse wie allgemeine Ratingmigrationen sowie deutliche negative Ratingabstufung erlauben es den Kreditinstituten, mit dem Kunden in Kontakt zu treten und gemeinsam Maßnahmen zu ergreifen, wenn auch die Interessenlagen der Beteiligten ganz unterschiedlich sein können. Neben den Banken haben Steuerberater und Wirtschaftsprüfer regelmäßig einen guten Einblick in die geschäftliche Situation ihrer Mandanten und potenziell die Möglichkeit Krisenlagen dort frühzeitig zu erkennen. Mit dem Urteil vom 26.01.2017 (IX ZR 285/14) verschärft der BGH das Risiko für Steuerberater, für Schäden ihrer Mandanten aus einer verspäteten Insolvenzantragstellung haften zu müssen, wenn sie mit der Erstellung des Jahresabschlusses beauftragt sind und sie anhand der ihnen bekannt gewordenen Umstände Tatsachen feststellen, die der Fortführung des Unternehmens entgegenstehen können.

Das Risiko resultiert somit aus der Erstellung von Jahresabschlüssen aufgrund des pflichtwidrigen Ansatzes der Bilanzpositionen zu Fortführungswerten gemäß § 252 Abs. 1 Nr. 2 HGB, wenn innerhalb des Prognosezeitraums damit gerechnet werden kann, dass das Unternehmen noch vor dem Insolvenzantrag, im Eröffnungsverfahren oder direkt nach Insolvenzeröffnung stillgelegt werden wird. Der mit der Erstellung des Jahresabschlusses beauftragte Steuerberater ist verpflichtet zu prüfen, ob sich auf der „Grundlage der ihm zur Verfügung stehenden Unterlagen und der ihm sonst bekannten Umstände tatsächliche oder rechtliche Gegebenheiten ergeben, die einer möglichen Fortführung der Unternehmenstätigkeit entgegenstehen“ und Insolvenzantragspflichten auslösen können (siehe § 102 StaRUG).

Eine Verletzung der Hinweispflicht kommt in Betracht, wenn der Steuerberater oder Wirtschaftsprüfer das Vorliegen eines Insolvenzgrundes erkennt oder für ihn ernsthafte Anhaltspunkte bestehen, dass ein Insolvenzgrund vorliegen könnte, wie zum Beispiel ein nicht durch Eigenkapital gedeckter Fehlbetrag in der Bilanz. Dann wird aufgrund einer bestehenden Insolvenzreife der Gesellschaft unter Umständen objektiv zu Unrecht von Fortführungswerten ausgegangen. Hier genügt es nicht, wenn nur auf die allgemeinen Prüfungspflichten des Geschäftsführers verwiesen wird. Gegebenenfalls hat der Ersteller oder der Prüfer des Jahresabschlusses eine Fortführungsprognose gemäß § 252 HGB einzufordern.

Steuerberater und Wirtschaftsprüfer müssen ihre Mandanten auf die Risiken einer Zahlungsunfähigkeit oder Überschuldung mit Insolvenzantragspflichten hinweisen, wenn Anhaltspunkte offenkundig sind. Der BGH hat mit dem Urteil die Haftungsrisiken des Steuerberaters bei Insolvenzreife seines Mandanten verschärft (vgl. BGH, 26.01.2017, IX ZR 285/14), allerdings nur für den Insolvenzfall.

Die Prüfung des Going-Concern-Prinzips gemäß § 252 Abs. 1 HGB ist Bestandteil des Aufgabenfeldes der Wirtschaftsprüfer. So wird im Bestätigungsvermerk auf die Fortführungsprognose des Unternehmens hingewiesen. Der Wirtschaftsprüfer hat nach § 322 Abs. 2 HGB den qualitativ abgestuften Bestätigungsvermerk abzugeben und dort problemorientiert auf Risiken, die den Fortbestand des Unternehmens oder eines Konzernunternehmens gefährden, gesondert einzugehen.

2.3 Drohende Zahlungsunfähigkeit als Verfahrenseinstieg

Der Eintritt in ein Restrukturierungsverfahren darf gemäß § 29 Abs. 1 StaRUG nur bei drohender Zahlungsunfähigkeit gemäß § 18 Abs. 2 InsO oder in einem früheren Stadium der Krise erfolgen. Davon ist die Insolvenz abzugrenzen. Der Schuldner beziehungsweise der Geschäftsleiter hat als Folge des § 15a InsO rechtsformspezifisch bei Eintritt der Zahlungsunfähigkeit innerhalb von drei Wochen und bei der Überschuldung innerhalb von sechs Wochen die Pflicht, ohne schuldhaftes Zögern einen Insolvenzantrag zu stellen. Ein eingesetzter Aufsichtsrat hat gegebenenfalls auf eine bestehende Insolvenzreife hinzuweisen.

Bei drohender Zahlungsunfähigkeit besteht ein freiwilliges Antragsrecht, das in das Schutzschirmverfahren gemäß § 270d InsO münden kann. Die drohende Zahlungsunfähigkeit oder Überschuldung ist dann durch eine Bescheinigung gemäß § 270d Abs. 1 InsO eines in Insolvenzsachen erfahrenen Akteurs nach Maßgabe der Norm zu belegen, aus der sich ergibt, dass lediglich die drohende Zahlungsunfähigkeit oder Überschuldung, aber keine eingetretene Zahlungsunfähigkeit vorliegt. Innerhalb von drei Monaten ist dann ein Insolvenzplan auszuarbeiten. Die drohende Zahlungsunfähigkeit erfordert zudem eine positive Zahlungsprognose über 24 Monate. Hier setzt das StaRUG als neue Verfahrensalternativen zwischen der außergerichtlichen Sanierung und dem Insolvenzverfahren an.

Diese Unterscheidung spielt bei der Restrukturierung nach dem StaRUG eine entscheidende Rolle, da nur die drohende Zahlungsunfähigkeit den Weg zu den Verfahren nach dem StaRUG eröffnet. Zugleich führt das Vorliegen der Voraussetzungen eines Restrukturierungsverfahrens und der Erfolgsaussicht einer Restrukturierung nach StaRUG dazu, dass eine positive Fortführungsprognose nach § 19 Abs. 2 InsO zu bejahen ist, so dass eine mögliche insolvenzrechtliche Überschuldung dann auch gleichzeitig verneint werden kann.

Ist umgekehrt die unternommene Restrukturierung nach dem StaRUG bei bestehender Überschuldung gescheitert, ist die Fortführungsprognose negativ, der nach § 15a InsO und § 42 Abs. 2 BGB unterliegende Rechtsträger insolvenzrechtlich überschuldet und zum Insolvenzantrag verpflichtet (siehe Pannen/Riedemann/Smid-Pannen, 2021, § 29, Rn. 69 ff.). In der nachfolgenden Tab. 2.7 werden die Rechte und Pflichten der Insolvenzantragstellung dargestellt.

Tab. 2.7: Stellung des Insolvenzantrags durch Gläubiger und Schuldner (Quelle: Eigene Darstellung)

Insolvenzgründe	Gläubiger	Schuldner
Zahlungsunfähigkeit	Antragsrecht	Antragspflicht, § 15a InsO
Drohende Zahlungsunfähigkeit	Kein Antragsrecht	Antragsrecht § 18 InsO
Überschuldung	Antragsrecht	Antragspflicht, § 15a InsO

Das Insolvenzverfahren wird nur dann begonnen, wenn der Antragsteller ein rechtliches Interesse an der Insolvenzeröffnung hat und seine Forderung sowie das Vorliegen eines Insolvenzgrundes glaubhaft machen kann (§ 14 Abs. 1 InsO). Es erfolgt eine Überprüfung durch das Insolvenzgericht. Sachlich zuständig ist aus § 2 Abs. 1 InsO das Amtsgericht, in dessen Bezirk ein Landgericht seinen Sitz hat beziehungsweise das von der jeweiligen Landesregierung für den jeweiligen Gerichtsbezirk bestimmte Amtsgericht. Örtlich zuständig ist das Gericht, in dessen Bezirk der Schuldner seinen Gerichtsstand hat, beziehungsweise der Schwerpunkt seiner wirtschaftlichen Tätigkeiten liegt (§ 3 Abs. 1 Satz 1 und 2 InsO).

International zuständig sind die inländischen Gerichte, wenn der Mittelpunkt der wirtschaftlichen Interessen in Deutschland liegt. Funktionell zuständig ist im Eröffnungsverfahren der Richter, im eröffneten Verfahren der Rechtspfleger, wenn nicht ein Planverfahren durchgeführt wird, wofür der Richter zuständig ist. Bei Prüfung der Begründetheit des Antrags wird untersucht, ob die Insolvenztatbestände Zahlungsunfähigkeit, drohende Zahlungsunfähigkeit oder Überschuldung vorliegen.

Zahlungsunfähigkeit ist gegeben, wenn das Schuldnerunternehmen aus § 17 Abs. 2 InsO nicht in der Lage ist seine fälligen Zahlungsverpflichtungen, wie den Personalaufwand als oft größten Aufwandsposten, zu erfüllen. Illiquidität ist anzunehmen, wenn der Schuldner seine Zahlungen eingestellt hat (§ 17 Abs. 2 Satz 2 InsO). Die Lücke zwischen der Liquidität des Schuldners und seinen fälligen Verbindlichkeit darf in der Regel 10% nicht übersteigen. Ist diese größer, ist er im Allgemeinen zahlungsunfähig, ist sie kleiner, ist er dagegen noch zahlungsfähig. Maßgeblicher Zeitraum ist hier eine Frist von höchstens drei Wochen zwischen Zahlungsunfähigkeit und Insolvenzantrag (vgl. BGH, 24.05.2005, IX ZR 123/04).

Drohende Zahlungsunfähigkeit besteht gemäß § 18 Abs. 2 InsO, wenn der Schuldner voraussichtlich künftig nicht in der Lage sein wird, seine Zahlungsverpflichtungen zum Zeitpunkt der Fälligkeit zu erfüllen. Dabei ist ein Prognosezeitraum von in der Regel 24 Monaten zugrunde zu legen und die lediglich drohende Zahlungsunfähigkeit ist anhand eines Finanzplans zu überprüfen. Gemäß § 18 Abs. 1 InsO ist der Tatbestand nur Eröffnungsgrund, wenn der Schuldner den Insolvenzantrag stellt. Die Formulierung „in der Regel“ lässt auch kürzere oder längere Prognosezeiträume zu. Geplante finanzielle Sanierungsmaßnahmen finden bei der Liquiditätsprognose keine Berücksichtigung (vgl. Kunz, 2022, S. 47).

Überschuldung liegt gemäß § 19 Abs. 2 InsO vor, wenn das Vermögen eines Unternehmens nicht ausreicht, um die Verbindlichkeiten zu decken, es sei denn, die Fortführung ist in den nächsten 12 Monaten überwiegend wahrscheinlich, dies bedeutet mit mehr als 50%. Die Entscheidung zur überwiegenden Wahrscheinlichkeit resultiert indes nicht aus mathematischer, sondern aus wertender Betrachtung, so dass eine derartige Wahrscheinlichkeit in der Praxis erst deutlich jenseits der 50-Prozentgrenze bejaht werden wird. Basis dafür ist ein Finanzplan, der die Zahlungsfähigkeit für die nächsten 12 Monate belegt.

Überschuldung kommt als Insolvenzeröffnungsgrund bei den juristischen Personen (§ 19 Abs. 1 InsO), den nicht rechtsfähigen Vereinen (§ 11 Abs. 1 Satz 2 InsO) und den Gesellschaften ohne Rechtspersönlichkeit, bei denen keiner der unbeschränkt persönlich haftenden Gesellschafter eine natürliche Person ist, wie der GmbH & Co. KG, in Betracht (§ 19 Abs. 3 InsO).

Die insolvenzrechtliche Fortbestehensprognose bezieht sich auf die künftige Zahlungsfähigkeit des Unternehmens. Diese ist durch einen Finanzplan zu überprüfen. Es ist bei der drohenden Zahlungsfähigkeit darzulegen, dass die Zahlungsfähigkeit über einen künftigen Zeitraum von zwei Jahren gewährleistet werden kann. Diese insolvenzrechtliche Prognose ist zudem von der handelsrechtlichen Fortführungsprognose und der Aussage zur Sanierungsfähigkeit aus einem umfassenden Sanierungskonzept abzugrenzen (vgl. Cranshaw et al., 2016a, § 19 InsO, Rn. 12 ff.). Zentral für die Bestimmung der drohenden Zahlungsunfähigkeit ist die Erstellung einer Finanzplanung. Diese sollte in Abstimmung mit der Planung der Bilanz und der Gewinn- und Verlustrechnung erfolgen. Die folgende Tab. 2.8 zeigt exemplarisch den Aufbau eines monatlich gestaffelten Finanzplans als Liquiditätsübersicht.

Tab. 2.8: Grundaufbau eines Finanzplans (Quelle: Eigene Darstellung)

Werte in TEuro	Januar	Februar	März	...	Summe Jahr
Einzahlungen					
Zahlungswirksame Umsätze					
Sonstige Einzahlungen					
Auszahlungen					
Material/Waren					
Personalkosten					
Investitionen					
Miete/Pacht/Werbung/Vertrieb					
Kapitalkosten					
Privatentnahmen, Steuern					
Sonstige Auszahlungen					
Saldo Ein- und Auszahlungen					
Konto Anfangsbestand					
Konto-Endbestand					
Kontokorrentlinie					
Über-/Unterdeckung Kontokorrent					
Avalinanspruchnahme					
Avallinie					
Über-/Unterdeckung Avale					

Zu differenzieren ist bei der Fristigkeit dieser Planung zwischen einer Monats- oder Jahresplanung, einer wöchentlichen oder taggenauen Vorausschau, je nach Unternehmenssektor und Krisenphase. Mehrjährige Planungen sind bei Firmen in Branchen mit hohem Auftragsvorlauf wie im Baugewerbe oder im Maschinen- und Anlagenbau erforderlich. Dabei ist revolvierend vorzugehen. Ist ein Monat abgelaufen, verschiebt sich die Planung um einen Monat in die Zukunft. Zudem sollte die Vorhersage auf die aktuellen Ereignisse eingehen.

Die Planung ist abzustimmen mit anderen Teilplänen, wie der Ertragsplanung und Investitionsplanung. Ist diese Fortbestehensprognose für den Zwölfmonatszeitraum negativ, ist unverzüglich, spätestens innerhalb von sechs Wochen nach Eintritt der Überschuldung, Insolvenzantrag zu stellen (§ 15a Abs. 1 Satz 2 InsO). Die Gesetzesbegründung, die dem Schuldner mit dieser Maximalfrist Gelegenheit geben will, ein Verfahren nach dem StaRUG, ein Eigenverwaltungsverfahren nach der Insolvenzordnung oder außergerichtliche Sanierungsbemühungen einzuleiten, zeigt aber, dass bei revolvierender Planung im Folgemonat sich die Lage entspannt haben und die insolvenzrechtliche Überschuldung weggefallen sein kann.

Zum Erkennen einer drohenden Liquiditätskrise nimmt die Bedeutung von Finanzplänen zu. Die laufende Erstellung von Finanzplänen und Ertragsplänen ist für ein Risikomanagementsystem grundlegend. Die Planungsunterlagen aus dem Controlling ermöglichen der Geschäftsleitung eine Basis zur geschäftlichen Steuerung und Risikofrüherkennung. Die folgende Abb. 2.7 zeigt unterschiedliche Planungselemente eines integrierten Systems. Daraus lassen sich Managementreportings für die Geschäftsleitung und die Überwachungsorgane ableiten, um die Risikofrüherkennung in einem Risikomanagementsystem zu unterstützen.

Ertragsplanung

	Profit Center 1		Profit Center 2	
Einnahmen	Plan	Ist	Plan	Ist
Ausgaben	Plan	Ist	Plan	Ist
Gewinn	Plan	Ist	Plan	Ist

Finanzplanung

	Monate		Gesamtjahr	
Einzahlungen	Plan	Ist	Plan	Ist
Auszahlungen	Plan	Ist	Plan	Ist
Saldo	Plan	Ist	Plan	Ist

Investitionsplanung

	Profit Center 1		Profit Center 2	
Sachinvestitionen	Plan	Ist	Plan	Ist
Finanzinvestitionen	Plan	Ist	Plan	Ist
Saldo	Plan	Ist	Plan	Ist

Bilanzplanung

	Planjahr 1		Planjahr 2	
Anlagevermögen	Plan	Ist	Plan	Ist
Umlaufvermögen	Plan	Ist	Plan	Ist
Bilanzsumme	Plan	Ist	Plan	Ist

Auswertungsbericht

Erfolgsdaten	Plan	Ist
Zahlungsdaten	Plan	Ist
Kennzahlen	Plan	Ist
Kapitalisierung	Plan	Ist
Schuldenstand	Plan	Ist

Abb. 2.7: Integrierte Planungsunterlagen und Management-Bericht (Quelle: Eigene Darstellung)

Die Einleitung des Restrukturierungsverfahrens setzt den Zustand der lediglich drohenden Zahlungsunfähigkeit voraus. Dies ist zweckmäßig durch die Bescheinigung eines Gutachters zu belegen, allein aus Haftungs- sowie Anfechtungsgründen, um dem Vorwurf einer verspätet eingeleiteten Insolvenz zu begegnen. Man könnte insoweit in einer Art Analogie zu § 270d InsO vorgehen, obwohl die Norm in der Restrukturierung nach dem StaRUG natürlich nicht anwendbar ist, weder direkt noch indirekt. Vorsorglich sollte aber die drohende Zahlungsunfähigkeit durch das Gutachten eines in Insolvenzsachen erfahrenen Akteurs aufgezeigt werden.

Es ist gemäß § 14 Abs. 1 StaRUG durch eine dem Restrukturierungsplan beigefügte Erklärung begründet darzulegen, wie der Zustand der drohenden Zahlungsunfähigkeit durch den Plan dauerhaft beseitigt und „die Bestandsfähigkeit des Schuldners sicher- oder wieder hergestellt wird“. Der Beginn der Restrukturierung in einer dem Stadium der drohenden Zahlungsunfähigkeit vorgelagerten Krisenphase ist ebenfalls möglich. Jedoch erschienen beispielsweise die Stakeholderkrise und die Strategiekrise für eine gesetzliche Regelung zu konturenlos.

Eine Weiterführung des Unternehmens wird nicht ohne finanzielle Mittel möglich sein und die Zustimmung der Gläubiger erfordern. Das Restrukturierungsverfahren bedarf einer sorgfältigen Vorbereitung unter Einbindung der maßgeblichen Stakeholder, um eine Blockade einzelner Parteien möglichst zu vermeiden. Auch wenn im StaRUG bestimmte Cram-Down-Instrumente bestehen, ist der Konsens zielführender für einen Turnaround. Denn in Zukunft, nach Abschluss der Restrukturierungssache, sind die Geschäfte mit wirtschaftlichen Partnern weiter zu führen.

Daher werden die Interessen der Beteiligten in außergerichtlichen Sanierungen oft interessengerechter gewahrt, da diese eine Einigungslösung erfordern, den Konsens aller Beteiligten. Dieser wiederum erfordert eingehende Vorbereitung und frühzeitige Einbindung der Gläubiger, die letztendlich einbezogen werden sollen. Unangenehme Überraschungen für die einbezogenen Gläubiger wie unangekündigte Restrukturierungsverfahren nach dem StaRUG oder unangekündigte Eigeninsolvenzanträge der Schuldner mit dem Ziel der vorläufigen Eigenverwaltung, Schutzschirm im Eröffnungsverfahren und Fortführungsinsolvenzplan sind kontraproduktiv und stören konsensuale Lösungen in der Regel erheblich.

Dies sind auch wesentliche Unterscheidungskriterien zwischen einer außergerichtlichen Sanierung, einem Restrukturierungsverfahren nach StaRUG oder einem der Verfahrenswege nach der InsO. Es ist im Vorfeld durch den Schuldner zu erurieren, welche der Modalitäten zielführend für seine Interessen beziehungsweise die Ziele des Unternehmens sind. Die, möglicherweise auch aufeinanderfolgenden Alternativen, sind mit den wesentlichen finanziellen Konsequenzen durchzukalkulieren, um die für das Unternehmen im Hinblick auf den Turnaround bestmögliche Wahl zu treffen. Dazu sind Berater, aber auch wesentliche Gläubiger als Stakeholder einzubinden, die auch bei einer erfolgreichen Gesundung im Anschluss an die Restrukturierung für die Aufrechterhaltung des Geschäftsbetriebs benötigt werden.

2.4 Stakeholder in der Sanierung

Sanierungen und Umstrukturierungen werden in ihrem Verlauf durch verschiedene Akteure beeinflusst. Gerade externe Gläubiger entscheiden über das Vorgehen bei einem Kreditnehmer in einer Krisenlage auf der Basis von rationalen wirtschaftlichen Gründen. Sie werden zum Teil aber auch von irrationalen Gegebenheiten geleitet. So kann das Verhalten der Geschäftsführung deren Unterstützungsbereitschaft erhöhen oder verringern. Firmen werden mit den Erwartungen und Anforderungen von verschiedenen Akteuren im Unternehmen sowie in deren Umfeld konfrontiert, den **Stakeholdern**. Diese Parteien lassen sich wie folgt definieren.

Definition: Stakeholder sind Individuen oder Gruppen mit eigenen Zielen und Bedürfnissen, die von Handlungen einer Unternehmung beeinflusst werden oder diese selbst aktiv beeinflussen können. Von diesen internen sowie externen Akteuren können intensive Unterstützungen oder auch Bedrohungen im Sanierungsprozess und in Restrukturierungen ausgehen (vgl. Freeman, 1984, S. 46.).

Die Ansprüche der wirtschaftlich involvierten Parteien steigen in der Krise und der Sanierung eines Unternehmens erheblich, da die bedrohte Unternehmensexistenz auch negative Folgen für die Stakeholder bedeutet. Daher fordern insbesondere die Banken zur intensiven Überwachung und frühzeitigen Risikoerkennung aktuelle Ertragszahlen sowie detaillierte Liquiditätspläne und die Gesellschafter Informationen über die wirtschaftliche Lage der Krisenfirma.

Werden Stakeholder-Interessen vernachlässigt, kann dies in schwierigen Unternehmenssituationen wie einer Krise den Erfolg des Gesundungsprozesses stark beeinträchtigen. Dabei können Kreditversicherer und Banken ihre Linien auf Basis dieses gestiegenen Risikogehalts kürzen oder qualifizierte Mitarbeiter verlassen das Unternehmen aufgrund der erhöhten Insolvenzgefahr. Daher sind die in einer Krise sowie Sanierung bedeutenden Stakeholder zu identifizieren und die Unternehmensleitung sollte ihre Entscheidungen dann im Sinne eines optimalen Sanierungserfolgs auf die wichtigen Stakeholder oder Gruppen abstimmen.

Hilfestellung dazu leistet das **Stakeholder-Modell**. Dieses schafft einen strukturierten Rahmen, um die Chancen und Bedrohungen der relevanten Interessengruppen für die Sanierung eines Krisenunternehmens systematisch zu untersuchen und Gestaltungsempfehlungen für einen Sanierungsprozess zu geben.

Der Stakeholder-Management-Ansatz umfasst zum einen die Analyse von Ansprüchen und Beiträgen ausgewählter Gruppen in Unternehmen und im Umfeld der betrachteten Firmen. Zum anderen schafft dieser Management-Ansatz ein Abbild der unternehmensrelevanten Umwelt, indem er die in der Krise, Sanierung und Restrukturierung auf die Unternehmung eintreffenden Forderungen, Erwartungen und Ansprüche auf konkrete Akteure oder Gruppen zurückführt und deren Eigenheiten und Wünsche strukturiert erfasst (vgl. Schuppisser, 2002, S. 7).

Der langfristige Erfolg eines Unternehmens hängt dann oftmals davon ab, wie gut es der Geschäftsführung gelingt, eine Balance zwischen den verschiedenen Interessen und der Befriedigung der Ansprüche der Stakeholder zu finden (vgl. Freeman, 1984, S. 52 ff.). Die wesentlichen Aussagen des **Stakeholder-Modells** lassen sich wie folgt zusammenfassend beschreiben.

Definition: Das **Stakeholder-Modell** betrachtet Interaktionen zwischen Unternehmen und ihrem Umfeld. Im Stakeholder-Modell sind drei Schritte zu vollziehen. Erstens sind die für eine Problemsituation relevanten Stakeholder zu identifizieren. Zweitens sind ihre Interessen und Einflussmöglichkeiten genau zu bestimmen. Drittens sind die Entscheidungen der Geschäftsführung auf die Bedürfnisse wichtiger Unternehmens-Stakeholder abzustimmen. Zudem sind die diversen und meist komplexen Stakeholder-Beziehungen untereinander zu koordinieren und zu moderieren.

Der Stakeholder-Ansatz geht deutlich weiter als Shareholder-Modelle, da die Sicht umfassender ist und nicht auf die Ansprüche der Anteilseigner begrenzt wird, wenn weitere Unternehmensakteure einbezogen werden. Das Modell kann deskriptiv auf der beschreibenden Ebene eingesetzt werden. In diesem Fall werden die Erwartungen der Stakeholder in Bezug auf ein Unternehmen dargelegt.

Das Konzept kann instrumentell verwendet werden, indem zweckdienliche Aussagen zur Verfolgung ökonomischer Zielsetzungen in Firmen vorgegeben werden. Mit dem Stakeholder-Modell lassen sich auch normative Aussagen ableiten. Als Resultat ergibt sich dann eine Richtschnur des optimalen Handelns für die relevanten Akteure zur Unterstützung von Gesundungsmaßnahmen in der Sanierung oder Insolvenz (vgl. Schuppisser, 2002, S. 12 ff.). Hier wird das Stakeholder-Modell verwendet, um Beschreibungen vorzunehmen, die ein realistisches Abbild des Unternehmens in der Krise, Sanierung und Restrukturierung geben. Des Weiteren wird versucht das Modell instrumentell einzusetzen, um nützliche Gestaltungsempfehlungen für die Hauptbeteiligten an einer Sanierung oder Restrukturierung vorzuschlagen. Die normative Nutzung des Modells wird nicht als zielführend angesehen, da Umstrukturierungen vom Handeln vieler Akteure, unter nicht vergleichbaren Rahmenbedingungen bestimmt werden, und sich schwer ein optimales Schema ermitteln lässt.

Das Stakeholder-Modell ist ein strategisches Konzept. Das Konstrukt gewinnt seine Bedeutung daraus, dass Chancen sowie Bedrohungen relevanter Stakeholder eines Unternehmens erfasst und gesteuert werden können. Die Analysen können auf den Untersuchungsgegenstand der Sanierung und Restrukturierung angepasst werden. Es besteht die Möglichkeit den Gesundungsverlauf durch die Einforderung von Beiträgen interner und externer Gruppen zu stabilisieren. Gleichermaßen sind negative Auswirkungen der Parteien zu analysieren. Auf diese Weise lässt sich zum einen ein hoher Wirkungsgrad der Sanierung erreichen, indem positive Unterstützungsbeiträge stark gefördert werden. Zum anderen lassen sich mögliche Gefährdungen frühzeitig erkennen und es kann rechtzeitig gegengesteuert werden.

Um eine Stakeholder-Analyse durchzuführen, sind folgende drei Ablaufschritte zu vollziehen: Im ersten Schritt sind die für eine Krise, Sanierung und Restrukturierung relevanten Stakeholder zu identifizieren. Im zweiten Schritt sind die Interessen, Sanierungsbeiträge sowie Bedrohungspotenziale der Gruppen zu bestimmen. Im dritten Schritt sind die Entscheidungen der Geschäftsführung auf die Bedürfnisse wichtiger Akteure abzustimmen und die Interaktionen zwischen den Stakeholdern zu steuern und zu überwachen. Bei dem ersten Schritt, der Identifizierung der für eine Krisenbewältigung wichtigen Gruppen ist geordnet und genau vorzugehen.

Dazu sind die Stakeholder in Kategorien einzuteilen. So lassen sich ihre primären Interessen optimal ableiten. Ein mögliches Entscheidungsmerkmal differenziert die Stakeholder nach der Stärke, Bindung und Zugehörigkeit zum Krisenunternehmen in interne sowie externe Gruppen. Interne Stakeholder haben einen engen Bezug zu dem betrachteten Unternehmen, befinden sich im direkten Einflussbereich unternehmerischer Entscheidungen oder treffen diese selbst.

Zu den ausgewählten internen Stakeholdern gehören die Geschäftsführung, die Anteilseigner, der Aufsichtsrat oder Beirat, das mittlere Management und die Mitarbeiter beziehungsweise der Betriebsrat, der insbesondere bei den infolge von Sanierungen oft erforderlichen Betriebsänderungen eine entscheidende Rolle spielt (siehe § 92 StaRUG). Zu den externen Stakeholdern zählt ferner auch die jeweilige Gewerkschaft, insbesondere, wenn der Arbeitgeber tarifgebunden ist und die Sanierung der Anpassung des geltenden Tarifvertrags hin zu einem Sanierungstarifvertrag bedarf, der nur mit der Gewerkschaft umzusetzen ist. Hier besteht eine mögliche Verflechtung mit dem Betriebsrat als internem Stakeholder.

Die externen Stakeholder befinden sich im Unternehmensumfeld und können meist nur indirekt auf unternehmerische Entscheidungen einwirken. Externe Stakeholder sind unter anderem Kreditinstitute, Lieferanten und Kreditversicherer, Kunden, Restrukturierungsberater, gegebenenfalls weitere Berater sowie die Öffentliche Hand. Besondere Vorteile dieser **Zuordnung** zu internen und externen Gruppen sind:

- Differenzierung nach der Einwirkung auf den Sanierungsverlauf: Interne Stakeholder haben oft direkte Einwirkungsmöglichkeiten auf Unternehmen und auf unternehmerische Entscheidungen. Die Gestaltungspotenziale sind von den externen Stakeholdern wie Kreditinstituten zu berücksichtigen.
- Zuordnung nach der Stärke der Verbundenheit zum Unternehmen: Der persönliche und emotionale Bezug ist bei den Internen meist stärker vorhanden als bei den Externen. Auch die Betroffenheit aufgrund der höheren Abhängigkeit der internen Gruppen in einer Krise ist meist intensiver ausgeprägt.
- Bezug zur Informationsverteilung: Interne Akteure sind aufgrund der Nähe zum Wertschöpfungsprozess, der fachlichen Kenntnisse sowie des erleichterten Zugangs zu formellen und informellen Informationsquellen besser informiert über den wirtschaftlichen Zustand eines Unternehmens als externe Gruppen.

Dabei ist zu beachten, dass Akteure existieren, die gleichzeitig der internen und der externen Gruppierung angehören. Daher können Mitarbeiter auch Kunden oder Anteilseigner der Krisenfirma sein. Der Übersichtlichkeit halber wird zu Lasten der Genauigkeit davon ausgegangen, dass jeder Akteur nur einer Kernanspruchsgruppe angehört und ausschließlich diejenigen Interessen vertritt. Weiter wird unterstellt, dass die Akteure innerhalb einer Anspruchsgruppe einheitliche Ziele und Interessen verfolgen. Später wird die Homogenität in den Gruppen, unter anderem im Banken- oder im Gesellschafterkreis, aufgehoben.

Die Entscheidungen im Rahmen einer Sanierung und Restrukturierung werden aus Sicht der betroffenen Gruppen primär aus wirtschaftlichen Kalkülen heraus getroffen. So kann im Vordergrund die ökonomische Frage stehen, ob ein Unternehmen aus Sicht der Banken kapitaldienstfähig ist und eine marktübliche Rendite für die Anteilseigner erwirtschaftet. Neben den Banken und den Gesellschaftern sollen in erster Linie die internen Stakeholder betrachtet werden, die ein eigenes ökonomisches Interesse am Fortbestand des Krisenunternehmens haben. Dieses sind in der Sanierung die nachfolgend ausgewählten **internen Stakeholder**:

- Geschäftsführung: Das Top-Management hat die Krisenlage mit verursacht. Die Bereinigung der wirtschaftlichen Schieflage über eine Sanierung muss mit Hilfe der Manager gestaltet werden. Ist die Geschäftsführung nicht geeignet, die Sanierung umzusetzen, besteht die Möglichkeit sowie Notwendigkeit des Ersatzes durch ein Interimsmanagement.
- Anteilseigner: Von den Gesellschaftern werden in der Regel erhebliche finanzielle Beiträge eingefordert. Anteilseigner sollten möglichst zusätzliche Liquidität bereitstellen. Zu beachten ist, dass sich immer häufiger Finanzinvestoren im Gesellschafterkreis von Firmen befinden, deren Interessen sich von Familieneigentümern erheblich unterscheiden können.
- Aufsichtsrat/Beirat: Das Organ hat die Aufgabe, die Geschäftsführung oder den Vorstand zu überwachen und in Krisenzeiten verschiedene Kontrollpflichten zu erfüllen. Auch Abberufungen der Geschäftsleitung sind im Rahmen einer Krise möglich. Zudem kann das Gremium nach einer erfolgreichen Sanierung installiert werden, um den Turnaround mittel- bis langfristig abzusichern.
- Mittleres Management: Die Gruppe hat einen wesentlichen Beitrag bei der Umsetzung von betrieblichen Maßnahmen zu leisten. Daher sollte in einer Sanierung in Erwägung gezogen werden, einen internen Lenkungsausschuss im Unternehmen zu installieren, der als Projektorganisation die Sanierungsaktivitäten abteilungsübergreifend steuert und überwacht.
- Mitarbeiter/Betriebsrat: Mitarbeiter als Arbeiter und Angestellte ohne Führungsaufgaben sind meist existenziell von einer Krise und Sanierung betroffen. Oft müssen diese Zugeständnisse in Form von Lohn- und Gehaltsverzichten leisten. Der Betriebsrat ist von Bedeutung, wenn er als Vermittler sowie Verhandlungspartner zur Vertretung der Mitarbeiter auftritt.

Unter den externen Gruppen ist die Abgrenzung schwerer zu ziehen, da der potenzielle Kreis der Teilnehmer unter Umständen größer ist. Ausgewählt werden folgende für eine Sanierung und Restrukturierung bedeutende **externe Stakeholder**:

- Kreditinstitute: Für die Banken sowie Sparkassen drohen in der wirtschaftlichen Schieflage eines Firmenkunden meist erhebliche Ausfallrisiken. Kreditinstitute können in der wirtschaftlichen Krise eines Kreditnehmers unterschiedliche Strategien verfolgen. Dazu kann das Bestreben darin bestehen, das eigene Risiko zu vermindern. Alternativ kann ein Verkauf des gesamten Kreditengagements zur Disposition stehen. Hier soll das vornehmliche Interesse an einer aktiven Unterstützung des Kreditnehmers im Vordergrund stehen.
- Lieferanten/Kreditversicherer: Diese Akteure müssen in der Krise eines Kunden mit hohen Forderungsausfällen sowie Umsatzeinbußen rechnen. Dabei ist deren Risikosituation aufgrund von kollidierenden Positionen mit dem möglichen Untergang von Sicherheiten meist schwach. Warenkreditversicherer haben einen erheblichen Einfluss auf den Handlungsspielraum der Lieferanten. Da sich die Interessen zum Teil überschneiden, werden Kreditversicherer und Lieferanten im Folgenden zusammenhängend betrachtet.
- Kunden: Diese Gruppe bestimmt den wirtschaftlichen Erfolg der unternehmerischen Aktivitäten erheblich. Daher kommt der Kommunikations- und Informationspolitik zu den Kunden in einer Sanierung oder Restrukturierung besondere Bedeutung zu. Zudem können Großabnehmer mit finanziellen Unterstützungen erhebliche Beiträge leisten. Dieses wird der Fall sein, wenn ein Abnehmer von den Vorprodukten maßgeblich abhängig ist, da keine Substitute bestehen oder eine enge Verzahnung in der Wertschöpfungskette vorliegt.
- Sanierungsberater: Diese übernehmen im Rahmen eines Beratungsauftrags die Aufgabe, das Krisenunternehmen nachhaltig zu sanieren. Dabei können diese Stakeholder entweder der Geschäftsführung eines wirtschaftlich schwachen Unternehmens bei der Umsetzung zur Seite stehen und alternativ auch im Rahmen eines Interimsmanagements die bisherige Altgeschäftsführung eines angeschlagenen Unternehmens komplett ersetzen.
- Sachwalter, Wirtschaftsprüfer, Steuerberater: Sachwalter begleiten den Sanierungsprozess unter anderem durch Überwachungs- sowie begleitende Maßnahmen im Rahmen eines Schutzschirmverfahrens. Wirtschaftsprüfer oder Steuerberater sind mögliche Hinweisgeber für die Krise und bescheinigen die drohende Zahlungsunfähigkeit. Ein Sachwalter überwacht die wirtschaftlichen Aktivitäten des Schuldners und unterstützt bei der Planerstellung.
- Öffentliche Hand: Gemeint sind verschiedene Institutionen außerhalb eines Unternehmens, die von einem Krisenfall wirtschaftlich betroffen sein können, wie der Fiskus, der Bund oder das Land. Steuerausfälle können diese Akteure belasten. Sanierungsmittel wie Landesbürgschaften oder die Stundung von Steuerzahlungen können Unterstützungen im Gesundungsprozess erbringen.

Die folgende Abb. 2.8 bietet eine Übersicht über die betrachteten Stakeholder-Gruppen im Sanierungsprozess, differenziert nach internen und externen Gruppen. Dazu werden bestimmte ausgewählte Akteure und Gruppen betrachtet.

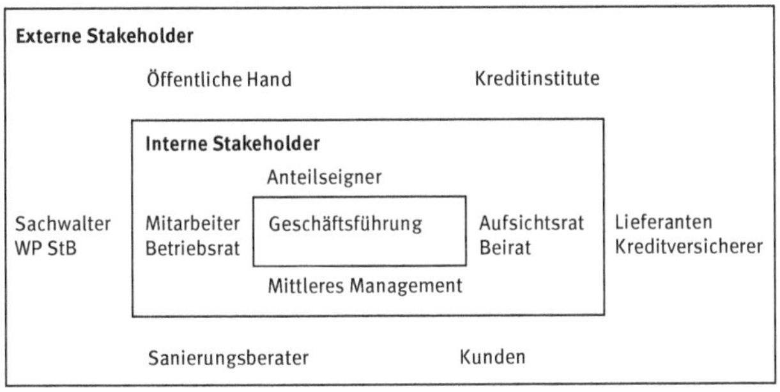

Abb. 2.8: Interne und externe Stakeholder in der Sanierung (Quelle: Eigene Darstellung)

Interne und externe Stakeholder sind im Sanierungsprozess zwingend zu beachten. Dies lässt sich aus dem Anspruchspotenzial aufgrund von Legitimationsrechten und **Einflusswirkungen** dieser Gruppen begründen (vgl. Schuppisser, 2002, S. 16 ff.):

- Stakeholder können ein positives oder negatives Einflusspotenzial einen Umstrukturierungsverlauf ausüben. Zu beachten sind die Beziehungen zur Krisenfirma, aber auch die Verbindungen der Stakeholder untereinander.
- Stakeholder haben Legitimationsrechte im Sanierungsprozess. Diese resultieren aus Eigentumsrechten beispielsweise bei Gesellschaftern oder durch eine enge Einbeziehung in die Wertschöpfungskette bei Lieferanten und Kunden.

Aus den Ansprüchen ergeben sich Bedrohungspotenziale oder Möglichkeiten, eine Sanierung aktiv zu unterstützen. Dies ist im ersten Schritt der Stakeholder-Analyse differenziert nach internen und externen Gruppen zu untersuchen. Mögliche Bedrohungen sind auch in einem Restrukturierungsverfahren zu erwarten. Es sind Lösungen zu erarbeiten und Abstimmungen durchzuführen. Im zweiten Schritt einer Stakeholder-Analyse sind die Interessen, Bedrohungen und Sanierungsbeiträge abzuleiten. Zwischen den ausgewählten internen und externen Stakeholdern sowie dem Krisenunternehmen bestehen wechselseitige Beziehungen. Die wirtschaftliche Lage sowie die Entscheidungen der Geschäftsleitung können auf diese Stakeholder einwirken und es kann im Gegenzug zu einer Einflussnahme auf das Krisenunternehmen kommen. Ein erfolgreicher Sanierungsprozess setzt zunächst die Kenntnis der Entscheidungsalternativen der wichtigen Stakeholder des Unternehmens, die eine Sanierung aktiv fördern oder auch stark gefährden können, voraus. In Restrukturierungsverfahren ist das ähnlich, nur das Gruppen, die den Restrukturierungsprozess behindern, überstimmt werden können.

Einige Maßnahmen wirken positiv und unterstützen den Gesundungsprozess, andere Schritte wirken negativ und beeinträchtigen das Erreichen des Turnarounds. Eine Übersicht über die Einflussmöglichkeiten zeigt Tab. 2.9.

Tab. 2.9: Einflüsse interner Stakeholder in der Krise (Quelle: Eigene Darstellung)

Unterstützungen	Interne Stakeholder	Bedrohungen
Gehaltsverzicht Einschuss frischer Liquidität	Geschäftsführung	Kündigung Missmanagement
Kapitalerhöhung Rangrücktritt Darlehen	Anteilseigner	Erhöhte Entnahmen Rückführung Darlehen
Sanierungsunterstützung Sanierungsüberwachung	Aufsichtsrat/Beirat	Fehlende Überwachung Passivität
Gehaltsverzicht Freiwillige Überstunden	Mittleres Management	Blockadehaltung Innere Kündigung
Gehaltsverzicht Freiwillige Überstunden	Mitarbeiter	Kündigung Demotivation

Auch das Verhalten der externen Stakeholder ist in der Krise und Sanierung von erheblicher Bedeutung. Diese Akteure können mit der Krisenfirma kooperieren, indem sie zum Beispiel Stillhalten und das Unternehmen mit Sanierungsbeiträgen unterstützen. Sie können die Geschäftsbeziehung aber auch zu Lasten des Unternehmens umgestalten, indem neue Konditionen vereinbart werden oder diese komplett beenden (vgl. Buschmann, 2004, S. 203 ff.). Des Weiteren können sich einseitige sowie nicht abgestimmte Handlungen einer Partei auf die Entscheidungen anderer auswirken. Wenn ein Lieferant die Zahlungskonditionen verschärft, können andere Lieferanten und die Kreditversicherer ähnlich reagieren.

Die Stakeholder sind in den Gruppen zu unterscheiden in Bezug auf den Umfang der Geschäftsbeziehung. Es existieren Hausbanken, die umfangreiche Kreditlinien bereitstellen und Sicherheiten halten, sowie Nebenbanken mit geringeren Kreditvolumina und Sicherheiten. Demnach kann die Hausbank eine Sanierung in jeglichen Punkten unterstützen, während eine Nebenbank eine Verwertung vorzieht, um die finanziellen Risiken einer unsicheren Sanierung zu vermeiden. Es können Haupt- und Nebenlieferanten bestehen. Auch in Gesellschafterkreis kann es deutliche Unterschiede in den Beteiligungsquoten ergeben und dies die Machtverhältnisse ausdrücken. Insgesamt können sich die Verhaltensweisen stark von der Intensität der geschäftlichen Beziehung unterscheiden. Umfangreiche und lange Geschäftsbeziehungen erhöhen die Bindung zur Krisenfirma und die Unterstützungsbereitschaft. Die möglichen Maßnahmen sowie Entscheidungen der verschiedenen betrachteten externen Gruppen werden in der nachfolgenden Tab. 2.10 aufgezeigt.

Tab. 2.10: Einflüsse externer Stakeholder in der Krise (Quelle: Eigene Darstellung)

Unterstützungen	Externe Stakeholder	Bedrohungen
Stundungen Neukreditvergabe	Kreditinstitute	Konditionen/Linienkürzungen Nachbesicherungen
Weiterbelieferung Erhalt Versicherungslinien	Lieferanten/Kreditversicherer	Lieferung gegen Vorkasse Kürzung Einkaufslinien
Finanzielle Unterstützungen Fortführung Geschäfte	Kunden	Verzögerung von Zahlungen Wechsel zur Konkurrenz
Professionelle Sanierung Interimsmanagement	Sanierungsberater	Unprofessionelle Sanierung Hoher Kostenfaktor
Restrukturierungswissen Insolvenzkenntnisse	Sachwalter, WP, StB	Fehlendes Fachwissen Keine Sanierungserfahrungen
Vergabe Landesbürgschaft Stundung Steuerzahlungen	Öffentliche Hand	Versagung öffentlicher Hilfen Einforderung Steuerzahlungen

Dabei kann sich das Entscheidungsverhalten im Zeitablauf verändern, unter anderem, wenn einzelne Stakeholder Einfluss auf andere Akteure nehmen. So kann der Druck der Kreditinstitute unter Umständen verhindern, dass Kreditversicherer ihre Linien kürzen oder ihre Geschäftsbeziehung vollständig beenden. Es kann sich auch die Geschäftspolitik eines Akteurs verändern und dies einen Einfluss auf die Sanierungsmaßnahmen haben. Vielfach spielt auch der Zeitpunkt, zu dem ein relevanter Akteur einen Sanierungsbeitrag gewährt, eine bedeutende Rolle, um andere Stakeholder zu erforderlichen Unterstützungen zu überzeugen.

Förderlich zur Gewinnung der Sanierungsunterstützungen der externen Anspruchsgruppen sind das Verhalten des Managements und die geleisteten finanziellen Beiträge der Gesellschafter. Jedoch kann es beim Vorhandensein mehrerer Anteilseigner im Gesellschafterkreis zu Differenzen kommen, wenn in einer Krisenlage neues Geld eingeschossen werden soll. Es kann Anteilseigner geben, die das Unternehmen unterstützen wie die Unternehmensgründer oder Familienunternehmer. Andere Gesellschafter, wie Finanzinvestoren, verfolgen finanzielle Interessen und können ihr bestehendes Investment bereits abgeschrieben haben. Wenn Renditeziele nicht erreicht werden, nimmt das Interesse am Investment ab. Ebenfalls können die Ziele und Vorgehensweisen innerhalb unterschiedlicher Kreditinstitute stark differieren. So kann ein Institut mit einem geringen Kreditvolumen die Ablösung fordern.

Im Rahmen der Restrukturierungsverfahren nach dem StaRUG werden neue Akteure und Institutionen eingeführt, die im Folgenden ebenfalls als Stakeholder bezeichnet werden. Es können Akteure wie der Restrukturierungsbeauftragte, der Sanierungsmoderator oder auch Institutionen, wie der Gläubigerbeirat nach § 93 StaRUG sein, wenn das Verfahren gesamtverfahrensartig ist. Des Weiteren kann das Restrukturierungsgericht mehr oder minder eingebunden sein (§§ 34 ff. StaRUG).

2.5 Akteure, Organe und Institutionen in Restrukturierungen

Die folgende Abb. 2.9 gibt eine Übersicht über weitere in Restrukturierungsverfahren gemäß StaRUG hinzutretende Akteure wie den möglichweise eingesetzten Restrukturierungsberater, den Sanierungsmoderator oder auch Institutionen wie das Restrukturierungsgericht und Organe wie den eingesetzten Gläubigerbeirat. Es erweitert den Katalog möglicher Stakeholder in Restrukturierungen.

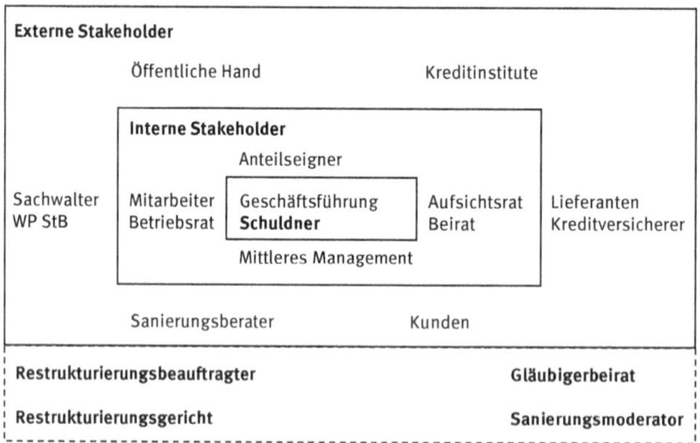

Abb. 2.9: Stakeholder und Institutionen in Restrukturierungsverfahren (Quelle: Eigene Darstellung)

Der **Schuldner** steht im Zentrum eines Restrukturierungsverfahrens und veranlasst dieses. Die Bestellung des **Restrukturierungsbeauftragten** aus §§ 73–79 StaRUG ist eine wichtige Entscheidung im Verfahren, da dieser Akteur an der Ausarbeitung des Plans, der Organisation und Durchführung der Abstimmung über den Plan und der Überwachung der Umsetzung der Planvorgaben mitwirkt.

Das StaRUG unterscheidet zwischen dem Restrukturierungsbeauftragten, der gemäß besonderer Verfahrensvorschriften von Amts wegen vom Restrukturierungsgericht (§§ 73 ff. StaRUG) zu bestellen ist und dem fakultativen Restrukturierungsbeauftragten aus § 77 Abs. 1 StaRUG zur Förderung der Verhandlungen zwischen den Beteiligten entweder durch Antrag des Schuldners oder von Gläubigern, wenn auf diese mehr als 25% der Stimmrechte einer Gruppe entfallen und sie sich zur Übernahme der Kosten der Beauftragung verpflichten.

Der fakultative Restrukturierungsbeauftragte kann auf Antrag des Schuldners weitergehende Aufgaben gemäß § 76 StaRUG zugewiesen bekommen, seine Kernaufgabe ist jedoch die Unterstützung des Schuldners und der einbezogenen Gläubiger „bei Ausarbeitung und Aushandlung des ... Restrukturierungsplans“ (§§ 79, 77 StaRUG). Er entspricht damit im Wesentlichen dem Sanierungsmoderator und dessen Funktionen im gesonderten Moderationsverfahren (§ 96 Abs. 1 StaRUG).

Zusammenfassend sind beide in der Funktion eines Mediators tätig. Gegenstand ist die außergerichtliche konsensuale Konfliktlösung unter der Mithilfe des Mediators, dies bedeutet des Sanierungsmoderators beziehungsweise des fakultativen Restrukturierungsbeauftragten. Diese neutrale Funktion hilft zu vermitteln bei verhärteten Positionen und ist durch konflikterfahrene Akteure auszuüben.

Das **Restrukturierungsgericht** bestellt den „obligatorischen" Restrukturierungsbeauftragten in einer Restrukturierungssache (§ 31 Abs. 1, 3 StaRUG) von Amts wegen, wenn die besonderen Voraussetzungen des § 73 Abs. 1 Satz 1, Abs. 2 StaRUG vorliegen oder wenn es die Bestellung nach Maßgabe von § 73 Abs. 3 StaRUG für zweckmäßig hält. Nach § 73 Abs. 1 Satz 2 StaRUG kann das Gericht von der Bestellung absehen, wenn die Wahrung der Rechte Beteiligter dies nicht erfordert oder wenn die Bestellung sogar offensichtlich unverhältnismäßig wäre.

Es ist unter Umständen eine schwierige Auswahlentscheidung zu treffen, wenn von Schuldnern und Gläubigern unterschiedliche Restrukturierungsbeauftragte vorgeschlagen werden. Dann sind Eignungen, Fähigkeiten und Erfahrungen der Personen und die vorhandene Infrastruktur in Form der fachlichen und persönlichen Kapazitäten für das konkrete Restrukturierungsverfahren zu bewerten. Es ist in der Praxis davon auszugehen, dass die Gerichte überwiegend Persönlichkeiten bestellen, die ihnen als Insolvenzverwalter oder aus verwandten Funktionen bereits bekannt sind und gegebenenfalls Branchenerfahrung haben.

Das Restrukturierungsgericht wird unter anderem pflichtgemäß tätig, wenn die Instrumente des Stabilisierungs- und Restrukturierungsrahmens nach § 29 StaRUG im Verfahren wahrgenommen werden sollen und der Schuldner die Anzeige gemäß § 31 StaRUG vorgenommen und damit die Restrukturierungssache rechtshängig gemacht hat (§ 31 Abs. 3 StaRUG). Danach kann der Schuldner die von ihm selektiv für geboten gehaltenen Anträge auf Stabilisierungsmaßnahmen gemäß §§ 49 ff. StaRUG stellen beziehungsweise die Anträge gemäß § 29 Abs. 2 Nr. 1, 2, 4 StaRUG, insbesondere auf gerichtliche Planabstimmung sowie Planbestätigung, wobei die gerichtliche Bestätigung unverzichtbar ist, soll der Plan auch für Akkordstörer unter den einbezogenen Gläubigern verbindlich werden (§§ 17 Abs. 1 Satz 1, 60 ff. StaRUG).

Dies ist unter anderem bei der Umsetzung einer Stabilisierungsmaßnahme gemäß § 49 Abs. 1 StaRUG erforderlich, wenn das Gericht eine Vollstreckungssperre auf Antrag des Schuldners anordnet. Dabei entscheidet das Restrukturierungsgericht über den Antrag auf Erlass der Stabilisierungsanordnung durch Beschluss aus § 51 Abs. 5 StaRUG. Auch die Aufhebung einer Stabilisierungsanordnung erfolgt durch das Restrukturierungsgericht gemäß § 59 Abs. 1 StaRUG.

Das Restrukturierungsgericht kann gemäß § 45 Abs. 1 StaRUG auch auf Antrag des Schuldners tätig werden bei der Festsetzung eines Termins, in dem der Restrukturierungsplan des Schuldners und das Stimmrecht der Planbetroffenen erörtert werden und anschließend über den Plan abgestimmt wird.

Der Restrukturierungsplan ist das Herzstück des Verfahrens und bestimmt letztendlich den Erfolg des wirtschaftlichen Gesundungsprozesses. Der Schuldner kann auf Antrag in einer Vorprüfung die Chancen der positiven Planbestätigung durch das Restrukturierungsgericht über ein Gespräch mit dem Richter eruieren (§§ 46, 47 StaRUG). Die Planbestätigung kann ebenfalls auf Antrag des Schuldners durch das Gericht erfolgen oder gemäß § 63 Abs. 1 StaRUG versagt werden.

Informationen zur Planüberwachung werden gemäß § 72 Abs. 3 StaRUG ebenfalls an das Gericht gegeben und das zuständige Restrukturierungsgericht kann dann auch die Aufhebung der Planüberwachung gemäß § 72 Abs. 4 StaRUG beschließen.

Gemäß § 93 Abs. 1 StaRUG kann ein **Gläubigerbeirat** fakultativ vom Gericht eingesetzt werden, in Anlehnung an den (vorläufigen) Gläubigerausschuss des Insolvenzverfahrens, wenn die Restrukturierung gesamtverfahrensartige Züge aufweist. Dann vertritt beziehungsweise ersetzt das Gremium die Planbetroffenen gemäß § 74 Abs. 2 StaRUG im Hinblick auf die Auswahl des obligatorischen Restrukturierungsbeauftragten mit einstimmigem Beschluss (§ 93 Abs. 2 StaRUG). Die Mitglieder des Beirats unterstützen und überwachen den Schuldner gemeinschaftlich bei seiner Geschäftsführung und der Schuldner zeigt dem Beirat die Inanspruchnahme der Instrumente des Stabilisierungs- und Restrukturierungsrahmens nach § 93 Abs. 3 StaRUG an (vgl. dazu insbesondere Cranshaw, 2021, S. 108 ff.).

Die **Sanierungsmoderation** gemäß §§ 94 ff. StaRUG ist als eine besondere Variante der Restrukturierung nach dem StaRUG für Kleinstunternehmen und kleine Unternehmen vorgesehen und erfordert einen eingesetzten Sanierungsmoderator.

Der **Sanierungsmoderator** soll gemäß § 96 Abs. 1 StaRUG zwischen dem Schuldner und seinen Gläubigern bei der Herbeiführung einer Lösung zur Überwindung der wirtschaftlichen beziehungsweise finanziellen Schwierigkeiten vermitteln und steht unter der Aufsicht des Restrukturierungsgerichts (§ 96 Abs. 5 StaRUG). Gemäß § 99 Abs. 1 Nr. 2 StaRUG kann der Sanierungsmoderator gegebenenfalls durch das Gericht abberufen werden, entweder durch Antrag des Schuldners oder wenn durch den Moderator die Insolvenzreife des Schuldners angezeigt wurde.

Ein erfolgreicher Sanierungsvergleich, den der Schuldner mit den Gläubigern konsensual gemäß § 779 BGB schließt und an dem sich auch Dritte beteiligen können, kann gemäß § 96 Abs. 1 StaRUG auf Antrag des Schuldners durch das Restrukturierungsgericht bestätigt werden. Ob die Sanierungsmoderation als Verfahrensweg erfolgreich sein wird, ist abhängig vom Umfang der Verbindlichkeiten, den Sicherheiten und der angebotenen Quote. Vornehmlich soll ein finanzieller Vergleich bewirkt werden und es bedeutet nicht immer die Umsetzung von Sanierungsmaßnahmen.

Erfolgt ein Übergang von der Sanierungsmoderation in den Stabilisierungs- und Restrukturierungsrahmen, kann das Restrukturierungsgericht gemäß § 100 Abs. 2 StaRUG den Sanierungsmoderator zum Restrukturierungsbeauftragten bestellen. Dann entfällt gegebenenfalls eine Einarbeitungszeit in den Fall.

2.6 Schuldner als Initiator des Verfahrens

Das Restrukturierungsverfahren scheint primär ein schuldnerorientiertes Verfahren, da die Initiative vom **Schuldner** ausgeht und der Erhalt des Unternehmens, unter Umständen unter Einsatz von Stabilisierungsinstrumenten, das Ziel ist. Dieses bedingt, dass mit dem Erhalt der Firma auch die Anteile der Gesellschafter werthaltig bleiben können beziehungsweise durch die Sanierung wieder werthaltig werden.

Dies, soweit nicht durch den Plan oder außerhalb desselben die Wertschöpfung auf der Ebene der Anteilseigner ganz oder teilweise abgeschöpft wird oder diese umgekehrt Sanierungsbeiträge erbringen, die es erlaubt, die Eigner am Planmehrwert „zu Lasten" anderer einbezogener Gläubiger zu beteiligen (§ 28 Abs. 2 StaRUG, Durchbrechung der absoluten Priorität, sogenannte „Relative Priority Rule" als eines der Gestaltungsmerkmale des StaRUG, siehe aber auch § 245 Abs. 2 Satz 2 InsO).

Abgrenzungsprobleme zeigt die Entscheidung des AG Dresden vom 7.6.2021 (574 Res 2/21), eine der ganz wenigen gerichtlichen Entscheidungen zu Restrukturierungen nach dem StaRUG Die These des schuldnergetriebenen Verfahrens unterstützt der Umstand, dass es keine wirkliche Gläubigerautonomie mit Gläubigerversammlung und Gläubigerausschuss gibt, denn der Gläubigerbeirat nach § 93 StaRUG betrifft eine Ausnahmesituation und die Gläubiger kommen insgesamt nur einmal zusammen, um den Restrukturierungsplan zu erörtern und abzusegnen.

Eine neutrale Institution wie das Gericht oder ein Insolvenzverwalter sind nicht einzusetzen. Die Bedingungen des Cram Down sind weitergehend als bisher nach der Insolvenzordnung. Der Schuldner führt das Verfahren, soweit er es nicht nach § 31 StaRUG als Restrukturierungssache rechtshängig macht und dann hat er die Wahl aus den Werkzeugen des § 29 Abs. 2 StaRUG.

Allerdings bestehen dazu drei Verfahrensbremsen. Das Unternehmen darf nur drohend zahlungsunfähig sein, dissentierende Gläubiger können nur zur Teilnahme an der Restrukturierung gezwungen werden, wenn auch das Restrukturierungsgericht eingeschaltet wird (§ 17 Abs. 1 StaRUG) und aus § 25 Abs. 1 StaRUG muss der Schuldner in jeder Gruppe 75% aller Stimmrechte der dort vertretenen Gläubiger von seinem Restrukturierungskonzept überzeugen.

Das ist eine deutlich größere Mehrheit als sie § 244 InsO im Insolvenzplanverfahren fordert mit der einfachen Stimmenmehrheit, aber doppelten Mehrheit nach Köpfen und Forderungen. Gemeint ist in § 25 StaRUG zudem nicht etwa eine Quote von 75% der Abstimmenden, sondern sämtlicher Planbetroffener. Maßstab sind die Stimmrechte nach Forderungen (§ 24 StaRUG). Damit muss der Schuldner durchaus einen entsprechenden Aufwand entfalten, um die Gläubiger hinter sich zu bringen. Zu differenzieren von der Sanierungsmethodik nach dem StaRUG sind die außergerichtliche Sanierung als ein von den Gläubigern stärker getragenes Modell oder das Insolvenzverfahren mit den Zielen der gemeinschaftlichen Befriedigung aller Gläubiger durch die Verwertung oder alternativ den Unternehmenserhalt (§ 1 InsO).

Wesentlicher Akteur im Restrukturierungsprozess nach dem StaRUG ist der Schuldner als Initiator des Restrukturierungsplans und des gesamten Verfahrens. Dazu hat die Geschäftsführung eines Unternehmens gemäß § 1 StaRUG die Geschäfte fortlaufend auf bestandsgefährdende Risiken zu überwachen. Dem Schuldner kommt das alleinige Initiativrecht für den Restrukturierungsprozess sowie die Einleitung einer Restrukturierung beziehungsweise des Restrukturierungsverfahrens zu.

Allerdings wird diese Entscheidung mit den Gesellschaftern abzustimmen sein, den Gesellschafterbeschluss oder zusätzlich einen Beschluss des Aufsichtsrats erfordern (vgl. Pannen/Riedemann/Smid-Weitzmann, 2021, § 1, Rn. 113, Desch, 2021a, S. 13). Dies ist nachvollziehbar, denn die Reputation der Firma und die Werthaltigkeit der Anteile sind betroffen (vgl. Pannen/Riedemann/Smid-Riedemann, 2021, § 2 StaRUG, Rn. 47). So ist das Restrukturierungsverfahren primär als Schuldnerverfahren und sekundär als Gläubigerverfahren zu betrachten, auch wenn wiederholt herausgehoben wird, dass die Interessen der Gläubiger zu wahren sind.

Die Restrukturierungssache ist gemäß § 32 Abs. 1 und § 43 Abs. 1 StaRUG durch den Schuldner mit der Sorgfalt eines ordentlichen und gewissenhaften Sanierungsgeschäftsführers durchzuführen, im Sinne einer Wahrung der Interessen aller Gläubiger. Was dies bedeutet, bleibt im Sinne der leistungswirtschaftlichen Sanierung und Restrukturierung des Unternehmens unklar, in dem vorliegenden Kontext sind aber unbestimmte Rechtsbegriffe unvermeidbar, die Klärung bleibt der Praxis, den Gerichten und der Wissenschaft überlassen. Eindeutig ist allerdings, dass der Zustand der drohenden Zahlungsfähigkeit im Zweifel genau von dem antragstellenden Management nicht vermieden werden konnte. Dennoch müssen gerade die Fähigkeiten zur Krisenbewältigung bei der Geschäftsleitung ausgeprägt sein, um beispielweise die einbezogenen Gläubiger von dem Restrukturierungsplan zu überzeugen.

Das Verfahren ist nur sehr eingeschränkt vergleichbar mit der Eigenverwaltung, jedoch ohne das korrigierende und prüfende Element durch die Aufgaben des Sachwalters. Die Funktion eines Korrektivs weist das StaRUG dem Restrukturierungsbeauftragten zu, der wiederum nur eingeschränkt mit dem Sachwalter der Eigenverwaltung verglichen werden kann, wenn er auch wie der Sachwalter beispielsweise bei der Kontrolle des Zahlungsverkehrs gemäß § 76 Abs. 2 Nr. 2b und Nr. 3 StaRUG eingeschaltet wird. Seine Rolle kann weiter ausgelegt werden, wenn er in die Gestaltung des Restrukturierungsplans eingebunden wird. Des Weiteren wird er häufig Moderator unterschiedlicher Interessenlagen der Planbetroffenen sein. Die Funktionen sind auf einem Kontinuum eng bis weit zu fassen, jeweils in Abhängigkeit der individuellen Gegebenheiten des Einzelfalls.

Dem Schuldner werden insgesamt Freiheiten bei der verantwortlichen Gestaltung und Organisation des Gesamtprozesses eingeräumt. Jedoch fehlt es im Wesentlichen an einer inhaltlichen Aussage, welche Sanierungs- und Restrukturierungspflichten neben der Gestaltung der finanzwirtschaftlichen Restrukturierung bei der leistungswirtschaftlichen Sanierung unbedingt durchzuführen sind.

Die offensichtlich bestehende Liquiditätskrise mit der drohenden Zahlungsunfähigkeit lässt dort eigentlich zeitlich einen nur geringen Handlungsspielraum, da die tatsächliche Zahlungsunfähigkeit zeitlich nicht weit entfernt ist (§ 42 StaRUG und § 15a InsO). Des Weiteren kann auch eine Überschuldung bestehen. Die Bestimmung des Krisenstadiums und der eventuellen Insolvenzreife des Unternehmens ist wichtig, um zu erkennen, ob Insolvenzantragspflichten bestehen und welche Phasen im Krisenprozess bereits durchlaufen wurden, denn diese sind im Rahmen einer Restrukturierung nach Maßgabe der Prüfung aus IDW S 6 erfolgreich aufzuarbeiten. So gelingt erst die durchgreifende Restrukturierung eines Krisenunternehmens.

Die Einbindung erfahrener Berater in den Restrukturierungsprozess ist kostenträchtig, aber gerade aufgrund der meist auch deutlich leistungswirtschaftlichen Defizite des Geschäftsmodells des Schuldners kaum vermeidbar. Der Schuldner kann das Verfahren selbst organisieren und auch nur allein den Plan zur Abstimmung stellen oder dazu das Restrukturierungsgericht einschalten.

Der Schuldner beziehungsweise die Geschäftsführung des Unternehmens kann den Plan eigenständig ausarbeiten. Er wird allerdings vermutlich häufig nicht in der Lage dazu sein und zwar aufgrund der Komplexität des Geschehens, der geringen Erfahrung in der Erstellung der geforderten Planunterlagen und der möglichen Haftungsgefahren für eventuelle Fehler. Zudem hat der Geschäftsführer eines kleinen Unternehmens sicherlich einen anderen als den zur Steuerung der Restrukturierung erforderlichen beruflichen Hintergrund und ist stark in das Tagesgeschehen der krisenbehafteten Firma eingebunden. Die Einsetzung eines Restrukturierungsgerichts sowie die Beauftragung eines Restrukturierungsbeauftragten wird in der Praxis bei komplexen Verfahren vermutlich der Regelfall sein.

Nicht geregelt ist im StaRUG, wie es zu handhaben ist, wenn mehrere Personen mit der Geschäftsführung beauftragt sind und einige Personen diese Anzeige (§ 31 StaRUG) auf ein Restrukturierungsvorhaben erstatten und andere dies auch aus Reputationsgründen verweigern sowie sich einem außergerichtlichen Sanierungsprozess beziehungsweise einem Restrukturierungsverfahren ohne Einschaltung des Gerichts unterziehen möchten. Die Anzeige des Restrukturierungsvorhabens als solche stellt noch keinen Antrag auf die Inanspruchnahme eines der Instrumente des Stabilisierungs- und Restrukturierungsrahmens nach § 29 StaRUG dar.

Sie ist dennoch Verfahrenshandlung, welche die Restrukturierungssache rechtshängig macht (§ 31 Abs. 3 StaRUG) und Voraussetzung für Anträge an das Restrukturierungsgericht ist. Eine gerichtliche Entscheidung darüber ist nicht vorgesehen und eine Eröffnung wie im Insolvenzverfahren existiert im gerichtlichen Verfahren nach dem StaRUG nicht. Als Verfahrenshandlung muss die Anzeige gemäß § 31 StaRUG aber von vertretungsberechtigten Personen des Schuldners vorgenommen werden. Die Anzeige verliert ihre Wirkung unter anderem, wenn sie zurückgenommen wird (§ 31 Abs. 4 Nr. 1 StaRUG). Die Rücknahme bedarf ebenfalls der Erklärung durch gegebenenfalls die Mehrheit der vertretungsberechtigten Personen.

Die Gesellschafter einer GmbH oder einer Personenhandelsgesellschaft etwa können die Anzeige durch Anweisung an die Geschäftsführer zurücknehmen lassen, gegebenenfalls werden sie zuvor den oder die Geschäftsführer ablösen lassen und neue Geschäftsführer zur Rücknahme anweisen. Umgekehrt können sie die Geschäftsführer anweisen, die Anzeige zur Restrukturierung zu erstatten.

Schwieriger ist das bei der Aktiengesellschaft, deren Vorstand die Gesellschaft unter eigener Verantwortung leitet (§ 76 AktG) und dessen Bestellung nur aus einem wichtigen Grund vom Aufsichtsrat, der ihn bestellt, widerrufen werden kann (§ 84 Abs. 3 AktG). Bei tatsächlich bestehender drohender Zahlungsunfähigkeit wird der Vorstand die Anzeige gemäß § 31 StaRUG erstatten und davon durch den Aufsichtsrat wohl nicht abgehalten werden können, wenn auch die fehlerhafte Abberufung bis zur rechtskräftigen Feststellung der Unwirksamkeit bestehen bleibt.

Des Weiteren erscheint es problematisch zu sein, die Aktionäre bei einer Aktiengesellschaft mit hohem Streubesitzanteil und weit gestreuten Aktienpaketen in diese Entscheidung mit einzubeziehen, damit spätere Klagen vermieden werden. Gegebenenfalls ist eine außerordentliche Hauptversammlung einzuberufen. Bei dem Vorgehen erscheint es jedoch problematisch zu sein, die Öffentlichkeit des Verfahrens zu vermeiden. Die Reputation des betroffenen Unternehmens wird dann vermutlich leiden und sich deutlich negativ auf den Aktienkurs auswirken. Mögliche spätere Klagen, wie beispielsweise von Fondsgesellschaften, sind nicht auszuschließen.

Weitere Effekte wie das vorsichtigere Verhalten von Gläubigern mit der Reduzierung der Geschäftsbeziehung oder dem Ausstieg aus der Geschäftsverbindung sind bei Bekanntwerden einer geplanten Restrukturierung meist ebenfalls nicht zu vermeiden. Dann kann sich die Restrukturierung nach dem StaRUG schnell in eine Insolvenz wandeln, mit einem starken Verfall der Werte der Anteilseigner. Der Verkauf von Firmenteilen und die Verwertung des Restes sind dann nicht auszuschließen.

Diese Interessenkonflikte können auch zwischen einem externen Management und einem Anteilseignerkreis auftreten, beispielsweise in Unternehmen, die nicht einer großen Streuung der Anteile unterliegen. Auch der notwendige Umfang der Einbindung eines Aufsichtsrats, unter Umständen auch als Initiator zur Ingangsetzung eines Restrukturierungsvorhabens, bleibt im StaRUG ungeregelt.

Ein wichtiger Kernakteur wird in der praktischen Umsetzung zum einen des rechtlichen StaRUG-Verfahrens und zum anderen der Realisierung der erforderlichen leistungswirtschaftlichen Restrukturierungsschritte in Form von zu realisierenden Maßnahmenpaketen gemäß Zeitplan und Verantwortlichen sowie der Überwachung der Schritte im Krisenunternehmen der Restrukturierungsbeauftragte aus §§ 73 ff. StaRUG sein, wofür aber die Einschaltung des Gerichts geboten ist.

Das fachliche Anforderungsprofil kann dabei in einem erfahrenen Insolvenzverwalter, einem Sachwalter in der Eigenverwaltung oder auch einem sanierungserfahrenen Berater bestehen. Hier ist der Einzelfall entscheidend.

2.7 Restrukturierungsbeauftragter

Die Auswahl des geeigneten **Restrukturierungsbeauftragten** ist die Kernentscheidung im Restrukturierungsverfahren. Dieser Akteur ist nicht zwingend einzusetzen, jedoch erscheint die Einsetzung aufgrund der Verfahrenskomplexität in der Praxis erforderlich zu sein. Gemäß § 73 Abs. 1 StaRUG erfolgt die Bestellung des Restrukturierungsbeauftragten von Amts wegen, durch das **Restrukturierungsgericht**:

- wenn Forderungen und Absonderungsanwartschaften von Verbrauchern sowie Kleinstunternehmen, kleinen, mittleren Unternehmen durch den Plan gestaltet
- oder deren Durchsetzung durch eine Stabilisierungsanordnung gesperrt werden soll (§ 73 Abs. 1 Nr. 1 StaRUG),
- wenn eine Stabilisierungsanordnung beantragt wird und sich diese gegen im Wesentlichen alle Gläubiger richtet (§ 73 Abs. 1 Nr. 2 StaRUG),
- wenn der Restrukturierungsplan eine Überwachung der Erfüllung der den Gläubigern nach Plan zustehenden Ansprüche vorsieht (§ 73 Abs. 1 Nr. 3 StaRUG),
- wenn die Restrukturierung nur im Rahmen einer gruppenübergreifenden Mehrheitsentscheidung erreichbar ist (§ 73 Abs. 2 i.V.m. § 26 StaRUG).

Dieses ist gerade der Fall wenn das Restrukturierungsziel nur gegen den Willen der Inhaber von Restrukturierungsforderungen und Absonderungsanwartschaften möglich erscheint und dies nur gemäß den Voraussetzungen des § 26 StaRUG mit einer gruppenübergreifenden Mehrheitsentscheidung aus dem StaRUG erreichbar ist, einem Cross Class Cram Down. Ausgenommen von der Regelung ist, wenn an der Restrukturierung allein Unternehmen des Finanzsektors oder Planbetroffene mit Forderungen aus kapitalmarktgehandelten Instrumenten beteiligt sind.

Das Gericht kann einen Restrukturierungsbeauftragten gemäß § 73 Abs. 3 StaRUG auch bestellen, damit dieser Prüfungen als Sachverständiger vornimmt zum Tatbestand der drohenden Zahlungsunfähigkeit oder bei einer neuen Finanzierung (§ 63 Abs. 1 Nr. 1 und § 63 Abs. 2 StaRUG) oder des Minderheitenschutzes bei einer möglichen Schlechterstellung durch den Plan (§ 64 Abs. 1 StaRUG). Die Delegation dieser Funktionen wird oft bei der Vorprüfung des Plans erfolgen (vgl. Braun-Blümle/Erbe, 2021, § 73, Rn. 21). In § 74 Abs. 1 StaRUG werden Anforderungen an die Qualifikationen des **Restrukturierungsbeauftragten** genannt. Es ist auszusuchen:

- Ein für den Einzelfall geeigneter Akteur: Es sind wahrscheinlich die Unternehmensgröße, die Branche, die konkrete Krisenlage und die Fallsituation gemeint.
- Ein in Restrukturierungs- sowie Insolvenzsachen erfahrener Berufsträger: Genannt werden Steuerberater, Wirtschaftsprüfer oder Rechtsanwälte.
- Eine sonstige natürliche Person mit vergleichbarer Qualifikation: Dieses könnte der in Sanierungen erfahrene Unternehmensberater sein.
- Eine von Gläubigern und dem Schuldner unabhängige Person ist auszuwählen: Neutralität ist ein Erfordernis für objektive Beurteilung des potenziellen Erfolgs.

Das Gericht berücksichtigt bei der Auswahl die Vorschläge des Schuldners, seiner Gesellschafter oder diejenigen der Gläubiger aus § 74 Abs. 2 StaRUG. Primär kann der Schuldner den Restrukturierungsbeauftragten auswählen, wenn dieser die Bescheinigung eines in Restrukturierungs- und Insolvenzsachen erfahrenen Akteurs vorlegt, aus der sich ergibt, dass der Schuldner die Voraussetzungen des § 51 Abs. 1, 2 StaRUG erfüllt. Das zuständige Gericht kann von diesem Vorschlag nur davon abweichen, wenn die vorgeschlagene Person offensichtlich ungeeignet ist. Dies ist eine Hürde, denn es ist eine plausible Begründung abzugeben.

Sekundär können auch die Planbetroffenen, auf die in jeder der nach § 9 StaRUG zu bildenden Gruppen mehr als 25% des Stimmrechts entfallen, dem Gericht einen gemeinschaftlichen Vorschlag dazu unterbreiten. Zudem kann der Gläubigerbeirat mit einstimmigem Beschluss gemäß § 93 Abs. 2 StaRUG einen Beauftragten vorschlagen. Das Restrukturierungsgericht kann von dem Vorschlag nur dann abweichen, wenn die Person offensichtlich ungeeignet ist, das Verfahren zu begleiten.

Alternativ kann auch eine Bestellung auf Antrag gemäß § 77 Abs. 1 und 2 StaRUG als fakultativer Beauftragter durch den Schuldner oder die Gläubiger erfolgen, dort unter den weiteren Voraussetzungen des § 77 Abs. 1 Satz 2 StaRUG. Bei der Eignung wird auf die Bedingungen des § 74 Abs. 1 StaRUG verwiesen. Hauptaufgabe ist die Förderung der Verhandlung unter den Beteiligten.

Es können dem fakultativen Restrukturierungsbeauftragten auf Antrag gemäß § 77 Abs. 2 StaRUG auch weitere Aufgaben gemäß § 76 StaRUG zugewiesen werden und zwar nicht nur solche eines Sachverständigen gemäß § 76 Abs. 2 StaRUG, sondern auch weitere Aufgaben gemäß § 76 StaRUG, so dass seine Funktion derjenigen des obligatorischen Restrukturierungsbeauftragten ganz ähnlich wird.

Zweifelhaft erscheint, ob der Antrag darauf gerichtet sein kann, ihm pauschal sämtliche Aufgaben nach § 76 StaRUG zuzuweisen, denn dagegen spricht der Wortlaut des § 77 Abs. 2 StaRUG und die einem Mediator vergleichbare Aufgabe des Akteurs nach § 79 StaRUG. Dies kann gegebenenfalls dazu führen, dass die Funktionen und auch die Kompetenzen des **Restrukturierungsbeauftragten** im StaRUG-Verfahren unklar sind und sich Konflikte mit der Geschäftsführung ergeben.

! **Erläuterung:** Als **Restrukturierungsbeauftragter** sollte ein in Sanierungen und Insolvenzen erfahrener Akteur eingesetzt werden. Die Restrukturierung eines Unternehmens ist primär eine betriebswirtschaftliche Aufgabe, über die finanzwirtschaftliche Neukonfiguration des Geschäftsmodells und die Umsetzung von konkreten Sanierungsmaßnahmen. Voraussetzung dafür sind geeignete finanzielle Rahmenbedingungen. Der Restrukturierungsbeauftragte wird dann von Amts wegen bestellt (§§ 73 ff. StaRUG) oder auf Antrag des Schuldners oder der Minderheit von 25% der Gläubiger als fakultativer Beauftragter (§§ 77 ff. StaRUG). Es spricht unter Know-How-Aspekten viel dafür, dass die Restrukturierungsgerichte die Restrukturierungsbeauftragten vornehmlich aus der Gruppe der erfahrenen Insolvenzverwalter auswählen werden, zumal der Restrukturierungsplan in den Strukturen aus dem Insolvenzplan abgeleitet ist. Alternativ erscheinen auch einschlägige Berater geeignet.

Die optimale Auswahl des Restrukturierungsbeauftragten sollte sich an den zu erfüllenden Aufgaben ausrichten. Diese werden in § 76 StaRUG benannt. Bedeutende Funktionen eines **Restrukturierungsbeauftragten** bestehen unter anderem in (vgl. Smid, 2020, S. 2093 und Jung et al., 2020, S. 102):

- Organisation und Durchführung der Abstimmung über den Plan
- Überprüfung der wirtschaftlichen Lage des Schuldners
- Überwachung der Geschäftsführung des Unternehmens
- Verantwortlicher Durchführung und Prüfung des Zahlungsverkehrs
- Unterstützung des Schuldners bei Ausarbeitung des Restrukturierungsplans
- Überwachung der Umsetzung der genauen Vorgaben aus dem Plan

Wird der Beauftragte gemäß § 73 StaRUG von Amts wegen bestellt, steht ihm bei der Abstimmung über den Plan außerhalb des gerichtlichen Verfahrens, also nach den §§ 17–22 StaRUG, nicht nach den §§ 45, 46 StaRUG, die Leitung der Versammlung zu und es sind ihm die weiteren Aufgaben nach § 76 Abs. 2 Nr. 1 StaRUG zu übertragen. Es existieren somit zwei Varianten der Entscheidung über den Plan, die gerichtliche Abstimmung (§ 23 i.V.m. §§ 45, 46 StaRUG) sowie die nicht gerichtlich organisierte Abstimmung (§§ 17–22 StaRUG).

Bei der letztgenannten Variante hat der Restrukturierungsbeauftragte unter anderem die Aufgaben der Prüfung der Forderungen und Sicherheiten, die Organisation, Durchführung und Leitung der Versammlung der Planbetroffenen sowie die Dokumentation der Abstimmung. Ist die Bestimmung der Rechte der Planbetroffenen allerdings streitig, so ist eine gerichtliche Vorprüfung gemäß §§ 47, 48 StaRUG im Ergebnis erforderlich, wenn es auch hier eines Antrags des Schuldners bedarf.

Dann ist anzuraten, gleich die gerichtliche Abstimmung durchzuführen, um spätere Risiken eines Scheiterns der gerichtlichen Planbestätigung auszuschließen, denn im Rahmen des Bestätigungsverfahrens wird die Abstimmung ohne Mitwirkung eines Gerichts durch das Gericht einer eingehenden Prüfung unterzogen, der Schuldner muss dann den Nachweis der Ordnungsmäßigkeit der Abstimmung führen (§ 60 Abs. 1 Satz 3 StaRUG). Bei der nicht gerichtlichen Variante der Abstimmung hat diese Dokumentation des Restrukturierungsbeauftragten über die Ordnungsmäßigkeit des Abstimmungsverfahrens erhebliche Bedeutung.

Des Weiteren kann das Gericht dem Beauftragten weitere **Aufgaben** zukommen lassen, so dass der Restrukturierungsbeauftragte den Schuldner bei der Geschäftsführung überwacht und weitergehend durch ihn Gelder entgegengenommen oder Zahlungen geleistet werden können (§ 76 Abs. 2 Nr. 2 und 3 StaRUG). Wird eine Stabilisierungsanordnung erlassen, hat der Restrukturierungsbeauftragte zu überprüfen, ob die Anordnungsvoraussetzungen fortbestehen oder auch ein Aufhebungsgrund vorliegt (§ 76 Abs. 3 StaRUG). Mehrere Beauftragte mit unterschiedlichen Aufgaben können in großen Unternehmen ebenfalls bestellt werden (vgl. Braun-Blümle/Erbe, 2021, § 74, Rn. 38 ff.).

! **Erläuterung:** Der Restrukturierungsbeauftragte hat zum Restrukturierungsplan gemäß § 76 Abs. 4 StaRUG **Stellung** zu beziehen. Dies betrifft insbesondere die Erklärung zu den Aussichten der Beseitigung der drohenden Zahlungsunfähigkeit sowie der möglichen Wiederherstellung der Bestandsfähigkeit (§ 14 Abs. 1 StaRUG). Erfolgte die Bestellung des Restrukturierungsbeauftragten vor der Abstimmung über den Plan, ist diese Stellungnahme den Planbetroffenen als Anlage zum Plan zuzuleiten. Zur Durchführung seiner Aufgaben ist der Schuldner gemäß § 76 Abs. 5 StaRUG verpflichtet, dem Restrukturierungsbeauftragten die erforderlichen Auskünfte zu erteilen.

Gemäß § 76 Abs. 1 StaRUG hat der Restrukturierungsbeauftragte auch festzustellen, ob Gründe bestehen, die eine Aufhebung der Restrukturierungssache gemäß § 33 StaRUG rechtfertigen. Genannt werden in § 33 StaRUG unter anderen die Stellung eines Insolvenzantrags durch den Schuldner, ein Verstoß des Schuldners gegen die Pflichten zur Mitwirkung oder Auskunftserteilung gegenüber dem Gericht oder dem Beauftragten, die Anzeige oder das Bestehen der Insolvenzreife und natürlich auch die Eröffnung eines Insolvenzverfahrens über das Schuldnervermögen.

Neben den gesetzlichen Pflichten wird sich der Schuldner aufgrund der Komplexität des Verfahrens und der gewissen Nähe zum Beauftragten, gerade wenn er den Restrukturierungsbeauftragten selbst vorschlägt, vermutlich weitergehend beraten lassen. So wird sich der Schuldner bei der Erstellung des Plans wie auch bei der Durchführung und der Organisation der Abstimmung, gerade in der außergerichtlichen Variante, des Restrukturierungsverfahrens unterstützen lassen.

Daher sind die Kenntnisse, Erfahrungen und Qualifikationen des Beauftragten von Bedeutung, damit der Verfahrensablauf, die inhaltliche Ausgestaltung des Restrukturierungsplans und die Umsetzung des Plans im Sinne der erfolgreichen Restrukturierung optimal verlaufen können. Dies ist auch in Bezug auf den zeitlichen Aspekt der Restrukturierung zu betrachten, wenn beispielsweise erforderliche Planüberarbeitungen aufgrund fachlicher Defizite vermieden werden können.

Somit sind bestimmte Qualifikationen und berufliche Erfahrungen förderlich für die Bestellung zum Restrukturierungsbeauftragten. Es sind bei der Wahl des **Restrukturierungsbeauftragten** unter anderem die folgenden Kenntnisse und Erfahrungen zu berücksichtigen (vgl. Braun-Blümle/Erbe, 2021, § 74, Rn. 3 ff.):

- Qualifikationen: wirtschaftswissenschaftliches oder juristisches Studium beziehungsweise vergleichbare Ausbildung
- Eigenschaften: Unabhängigkeit von den Beteiligten, Neutralität sowie Objektivität bei der Sachverhaltsbeurteilung
- Erfahrungen: Sanierungskenntnisse, Restrukturierungswissen, Sachverwaltung und gegebenenfalls auch Wissen der Insolvenzabwicklung
- Kenntnisse: Branchenwissen und auch Erfahrungen mit der jeweiligen Unternehmensgrößenklasse beispielsweise bei Konzernstrukturen
- Infrastruktur: Geeignete Büroorganisation mit bestimmten Funktionen und Kapazitäten in Bezug auf die Personen und Standorte

Geeignete Berufsgruppen sind Unternehmensberater, Insolvenzverwalter sowie, insbesondere für bestimmte Tätigkeiten im Verfahren, wie bei der Erstellung der Zahlenwerke für den Restrukturierungsplan, auch Steuerberater und Wirtschaftsprüfer. Die Aufgaben des Restrukturierungsbeauftragten erfordern ein umfassendes sowie ganzheitliches wirtschaftliches Verständnis. Dieses Wissen kann in der Berufspraxis angeeignet werden. Aufgrund der Spezialität und der Komplexität ist ein Studium als berufliche Grundlage positiv zu bewerten. In Frage kommen Studiengänge, die eine wirtschaftswissenschaftliche Grundlage haben und aufgrund des Erfordernisses der Beurteilung rechtlicher Sachverhalte juristische geprägte Studiengänge.

Es ist dabei nicht die grundlegende Tatsache zu übersehen, dass das Restrukturierungsgeschehen und die Abläufe im Insolvenzverfahren im Kern marktwirtschaftliche, ökonomische Vorgänge sind, um Unternehmensschieflagen zu bereinigen oder das Ausscheiden aus dem Markt bei nicht wiederherstellbarer Wettbewerbsfähigkeit in einem weiten Sinne zu steuern.

Ein striktes rechtliches Gerüst ist aber deswegen erforderlich, weil die Vermögensinsuffizienz des Schuldners Eingriffe in seine Rechte sowie der Gläubiger erfordert, also in grundrechtlich geschützte Rechtspositionen (Art. 14 GG), so dass die verschiedenen Rechtspositionen der Beteiligten durch den Gesetzgeber abzugleichen sind, der einen weiten Spielraum hat. Anders ist dieses, wenn die Restrukturierung ohne „Zwangseingriff" wie bei den Cram-Down-Regelungen der §§ 26 ff. StaRUG, im Konsens mit allen Beteiligten vorgenommen wird.

Für das letztere Procedere steht die „außergerichtliche" oder „freie Sanierung" oder die Planabwicklung im Einklang aller nach dem StaRUG ohne Einschaltung des Restrukturierungsgerichts oder im Rahmen der Sanierungsmoderation zur Verfügung. Diese Zusammenhänge zeigen, dass die Akteure, seien es beispielsweise Restrukturierungsbeauftragte oder Insolvenzverwalter, hochprofessionell arbeiten und entsprechende Qualifikationen und Erfahrungen vorweisen müssen.

Der vorgesehene Restrukturierungsbeauftragte sollte zu keine enge Beziehung zum Schuldner aufweisen und ungünstig ist sicherlich, wenn weitere Auftragsbeziehungen wie Mandate eines Steuerberaters oder Wirtschaftsprüfers bestehen. Des Weiteren sollten keine Interessenskonflikte in Bezug auf bereits begleitete Restrukturierungsfälle existieren. Aufgrund der bereits erfolgten Einarbeitung und der oft vorhandenen fachlichen Spezialisierungen mag der bereits eingearbeitete Sanierungsberater fachlich ebenfalls für dieses Amt in Betracht zu ziehen sein (vgl. Jung, 2020, S. 103). Allerdings steht das Fehlen der notwendigen Unabhängigkeit der Amtsführung entgegen. Alle Sachverhalte, die vorstehend umrissen wurden, hindern an der Übertragung der Funktion des Restrukturierungsbeauftragten, der zudem seine Verbindungen zum Unternehmen offenlegen muss, die die Unabhängigkeit der Amtsführung beeinträchtigen können (vgl. Pannen/Riedemann/Smid-Pannen, 2021, § 74, Rn. 17 ff.). Des Weiteren können nur natürliche Personen zum Restrukturierungsbeauftragten bestellt werden, keine juristischen Personen.

Der Kern eines Restrukturierungsverfahrens besteht in der Ausarbeitung und Umsetzung des Restrukturierungsplans, vom Restrukturierungsbeauftragten begleitete Vorgänge. Wie beim Sachwalter darf angenommen werden, dass der Restrukturierungsbeauftragte mitunter derjenige sein wird, der faktisch mindestens wesentliche Impulse für den Plan gibt. Daneben ist die Abstimmung über den Plan zu organisieren, soweit diese nicht gerichtlich durchgeführt wird (§§ 45 StaRUG). Daher ist auch eine gute Eignung zur Moderation erforderlich.

Der Beauftragte sollte die unterschiedlichen Interessen der Planbetroffenen kennen und in Gesprächen ausgleichen können. Eine ausgeprägte Kommunikationsfähigkeit ist neben dem Sanierungswissen für die Verfahrensbegleitung notwendig. Es sollte zum einen Fachkompetenz in operativen Sanierungsfragestellungen und zum anderen die praktische Erfahrung in der Begleitung von Sanierungen und Insolvenzen bestehen. Ausdrücklich wird im Gesetz auf die praktische Erfahrung in Insolvenzsachen hingewiesen. Aufgrund von Überschneidungen zum Insolvenzplanverfahren und der Eigenverwaltung ist der sanierungserfahrene Insolvenzverwalter geeignet, die Position eines Restrukturierungsbeauftragten zu bekleiden. Darauf wird auch indirekt in § 83 Abs. 1 Nr. 3 StaRUG im Rahmen der Vergütung verwiesen, mit der Benennung, dass die Aufgaben in den Restrukturierungsverfahren denen eines Sachwalters in der Eigenverwaltung gleichkommen können.

Erfahrungswerte sollten in der Erstellung von BGH-konformen Sanierungskonzepten unter anderem nach IDW S 6 und Insolvenzplänen nach IDW S 2 bestehen. Zudem sind Kenntnisse sowie Erfahrungen im Arbeitsrecht, mit Finanzinstrumenten, mit Forbearance-Maßnahmen der Kreditinstitute und im Kreditsicherungsrecht sowie Verhandlungserfahrungen mit Gläubigern wie Kreditinstituten und Warenkreditversicherern wichtig bei der Begleitung von Restrukturierungssachen. In Einzelfällen wird es von Bedeutung sein, Wissen bei der Unternehmensbewertung und bei Verkaufstransaktionen sowie übertragenden Sanierungen zu haben. Fortbildung ist notwendig, um auf dem neuen Wissenstand zu sein und Erkenntnisse aus durchgeführten Restrukturierungsverfahren zu sammeln (vgl. Jung, 2020, S. 104).

Da das Restrukturierungsverfahren deutliche Parallelen zum Insolvenzplanverfahren aufweist, ist der in Sanierungen erfahrene Insolvenzverwalter prinzipiell geeignet. Folgende **Berufsträger** erscheinen für bestimmte Aufgaben prädestiniert:

- Steuerberater, Wirtschaftsprüfer: Untersuchung und Bestätigung einer lediglich drohenden Zahlungsunfähigkeit und Vorbereitung der Planungsunterlagen sowie Unterstützung bei der Umsetzung des Restrukturierungsplans.
- Unternehmensberater: Wirtschaftswissenschaftliches und juristisches Studium, Unterstützung bei der Ausarbeitung des Restrukturierungsplans, der Planungsunterlagen und insbesondere der integriert erstellten Planzahlen.
- Insolvenzverwalter: Sanierungserfahrung, Erfahrung bei der Ausarbeitung von Insolvenzplänen, Sachwaltertätigkeit, Begleitung von übertragenden Sanierungen und Moderationserfahrung mit Stakeholdern in Restrukturierungen.

Neben den Eigenschaften, Qualifikationen sowie Erfahrungen in Restrukturierungssachen sollten genügend personelle Ressourcen existieren, um komplexe Restrukturierungsverfahren zu betreuen. Es sollten betriebswirtschaftliche und rechtliche Kapazitäten mit Fachkräften im existierenden Büroapparat bestehen (vgl. Jung, 2020, S. 105). Die Abwicklung von Restrukturierungssachen erfordert zudem gewisse Mindestanforderungen an die Organisationsstrukturen und Abläufe. Dabei können seitens des Schuldners weitere Externe für Spezialbereiche wie die steuerliche Beurteilung, die Erstellung einer integrierten Planung oder die Bescheinigung zur drohenden Zahlungsunfähigkeit und ähnliche Aktivitäten eingebunden werden. Aufgabe des Restrukturierungsbeauftragten sind das eigentlich nicht, das Vergütungssystem würde das auch nicht erlauben, denn der Restrukturierungsbeauftragte wird nach Stundensätzen vergütet (§ 81 StaRUG). Diese Funktionen überschneiden sich aber, in Abhängigkeit von den übertragenen Aufgaben (§ 76 StaRUG), und sind im Einzelfall nicht scharf voneinander abzugrenzen.

Werden Dritte in den Bearbeitungsprozess mit eingebunden, sind hohe Anforderungen an die Steuerung sowie Überprüfung der Qualität und Quantität der Leistungen der externen Outsourcingpartner und der ausgelagerten Prozesse zu stellen. Unabdingbar ist es, dass jederzeit die Möglichkeit besteht, die betreffenden Geschäftsprozesse bei einem Dienstleister in Bezug auf den Einzelfall wie auch die dabei angewandte Methodik zu kontrollieren.

Im Hinblick auf die Auswahl des Restrukturierungsbeauftragten besteht die Möglichkeit besondere Vorauswahllisten beim Restrukturierungsgericht zu führen, damit Schuldner bei der Auswahl von Restrukturierungsbeauftragten beraten werden (vgl. Braun-Blümle/Erbe, 2021, § 74, Rn. 8 ff.). Ob im konkreten Fall eine Beratung in Frage kommt, mag offen bleiben, jedenfalls stellen solche Listen wie im Insolvenzverfahren sachgerechte Hilfen für die Gerichte dar.

Berufsrechtlich ist insoweit bereits länger die Diskussion im Gange, wie mit Listen zur Auswahl von Insolvenzverwaltern umzugehen sei, die nicht bundes- oder landeseinheitlich sind, sondern von Gericht zu Gericht unterschiedlich. Dieselbe Problematik stellt sich strukturell für die Restrukturierungsbeauftragten.

Wichtig ist eine hohe Akzeptanz bei den Verfahrensbeteiligten im Hinblick auf die Person des Beauftragten, gerade bei den Gläubigern, weil das Restrukturierungsverfahren primär schuldnerorientiert ist, wie oben ausgeführt. Erforderlich für die Bestätigung des Plans und die Fortführung des operativen Geschäfts, auch nach der Planbestätigung, sind aber die bereits bestehenden Gläubiger in Gestalt der Banken, Lieferanten, Kreditversicherer und Leasinggeber, in Abhängigkeit davon, wen der Schuldner als Planbetroffene nach § 8 StaRUG einbezieht. Konsens bei der Auswahl der geeigneten Persönlichkeit sollte gegeben sein. Dabei dürfen die Kosten des Verfahrens nicht außer Acht gelassen werden, gerade wenn viele Berater tätig werden. Allein die Berücksichtigung des voraussichtlichen Budgets des Restrukturierungsbeauftragten (§ 81 Abs. 1, 2, 4 Satz 2 StaRUG) ist nicht hinreichend.

Bei der Anlegung von möglichen Vorauswahllisten können auch die bereits begleiteten Restrukturierungssachen durch die Beauftragten herangezogen werden. Eine quantitative Erfolgsmessung der Leistung von Beauftragten bei Restrukturierungssachen wie nach dem InsStatG wird allerdings erst dann möglich sein, wenn eine bestimmte Anzahl an Verfahren abgewickelt wurde.

Wenn ausreichend Daten erhoben wurden, können diese bei der Auswahl von Restrukturierungsbeauftragten herangezogen werden. Damit keine Interessenkollision besteht, sollte der Restrukturierungsbeauftragte nicht später als Sachwalter oder Insolvenzverwalter des gleichen Unternehmens bestellt werden, bei dem er Restrukturierungsberater war. § 56 Abs. 1 Satz 2 InsO beschränkt daher die Bestellungsmöglichkeit insoweit, als derjenige, der in Restrukturierungssachen Restrukturierungsbeauftragter beziehungsweise Sanierungsmoderator war, im späteren Insolvenzverfahren über das Vermögen größerer Schuldnerunternehmen (vorläufiger) Insolvenzverwalter oder Sachwalter nur dann werden kann, wenn der vorläufige Gläubigerausschuss zustimmt. Interessenkonflikte sollen darüber ausgeschaltet werden.

Daten, die erhoben werden können, sind die Anzahl der Restrukturierungssachen, die Dauer der Verfahren, die durchschnittlichen Kosten sowie die erzielten Befriedigungsquoten bezogen auf die Absonderungsanwartschaften und Restrukturierungsforderungen (§§ 4a–4c Insolvenzstatistikgesetz). Da die Restrukturierung außerhalb des Insolvenzverfahrens stattfindet und der Begriff der Absonderungsrechte im insolvenzrechtlichen Kontext definiert ist (§§ 49–52 InsO), werden die erfassten Rechte als Absonderungsanwartschaften bezeichnet (vgl. Groß/Jungclaus, 2021, S. 6 ff.). In der Restrukturierung existiert noch kein zu verwertendes Absonderungsrecht, sondern lediglich nur eine Anwartschaft darauf, ein in der Praxis der Restrukturierung wahrscheinlich nicht wirklich fühlbarer Unterschied.

Das Restrukturierungsverfahren nach StaRUG übernimmt viele Instrumente des Insolvenzplanverfahrens. So weisen der Insolvenzplan und die Abstimmung darüber Ähnlichkeiten zum Restrukturierungsverfahren (aber hier nur Summenabstimmung und ein hohes Quorum einer qualifizierten Mehrheit von 75% aller Gläubiger der jeweiligen Gläubigergruppe nach dem Restrukturierungsplan) auf. Allerdings unterscheiden sich die Aufgaben des Restrukturierungsbeauftragten von denen eines Insolvenzverwalters auch und stehen eher den Funktionen des Sachwalters in der Eigenverwaltung nahe (vgl. Smid, 2020, S. 2093).

Im Fokus des StaRUG steht die finanzielle Umstrukturierung mit einer finanzwirtschaftlichen Restrukturierung der Verbindlichkeiten. Eine Restrukturierung soll jedoch in einem Turnaround mit der Wiederherstellung der Wettbewerbsfähigkeit sowie einer nachhaltigen Gewinnsituation münden. Dieses erfordert die leistungswirtschaftliche Restrukturierung mit internen und vor allem externen marktbezogenen Umsetzungsmaßnahmen. Dagegen sollte ein besonderer Fokus auf der betriebswirtschaftlichen Expertise des Restrukturierungsbeauftragten liegen. Denn nur die Umsetzung von operativen Maßnahmen bewirkt letztendlich den Turnaround.

2.8 Restrukturierungsgericht

Neben dem Restrukturierungsbeauftragten kann das **Restrukturierungsgericht** bedeutende Funktionen im Verfahrensablauf nach StaRUG übernehmen. Allerdings ist die Einsetzung des Restrukturierungsgerichts variabel handhabbar. Auf diese Weise können Restrukturierungsverfahren weitgehend ohne die Einbindung des Gerichts durchgeführt werden. Dann werden diese Verfahren weitgehend still und außergerichtlich abgewickelt. Es kann aber auch eine gerichtliche Einbindung erforderlich sein, wenn unter anderem die Instrumente der Stabilisierung mit gerichtlicher Beteiligung aus § 29 Abs. 2 StaRUG genutzt werden.

Diese Instrumente sind grundsätzlich unabhängig voneinander einsetzbar. So kann das Restrukturierungsgericht lediglich in die Planprüfung und Planbestätigung eingebunden werden. Auch die gerichtliche Durchführung der Planabstimmung ist separat möglich. Der Einsatz dieser Instrumente ist im Einzelfall zu prüfen. § 29 Abs. 2 StaRUG mit der Einschaltung des Restrukturierungsgerichts stellt einen Instrumentenkasten dar, dessen sich der Schuldner nach seiner Wahl bedienen kann.

Ob der Schuldner allerdings bei dissentierenden sowie opponierenden Gläubigern tatsächlich eine Wahl hat, darf ebenso hinterfragt werden wie die Erwägung, ob der Schuldner den Gläubigern nicht bewusst die Werkzeuge nach § 29 Abs. 2 StaRUG vor Augen stellt, um einen Konsens zu erzielen, der insbesondere schneller und kostengünstiger zur Verabschiedung eines Sanierungsplans führt womit die Einschaltung des **Restrukturierungsgerichts** entbehrlich wird und auch die Bestellung eines Restrukturierungsbeauftragten entfällt.

Beispiel: Zuständig als **Restrukturierungsgericht** ist gemäß § 34 Abs. 1 StaRUG das Amtsgericht, in dessen Bezirk ein Oberlandesgericht seinen Sitz hat und regelmäßig ist es das Amtsgericht am Sitz des Oberlandesgerichts. In Niedersachsen sind diese Restrukturierungsgerichte beispielsweise die Amtsgerichte in Braunschweig und Oldenburg am OLG-Sitz sowie das Amtsgericht Hannover für den OLG-Bezirk Celle, in Sachsen-Anhalt das Amtsgericht Halle für den OLG-Bezirk Naumburg. Die Landesregierungen können Konzentrationen ebenso wie länderübergreifende Zuständigkeiten schaffen (§ 34 Abs. 2 StaRUG). Die letztere Lösung wurde jedoch bislang noch nicht umgesetzt.

Damit sind gute Voraussetzungen geschaffen, dass aufgrund der Konzentrationslösung die Spezialisierung auf das Feld der Restrukturierungen erfolgen kann. Dieses bedeutet eine effiziente Verfahrensabwicklung im Hinblick auf die rechtliche sowie wirtschaftliche Materie (vgl. Vallender, 2020a, S. 2580). Im Restrukturierungsverfahren wird damit anders als im Insolvenzverfahren die dort verfolgte Konzentration im Interesse der Kompetenzverstärkung herbeigeführt. § 22 Abs. 6 GVG stellt Mindestanforderungen an Kenntnisse sowie Berufserfahrung der Richter in Insolvenz- und Restrukturierungssachen auf und setzt die Anforderungen des Art. 25 der Richtlinie über präventive Restrukturierungsrahmen (RL) um.

! **Erläuterung:** Gemäß § 35 Abs. 1 StaRUG ist örtlich das **Restrukturierungsgericht** zuständig, in dessen Bezirk der Schuldner seinen Gerichtsstand hat. Liegt dagegen der Mittelpunkt der wirtschaftlichen Tätigkeiten an einem anderen Ort, dann ist das Restrukturierungsgericht zuständig, in dessen Bezirk dieser Ort liegt. Für alle Maßnahmen ist gemäß § 36 StaRUG die Abteilung des Amtsgerichts relevant, die für die erste Entscheidung zuständig war. Beim Antrag der Firma aus einer Unternehmensgruppe erklärt sich das angerufene Restrukturierungsgericht auch für andere gruppenanhängige Schuldner zuständig, wenn der Schuldner einen zulässigen Antrag in einer Restrukturierungssache gestellt hat und das betroffene Unternehmen nicht nur von untergeordneter wirtschaftlicher Bedeutung für den gesamten Konzern ist (§ 37 StaRUG, „Gruppen-Gerichtsstand").

Die Prüfung der Zuständigkeit hat von Amts wegen zu erfolgen. Allein die funktionelle Zuständigkeit des Richters kommt derzeit in Frage, da dieser Aufgabenbereich der Restrukturierungssachen (gegebenenfalls noch) nicht auf die Rechtspfleger erweitert wurde (vgl. Vallender, 2020a, S. 2581).

Das zuständige Restrukturierungsgericht hat zudem im Zusammenhang mit der Beantragung von Stabilisierungsinstrumenten und bei der gerichtlichen Bestätigung des Restrukturierungsplans die drohende Zahlungsunfähigkeit nach § 18 Abs. 2 InsO beim Schuldner zu prüfen. Dabei ist „in aller Regel" ein Prognosezeitraum von 24 Monaten gemäß § 18 Abs. 2 Satz 2 InsO zugrunde zu legen. Diese Prüfungspflicht der drohenden Zahlungsunfähigkeit ergibt sich aus § 29 Abs. 1 StaRUG spätestens bei der Beantragung von Stabilisierungsinstrumenten oder nach § 63 Abs. 1 StaRUG bei der Versagung der Planbestätigung.

Dabei hat der Schuldner dem Gericht gemäß § 39 Abs. 2 StaRUG alle erforderlichen Auskünfte zu erteilen. Dazu kann das Gericht auch gemäß § 39 Abs. 1 StaRUG einen Sachverständigen beauftragen. Alternativ besteht auch die Möglichkeit gemäß § 73 Abs. 3 StaRUG den Restrukturierungsbeauftragten mit dieser Aufgabe zu betrauen. Ist der Schuldner bereits zahlungsunfähig oder alternativ drohend zahlungsunfähig sowie zugleich überschuldet, hat das zuständige Gericht die Restrukturierungssache gemäß § 33 StaRUG zeitnah aufzuheben (vgl. Vallender, 2020a, S. 2583), wenn man von der engen Ausnahme des § 33 Abs. 2 Halbsätze 2, 3 StaRUG absieht.

Im Rahmen der gerichtlichen und gegebenenfalls öffentlichen Variante des Restrukturierungsverfahrens (gesamtverfahrensnah und erst möglich ab 17.7.2022) kommen dem Restrukturierungsgericht verschiedene und inhaltlich vielfältige Aufgaben zu. Diese werden die Gerichte mit der Unterstützung von Sachverständigen wie dem Restrukturierungsbeauftragten vollziehen. Es steht dem Gericht wie auch dem Beauftragen ein Auskunftsrecht gegenüber dem Schuldner gemäß § 39 Abs. 2 StaRUG (Gericht) beziehungsweise § 76 Abs. 5 StaRUG (Restrukturierungsbeauftragter) zu. Das Gericht kann gemäß § 39 Abs. 1 StaRUG von Amts wegen zudem jederzeit Rückfrage beim Restrukturierungsbeauftragten nehmen sowie Umstände ermitteln, die für das jeweilige Verfahren von Bedeutung sind. Zudem hat der Schuldner Anzeigepflichten gegenüber dem Gericht gemäß § 32 Abs. 2–4 StaRUG.

Diese Informationskette ist einigermaßen umfassend und ermöglicht dem Restrukturierungsgericht rechtzeitige Entscheidungen über die beantragten Instrumente gemäß § 29 StaRUG sowie die Aufhebung der Restrukturierungssache (§ 33 StaRUG).

Ein Restrukturierungsverfahren kann allerdings auch weitestgehend außergerichtlich und ohne die Nutzung gerichtlicher Instrumente und Stabilisierungen ablaufen. Die Instrumente des Stabilisierungs- und Restrukturierungsrahmens aus § 29 Abs. 2 StaRUG können gemäß § 29 Abs. 3 StaRUG unabhängig voneinander in Anspruch genommen werden und bedeuten keine sequenzielle **Abfolge** bei:

- der Organisation und Durchführung der gerichtlichen Planabstimmung.
- der gerichtlichen Vorprüfung und Bestätigung des Restrukturierungsplans.
- der gerichtlichen Anordnung von Stabilisierungsmaßnahmen.

In § 31 StaRUG werden die Voraussetzungen für die Inanspruchnahme der gerichtlichen Instrumente genannt. Demnach ist Bedingung für die Nutzung der Instrumente des Stabilisierungs- und Restrukturierungsrahmens die Anzeige des Restrukturierungsvorhabens bei dem zuständigen Restrukturierungsgericht. Die nachfolgenden Aufgaben kommen für das Restrukturierungsgericht in Abhängigkeit von den eingesetzten Stabilisierungsinstrumenten und den Antragsoptionen durch den Schuldner oder die Planbetroffenen in Frage (vgl. Vallender, 2020b, S. 2677 ff.).

In Bezug auf die Einsetzung des Restrukturierungsbeauftragten

- Bestellung des Restrukturierungsbeauftragten
- Abberufung des Restrukturierungsbeauftragten
- Vergütung des Restrukturierungsbeauftragten

Es existieren drei Alternativen der Bestellung eines Restrukturierungsbeauftragten. **Erstens** wird der Restrukturierungsbeauftragte von Amts wegen durch das Restrukturierungsgericht bestellt, wenn die in § 73 Abs. 1 Nr. 1–3 StaRUG genannten Tatbestandsvoraussetzungen vorliegen. Dieses ist insbesondere der Fall, wenn Rechte der Planbetroffenen durch eine Stabilisierungsanordnung gesperrt werden sollen oder der Restrukturierungsplan eine Überwachung der Erfüllung der Ansprüche gegenüber Gläubigern gemäß § 72 StaRUG vorsieht.

Zweitens erfolgt eine Bestellung von Amts wegen durch das Gericht als Sachverständiger gemäß § 73 Abs. 3 StaRUG (vgl. Vallender, 2020b, S. 2684 ff.). Dieses kann zur Unterstützung des Gerichts erforderlich sein, im Zusammenhang mit der gerichtlichen Planbestätigung oder zur Begutachtung der Entschädigung beim Eingriff in gruppeninterne Drittsicherheiten oder zur Frage der Beschränkung der Haftung persönlich unbeschränkt haftender Gesellschafter (§ 2 Abs. 4 StaRUG). Aus § 76 Abs. 2 Nr. 2 StaRUG können diesem Beauftragten auf Antrag weitere Aufgaben übertragen werden, wie die Überwachung der wirtschaftlichen Lage und der Geschäftsführung oder nach § 76 Abs. 2 Nr. 3 StaRUG die Kontrolle des Zahlungsverkehrs.

Drittens kann der Restrukturierungsbeauftragte, fakultativ auf Antrag des Schuldners oder einer Sperrminorität der Gläubiger, unter anderem zur Moderation der divergierenden Interessen der Planbetroffenen durch das Gericht gemäß § 77 StaRUG bestellt werden (vgl. Cranshaw/Portisch, 2020e, S. 2573). Primäre Aufgaben dieses fakultativen Restrukturierungsbeauftragten sind die Moderation der Verhandlungen über den Plan und weitere Unterstützungsleistungen in diesem Kontext. So soll der Beauftragte gemäß § 79 StaRUG den Schuldner bei der Ausarbeitung und Aushandlung des Restrukturierungskonzepts und des Plans unterstützen.

Gemäß § 75 Abs. 1 StaRUG steht der Restrukturierungsbeauftragte unter der Aufsicht des Gerichts und kann gemäß § 75 Abs. 2 StaRUG aus wichtigem Grund entlassen werden, wenn er beispielsweise seine Aufgaben parteiisch wahrnimmt oder er seine Aufgaben nicht mit der gebotenen Sorgfalt und Gewissenhaftigkeit erfüllt. Entsprechend der Bedeutung der Pflichten und Handlungen des Restrukturierungsbeauftragten haftet dieser für schuldhafte Pflichtverletzungen den Betroffenen gegenüber auf Schadenersatz (§ 75 Abs. 4 Satz 3 ff. StaRUG).

Die Vergütung und Auslagenersatz für den Restrukturierungsbeauftragten bedarf der Festsetzung durch das Gericht auf Antrag des Berechtigten nach Beendigung seiner Tätigkeit (§ 81 StaRUG). Beides ist im Gesetz geregelt in den §§ 80 ff. StaRUG. Die Vergütung erfolgt nach Stundensätzen, die für den Restrukturierungsbeauftragten im Regelfall bei 350 Euro pro Stunde liegen und bei Mitarbeitern bis zu 200 Euro pro Stunde, zuzüglich Umsatzsteuer.

Die Bestellung beziehungsweise die Einsetzung des Restrukturierungsbeauftragten wird in der Praxis vermutlich der Regelfall sein und zwar aufgrund der komplexen und haftungsrechtlich relevanten Bereiche im Rahmen eines Restrukturierungsvorhabens nach dem StaRUG. Damit der Schuldner gegebenenfalls bei der Auswahl unterstützt werden kann oder bei einer Bestellung von Amts wegen zeitnah eine möglichst gut angepasste Auswahl erfolgen kann, ist das Führen von Vorauswahllisten beim Restrukturierungsgericht hilfreich, ähnlich wie an den Insolvenzgerichten zur Unterstützung einer geeigneten Insolvenzverwalterauswahl.

Tätigkeiten im Zusammenhang mit dem Restrukturierungsplan

- Vorprüfung und Bestätigung des Restrukturierungsplans
- Erörterung von Restrukturierungsplan und Stimmrechten
- Durchführung der Anhörung über den Plan und Abstimmung darüber

Kern des Restrukturierungsverfahrens bildet der Restrukturierungsplan. Das Initiativrecht zu der Planerstellung liegt allein beim Schuldner (vgl. Cranshaw/Portisch, 2020b, S. 106 ff.). Der Plan bildet die Grundlage für die Eingriffe und Umgestaltungen in die Forderungen und Rechte von Gläubigern und Anteilseignern (vgl. Vallender, 2020b, S. 2677). Dabei können die Verhandlungen über den Restrukturierungsplan und die Abstimmung darüber außergerichtlich (§ 17 ff. StaRUG) erfolgen.

Alternativ kann die gerichtliche Beteiligung mit Vorprüfung, Abstimmung sowie Bestätigung des Plans nach § 23 i.V.m. §§ 45, 46 StaRUG durchgeführt werden. Gemäß § 47 StaRUG ist eine Vorprüfung des Plans auf Antrag des Schuldners durch das Gericht möglich, auch wenn der Restrukturierungsplan nicht in dem gerichtlichen Verfahren zur Abstimmung gebracht wird. Dort wird eruiert, ob der Restrukturierungsplan überhaupt bestätigungsfähig ist.

Daher ist auch der Termin der Anhörung gemäß § 61 StaRUG von Bedeutung, damit die Planbetroffenen ihre Meinung über den Plan zum Ausdruck bringen können. Erfolgte die Abstimmung nicht im gerichtlichen Verfahren und somit außergerichtlich hat das Gericht vor der gerichtlichen Bestätigung des Plans einen Pflichtanhörungstermin anzuberaumen. Dabei ist auch ein vorhandener Restrukturierungsbeauftragter einzubeziehen. Die Planbestätigung oder die Versagung der Bestätigung ergeht als Beschluss. Insgesamt bietet sich die gerichtliche Abstimmung nach § 45 StaRUG an, um darüber die Akzeptanz der Maßnahmen zu erhöhen und das Risiko der Versagung der Bestätigung des Plans aus § 63 StaRUG zu verhindern.

Kritische Aspekte bei der Durchführung der Abstimmung betreffen unter Umständen die Gruppeneinteilung, die Festlegung der Stimmrechte, den Umfang der gestalteten Forderungen und auch das Restrukturierungsziel, wenn dieses nur gegen den Willen einiger Gläubiger erreichbar ist. Gerade die Ermittlung der Stimmrechte kann streitig sein, da die diesen zugrunde liegenden Tatsachen gemäß § 24 StaRUG teilweise bewertet werden müssen und diese Bewertungen variabel und nicht objektiv zu bestimmen sind, wie am Beispiel der Sicherheiten erkennbar (§ 24 Abs. 1 Nr. 2 StaRUG). Gemäß § 22 StaRUG ist eine Uneinigkeit zu dokumentieren. Eine gerichtliche Abstimmung ist hier daher meist zweckmäßig.

Dabei ist in jeder Gruppe eine qualifizierte Mehrheit von 75% gemäß § 25 StaRUG erforderlich und bei der gruppenübergreifenden Mehrheitsentscheidung kann die Zustimmung ablehnender Gruppen unter den Bedingungen des § 26 ff. StaRUG fingiert werden. Nach § 60 StaRUG kann der Plan auf Antrag des Schuldners gerichtlich bestätigt werden. Vorher können die Planbetroffenen vor Gericht auch angehört werden (§ 61 StaRUG). Mit Bestätigung des Plans gemäß § 67 StaRUG treten die im gestaltenden Teil festgelegten Wirkungen gegen die Planbetroffenen ein, oft in Form einer Korrektur der Finanzverbindlichkeiten, um die drohende Zahlungsunfähigkeit zu beseitigen sowie die eigentliche Restrukturierung finanziell abzusichern.

Dabei umfasst die Restrukturierung eben nicht nur die Umgestaltung der Finanzseite, sondern auch die operative Seite mit Maßnahmenpaketen sowie Verantwortlichkeiten, um das eigentliche Ziel, die nachhaltige Wettbewerbsfähigkeit und Gewinnsituation zu erreichen (vgl. Cranshaw/Portisch, 2020e, S. 2573). Spätestens bei einer Planbestätigung hat das Gericht auch zu prüfen, ob der Zustand der drohenden Zahlungsunfähigkeit beim Schuldner nicht schon überschritten wurde und letztendlich Zahlungsunfähigkeit vorliegt. Dabei kann sich das Gericht des Restrukturierungsbeauftragten als Sachverständiger aus § 73 Abs. 3 StaRUG bedienen.

Gerichtliche Funktionen Instrumente der Stabilisierung und Restrukturierung

- Instrumente und Verfahrenshilfen der Stabilisierung
- Vollstreckungssperre und Verwertungssperre
- Aufhebung und Beendigung der Stabilisierung

Wichtige Instrumente des StaRUG sind die im Rahmen der Stabilisierung gemäß § 29 StaRUG genannten Verfahrenshilfen der gerichtlichen Planabstimmung sowie der Vorprüfung und Bestätigung des Plans. Besonders hervorzuheben sind jedoch auch die Anordnungen von Regelungen zur Einschränkung von Maßnahmen der individuellen Rechtsdurchsetzung gemäß § 29 Abs. 2 Nr. 3 StaRUG. Dieses Verfahren läuft zwingend unter gerichtlicher Einbindung ab.

Gemäß § 49 Abs. 1 Nr. 1 und 2 StaRUG kann das Gericht auf Antrag des Schuldners Maßnahmen der Zwangsvollstreckung untersagen und eine Verwertungssperre für bewegliche Sicherheiten anordnen. Dies umfasst auch Aussonderungsrechte, soweit diese für die Fortführung des Betriebs von erheblicher Bedeutung sind. Diese Regelungen sind für die Rechte der Gläubiger weitgehend. Sie können für Kreditinstitute und Lieferanten unter Umständen bedeuten, dass variable Sicherheitenwerte in der Phase der Restrukturierung verbraucht werden und in einem späteren Insolvenzverfahren tatsächlich nicht mehr zur Verfügung stehen. Ob all dies im Rahmen einer Restrukturierung, deren Trigger die nur drohende Zahlungsunfähigkeit ist, wirklich sinnvoll ist, darf hinterfragt werden.

Eine Erhöhung der Risikovorsorge oder Abschreibung wird für die Gläubiger oft die Folge dieser Stabilisierungsanordnung sein. Auch wenn geschuldete Zinsen sowie Wertverluste gemäß § 54 StaRUG auszugleichen sind werden diese unter Umständen später nicht mehr zur Verfügung stehen. Dabei kann sich diese Anordnung auch gegen vereinzelte Gläubiger richten (vgl. Vallender, 2020b, S. 2682 ff.). Bei der Anordnung einer Stabilisierungsmaßnahme ist die genaue Überprüfung dahingehend notwendig, ob einer der beiden Insolvenzgründe Zahlungsunfähigkeit und Überschuldung oder beide vorliegen, da dann die Restrukturierungssache aufzuheben ist und nur ausnahmsweise die Aufhebung unterbleiben kann (§ 33 Abs. 2 Nr. 1 StaRUG).

Gemäß § 50 StaRUG ist dem Antrag auf eine Stabilisierung neben dem Restrukturierungskonzept auch ein Finanzplan für die folgenden sechs Monate beizulegen, der die Durchfinanzierung des Unternehmens zeigt. Auch der etwaige Verzug mit der Erfüllung von Zahlungspflichten ist gemäß § 50 Abs. 3 StaRUG vom Schuldner anzugeben. Die Angabe solcher Zahlungsrückstände dient der Abgrenzung zur möglicherweise bestehenden Zahlungsunfähigkeit und zur Beurteilung, ob gegebenenfalls Rechtsverfolgungsmaßnahmen seitens betroffener Gläubiger drohen können.

Gerade die Abgrenzung zur eingetretenen Zahlungsunfähigkeit mit den sich daran anschließenden Insolvenzantragsgründen und Fristen ist durch den Schuldner nur beachten, um spätere Haftungs- und Anfechtungsrisiken auszuschließen.

Die Stabilisierungsanordnung gemäß § 50 StaRUG ergeht, wenn der vorgelegte Restrukturierungsplan vollständig und schlüssig ist, Aussichten auf eine Restrukturierung bestehen, der Schuldner lediglich drohend zahlungsunfähig ist und die Anordnung für das Restrukturierungsziel erforderlich ist und die weiteren negativen Tatbestandsmerkmale des § 51 Abs. 1 Nr. 1–4 StaRUG zu verneinen sind. Das Restrukturierungsgericht entscheidet über den Antrag durch Beschluss.

Die Stabilisierungsanordnung muss den betroffenen Gläubigern zugestellt werden. Die Anordnung kann für eine Dauer von bis zu drei Monaten ergehen und sich gegebenenfalls um einen Monat verlängern (§ 53 StaRUG), im Einzelfall auch auf bis zu acht Monaten sowie innerhalb dieses Zeitraums bis zur Rechtskraft der Planbestätigung (siehe dazu § 53 Abs. 3 StaRUG).

Nach § 59 StaRUG hebt das Gericht die einzelne Stabilisierungsanordnung auf Antrag des Schuldners oder bei Vorliegen einer der dort genannten Gründe auf. Wenn ein Gläubiger einen Beendigungsgrund glaubhaft macht, wird die Anordnung beendet. Die Stabilisierungsanordnung endet, wenn der Plan bestätigt oder die Bestätigung versagt wurde (§ 59 Abs. 4 StaRUG). Dabei sind die Verfahren über Restrukturierungssachen vertraulich. Es erfolgen nur dann Publikationsakte und die Verfahren sind nur dann öffentlich gemäß §§ 84 ff. StaRUG, wenn der Schuldner dies ausdrücklich beantragt (§ 84 StaRUG, in Kraft ab 17.07.2022).

Eine stille Abwicklung ist im Sinne der Vermeidung des wirtschaftspsychologischen Phänomens des sogenannten Insolvenzstigmas sinnvoll. Bei grenzüberschreitenden Restrukturierungen ist dieses Procedere nicht einzuhalten, da die inländische Restrukturierungsbestätigung im Ausland in ihren Wirkungen nicht anerkannt werden kann, jedenfalls nicht nach der Europäischen Insolvenzverordnung (EuInsVO).

Allgemeine Verfahrensaufgaben des Restrukturierungsgerichts

- Überwachung des Restrukturierungsverfahrens
- Aufhebung der Restrukturierungssache
- Einsetzung eines Gläubigerbeirats

Neben diesen Einzelaufgaben im Rahmen des StaRUG kommen dem Restrukturierungsgericht auch allgemeiner geprägte Aufgaben zu. Gemäß § 72 StaRUG kann im gestaltenden Teil des Plan vorgesehen sein, dass die Erfüllung der Ansprüche der Gläubiger überwacht wird. Diese Aufgabe ist dem Restrukturierungsbeauftragten zu übertragen. Allerdings hat dieser gemäß § 76 Abs. 1, 3 StaRUG etwaige Missstände dem Gericht unverzüglich anzuzeigen. Das Gericht kann die Restrukturierungssache gemäß § 33 StaRUG aufheben, wenn der Schuldner einen Insolvenzantrag stellt oder wenn der Schuldner tatsächlich insolvenzreif und nicht nur drohend zahlungsunfähig ist. Des Weiteren ist der Schuldner zur Mitwirkung und Auskunftserteilung gegenüber dem Gericht oder dem Restrukturierungsbeauftragten verpflichtet und ein Verstoß dagegen kann in der Beendigung des Verfahrens münden.

Aus § 93 StaRUG kann das Gericht einen Gläubigerbeirat einsetzen, wenn beispielsweise die Forderungen aller Gläubiger durch einen Restrukturierungsplan gestaltet werden und im Wesentlichen komplexe Restrukturierungssachen gesamtverfahrensartige Züge aufweisen. Ähnlich wie der Gläubigerausschuss im Insolvenzverfahren unterstützt und überwacht dieses Organ den Schuldner bei seiner Geschäftsführung und der Schuldner zeigt dem Beirat die Inanspruchnahme der Instrumente des Stabilisierungs- und Restrukturierungsrahmens an. Der Beirat kann als Beschlussgremium die Person des Restrukturierungsbeauftragten dem Gericht, bei einer fachlich geeigneten Auswahl, praktisch verbindlich vorschlagen.

Aus § 93 Abs. 2 StaRUG tritt dann an die Position des gemeinschaftlichen Vorschlags der Planbetroffenen gemäß § 74 Abs. 2 Satz 3 der einstimmige Beschluss des Gläubigerbeirats. Ein Fall der offensichtlichen Ungeeignetheit des Vorgeschlagenen wird selten vorliegen, zudem muss das Gericht die Ablehnung dieses Akteurs eindeutig begründen, eine offenbare Erschwernis der Ablehnung.

Aufgaben des Gerichts im Rahmen der Sanierungsmoderation

- Bestellung des Sanierungsmoderators
- Bestätigung des Sanierungsvergleichs
- Festsetzung der Vergütung des Sanierungsmoderators auf dessen Antrag

Auch in dem alternativen Verfahrensweg der Sanierungsmoderation und des Sanierungsvergleichs wird das Gericht tätig. Auf Antrag eines restrukturierungsfähigen Schuldners bestellt das Gericht gemäß § 94 Abs. 1 StaRUG eine geeignete und unabhängige Person als Sanierungsmoderator. Die Bestellung durch das Gericht erfolgt für drei Monate und kann gegebenenfalls um drei Monate verlängert werden.

Dieser Sanierungsmoderator hat gemäß § 96 Abs. 1 StaRUG zwischen dem Schuldner und seinen Gläubigern zu vermitteln und eine Lösung zur Überwindung der Krise zu erarbeiten (§ 96 Abs. 1 StaRUG). Dabei hat der Sanierungsmoderator dem Gericht monatlich schriftlich über den Fortgang der Sanierung und Restrukturierung Bericht zu erstatten. Auch eine eventuelle Zahlungsunfähigkeit ist dem Gericht unverzüglich anzuzeigen Der eingesetzte Sanierungsmoderator steht unter der strengen Aufsicht des Restrukturierungsgerichts (§ 96 Abs. 5 StaRUG).

Auch der Abschluss eines Vergleiches zur Beendigung der Moderation und die Herbeiführung einer Sanierung kann auf Antrag des Schuldners durch das Gericht nach § 97 StaRUG bestätigt werden. Dem Vergleich zugrunde liegen muss ein schlüssiges Sanierungskonzept, das Aussicht auf Erfolg hat. Unklar ist allerdings, ob dies ein umfassendes Sanierungskonzept beispielsweise nach den Checklisten des IDW S 6 unter Einhaltung der höchstrichterlichen BGH-Rechtsprechung zur außergerichtlichen Sanierung sein muss. Es ist ein schlüssiges, von den tatsächlichen Gegebenheiten ausgehendes Restrukturierungskonzept erforderlich, das die ernsthafte und begründete Aussicht auf Erfolg rechtfertigt.

Die Judikatur des BGH verhält sich zu der Insolvenzanfechtung wegen vorsätzlicher Gläubigerbenachteiligung (§ 133 InsO). Die Anfechtung und die damit verbundenen Risiken in gerichtlichen Restrukturierungssachen nach dem StaRUG sind jedoch als Folge der Abläufe und Prüfungsmechanismen des dortigen Verfahrens weitgehend aufgehoben, wie auch aus den §§ 89, 90 StaRUG hervorgeht. IDW S 6 und insbesondere die dort vorgesehenen Kernbestandteile können dazu als Prüfungsschema zur Verprobung des Restrukturierungsplans eingesetzt werden.

Für die Bescheinigung nach § 74 Abs. 2 Satz 2 StaRUG sowie für den Nachweis der nur drohenden Zahlungsunfähigkeit durch die Stellungnahme eines Externen mag IDW S 9, entwickelt für die Bescheinigung nach § 270d InsO, nützlich sein. Verbindlich ist diese Verlautbarung des Berufsstandes der Wirtschaftsprüfer im Verfahren nicht, ebenso wie der IDW S 6 für außergerichtliche Sanierungen.

Die Interessen der nicht in die Sanierungsmoderation eingezogener Gläubiger sollen gewahrt werden. Dieses könnte auch gerichtlich überprüft werden (vgl. Vallender, 2020b, S. 2682 ff.). Die Vergütung erfolgt ebenfalls auf gesetzlicher Grundlage. § 98 StaRUG verweist dazu auf die Vergütungsregelungen für den Restrukturierungsbeauftragten im Gesetz (§§ 80–83 StaRUG).

Erfolgt ein Übergang von der Sanierungsmoderation in den Restrukturierungsrahmen, kann das Restrukturierungsgericht nach § 100 Abs. 2 StaRUG den Sanierungsmoderator zum Restrukturierungsbeauftragten bestellen. Aufgrund der bereits erfolgten Einarbeitung erscheint dies sinnvoll. Da an Restrukturierungssachen jedoch erhöhte Anforderungen bestehen können, sollte diese Entscheidung kritisch überdacht werden und schon bei der Bestellung des Moderators sollte auf die besondere Eignung dieses Akteurs auch als potentieller Restrukturierungsbeauftragter geachtet werden, wenn das Verfahren in eine Restrukturierung übergehen könnte.

Bei genauer Betrachtung wird man einen prinzipiellen Unterschied zwischen den Anforderungen an einen Restrukturierungsbeauftragten und an einen Sanierungsmoderator nicht erkennen können. Ob nach der Gesetzeskonzeption die Sanierungsmoderation dem Restrukturierungsverfahren tatsächlich vorausgeht, wird die Praxis zeigen. Bisher wurde, soweit ersichtlich, nur ein einziger Fall publiziert, bei dem ein Sanierungsmoderationsverfahren gescheitert ist und die Schuldnerin ein Restrukturierungsverfahren anzeigte, das schließlich auch zur Bestätigung des Restrukturierungsplans geführt hat (AG Dresden, 574 SAN 1/21 (Sanierungsmoderation), 574 Res 2/21 (Restrukturierung), LG Dresden, 01.07.2021 – 5 T 363/21).

Sicherlich ist zu beachten, dass die Anforderungen bei der Durchführung eines Restrukturierungsverfahrens nach StaRUG höher sein mögen als die Voraussetzungen an eine Sanierungsmoderation und eine noch eingehendere professionelle Begleitung erfordern. Die Aufgaben des Restrukturierungsgerichts sind vielfältig und anspruchsvoll. Sie erfordern damit Spezialisten bei der Begleitung der Restrukturierungen bei Gericht, gerade bei komplexen Verfahren.

2.9 Gläubigerbeirat

Gemäß § 93 Abs. 1 StaRUG kann das zuständige Gericht unter bestimmten Voraussetzungen einen Gläubigerbeirat einsetzen (vgl. Cranshaw, 2021, S. 108 ff.). Dabei ist die Rolle des Gerichts im StaRUG gegenüber der Insolvenzordnung zurückgedrängt, ebenso diejenige der Gläubigerbeteiligung. Eine Gläubigerversammlung als Rechtsinstrument existiert nicht, vielmehr wirken die Gläubiger wie beim Insolvenzplanverfahren nur einmal in der Erörterung und der Abstimmung des Restrukturierungsplans zusammen, wenn vom Schuldner eine gerichtliche Planabstimmung beim Restrukturierungsgericht beantragt wird (§§ 45, 46 StaRUG). Die Gläubigerautonomie, wie sie aus der Insolvenzordnung als Strukturprinzip hervorgeht, gibt es im StaRUG in der dortigen Ausprägung nicht. Der **Gläubigerbeirat** des § 93 StaRUG betrifft eine **Ausnahmekonstellation**, die aber in der Restrukturierung sinnvoll ist, wenn:

- der Restrukturierungsplan die Gestaltung der Forderungen aller Gläubiger, mit Ausnahme der Arbeitnehmerforderungen gemäß § 4 StaRUG, vorsieht und
- die Restrukturierungssache gesamtverfahrensartige Züge aufweist, kann das Gericht einen Gläubigerbeirat bestellen.

Dabei sind die gesamtverfahrensartigen Züge anzunehmen, wenn eine Vielzahl von Gläubigern mit divergierenden Interessenlagen durch den Plan betroffen ist. Daran fehlt es unter anderem, wenn sich der Gläubigerkreis aus wenigen Gläubigern, mit vergleichbaren Interessen, zusammensetzt (vgl. Cranshaw, 2021, S. 112).

Dieser **Gläubigerbeirat** unterstützt und überwacht die Geschäftsführung durch den Schuldner, ähnlich wie im Insolvenzverfahren der Gläubigerausschuss. Der Schuldner zeigt dem Beirat die Inanspruchnahme der Instrumente des Stabilisierungs- und Restrukturierungsrahmens an. Dieses Gremium kann mit einstimmigem Votum den Restrukturierungsbeauftragten nach § 93 Abs. 2 StaRUG vorschlagen, wobei das Restrukturierungsgericht von diesem Vorschlag nur abweichen darf, wenn die vorgeschlagene Person offensichtlich ungeeignet ist. Im Gläubigerbeirat können auch die nichtplanbetroffene Gläubiger wie Arbeitnehmer vertreten sein und somit Einfluss auf die Restrukturierungssache nehmen, obwohl deren Forderungen im Restrukturierungsplan nicht gestaltet werden können (vgl. Biendl, 2021, S. 143).

! **Erläuterung:** Der **Gläubigerbeirat** kann gemäß § 93 Abs. 1 StaRUG als beratendes und überwachendes Organ durch das Gericht eingesetzt werden. Voraussetzung ist, dass das Restrukturierungsverfahren gesamtverfahrensartige Züge aufweist. Dieses wird dann angenommen, wenn eine Vielzahl von unterschiedlichen Gläubigern mit inhomogenen Interessen vom Restrukturierungsverfahren betroffen ist. Des Weiteren muss der Restrukturierungsplan alle Gläubiger mit Ausnahme der Arbeitnehmer umfassen. Dann kann das Gremium, wie ein Steering Committee, als Steuerungs- oder Lenkungsausschuss, die Interessen der Beteiligten im Verfahren vertreten und den Restrukturierungsbeauftragten vorschlagen. Das Organ agiert ähnlich wie der Gläubigerausschuss in der Insolvenz.

Begründet wurde die Einrichtung eines Gläubigerbeirats, dass im Ausnahmefall von sämtlichen Gläubigern über den Restrukturierungsplan Sanierungsbeiträge eingefordert werden können und das Verfahren dann aus Sicht der Gläubigerschaft besondere Züge aufweist, die einem (vorläufigen) Eigenverwaltungsverfahren ähneln. Gerade bei einer inhomogenen Gläubigerschaft können die Bedürfnisse nach einer Koordinierung der oft unterschiedlichen Interessen entstehen. Dann soll das Gericht einen Gläubigerbeirat einsetzen können. An die Bestellung eines solchen Ausschusses nach § 93 Abs. 1 Satz 1 StaRUG knüpft das Gesetz zwei Voraussetzungen:

Erstens der Restrukturierungsplan muss alle Gläubiger mit Ausnahme der Rechtsverhältnisse beziehungsweise Forderungen gemäß § 4 StaRUG von Arbeitnehmern aus dem Arbeitsverhältnis oder im Zusammenhang mit der betrieblichen Altersversorgung umfassen. Diejenigen Ansprüche der Arbeitnehmer sind nicht plandisponibel, aber Änderungen außerhalb des Plans zugänglich. Daher dürfte der Restrukturierungsplan im Einzelfall somit von der Änderung bestimmter kollektivarbeitsrechtlicher Regelwerke abhängig gemacht werden können.

Zweitens diese Restrukturierungssache muss gesamtverfahrensartige Züge aufweisen. Wenn alle Forderungen Restrukturierungsforderungen sind, so dürfte die Restrukturierungssache (§ 31 Abs. 1, 3 StaRUG) stets gesamtverfahrensartig im Sinne der der Norm sein. Es muss eine gewisse Komplexität der Gläubigerstruktur bestehen. Verfahren mit nur wenigen Gläubigern und nur einer Klasse scheiden hier sicherlich aus. Dies wird jedoch in der Praxis selten der Fall sein, da beispielsweise Kreditinstitute, Lieferanten, Kreditversicherer und weitere Akteure regelmäßig in Restrukturierungen einbezogen sind. Zudem sind die finanziellen Beträge aller Stakeholder erforderlich, damit umfassende Sanierungsbeiträge erreicht werden können. Eine Verteilung des „Schadens" reduziert die Restrukturierungsbeiträge Einzelner und führt eher zu einer Community of Interests im Sinne einer erfolgreichen Sanierung.

In der Regel sind von Restrukturierungen sämtliche Gläubiger betroffen, auch diejenigen, die nur indirekte Restrukturierungsbeiträge leisten. Dies sind Gläubiger mit Absonderungsanwartschaften, deren Besicherung so strukturiert ist, dass ihre besicherte Forderung auch nicht mit einem Cram Down gestaltbar ist, weil diese bei jeglichen Eingriffen durch den Restrukturierungsplan offenkundig schlechter stünden als ohne Plan (§§ 26 Abs. 1 Nr. 1, 64 Abs. 1, 66 Abs. 2 Nr. 3 StaRUG).

Das Verfahren kann unter den obigen Komplexitätsvoraussetzungen daher Anlass geben, einen Gläubigerbeirat zu bestellen, in dem Gläubiger mit Absonderungsrechten oder Anwartschaften darauf und auch „Nichtgläubiger" vertreten sein können (§ 93 Abs. 1 Satz 2 StaRUG i.V.m. §§ 21 Abs. 2 Satz 1 Nr. 1a, 67 Abs. 2, 3 InsO).

Diese Norm zeigt übrigens auch, dass es nicht richtig ist, in Fällen wie der Beteiligung von Absonderungsberechtigten die Einrichtung eines Gläubigerbeirats allgemein zu verneinen, denn die Beiratsmitglieder können gegebenenfalls auch „nicht planbetroffene Gläubiger" sein (§ 8 StaRUG).

Ein Gläubigerbeirat sollte dann bestellt werden, wenn eben nicht sämtliche Gläubiger direkt finanzielle Beiträge beispielsweise in Form von Neufinanzierungen, Verzichten oder Forbearance-Maßnahmen leisten. Die in der Literatur zudem vertretene gegenteilige Meinung, dass Gläubiger ohne Sanierungsbeiträge nicht einzubeziehen seien und in solchen Fällen ein Beirat zudem nicht bestellt werden könne, ist klar zu widersprechen (vgl. Braun-Hirte, 2021, § 93, Rn. 3, Cranshaw, 2021, S. 114 ff., Pannen/Riedemann/Smid-Riedemann, 2021, § 93, Rn. 11).

Bestellungsakt, Mitgliedschaft, Ausscheiden aus dem Beirat

Die Bestellung eines Gläubigerbeirats ist eine Ermessensentscheidung des Restrukturierungsgerichts, wie § 93 Abs. 1 StaRUG als Kann-Bestimmung zeigt (vgl. Braun-Hirte, 2021, § 93, Rn. 4). Lehnt das Restrukturierungsgericht dann die Bestellung eines Beirats ab, existiert kein Rechtsmittel dagegen (Folge aus § 40 StaRUG), denn § 93 StaRUG sieht ein solches nicht vor.

Diese Bestellung setzt ferner die Zustimmung des Vorgeschlagenen voraus. Beiratsmitglied kann eine dazu bereite natürliche Person werden und wie beim (vorläufigen) Gläubigerausschuss des Insolvenzverfahrens auch eine juristische Person. Mitglieder können auch Arbeitnehmervertreter wie Betriebsräte oder Gewerkschaftssekretäre werden, denn auch nicht planbetroffene Gläubiger und Externe können gemäß § 93 Abs. 1 Satz 3 StaRUG im Beirat vertreten sein. Hilfreich sind auch Dritte, wie beispielsweise Sanierungsspezialisten, wenn sie das Verfahren professionell unterstützen können (vgl. Braun-Hirte, 2021, § 93, Rn. 5).

Insgesamt ist darauf zu achten, dass der Beirat nicht zu groß wird, da sich dieser auch spontan beraten muss und möglichst einstimmige Entscheidungen getroffen werden sollen. Dennoch wirkt ein Diskurs positiv und trägt zum Restrukturierungsziel bei. Der Beirat ist ein wichtiges Überwachungsorgan. Es kann für Transparenz sorgen und den Informationsaustausch unter den mitwirkenden Parteien fördern.

Wie beim Gläubigerausschuss des Insolvenzverfahrens kann eine Zahl von zwei Beiratsmitgliedern nicht unterschritten werden, da ein „Beirat“ immer ein Gremium, das heißt mehrere Personen voraussetzt, wobei bei praxisbezogener Betrachtung die Mindestzahl der Mitglieder stets mindestens drei Personen, zweckmäßig im Einzelfall fünf Personen umfassen sollte (zur Zusammensetzung dieses Ausschusses siehe auch Braun-Hirte, 2021, § 93, Rn. 5–7). Der Beirat ist mit dem (vorläufigen) Gläubigerausschuss des Insolvenzverfahrens vergleichbar, wie der Verweis auf § 21 Abs. 2 Satz 1 Nr. 1a InsO in § 93 Abs. 1 StaRUG belegt. Hieraus folgt für das Ausscheiden aus dem Beirat, dass ein Beiratsmitglied vom Restrukturierungsgericht entsprechend gemäß § 70 InsO aus wichtigem Grund entlassen werden kann. Ein wichtiger Grund kann dabei auch der Antrag des Beiratsmitglieds selbst sein. Ansonsten endet diese Mitgliedschaft mit der Aufhebung der Restrukturierungssache oder mit Rechtskraft der Planbestätigung und alternativ bei der Planüberwachung mit deren Aufhebung aus § 72 Abs. 4 StaRUG, beispielsweise wenn die Ansprüche erfüllt wurden.

Aufgaben des Gläubigerbeirats

Der Beirat beziehungsweise seine Mitglieder unterstützen und überwachen die Geschäftsführung des eigenverwaltenden Schuldners (§ 93 Abs. 3 Satz 1 StaRUG). Es ist zu beachten, dass der Gläubigerbeirat, anders als der Gläubigerausschuss im Insolvenzverfahren, keine Entscheidungsbefugnisse besitzt. Ausnahme ist der Vorschlag zur Bestellung des Restrukturierungsbeauftragten.

Der Gläubigerbeirat hat die Einhaltung der ordnungsgemäßen Geschäftsführung im Sinne der Restrukturierung sowie die Berücksichtigung der Interessen der Gläubiger zu überwachen. Dabei kann eine Besetzung mit Mitgliedern aus unterschiedlichen Erfahrungskreisen hilfreich sein. Zu den Aufgaben des Gläubigerbeirats siehe den Überblick bei Braun-Hirte, 2021, § 93, Rn. 11–15 und auch Pannen/Riedemann/Smid-Riedemann, 2021, § 93, Rn. 49–57. In dem Zusammenhang muss der Schuldner dem Gläubigerbeirat auch die **Inanspruchnahme** der Stabilisierungsinstrumente gemäß § 29 Abs. 2 Nr. 1–4 StaRUG anzeigen. Eine Einbindung erfolgt in:

- die gerichtliche Planabstimmung und Vorprüfung (§§ 45 ff. StaRUG).
- die Inanspruchnahme von Stabilisierungsmaßnahmen (§§ 49–59 StaRUG).
- die Planbestätigung (§§ 60 ff. StaRUG).

Dazu gehört nach Sinn und Zweck einer Vorschrift über Unterstützung und Überwachung, dass dem Beirat all die Informationen gegeben werden, die auch dem Gericht im Rahmen des jeweiligen Verfahrensabschnittes beziehungsweise im Rahmen der Tools des § 29 StaRUG übermittelt werden. Zugleich treffen den Schuldner die allgemeinen Unterrichtungsverpflichtungen aus § 32 Abs. 2–4 StaRUG.

Ist der Schuldner allerdings nicht auskunftsbereit, kann der Beirat seine Pflichten nicht erfüllen, jedenfalls nicht diejenigen, die aus der Überwachung folgen. Daher muss der Beirat nachfragen und der Schuldner ist auskunftspflichtig, wie aus einer entsprechenden Anwendung des § 69 Satz 2 InsO i.V.m. dem Rechtsgedanken des § 97 InsO folgt. Weigert sich der Schuldner, dem Beirat Einsicht zu gewähren und Fragen zu beantworten, kann der Ausschuss seinen Aufgaben sowie Pflichten nicht nachkommen. Der Schuldner verstößt dann gegen seine Pflichten aus § 32 StaRUG. Der Beirat kann dies dem von Amts wegen bestellten Restrukturierungsbeauftragten mitteilen, der wiederum in den Fällen des § 76 Abs. 1 StaRUG, wenn also Umstände im Sinne des § 33 StaRUG vorliegen, das Restrukturierungsgericht unterrichtet, so dass die Restrukturierung gegebenenfalls aufgehoben wird.

Der Beirat kann unmittelbar dem Restrukturierungsgericht berichten. Berichtsgründe beziehungsweise Aufhebungsgründe gemäß § 33 StaRUG sind dann beispielsweise die mangelhafte Unterrichtung des Beirats durch den Schuldner (§ 33 Abs. 1 Nr. 3 StaRUG), die aber schwerwiegend im Sinne der Norm sein muss oder der Eintritt der Insolvenzreife, festgestellt vom Beirat (§ 33 Abs. 2 Nr. 1 StaRUG). § 69 InsO mit den Pflichten des Gläubigerausschusses kann vergleichend herangezogen werden.

Mitwirkung bei der Auswahl des Restrukturierungsbeauftragten

Der Gesetzgeber hat sich in § 93 Abs. 2 StaRUG dafür entschieden, dem Gläubigerbeirat anstelle der Planbetroffenen (§ 74 Abs. 2 Satz 3 StaRUG) die Befugnis zu übertragen, dem Restrukturierungsgericht durch einstimmigen Beschluss einen bindenden Vorschlag zur Auswahl des Restrukturierungsbeauftragten zu unterbreiten.

Der Beschluss des Beirats ist aber subsidiär gegenüber der bereits nach § 74 Abs. 2 Satz 2 StaRUG eingetretenen Bindung des Gerichts an den Bestellungsvorschlag des Schuldners, sofern dieser die Bescheinigung nach § 74 Abs. 2 Satz 2 StaRUG vorlegt, dass er die Voraussetzungen des § 51 Abs. 1, 2 StaRUG über den Erlass einer Stabilisierungsanordnung erfüllt. Der Gläubigerbeirat kann selbst einen bindenden Vorschlag in diesen Fällen nur noch dann unterbreiten, wenn der vom Schuldner Vorgeschlagene offensichtlich ungeeignet für die Tätigkeit als Restrukturierungsbeauftragter im konkreten Fall ist (vgl. Cranshaw, 2021, S. 119).

Aufgrund der Sanierungserfahrung der Gläubiger im Beirat können diese aber unter Umständen eine fachlich bessere Entscheidung bei der Auswahl treffen. Des Weiteren wäre es vorteilhaft, die Gerichte stärker einzubinden in diese wichtige Entscheidung, damit zudem zeitnah eine Bestellung erfolgt. Der Restrukturierungsbeauftragte erfüllt wichtige Funktionen im Restrukturierungsverfahren, daher ist diese Auswahlentscheidung eine wichtige Aufgabe.

Organisation des Gläubigerbeirats

Die Beiratsmitglieder werden vom Gericht bestellt und müssen sich wie die Gläubigerausschüsse des Insolvenzverfahrens konstituieren, sich gegebenenfalls eine Geschäftsordnung geben und eventuell einen Vorsitzenden bestimmen, der laufende organisatorische Geschäftsführungsaufgaben erfüllt, die Akten führt und auch nach Beendigung der Beiratstätigkeit aufbewahrt. Die Beschlussfassung bedarf der Beschlussfähigkeit, die hergestellt ist, wenn die Mehrheit der Beiratsmitglieder anwesend war und an der Beschlussfassung teilnehmen konnte. Dies ist dann der Fall, wenn ordnungsgemäß zur Beiratssitzung eingeladen wurde, was entweder eine einvernehmliche Terminierung durch Absprache aller Mitglieder voraussetzt oder nach entsprechender Geschäftsorganisation durch den Vorsitzenden.

Die Mehrheit der anwesenden Mitglieder muss dem konkret zu treffenden Beschluss zustimmen, damit die Entscheidung des Beirats gefallen ist. Sind von drei Mitgliedern zwei anwesend, ist der Beirat beschlussfähig, diese Entscheidung muss dann einstimmig fallen. Der § 72 InsO ermöglicht dem Gläubigerausschuss und damit dem **Gläubigerbeirat** weitgehend Gestaltungsfreiheit für sein Verfahren wie digitale Sitzung, fernmündliche Abstimmung und Beschlussfassung, mit nachträglicher Protokollierung und Unterschrift. Es wird aber doch primär von Präsenzsitzungen ausgegangen. Wie beim Gläubigerausschuss kann es zweckmäßig sein den Restrukturierungsrichter und den Restrukturierungsbeauftragten einzuladen.

Die elektronische Kommunikation ist eine effiziente zu nutzende Alternative, ohne die Präsenzveranstaltung aufzugeben. Diese digitale Kommunikation spart zugleich Kosten, die vom Schuldner als Auslagenersatz des Beirats beziehungsweise des Ausschusses zu tragen sind. Es gilt hier dasselbe wie beim (vorläufigen) Ausschuss des Insolvenzverfahrens (vgl. Cranshaw, 2021, S. 120).

Beispiel: Der Schuldner beantragt eine Stabilisierungsanordnung und will sie dem Gläubigerbeirat nach § 93 Abs. 3 Satz 2 StaRUG anzeigen. Der **Beirat** hat den Schuldner zu einer Videobesprechung eingeladen und weist auf offenbare Ungereimtheiten oder Lücken des ihm vom Schuldner mitgeteilten Finanzplans hin (vgl. § 50 Abs. 5 Nr. 2 StaRUG). Dann kann der Schuldner sofort am Bildschirm reagieren und Fehler korrigieren oder einen überarbeiteten Plan Online zur Verfügung stellen sowie die positive Kenntnisnahme des Beirats herbeiführen. Sind der Richter und der Restrukturierungsbeauftragte digital zugeschaltet, haben sie diese Informationen (vgl. Cranshaw, 2021, S. 121).

Haftungsfragen, Rechtsstellung der Beiratsmitglieder

Haftungsgrundsätze hängen in ihrem Wesen mit den übertragenen Aufgaben und deren Erfüllung beziehungsweise den Anforderungen daran, wie diese Aufgaben zu erfüllen sind eng zusammen, denn ohne Verstoß gegen Pflichten existiert keine Haftung. Als Oberbegriff für diese Zusammenhänge lässt sich derjenige der Rechtsstellung der Beiratsmitglieder bezeichnen (zur Haftung Cranshaw, 2021, S. 122 ff.).

Aufgaben sowie Rechtsstellung sind beim Gläubigerausschuss der InsO wie bei dem Gläubigerbeirat des StaRUG durch die Normen der Insolvenzordnung, beim Gläubigerbeirat durch die Vorschriften des § 93 StaRUG sowie insbesondere die etwas unglückliche Kettenverweisung in § 93 Abs. 1 Satz 2 StaRUG auf § 21 Abs. 2 Satz 1 Nr. 1a InsO mit dortiger Weiterverweisung bestimmt. Die grundsätzliche Struktur ist damit dieselbe wie bei den Mitgliedern des Gläubigerausschusses im Insolvenzverfahren, einschließlich der Rechtsprechung zum (vorläufigen) Gläubigerausschuss in einem Insolvenzverfahren. Zur Haftung des Gläubigerbeirats verhält sich weder der Wortlaut des § 93 StaRUG noch die Begründung der Norm ausdrücklich. Der Restrukturierungsbeauftragte haftet nach der ausdrücklichen Haftungsnorm nach § 75 Abs. 4 Satz 3 StaRUG. Mit Fragen der Haftung hängen die der Versicherung zusammen.

Diese Frage löst § 93 Abs. 1 Satz 2 StaRUG durch den Verweis auf § 21 Abs. 2 Satz 1 Nr. 1a InsO mit den dortigen Weiterverweisungen auf die § 67 Abs. 2, 3 InsO und die §§ 69–73 InsO und damit auf die Haftungsnorm des § 71 InsO etwas unpräzise auf (für die Haftung nach den Grundsätzen des § 71 InsO aufgrund der Verweisungskette in § 93 Abs. 1 Satz 2 StaRUG siehe auch Braun-Hirte, 2021, § 93, Rn. 19).

Da der Sanierungsmoderator und noch deutlicher der Gläubigerbeirat, Pflichten haben (§ 93 Abs. 3 Satz 1 StaRUG) und vergütet werden wie der Gläubigerausschuss im Insolvenzverfahren, spricht vieles für eine Haftung. Für den Gläubigerbeirat ist auf die gesamtschuldnerische Haftung nach § 421 BGB mit Innenausgleich nach § 426 BGB hinzuweisen. Das Gremium selbst haftete mangels Rechtsfähigkeit nicht.

Der Gläubigerausschuss der Insolvenzordnung hat die Pflicht des § 69 Satz 1 InsO, zur Unterstützung sowie Überwachung des Insolvenzverwalters. Dem steht die Haftung nach § 71 Satz 1 InsO gegenüber. Für den vorläufigen Gläubigerausschuss des § 21 Abs. 2 Satz 1 Nr. 1a InsO gilt das durch den dortigen Verweis auf die §§ 69–73 InsO entsprechend. In der Eigenverwaltung überwacht der (vorläufige) Gläubigerausschuss, unter anderem den eigenverwaltenden Schuldner.

Diese Parallele beider vorstehend genannten Gremien zum Gläubigerbeirat des § 93 StaRUG ist evident. Der Gläubigerbeirat des § 93 StaRUG beziehungsweise seine Mitglieder unterstützen und überwachen den (eigenverwaltenden) Schuldner bei seiner Geschäftsführung in der Restrukturierung (vgl. § 93 Abs. 3 Satz 1 StaRUG).

Beiratsmitglieder haften entsprechend § 71 Satz 1 InsO bei schuldhafter Verletzung ihrer Pflichten. Damit gelten dieselben Haftungsgrundsätze wie für die Mitglieder des (vorläufigen) Gläubigerausschusses in einem Insolvenzverfahren, gespiegelt auf die Pflichten der Gläubigerbeiratsmitglieder (§ 93 Abs. 3 Satz 1 StaRUG). Haftungsadressaten sind die einzelnen Beiratsmitglieder. Anspruchsinhaber und Haftungsbegünstigte sind die Restrukturierungsgläubiger und die Berechtigten aus Absonderungsanwartschaften, da die entsprechende Anwendung des § 71 Satz 1 InsO auch die Anspruchsinhaber des Schadenersatzanspruchs umfasst.

Aus den vorstehend umrissenen Zusammenhängen ergibt sich dann ein Haftungsrisiko der Mitglieder des Gläubigerbeirats, das im Insolvenzverfahren demjenigen des vorläufigen Gläubigerausschusses und demjenigen des Ausschusses im eröffneten Verfahren entspricht und daher auch vergleichbar zu versichern ist.

Es empfiehlt sich den Mitgliedern des Gläubigerbeirats nach dem StaRUG ein Merkblatt zur Erstinformation auszuhändigen. Dies kann ähnlich wie das **Merkblatt** für Gläubigerausschussmitglieder strukturiert werden und hinweisen auf:

- Unabhängigkeitskriterien und Unparteilichkeit
- Ausschluss- und Befangenheitsgesichtspunkte
- Aufgaben, Pflichten, Haftung und Vergütung

Der Anspruch auf Vergütung sowie Auslagenerstattung folgt aus § 93 Abs. 4 Satz 1 StaRUG i.V.m. der InsVV (§§ 17, 18 nach Art. 6 SanInsFoG). Die Honorierung erfolgt auf Stundenbasis zwischen 50 und 300 Euro netto pro Stunde. Dabei sind auch die Qualifikationen der Ausschussmitglieder und die Besonderheiten des Restrukturierungsfalls, gerade bei umfassenden Aufgaben, zu berücksichtigen (vgl. Braun-Hirte, 2021, § 93, Rn. 29). Die Erstattung von Auslagen umfasst neben beispielsweise den Reisekosten auch die Aufwendungen für eine angemessene Versicherung der Beiratsmitglieder. Gegebenenfalls kommt noch die Umsatzsteuer einzelfallbezogen auf das jeweilige Beiratsmitglied hinzu. Verfahrensrechtlich wird diese Vergütung nebst Auslagen vom Restrukturierungsgericht festgesetzt und ist letztendlich vom Schuldner zu bezahlen und die Kosten sind nicht unerheblich.

2.10 Sanierungsmoderator

Das Sanierungsmoderationsverfahren gemäß §§ 94 ff. StaRUG weist gegenüber dem Restrukturierungsverfahren einen wohl meist geringeren Komplexitätsgrad auf. Die Zielrichtung liegt in der Ausarbeitung eines konsensualen Sanierungsvergleichs des Schuldners mit den Gläubigern (§ 779 BGB) mit der Unterstützung eines gerichtlich bestellten Sanierungsmoderators für Kleinstunternehmen und kleine Unternehmen. Das Verfahren beginnt auf Antrag des Geschäftsführers gemäß § 94 Abs. 1 StaRUG in der Krise bei drohender Zahlungsunfähigkeit.

Das Verfahren ist nicht eingebunden in das Restrukturierungsverfahren und systematisch in einem besonderen Teil 3 des Gesetzes verortet. Ob die Sanierungsmoderation, der Versuch zu einem Sanierungsvergleich, im Idealfall jedoch der Restrukturierung vorausgehen soll und die Position des **Sanierungsmoderators** in die des Restrukturierungsbeauftragten übergehen soll (vgl. § 100 Abs. 2 StaRUG, letzteres wird in Frage kommen, wenn ein fakultativer Restrukturierungsbeauftragter auf Antrag bestellt wird (§§ 77, 79 StaRUG), erscheint zweifelhaft. Diese Bestellung wird nach § 95 Abs. 2 StaRUG nicht öffentlich bekannt gemacht, um Vertraulichkeit und Reputationsschutz zu gewähren (vgl. Harig, 2022a, S. 91). Ziel ist der Sanierungsvergleich (vgl. Braun-Erbe, 2021, Vorbemerkung vor §§ 94, Rn. 1–2).

Erläuterung: Gemäß § 94 Abs. 1 StaRUG wird beim Sanierungsmoderationsverfahren auf Antrag des Schuldners vom Restrukturierungsgericht ein **Sanierungsmoderator** bestellt. Die Person muss unabhängig vom Schuldner sein und sollte Qualifikationen vergleichbar denen des Restrukturierungsbeauftragten oder Sachwalters aufweisen. Seine Hauptaufgabe besteht darin einen Sanierungsvergleich mit den Schuldnern moderierend auszuhandeln, zur Überwindung der wirtschaftlichen und finanziellen Schwierigkeiten. Er kann das betreffende Unternehmen in ein Restrukturierungsverfahren überführen und dort als gegebenenfalls als Restrukturierungsbeauftragter bestellt werden.

Der Sanierungsmoderator ist ein neuer Akteur in dieser reduzierten Sanierungsvariante, die ein wenig mit der außergerichtlichen Sanierung, die meistens aufwändig nach MaRisk BTO 1.2.5 begleitet von der Hausbank, verglichen werden kann. Dabei ergeben sich hohe Anforderungen an die Steuerung in diesem doch oft komplexen Verfahren und an den Sanierungsmoderator, da die Verhandlungen mit den in diese Moderation einbezogenen Gläubigern schwierig sein können.

Daher ist die Ausrichtung des Verfahrens in der Gesetzesbegründung auf kleinere Unternehmen, die sich einen professionellen Berater danach unter Umständen nicht leisten können, wenig hilfreich. Die Kosten für den professionellen Sanierungsmoderator sind nicht niedriger als diejenigen für einen Restrukturierungsbeauftragten. Der Schuldner zahlt diese Kosten ebenso wie diejenigen des Restrukturierungsbeauftragten und gegebenenfalls seiner Mitarbeiter oder weiterer Berater (kritisch dazu auch Pannen/Riedemann/Smid-Riedemann, 2021, § 94, Rn. 1–6).

Es bedarf zudem stets einer Planung in Form der Konzeptausarbeitung einer Lösung zur Überwindung der wirtschaftlichen oder finanziellen Schwierigkeiten, unabhängig von der Unternehmensgröße. Der Umfang und die Komplexität werden jedoch hinter derjenigen größerer Unternehmen im Allgemeinen zurückbleiben. Die angesprochenen Gläubiger werden einen Plan verlangen, der den Mindestanforderungen der Anlage zu § 5 Satz 2 StaRUG genügt, auch wenn darauf explizit kein Bezug genommen wird. Zudem steigt die Verfahrenskomplexität, wenn der Sanierungsmoderationsablauf in ein Restrukturierungsverfahren übergeht und der Sanierungsmoderator unter Umständen aus § 100 Abs. 2 StaRUG zum Restrukturierungsbeauftragten bestellt wird. Da diese Option immer besteht, sollte aus Schuldnersicht oder vom Gericht auch besonders auf die fachlichen Qualifikationen bereits des Sanierungsmoderators geachtet werden.

Das Verfahren kann nur beginnen, wenn der Schuldner noch nicht zahlungsunfähig ist und bei juristischen Personen oder Personengesellschaften mit einer Haftungsbegrenzung wie der GmbH & Co. KG darf diese nicht überschuldet sein. Auch die Einleitung der Sanierungsmoderation erfordert, dass der Schuldner lediglich drohend zahlungsunfähig sein darf, ein Tatbestandsmerkmal aller Sanierungsvarianten nach dem StaRUG. Daher wird in der Aufgabenbeschreibung des Sanierungsmoderators in § 96 Abs. 1 StaRUG die Überwindung finanzieller Probleme genannt.

Dem Antrag auf Sanierungsmoderation sind gemäß § 94 Abs. 2 StaRUG unter anderem die Art der wirtschaftlichen und finanziellen Krise, ein Verzeichnis der Gläubiger und des Vermögens beizufügen. Hinzu kommt eine Erklärung des Schuldners, nicht zahlungsunfähig zu sein und auch nicht überschuldet. Demnach wäre ein Antrag im Sinne der Risikofrüherkennung bereits in einem frühen Stadium beispielsweise einer Produkt- und Absatzkrise oder Erfolgskrise vorteilhaft.

Auswahlkriterien bei der Bestellung des Sanierungsmoderators

- Natürliche Person
- Geeignetheit und Geschäftskunde
- Unabhängigkeit

Gemäß § 94 Abs. 1 StaRUG ist vom Gericht eine geeignete und daher geschäftskundige und unabhängige natürliche Person zum Sanierungsmoderator zu bestellen. Es handelt sich zwar nicht um eine ausschließlich höchstpersönliche Funktion, diese ist allerdings nicht durch eine juristische Person, sondern nur durch eine natürliche Person verantwortlich wahrnehmbar (vgl. Braun-Erbe, 2021, § 94, Rn. 24).

Die erforderlichen fachlichen Kompetenzen dieses Sanierungsmoderators sind hoch und vergleichbar mit einem Sachwalter, einem Restrukturierungsbeauftragten oder einem spezialisieren Sanierungsberater. Die Anforderungen an diesen Kernakteur in diesem Verfahrensweg sind enorm, auch in Relation zu seiner Vergütung, aufgrund der oft komplexen Krisenlage und Existenzbedrohung des Zielunternehmens.

Die fachlichen Voraussetzungen sind mit den Kriterien der Geeignetheit sowie der notwendigen Geschäftskunde gesetzlich nur grob umrissen. Von Bedeutung für die Ausübung seines Amtes sind Erfahrungen in Sanierungen und in der Steuerung sowie Moderation unterschiedlicher Interessen. Daher lassen sich die Anforderungen an den Restrukturierungsbeauftragten gemäß § 74 StaRUG auf einen in Restrukturierungs- und Insolvenzsachen erfahrenen Steuerberater, Wirtschaftsprüfer, Rechtsanwalt oder eine sonstige natürliche Person mit vergleichbarer Qualifikation auch auf diesen Akteur in diesem Sonderverfahrensweg übertragen.

Eine Position auf der Vorauswahlliste eines Gerichts ist nicht erforderlich, die Gerichte werden aber sicherlich vergleichbare Instrumente einrichten. Diese bewusste Parallele zu den §§ 56, 274 InsO, 74 StaRUG dürfte aber dazu führen, dass die Gerichte den Moderator aus ihren Insolvenzverwalter- und Restrukturierungsbeauftragten-Vorauswahllisten auswählen werden. Es ist kein Nachteil, regt der Schuldner beim Gericht die Bestellung einer Person als Sanierungsmoderator an, benötigt er dabei sicher Hilfestellung, die er unter Umständen auch bei den Sanierungsspezialisten seiner Hausbank bekommen kann.

Da die Sanierungsmoderation nur auf Antrag des Schuldners beginnen kann, sind Gläubiger in den Auswahlprozess des Sanierungsmoderators nicht einbezogen. Ob der Schuldner diesen vorschlagen kann und das Gericht dann an den Vorschlag des Schuldners in Analogie zu §§ 74 Abs. 2, 77 Abs. 1 StaRUG im Allgemeinen gebunden ist, erscheint angesichts des Gesetzeswortlauts und der Systematik äußerst fraglich. Es ist aber davon auszugehen, dass die Gerichte sachgerechte Anregungen positiv aufnehmen, ohne indes gebunden zu sein. Vorteilhaft ist aus Sicht des Verfahrens, dass der Schuldner bei einem Mitspracherecht bei der Auswahl unter Umständen eher und früher bereit sein mag, in dieses Verfahren zu gehen. Negativ ist, dass auf Seiten der Gläubiger befürchtet werden könnte, dass der Sanierungsmoderator eben nicht unabhängig ist und dies ein konsensuales Verfahren beeinträchtigt.

Dann ist weiterhin zu beachten, dass die Sanierungsmoderation als Vorstufe des Restrukturierungsverfahrens verlaufen kann. In diesem Verfahren steht dem Schuldner ein Vorschlagsrecht für den Beauftragten unter den Voraussetzungen des § 74 Abs. 2 Satz 2 StaRUG gesetzlich zu. Da jedoch ein Wechsel der leitenden Personen für das Verfahren hinderlich wäre, aufgrund der erneut notwendigen Einarbeitungszeit, sollte die Entscheidung für einen bestimmten Sanierungsmoderator zielgerichtet und bewusst erfolgen, auch durch das Gericht.

Die Person des Sanierungsmoderators wird in den Gläubigerverhandlungen als neutraler Mediator auftreten, der er nach der Definition seiner Funktion ist (§ 96 Abs. 1 StaRUG). Die Voraussetzungen einer Übertragung dieser Funktion sind mit den Kriterien der hinreichenden Geschäftskunde sowie der Unabhängigkeit von Gläubiger und Schuldner mit den Anforderungen an einen Insolvenzverwalter nach § 56 Abs. 1 InsO beziehungsweise an den Sachwalter in den Eigenverwaltungsverfahren nach der Insolvenzordnung vergleichbar.

Der Sanierungsmoderator ist eng an das Gericht angebunden und steht unter dessen Aufsicht (§ 96 Abs. 5 StaRUG). Seine Befugnisse sind begrenzt, da er nur Einblick in die Geschäftsunterlagen des Schuldners hat sowie nur Anspruch auf „angeforderte zweckmäßige Auskünfte“ (§ 96 Abs. 2 StaRUG). Der Moderator erstattet monatlich schriftlich Bericht an das Gericht über den Fortgang der Verhandlungen (§ 96 Abs. 3 StaRUG), der unter anderem mindestens **Aussagen** treffen muss über:

- die wirtschaftlichen beziehungsweise finanziellen Schwierigkeiten des Schuldners und deren Ursachen,
- die in die Sanierungsverhandlungen eingebundenen Gläubiger und die weiteren Verfahrensbeteiligten,
- Gegenstand und Ziel der Moderation sowie Fortschritte der Verhandlung im Wesentlichen mit den Gläubigern.

Das Verfahren der Sanierungsmoderation kann bei erreichbarer Einigkeit zwischen Schuldner, Gläubigern und weiteren Beteiligten sowie einer professionellen Herangehensweise außergerichtlich und still abgewickelt werden. Die Bestellung erfolgt gemäß § 95 StaRUG für einen Zeitraum von bis zu drei Monaten und kann auf Antrag des Sanierungsmoderators mit Zustimmung des Schuldners und der einbezogenen Gläubiger um bis zu drei Monaten verlängert werden, gegebenenfalls bis zur Bestätigung des Sanierungsvergleichs durch das Gericht, wenn diese nach § 97 StaRUG vom Schuldner beantragt wird.

Eine **Verfahrensdauer** von angestrebten drei Monaten ist für die Effizienz des Ablaufs von Bedeutung. Innerhalb dieser Zeitspanne wird üblicherweise deutlich werden, ob die Ausarbeitung eines finalen Sanierungsvergleichs mit allen Gläubigern möglich erscheint. Eine Verlängerung auf sechs Monate sollte daher nur die Ausnahme darstellen, wenn man nach einer Dauer von drei Monaten der Verhandlungen kurz vor einer Einigung steht. Nach der Frist von maximal sechs Monaten endet die Amtszeit, alternativ durch Abberufung oder Verfahrenswechsel.

Beispiel: Die Gründe der Verlängerung der **Dauer der Verhandlungen** zu einem Vergleichsabschluss können vielfältig sein, beispielsweise kann eine Abhängigkeit von Externen bestehen in noch zu klärenden Steuerforderungen oder der Wirksamkeit des Verkaufs von Assets des Schuldners.

Bei der Sanierungsmoderation handelt sich um ein stilles und vertrauliches Verfahren, ganz ähnlich wie die außergerichtliche Sanierung. Dadurch werden unter anderem negative Effekte in der Öffentlichkeit vermieden, wenn die Krisenlage Kunden bekannt würde und ein ähnlicher Makel wie in einer Insolvenz herbeigeführt wird. Dies soll die Akzeptanz beim Schuldner erhöhen, in den Verfahrensweg einzutreten. Um mögliche Reputationsschäden zu vermeiden, sollten die in die Verhandlung einbezogenen Parteien besser eine ausführliche Vertraulichkeitserklärung unterschreiben (vgl. Braun-Erbe, 2021, § 96, Rn. 7–10).

Aufgaben des Sanierungsmoderators
- Vermittlung zwischen den Interessen des Schuldners und der Gläubiger
- Berichterstattung an das Gericht über den Fortgang der Sanierungsmoderation
- Stellungnahme zum Sanierungsvergleich vor Bestätigung durch das Gericht

Als Moderator vertritt dieser Akteur nicht allein die Interessen des Schuldners. Er hat in seiner Funktion die Interessen und Belange aller Beteiligten individuell herauszuarbeiten. In Einzelgesprächen mit den Gläubigern kann er dann Lösungen im Sinne eines Vergleichs erörtern und auf die Machbarkeit hin überprüfen. Dabei spielen sicherlich Aspekte wie die Gleichbehandlung und die Aussichten auf einen leistungswirtschaftlichen Sanierungserfolg eine wichtige Rolle.

Gläubiger wie Kreditinstitute sind davon zu überzeugen, dass sich die Verhältnisse im Rahmen der Moderation und auch danach nicht deutlich verschlechtern, sondern sie sich im Gegenteil bei einer Prognose über einen sachgerechten Zeitraum deutlich besser stellen. Banken betrachten ihre Optionen und analysieren die alternativen Lösungswege einer Sanierung oder Abwicklung auch im Hinblick auf die Sicherheitenlage und erzielbare Quote.

Zu beachten ist auch die problematische Position als Sicherungsgläubiger, mit einem etwaigen Aufweichen der Sicherheiten in der Sanierung, einem erhöhten Blankoanteil und einer sich nach oben entwickelnden Wertberichtigung in der Bankbilanz. Verständnis für die Gläubiger, die teils erhebliche Ausfallrisiken tragen, ist für die Verhandlungen förderlich, ja unabdingbar.

Allerdings darf man nicht verkennen, dass die Banken bei nur drohender Zahlungsunfähigkeit, nicht ohne Weiteres zur gegebenenfalls außerordentlichen Kündigung, der schärfsten Maßnahme des Kreditgebers, befugt sind, da es dazu der Voraussetzungen des § 490 Abs. 1 BGB bedarf oder etwa weitergehender vertraglicher Kündigungsrechte. Ist derjenige Kreditgeber besichert, ist bei der Abwägung, ob ein Kündigungsrecht besteht, auch der Wert der Sicherheit einzubeziehen.

Der Moderator hat dem Gericht über den Fortgang der Sanierung monatlich Bericht zu erstatten. Ein Schwerpunkt der Berichterstattung liegt auch auf dem Fortschritt der Verhandlungen, damit das Moderationsverfahren aufrechterhalten wird. Den beteiligten Gläubigern ist aus Gründen der Transparenz Einsicht in diese Berichte zu gewähren („Akteneinsicht" gemäß §§ 38, 299 ZPO).

Eine offenkundige Insolvenzreife ist durch den Sanierungsmoderator unverzüglich anzuzeigen. Dies beendet das Moderationsverfahren durch die Abberufung des Sanierungsmoderators durch das Gericht gemäß § 99 Abs. 1 Nr. 2 StaRUG und damit die Möglichkeit, in ein Restrukturierungsverfahren zu wechseln. Der Sanierungsmoderator agiert unter der Aufsicht des Gerichts. Er überwacht die inhaltliche monatliche Berichterstattung und kann analog wie der spezialisierte Problemkreditbetreuer in einer Bank den Sanierungsverlauf überwachen.

Werden diese Pflichten nicht fristgerecht, unzureichend oder fehlerhaft erfüllt, kann der Sanierungsmoderator aus wichtigem Grund durch das Gericht aus dem Amt entlassen werden (§ 96 Abs. 5 StaRUG). Dieser wird dann in künftigen Verfahren und auch als Restrukturierungsbeauftragter beim selben Gericht voraussichtlich länger nicht mehr zum Zuge kommen. Ein Wechsel auf einen neuen Sanierungsmoderator gemäß § 99 Abs. 2 StaRUG, der in Frage kommt, wenn Schuldner oder Moderator die Abberufung beantragen, erscheint in Anbetracht des Krisenfortschritts und der Kosten schwer möglich zu sein. Der Antrag nach § 99 Abs. 1 Nr. 1 StaRUG kann nur eine äußerste Maßnahme darstellen.

Dabei ist in den Vorgaben zur Sanierungsmoderation die Haftung des Moderators nicht ausdrücklich geregelt und möglicher Weise auch nicht notwendig. Für den Inhalt der geschlossenen Vergleiche ist dieser nicht als Entscheider verantwortlich. Er übernimmt aber die Moderation der Diskussion und die Dokumentation darüber, er erfüllt Berichtspflichten gegenüber dem Gericht mit Folgen.

Eine weitere wichtige Funktion ist die Stellungnahme zum Sanierungsvergleich aus § 97 Abs. 2 StaRUG, wenn der Schuldner die Alternative der gerichtlichen Bestätigung des Sanierungsvergleichs aus § 97 Abs. 1 wählt. Der Sanierungsmoderator hat dann zu bestätigen, ob das einem Vergleich zugrunde liegende Sanierungskonzept schlüssig ist, auf Tatsachen beruht und eine vernünftige Aussicht auf Erfolg hat.

All das führt dazu, dass er für schuldhafte Pflichtverstöße der Pflichten einzustehen hat, die ihm durch staatlichen Hoheitsakt mit seiner Zustimmung zur Übernahme des Amtes als Moderator auferlegt worden sind. Seine Pflichtverstöße können weitreichende Folgen für die Gläubiger und das Krisenunternehmen haben, so dass seine Haftung aus analoger Anwendung des § 75 Abs. 4 StaRUG folgt.

Nach der Norm haftet auch der fakultative Restrukturierungsbeauftragte, dem wiederum der Sanierungsmoderator angeglichen ist. Daher rechtfertigt sich diese Annahme einer regelungsbedürftigen Gesetzeslücke in den Normen zum Sanierungsmoderator, die der Gesetzgeber mit einer Regelung, wie gemäß § 75 Abs. 4 StaRUG, geschlossen hätte, womit die Voraussetzungen einer Analogie zu bejahen sind. Das Haftungspotential des Sanierungsmoderators ist aufgrund seiner hinter den Aufgaben des obligatorischen Restrukturierungsbeauftragten zurückbleibenden Funktionen aber sicher begrenzter als dasjenige des Restrukturierungsbeauftragten.

Anwendungsbereiche der Sanierungsmoderation umfassen in der Praxis Finanzierungsverhandlungen mit Gläubigern wie Banken und Lieferanten oder Verhandlungen über Dauerschuldverhältnisse mit Vermietern oder Leasinggebern. Ob das der Prüfung zugrundeliegende und im Rahmen des Vergleichs ausgehandelte Konzept im Rahmen der Moderation tatsächlich ausreicht, um das Krisenunternehmen aus einer wirtschaftlichen Schieflage betriebswirtschaftlich und leistungswirtschaftlich mit einem Maßnahmenplan herauszuführen, darf im Einzelfall bezweifelt werden. So wird es sich häufig primär um ein finanzwirtschaftliches Konzept handeln.

Die Anforderungen an den Vergleich nach StaRUG und das dem Vergleich zugrundeliegenden Konzept (§ 97 Abs. 1 StaRUG) lassen nicht erkennen, dass es sich hierbei um ein Sanierungskonzept, verprobt beispielsweise nach IDW S 6, unter Einhaltung der einschlägigen BGH-Rechtsprechung handelt.

Das im Rahmen der Sanierungsmoderation vorzulegende Konzept sowie die daran angelehnten Prüfvorgänge lassen den Schluss zu, dass eine Sanierung „Light" für Kleinstunternehmen und für kleine Unternehmen verfolgt wird. Diese wird aber ohne große Sorgfalt der Sanierungsplanung und der Verhandlungen nicht erfolgreich sein, denn für diese Unternehmensgruppen gilt wie für große Firmen, dass die Krisenursachen meist vielfältig und die erforderlichen Maßnahmen komplex sind.

Wird aber auf die Sanierungsmoderation die Sorgfalt verwandt, die bei der außergerichtlichen Sanierung an den Tag gelegt wird und die daher ganz überwiegend erfolgreich war und ist, dann kann die Sanierungsmoderation ebenfalls von Erfolg gekrönt sein. Der Gesetzgeber hat für Schuldner und Gläubiger noch einen Mehrwert durch die gerichtliche Bestätigung der Sanierungsmoderation geschaffen, betrachtet man § 97 StaRUG. Die Regelung dieser Norm beantwortet zunächst nur eingeschränkt, welche Funktion die Bestätigung haben soll, nämlich dahingehend, dass die insolvenzrechtliche Anfechtung des Vergleichs in einem später etwa folgenden Insolvenzverfahren nur nach Maßgabe des § 90 StaRUG möglich ist. Dies bedeutet eine erhebliche Schutzwirkung für die Gläubiger. Die Anfechtung ist nur möglich, wenn die Bestätigung „auf der Grundlage unrichtiger oder unvollständiger Angaben des Schuldners erfolgte" und dem jeweils einbezogenen Gläubiger dies bekannt ist (§ 97 Abs. 3 StaRUG). Damit kommt der Sanierungsmoderation als Folge der Bestätigung ein bedeutender Mehrwert für die Beteiligten zu, der sie über die herkömmliche außergerichtliche Sanierung emporheben kann.

Hinzu kommt, dass das Gericht die Bestätigung nur versagen darf, wenn das Sanierungskonzept, das Grundlage eines Vergleiches ist, unschlüssig ist beziehungsweise nicht von den relevanten Tatsachen ausgeht oder keine Aussicht auf Erfolg hat. Der Sanierungsmoderator votiert zu diesen Voraussetzungen (§ 97 Abs. 2 i.V.m. Abs. 1 Satz 2 StaRUG) und nimmt eine Schüsselstellung ein. Der Vergleichsentwurf kann mit dem Restrukturierungsrichter vorbesprochen werden. Die Bestätigung hat dann die weitere Funktion, die Titulierung der Vergleichsforderungen in analoger Anwendung der Regeln über den Restrukturierungsplan nach §§ 67 ff., 71 StaRUG.

Die Vergütung des Sanierungsmoderators bemisst sich nach zeitlichem und sachlichem Aufwand und wird durch das Gericht festgesetzt (§ 98 i.V.m. §§ 80 ff. StaRUG). Der Stundensatz beläuft sich in Anlehnung an § 81 StaRUG auf 350 Euro pro Stunde, für qualifizierte Mitarbeiter auf 200 Euro pro Stunde. Mit dem Einverständnis des Schuldners kann auch ein anderes Vergütungsmodell vereinbart werden, denn aufgrund der hohen gesetzlichen Stundensätze kommt die Sanierungsmoderation über mehrere Monate für Kleinstunternehmen in der Regel nicht in Betracht. Die Kosten dieser Verfahrensart können dann ebenfalls hoch ausfallen.

Insgesamt sollte die Bedeutung dieses Verfahrens der Sanierungsmoderation allerdings nicht überschätzt werden. Es eignet sich voraussichtlich bei Sanierungen und Restrukturierungen kleiner Unternehmen. Der Modus ist auf einen Vergleich ausgelegt. Dieser lässt sich vermutlich nur finden, wenn eine hohe Einigkeit auf Seiten der Gläubiger existiert das betreffende Geschäftsmodell weiter zu begleiten. In der Regel werden nur wenige Einzelgläubiger und Gläubigergruppen an einer Einigung beteiligt sein, damit die Verhandlungen nicht zu komplex werden und zeitnah abgeschlossen werden können. Hauptverhandlungspartner werden die Hausbank und die Hauptlieferanten sowie gegebenenfalls die Kreditversicherer sein.

Des Weiteren werden die Vergleichssummen nicht hoch sein. Es bedeutet, dass die Verzichte, die gegebenenfalls beispielsweise von Seiten der Banken auszusprechen sind, vollständig durch Einzelwertberichtigungen abgedeckt sind und der Firmenkunde in das Klientel der kleineren Gewerbekunden fällt. Zudem sollte auch die Sanierungsmoderation die Finanzlage des Krisenunternehmens nicht erheblich belasten, denn dann stellt sich zugleich die Frage der Finanzierung der Beraterkosten.

Der Sanierungsmoderator sollte Verständnis für die Sichtweise der Banken und Lieferanten haben, denn dies werden in der Praxis die Hauptgläubiger sein, die letztendlich Verzichte oder weitere Forbearance-Maßnahmen leisten sollen. Dies betrifft auch den Umfang der erforderlichen Verzichte oder Stundungen. Dabei kann die Sicherheitenlage ebenfalls eine Bedeutung spielen. So werden beispielsweise Banken in einer guten Absicherungslage unter Umständen nicht zu umfangreichen Verzichten bereit sein. Bei den Lieferanten ist zu beachten, dass diese das Unternehmen in der Regel auch in Zukunft weiter beliefern sollen, damit das Geschäftsmodell, wenn auch unter Umständen auf andere Art und Weise, weitergeführt werden kann.

Die Maßnahmen sind möglichst zeitnah umzusetzen, um eine Insolvenz zu vermeiden. Dennoch ist auch zu klären und schriftlich zu vereinbaren, wie das Unternehmen auf der leistungswirtschaftlichen Seite erfolgreich gestaltet werden kann und wie und durch wen dieses in der Praxis umgesetzt wird. Somit ist wie bei einer außergerichtlichen Sanierung oder bei einer Restrukturierung ein Plan oder Konzept erforderlich, das gewisse Mindeststandards erfüllt.

An die Person eines Sanierungsmoderators sind insgesamt hohe Anforderungen zu stellen. Dieser sollte sowohl fachlich versiert sein als auch die Fähigkeit besitzen einen Konsens zu moderieren. Diese Qualifikationen decken in der Regel auf Sanierungen ausgerichtete Berater ab oder gegebenenfalls Insolvenzverwalter. Es ist jedoch in Frage zu stellen, ob sich die am besten qualifizierten Akteure künftig auf das Feld der Sanierungsmoderation begeben möchten. Interessant kann dies gegebenenfalls sein, wenn die Sanierungsmoderation als Vorbereitung für ein komplexeres Restrukturierungsvorhaben angesehen wird und die Sanierungsmoderation in ein Restrukturierungsverfahren mündet. Besser ist dann aber auch gegebenenfalls gleich mit einem professionellen Restrukturierungsverfahren zu beginnen um keine Zeit und weitere finanzielle Ressourcen zu verlieren.

3 Restrukturierungsalternativen und Instrumente

Einem Restrukturierungsverfahren nach StaRUG liegen bestimmte Zielsetzungen zugrunde. Unter anderem besteht eine Ausrichtung der Verfahrensabläufe auf kleine und mittlere Unternehmen. Des Weiteren soll der Insolvenzmakel unbedingt vermieden werden. Schwerpunkte des Kapitels sind:

- Darstellung und Beurteilung verschiedener Verfahrensvarianten im StaRUG
- Eigenschaften des Restrukturierungsplans und der Abstimmung über den Plan
- Erläuterung der Stabilisierungsanordnungen und Restrukturierungsinstrumente

3.1 Ziele des Restrukturierungsverfahrens

Bevor die Verfahrensabläufe des StaRUG beschrieben und untersucht werden, sind die Ziele und Hintergründe des Restrukturierungsgesetzes und der zugrundeliegenden EU-Richtlinie zu betrachten. Das Kernziel der Richtlinie besteht in der Vermeidung der Insolvenz (vgl. Cranshaw/Portisch, 2020a, S. 226 ff.). Dabei ist das Restrukturierungsverfahren mit den verschiedenen Varianten nicht durch das Ziel einer gemeinschaftlichen Gläubigerbefriedigung wie in der Insolvenz geprägt (§ 1 InsO). Das StaRUG ist nicht als Gesamtverfahren konzipiert. Der Erhalt des Unternehmens und des Rechtsträgers stehen im Vordergrund. Es wird durch den Schuldner initiiert.

Es geht in der dem StaRUG zugrundeliegenden Richtlinie über präventive Restrukturierungsrahmen (RL), nicht um die Restrukturierung um jeden Preis, wie der Erwägungsgrund (EW) 3 es ausdrückt. Nicht bestandsfähige Unternehmen sollen zeitnah abgewickelt werden (vgl. EU, 2019, EW 3, Cranshaw/Portisch, 2020e, S. 2561 ff.).

Wenn ein Unternehmen in finanziellen Schwierigkeiten nicht bestandsfähig ist und die Bestandsfähigkeit nicht ohne weiteres hergestellt werden kann, können Restrukturierungsmaßnahmen zu einer Anhäufung von Verlusten zum Nachteil der Gläubiger, der Arbeitnehmer und sonstiger Interessengruppen führen. EW 3 Satz 1 bringt darin zum Ausdruck, dass Restrukturierungsverfahren auch dem Aufbau notleidender Kredite vorbeugen sollen. Diese Mechanismen sollen Folgen von Konjunkturabschwüngen auf die Finanzindustrie abmildern (vgl. EU, 2019, EW 3). Der eigentliche Nukleus der Richtlinie zu präventiven Restrukturierungsrahmen ist auf das Ziel der Kapitalmarktunion in der EU zurückzuführen. Hindernisse für grenzüberschreitende Investitionen sollen beseitigt werden. Hervorgehobene **Ziele** der EU-Richtlinie zu präventiven Restrukturierungsrahmen, die zum StaRUG führen, sind:

- Frühzeitige Restrukturierung von krisenbehafteten Unternehmen
- Steigerung der Effizienz von Restrukturierungsverfahren
- Vermeidung des Ausstiegs von Gläubigern im Krisenfall
- Angleichung nationaler Sanierungs- und Restrukturierungsverfahren
- Rettung bestandsfähiger Unternehmen und bestehender Arbeitsplätze

https://doi.org/10.1515/9783110742220-003

Diese Zielsetzungen finden sich auch in der Begründung des Gesetzesentwurfes zum StaRUG (vgl. BTag, 2020b, S. 96 ff.). So ist die Förderung der Restrukturierung von Krisenunternehmen, insbesondere auf Kleinstunternehmen, auf kleine und mittlere Unternehmen (KMU) ausgerichtet, denn diese Unternehmensgrößen verfügen meist nicht über die erforderlichen finanziellen Mittel, um hohe Sanierungskosten zu tragen sowie alternative effiziente Restrukturierungsverfahren, die in einigen Mitgliedstaaten der EU zur Verfügung stehen, zu nutzen (vgl. EU, 2019, EW 17).

Diese Aussage ist angesichts der Bedeutung der mittelständischen Unternehmen in Deutschland nur zu unterstreichen. Zu beachten ist jedoch, dass hier bereits mit der außergerichtlichen Sanierung ein effizienter Gesundungsweg zur Verfügung steht. Dieser wird maßgeblich durch die Hausbank getrieben und die Erfolgsquote dieser Sanierungsverfahren ist hoch (vgl. Portisch, 2018, S. 115).

Die Restrukturierungsrichtlinie hat einen einheitlichen Rechtsrahmen für Restrukturierungen in der Union geschaffen und ist in Deutschland durch das StaRUG umgesetzt worden. Es folgt dem Ansatz der Schuldnerorientierung, auch wenn in der Begründung zum Gesetz betont wird, es sei nicht Aufgabe, ein Sanierungsinteresse gegen die Interessen der Gläubiger durchzusetzen (vgl. BTag, 2020b, S. 97 ff.).

Es werden allerdings Hürden gegen eine einseitige Wahrung von Schuldnerinteressen errichtet, beispielsweise durch das bei der Abstimmung über den Restrukturierungsplan bestehende Erfordernis einer Mehrheit aller Gläubiger in den einzelnen Gruppen, die in den Restrukturierungsplan einbezogen werden, von 75% nach Forderungssummen. Diese Quote liegt über derjenigen nach § 244 InsO im Insolvenzplan (50%), sie verzichtet auf Doppelabstimmung nach Köpfen. Der Schuldner muss also Mühe aufwenden, ein derartiges Quorum zustande zu bringen. Somit wird die Restrukturierung auch weiterhin maßgeblich von denen entschieden, die eine Restrukturierung über die finanziellen Beiträge stützen (vgl. BTag, 2020b, S. 97). Dabei geht es um die kollektive Bewältigung wirtschaftlicher Schieflagen, auch gegen die Widerstände Einzelner, die mit einem Cram Down überstimmt werden können.

Es soll die finanzielle Schieflage des Schuldnerunternehmens auf Grundlage eines von den Gläubigern mehrheitlich zu beschließenden und gegebenenfalls vom Gericht zu bestätigenden Plans bewältigt werden. Die Zielrichtung auf die Beseitigung der lediglich genannten finanziellen Probleme greift hier in Anbetracht der Theorie und Praxis der Sanierung zu kurz. Allein geeignete und in einem Plan oder Sanierungskonzept vorgeschlagene leistungswirtschaftliche Maßnahmen und deren Umsetzungen bieten die Grundlage für eine erfolgreiche Unternehmenssanierung.

Der dauerhafte Turnaround von Unternehmen in der Krise ist nur über einen Markterfolg zu erzielen und das bedeutet, dass der Kundennutzen wieder mit adäquaten Produkten und Dienstleistungen erfüllt wird. Eine erfolgreiche Restrukturierung gelingt nur über die Herstellung dieser marktbezogenen Erfolgsfaktoren (vgl. Portisch, 2018, 286 ff.). Dies ist auch in Restrukturierungsverfahren zu beachten.

3.2 Verfahrensabläufe nach StaRUG

Das StaRUG erlaubt verschiedene **Verfahrenswege**. Die genannten Instrumentarien sind optional einsetzbar und erlauben es die Restrukturierung auf den Einzelfall abzustimmen. Beispielsweise kann ein Restrukturierungsverfahren ohne die Einbindung des Restrukturierungsgerichts ablaufen und zudem weitestgehend still. Alternativ kann das Gericht auch stark eingebunden werden und die Öffentlichkeit ebenfalls hergestellt werden, mit Wirksamwerden der §§ 84–88 StaRUG im Juli 2022. Des Weiteren können die Stabilisierungsinstrumente variabel verwendet werden und bei der Abstimmung über den Plan bestehen Möglichkeiten des Cram Down, die in Teilen weiter gehen als das Obstruktionsverbot der InsO.

Erläuterung: In Restrukturierungsverfahren existieren optionale **Abläufe** und kombinierbar einsetzbare Instrumente, die alternativ genutzt werden können. In der Praxis werden sich in Zukunft häufig gewählte Verfahrenswege herauskristallisieren, wahrscheinlich unter den Aspekten der Öffentlichkeit der Verfahren, der entstehenden Kosten und der Schnelligkeit der Verfahrensabwicklung. **!**

Den Kern eines Restrukturierungsverfahrens bilden die folgenden **Faktoren**, die zu bewerten und zu entscheiden sind:

- Bestimmung über die Intensität der gerichtlichen Einbindung
- Bestellung Restrukturierungsbeauftragter von Amts wegen oder fakultativ
- Entscheidung über Stabilisierungsmaßnahmen
- Ausarbeitung des Restrukturierungsplans durch den Schuldner
- Hinzuziehung externer Berater zur Planausarbeitung und Kosten
- Wahl eines Standards für den Restrukturierungsplan
- Festlegung der Stimmrechte und Organisation der Abstimmung
- Konsens, Cram Down oder Cross Class Cram Down
- Planbestätigung oder Versagung der Planbestätigung
- Überwachung des Plans und Umsetzung der operativen Maßnahmen
- Vergütungsentscheidung des Restrukturierungsbeauftragten
- Vorschaltung Sanierungsmoderation oder als eigenständiges Verfahren

Dabei ist das Unternehmensstabilisierungs- und Restrukturierungsgesetz (StaRUG) in verschiedene Module aufgebaut. Teil 1 des Gesetzes beinhaltet die Krisenfrüherkennung und das Krisenmanagement. Teil 2 befasst sich mit den Kerninhalten des Restrukturierungsverfahrens, dem Restrukturierungsplan als Grundlage der primär finanzwirtschaftlichen Restrukturierung, den einsetzbaren Stabilisierungs- und Restrukturierungsinstrumenten (§ 29 Abs. 2 StaRUG) und der Einsetzung des Restrukturierungsbeauftragten auf Schuldnerantrag fakultativ oder von Amts wegen durch das Restrukturierungsgericht. Zusätzlich ist die Einrichtung eines Gläubigerbeirats möglich, wenn die Restrukturierung gesamtverfahrensähnlich ist (§ 93 StaRUG).

Die besonderen Regelungen zu diesen öffentlichen Restrukturierungssachen gemäß §§ 84 ff. StaRUG, treten erst am 17.07.2022 in Kraft. Diese Vorschriften erfordern die Einrichtung technischer Voraussetzungen, um öffentliche Bekanntmachungen vornehmen zu können. Demnach sind die gerichtlichen Termine, die gerichtlichen Entscheidungen sowie die Berufung beziehungsweise Abberufung des Restrukturierungsbeauftragten, digital, im Internet, öffentlich bekannt zu geben.

Es folgen die Bestimmungen zum Anfechtungs- und Haftungsrecht gemäß StaRUG. Anschließend wird auf die Besonderheiten der Beteiligung der Arbeitnehmer sowie der Einrichtung eines Gläubigerbeirats eingegangen. Danach kommen die Ausführungen zur Sanierungsmoderation, das als eigenständiges Verfahren mit erfolgreichen Verhandlungen ablaufen kann oder vorgeschaltet zu einem Restrukturierungsverfahren installiert werden kann. Das Verfahren soll der außergerichtlichen Sanierung ähneln und ist auf einen Konsens der beteiligten Parteien ausgerichtet. Allerdings ist das Vorgehen der außergerichtlichen Einigung in der Praxis umfassender einsetzbar, auch für Großunternehmen. Abschließend erfolgen Erläuterungen und Bestimmungen zu Anforderungen an die Einrichtung von Risikofrüherkennungssystemen, gerade für Kleinstunternehmen sowie kleine und mittlere Unternehmen.

Des Weiteren wird auf die Hinweispflichten einer wirtschaftlichen Krise durch Steuerberater und Wirtschaftsprüfer eingegangen. Diese beziehen sich auf das Vorliegen von Insolvenzgründen und die daraus abzuleitenden Pflichten, die Organe der Gesellschaft darauf aufmerksam zu machen. Es folgt die Anlage zu notwendigen Angaben im Restrukturierungsplan. Abb. 3.1 zeigt den Aufbau des Gesetzes.

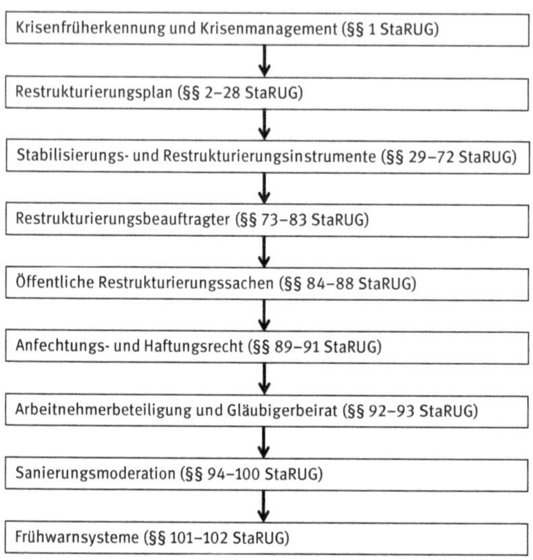

Abb. 3.1: Aufbau des Restrukturierungsgesetzes StaRUG (Quelle: Eigene Darstellung)

Ablauf der Restrukturierung oder der Sanierungsmoderation

Folgender grober Verfahrensablauf ergibt sich bei dem Restrukturierungsverfahren gemäß dem neuen Unternehmensstabilisierungs- und -restrukturierungsgesetz wie nachfolgend dargestellt (vgl. Cranshaw/Portisch, 2020e, S. 2561 ff.). Gekennzeichnet wird ein Verlauf, in dem das Restrukturierungsgericht eingeschaltet werden kann. Das sind Fälle, in denen der Schuldner, die vom Restrukturierungsplan betroffenen und von ihm angesprochenen Gläubiger voraussichtlich nicht sämtlich zur Zustimmung zum Plan bewegen kann, die von ihm inszenierte privatisierte Abstimmung nicht erfolgversprechend ist und er aus Gründen der Rechtssicherheit und in Verfolgung seines Plans die Tools der §§ 29 ff. StaRUG anwendet. Das gerichtliche Verfahren startet mit der Anzeige nach § 31 StaRUG und es wird von Optionen der Stabilisierungsanordnung und der Planbestätigung Gebrauch macht.

Die Sanierungsmoderation gemäß §§ 94 ff. StaRUG steht als eigenständiger Verfahrensschritt daneben, kann aber in die Verfahrensmodalitäten des Teils 2 des Gesetzes einmünden, das heißt in die Schritte 1–7 der Abb. 3.2 Über dem steht der Restrukturierungsplan, das technische Instrument mit der Darstellung und Gestaltung der Positionen von Gläubigern, gegebenenfalls von Anteilseignern, mit dem Ziel der Sanierung nach den Vorstellungen des Schuldners, in der Praxis sind dies die Organe der juristischen Personen und der Gesellschaften ohne Rechtspersönlichkeit.

Eingangskriterium in die Restrukturierung nach StaRUG ist spätestens die drohende Zahlungsunfähigkeit. Vorteilhaft ist es aus zeitlichen Gründen ein früheres Krisenstadium als Startpunkt für das Verfahren auszuwählen, damit noch ausreichende finanzielle Ressourcen sowie qualitative Mitarbeiterkapazitäten vorhanden sind und das Geschäftsmodell am Markt noch weitgehend unbeschädigt ist.

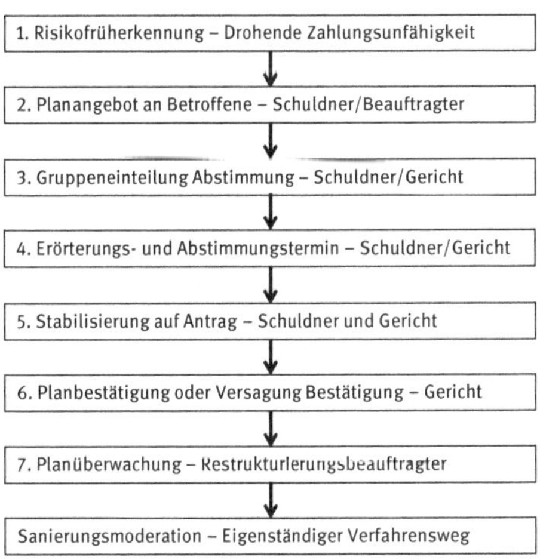

Abb. 3.2: Restrukturierungsverfahren oder Sanierungsmoderation (Quelle: Eigene Darstellung)

Im Folgenden werden typische **Verfahrensabläufe** der Restrukturierungsverfahren und der Sanierungsmoderation dargestellt, um die Optionen sowie die Verläufe mit den wichtigen Stellschrauben in einer Übersicht erkennen zu können:

- Weitgehend außergerichtliche Variante des Restrukturierungsverfahrens
- Restrukturierungsverlauf mit starker Einbindung Restrukturierungsgericht
- Öffentliche Restrukturierungssachen mit grenzüberschreitender Wirkung
- Eigenständige Sanierungsmoderation oder als Vorstufe zur Restrukturierung

Weitgehend außergerichtliche Variante der Restrukturierung

In Abb. 3.3 wird der Restrukturierungsverlauf mit einem Mindestniveau an gerichtlicher Einbindung aufgezeigt. Den Idealfall eines Restrukturierungsverfahrens bildet § 19 StaRUG ab, der weitgehend der freien Sanierung entspricht. Stimmen die einbezogenen Gläubiger dem Vorschlag des Schuldners zu, ist Konsens erzielt und die Beteiligten haben sich daran zu halten. Aber auch hier wird man in kritischen Fällen die Anzeige nach § 31 StaRUG vornehmen und das gerichtliche Planbestätigungsverfahren durchführen (§§ 60 ff. StaRUG) mit der Folge der reduzierten Anfechtungsrisiken gemäß §§ 129 ff. InsO in einer Folgeinsolvenz (§§ 89 StaRUG).

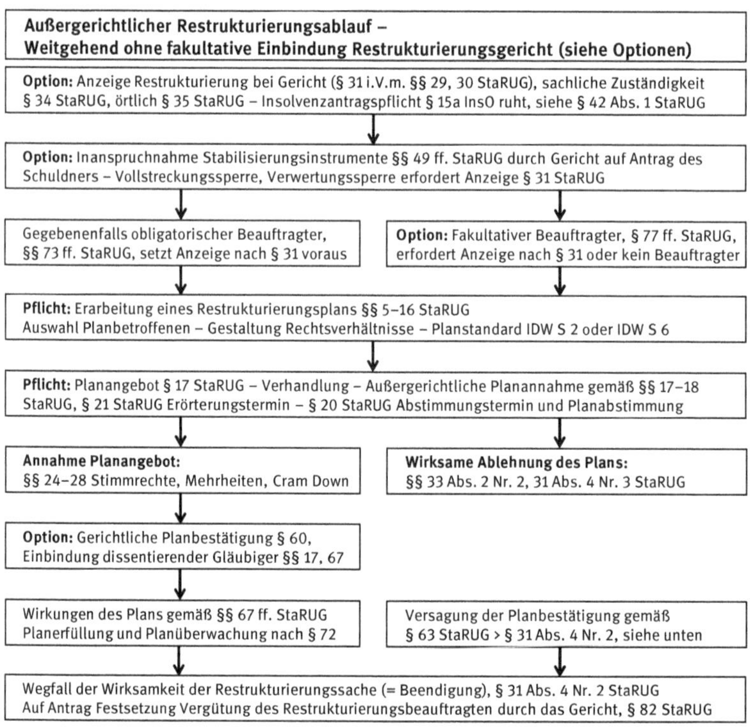

Abb. 3.3: Außergerichtlicher Ablauf des Restrukturierungsverfahrens (Quelle: Eigene Darstellung)

Im **außergerichtlichen Fall** (§§ 17–22, 24–28 StaRUG) ist die Anzeige der Restrukturierungssache bei Gericht gegenstandslos. Lediglich wenn Stabilisierungs- und weitere Instrumente gemäß §§ 49 StaRUG vom Schuldner beantragt werden, ist das Restrukturierungsvorhaben gemäß §§ 31 ff. StaRUG bei dem zuständigen Gericht anzuzeigen. Die Einsetzung des Restrukturierungsbeauftragten ist im Rahmen der außergerichtlichen Restrukturierung nicht möglich. Wenn dies aufgrund der Komplexität des Verfahrens bei der Erstellung des Restrukturierungsplans oder der Organisation der Abstimmung erforderlich ist, kann die Bestellung auf Antrag des Schuldners gemäß §§ 77 ff. StaRUG fakultativ durch das Gericht erfolgen.

Alternativ erfolgt eine Bestellung obligatorisch nach den §§ 73 ff. StaRUG, wenn die Rechte von Verbrauchern oder mittleren, kleinen und Kleinstunternehmen über den Plan gestaltet werden sollen oder eine Stabilisierungsanordnung beantragt wird, die sich im Wesentlichen gegen alle Gläubiger richtet. Dann befindet man sich außerhalb der außergerichtlichen Restrukturierung, denn dieses Procedere erfordert die Anzeige nach § 31 StaRUG und jedenfalls in der Praxis einen Antrag des Schuldners auf eines der Instrumente des § 29 Abs. 2 StaRUG. Ohne ein solches Instrument wird die Bestellung eines Restrukturierungsbeauftragter kaum in Frage kommen.

Zur Planvorlage an die einbezogenen Gläubiger sowie deren Auswahl ist allein der Schuldner befugt. Die Planausarbeitung mag primär durch den Schuldner erfolgen, der sich externer Hilfe bedienen wird. Auch die Bestimmung der Stimmrechte, die Zuteilung der Gläubiger in Gruppen und der eigentliche Abstimmungsprozess muss durch den Schuldner organisiert werden. Gegebenenfalls ist die Hinzuziehung eines Beraters oder einer in Insolvenzsachen erfahren Beratungsgesellschaft hilfreich, um den Prozess der Abstimmung gut vorzubereiten sowie professionell durchzuführen. Dieses kann auch bei der Aufstellung des Plans sinnvoll sein, um den Ablauf insgesamt zu beschleunigen. Es besteht die Option, den außergerichtlich angenommenen Plan auf Antrag des Schuldners gemäß § 60 StaRUG offiziell durch das Restrukturierungsgericht bestätigen zu lassen. Dazu bedarf es aber wieder zuvor der Anzeige der Restrukturierungssache nach § 31 StaRUG und es besteht die Hürde des § 60 Abs. 1 Satz 3 StaRUG, der Schuldner muss mit den dortigen Unterlagen nachweisen, dass dem Plan zugestimmt wurde.

Der Schuldner selbst hat dem zuständigen Restrukturierungsgericht (§ 34 StaRUG) den Antrag auf Bestätigung des Plans, den Restrukturierungsplan mit allen Anlagen und zudem das Abstimmungsergebnis mit Nachweisen über die Durchführung und das Ergebnis dieser Abstimmung zukommen zu lassen (vgl. § 22 StaRUG). Der privatisierte Abstimmungsprozess in einer Versammlung der Planbetroffenen in Präsenz oder virtuell (§§ 20–22, 24 ff. StaRUG) ist dann risikobehaftet, wenn Gegenstimmen durch den Cram Down überwunden werden müssen (vgl. §§ 26–28 StaRUG).

Wird dieser Plan durch das Gericht bestätigt, treten die Wirkungen gemäß §§ 67 ff. StaRUG ein, die im gestaltenden Teil dargelegt wurden. Hier wird es sich im Wesentlichen um Verzichte der planbetroffenen Gläubiger handeln.

Es kann im gestaltenden Teil auch vorgesehen sein, dass die Erfüllung des Plans gemäß § 72 StaRUG überwacht wird. Wurden diejenigen Ansprüche der Planbetroffenen erfüllt, ist das Verfahren beendet. Mit Einsetzung des Restrukturierungsbeauftragten ist dieser zu vergüten und seine Vergütung vom Gericht festzusetzen.

! **Erläuterung:** Diese **außergerichtliche Variante** des Restrukturierungsverfahrens erfordert die Fachkompetenz der beteiligten Akteure, hauptsächlich des Schuldners, wenn er den Plan eigenständig ausarbeitet, die Bestimmung der Stimmrechte, die Gruppeneinteilung vornimmt sowie die Abstimmung durchführt. Er sollte sich gegebenenfalls durch Akteure wie auf Insolvenzen oder Restrukturierungen spezialisierte Berater oder Beratungsgesellschaften unterstützen lassen. Diese Form des Verfahrens erfordert neben den professionellen Ausarbeitungen und Prozessen zudem einen hohen Grad an Zustimmung zu dem Restrukturierungsplan, so dass ein Cram Down nicht eingreift.

Gerichtlicher Verlauf und öffentliche Restrukturierungssachen

Der Variante des Restrukturierungsverfahrens mit gerichtlicher Einbindung beginnt mit der Anzeige des Vorhabens beim zuständigen Gericht nach § 31 StaRUG. Es folgt die gerichtliche Bestellung des Restrukturierungsbeauftragten von Amts wegen gemäß § 73 StaRUG dann, wenn vom Schuldner eine Stabilisierungsanordnung beantragt wurde, die sich im Wesentlichen gegen alle Gläubiger richtet oder wenn einer der weiteren Tatbestände des § 73 Abs. 1 Satz 1 Nr. 1–3, Abs. 2 StaRUG zu bejahen ist oder wenn der Richter die „Kannvorschrift" des § 73 Abs. 3 StaRUG nutzt und zur Erfüllung der dortigen Aufgaben einen Restrukturierungsbeauftragten bestellt.

Die Bestellung kann auch gemäß § 77 StaRUG fakultativ auf Antrag des Schuldners mit gerichtlicher Bestellung erfolgen, um die Verhandlungen zwischen den Beteiligten voranzubringen. Falls die Restrukturierungssache gesamtverfahrensartige Züge aufweist, dieses ist im Wesentlichen anzunehmen, wenn alle oder eine Vielzahl von Gläubigern mit divergierenden Interessenlagen durch den Plan betroffen ist, sollten die Voraussetzungen des § 73 StaRUG vorliegen, so dass vom Gericht regelmäßig ein Restrukturierungsbeauftragter von Amts wegen zu bestellen sein wird, darauf deutet wohl auch § 85 Abs. 1 Nr. 2 StaRUG hin.

In der nachfolgenden Abb. 3.4 wird der Restrukturierungsablauf unter Einbindung des Restrukturierungsgerichts dargestellt. Dieser Verlauf ist erscheint angebracht, wenn der Abstimmungsprozess über den Plan voraussichtlich nicht ohne Probleme verlaufen wird und rechtliche Risiken möglichst ausgeschlossen werden sollen. Die gerichtliche Beteiligung lässt sich als Involvierung einer Institution verstehen, die Autorität, Klarstellung sowie Absicherung verspricht, insbesondere aber Rechtssicherheit vermittelt, auch für den Fall einer späteren Insolvenz.

Die gerichtliche Einbindung beginnt nach der Anzeige und der Rechtshängigkeit der Restrukturierungssache mit der Vorprüfung des Restrukturierungsplans gemäß § 46 StaRUG auf Schuldnerantrag. Untersucht werden die Auswahl und Gruppenbildung der Planbetroffenen, die Stimmrechte und die drohende Zahlungsunfähigkeit.

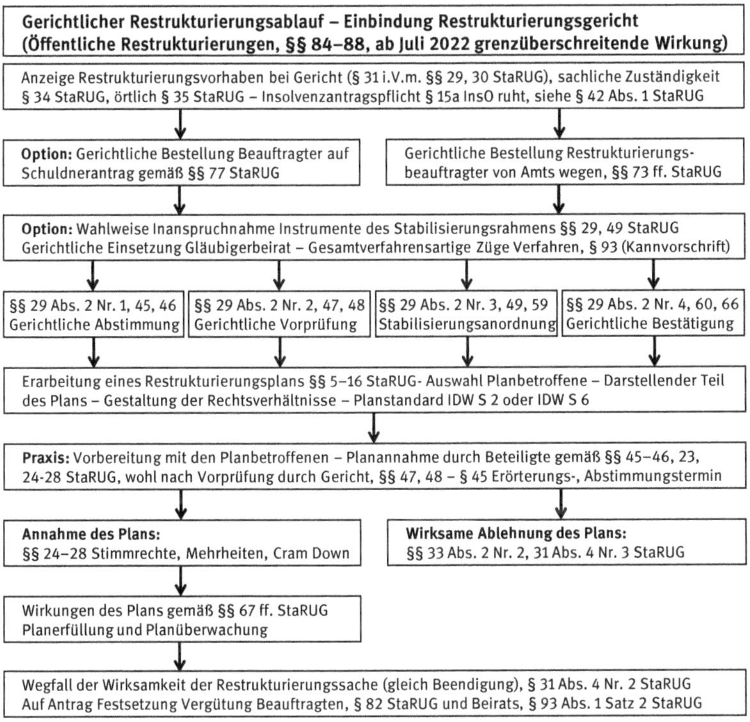

Abb. 3.4: Gerichtlicher Verlauf des Restrukturierungsverfahrens (Quelle: Eigene Darstellung)

Neben einer formalen Überprüfung der Bestandteile eines Plans können im Rahmen der Vorprüfung, vor der eigentlichen Abstimmung, kritische Aspekte des Restrukturierungsplans diskutiert werden und auch die Grundlagen für die eigentliche Abstimmung hinsichtlich der Auswahl und Einteilung der Planbetroffenen in Gruppen verhandelt werden. Erkannten Defiziten kann abgeholfen werden.

Dies schafft ein Mehr an Rechtssicherheit für den planvorlegenden Schuldner, aber auch für die anderen Beteiligten. Die Möglichkeit der gerichtlichen Vorprüfung besteht gemäß §§ 47, 48 StaRUG auch in der außergerichtlichen Abstimmungsvariante des Restrukturierungsverfahrens (vgl. Harder, 2022, S. 238 ff.). Aus dem Blickwinkel der Praxis erscheint diese Variante aber nicht sinnvoll, da dann in der auf jeden Fall allen Beteiligten anzuratenden gerichtlichen Planbestätigung (aus den Gründen der Abschirmung von Anfechtungsrisiken in einer Folgeinsolvenz, §§ 89–91 StaRUG) auf Antrag des Schuldners ihm die Nachweislast der Ordnungsmäßigkeit der Abstimmung auferlegt ist (§ 60 Abs. 1 Satz 3 StaRUG).

Die planbetroffenen Beteiligten sind beim nicht-gerichtlichen Abstimmungsverfahren, wenn der Schuldner die Vorprüfung beantragt, vom Gericht gemäß § 48 Abs. 1 StaRUG anzuhören zu den Fragen, die Gegenstand der Vorprüfung sind.

Zwar enthält § 46 StaRUG zum Vorprüfungstermin bei einer gerichtlichen Abstimmung keine Regelung über die Anhörung der Planbetroffenen wie § 48 Abs. 1 StaRUG über die Vorprüfung beim nicht gerichtlichen privatisierten Abstimmungsverfahren nach §§ 20–22, 24–28 StaRUG, denn deren Anhörung erfolgt im kombinierten Erörterungs- und Abstimmungstermin nach § 45 Abs. 1 StaRUG. Es kann aber, in Abhängigkeit von den in der Vorprüfung auftretenden Fragen, zweckmäßig sein, bereits dort die von der Frage betroffenen Planbeteiligten anzuhören sowie die Ergebnisse der Vorprüfung in einem gesonderten Hinweisbeschluss festzuhalten (siehe §§ 47 Abs. 2, 48 Abs. 2 StaRUG betrifft die Fälle der „privatisierten" Abstimmung). Dieses um die Grundlage für eine Planstruktur zu bereiten, die eventuell von den Beteiligten ohne Weiteres akzeptiert wird und damit die Abstimmung erleichtert.

Es ist daher nicht erkennbar, warum im Rahmen der gerichtlichen Abstimmung eine Anhörung wie nach § 48 Abs. 1 StaRUG unterbleiben soll. Diese liegt beim gerichtlichen Verfahren allerdings im Ermessen des Gerichts. Unterstrichen wird diese Auffassung auch durch § 46 Abs. 3 StaRUG, wonach das Gericht im Rahmen der gerichtlichen Abstimmung den Vorprüfungstermin auch von Amts wegen nach seinem Ermessen bestimmen kann, wenn dieses aus dem Blickwinkel des Restrukturierungsgerichts und den Amtsermittlungsgrundsatz des § 39 StaRUG zweckmäßig erscheint. Im Ergebnis spielt es aber keine Rolle, wenn die Anordnung dieser Vorprüfung von Amts wegen dem Gericht nur zweckmäßig erscheint, zumal gegen die Anordnung ein Rechtsmittel nicht statthaft ist (Folge aus § 40 Abs. 1 StaRUG).

Des Weiteren kann die Festlegung der Stimmrechte durch das Gericht bei Streit geklärt endgültig werden (vgl. Pannen/Riedemann/Smid-Pannen, 2021, § 45, Rn. 21). Gemäß § 70 StaRUG können die Planbetroffenen streitige Forderungen hinsichtlich ihrer Höhe auch später klären. Die Höhe des jeweiligen Stimmrechts ist wesentlich für die Abstimmung und das Ergebnis des Votums.

Die Ermittlung kann problematisch sein, da die den Stimmrechten zugrunde liegenden Forderungen und Rechte gemäß § 24 StaRUG teilweise bewertet werden müssen und die Werte unter Umständen nicht immer eindeutig sind. Die **Stimmrechte** richten sich gemäß § 24 Nr. 1–3 StaRUG:

- bei Restrukturierungsforderungen nach dem Betrag oder bei bedingten Forderungen mit dem ihnen unter Berücksichtigung der Wahrscheinlichkeit des Bedingungseintritts zukommenden Wert, unverzinsliche Forderungen sind abzuzinsen auf den Tag der Planvorlage (Nr. 1).
- Bei Absonderungsanwartschaften und gruppeninternen Drittsicherheiten nach deren Wert. Durch Absonderungsanwartschaften oder gruppeninterne Drittsicherheiten gesicherte Forderungen vermitteln in einer Gruppe von Restrukturierungsgläubigern nur insoweit ein Stimmrecht, wie der Schuldner für die gesicherten Forderungen auch persönlich haftet (Nr. 2).
- bei Anteils- oder Mitgliedschaftsrechten nach dem Anteil am gezeichneten Kapital oder Vermögen des Schuldners (Nr. 3).

Das Abstimmungsverfahren kann gemäß § 45 StaRUG vor dem Restrukturierungsgericht stattfinden und muss dann durch dieses organisiert werden. Das Vorgehen ist bei potenziellen Konflikten angebracht, damit das Ergebnis der Abstimmung später nicht im Rahmen der Planbestätigung (siehe zu dem Anfechtungsgrund § 63 Abs. 1 Nr. 2 StaRUG) angefochten wird (vgl. Pannen/Riedemann/Smid-Pannen, 2021, § 45, Rn. 2 ff. und Harig, 2022b, S. 227).

Erforderlich für die Zustimmung zum Plan ist gemäß § 25 Abs. 1 StaRUG die Zustimmung aller gebildeten Gruppen mit mindestens 75% der Stimmen. Kann beispielsweise in einer Gruppe diese Mehrheit nicht erreicht werden, besteht die Möglichkeit einer gruppenübergreifenden Mehrheitsentscheidung, unter bestimmten Bedingungen gemäß § 26 StaRUG. Die Zustimmung der Gruppe oder der Gruppen, welche den Plan abgelehnt haben, wird fingiert. Erforderlich ist dazu eine angemessene Beteiligung der überstimmten Gruppe am Planwert aus § 27 StaRUG (Absolute Priorität beziehungsweise Absolute Priority Rule). Ausnahmen werden in § 28 StaRUG definiert und erlauben es unter bestimmten Bedingungen, unter anderem Gläubiger gleichen Rangs unterschiedlich zu behandeln oder wenn der Schuldner oder Gesellschafter des betreffenden Rechtsträgers eines Schuldnerunternehmens „am Unternehmensvermögen beteiligt" bleiben, das heißt am Planmehrwert partizipieren (§ 28 Abs. 2 Nr. 1 StaRUG (Relative Priorität oder Relative Priority Rule).

Mit der durchgeführten Abstimmung und der Feststellung des Ergebnisses endet der Abstimmungstermin. Das Resultat wird vom Restrukturierungsgericht protokolliert. Kritische Aspekte bei der Durchführung der Abstimmung betreffen unter Umständen die Gruppeneinteilung und den Umfang der gestalteten Forderungen im Plan und das eigentliche Restrukturierungsziel, wenn dieses nur gegen den Willen einiger Gläubiger erreichbar ist.

Des Weiteren kann sich der Schuldner durch diese gerichtliche Abstimmung gegenüber der außergerichtlichen Variante von den Rechtsfolgen einer möglichen Versagung der Bestätigung des Restrukturierungsplans gemäß § 63 StaRUG schützen (vgl. Harder, 2022, S. 252), wenn er den Nachweis der Ordnungsmäßigkeit der Abstimmung (§ 60 Abs. 1 Satz 3 StaRUG) nicht zu führen vermag (Verstoß gegen § 63 Abs. 1 Nr. 2 StaRUG, Versagung der Planbestätigung wegen eines wesentlichen nicht behebbaren Verfahrensfehlers). Der Schuldner muss in einem solchen Fall das gesamte Abstimmungsprocedere wiederholen und sich neben enormen Zeitverlusten noch größere Vertrauensverluste bei den planbezogenen Gläubigern einhandeln.

Ein weiterer Vorteil der Einbindung des Gerichts besteht auf einer anderen Ebene oder mit einem anderen Verfahrensmodul des StaRUG, nämlich gemäß § 61 StaRUG im Zusammenhang mit der wichtigen Planbestätigung, wonach eine Anhörung der Planbetroffenen vor der Entscheidung über die Bestätigung des Plans durch das Restrukturierungsgericht erfolgen kann. Bei einer außergerichtlichen Abstimmung ist dieser Termin obligatorisch durchzuführen. Dieses Vorgehen kann die gerichtliche Planbestätigung beschleunigen.

Bei einem positiven Votum über den Plan wird dieser anschließend, allerdings nur auf Antrag, gerichtlich bestätigt, sofern kein Versagungsgrund gemäß § 63 StaRUG vom Gericht bejaht wird und in der Folge umgesetzt. Die Überwachung der Planerfüllung (§ 72 StaRUG) kann ebenfalls Bestandteil des gestaltenden Teils eines Insolvenzplans sein. Sie ist durch das Restrukturierungsgericht einem Restrukturierungsbeauftragten zu übertragen (§ 72 Abs. 2 i.V.m. § 73 Abs. 1 Satz 1 Nr. 3 StaRUG), wobei die Voraussetzungen der Bestellung des Restrukturierungsbeauftragten nach Maßgabe des § 73 Abs. 1 Satz 1 und Abs. 2, 3 StaRUG bei Rechtshängigkeit der Restrukturierungssache vorliegen dürften, so dass die Bestellung eines Restrukturierungsbeauftragten isoliert nur für die Zwecke der Planüberwachung und erst zum Zeitpunkt der Planbestätigung in der Praxis ausscheiden dürfte.

Dennoch muss der Richter dann in der Bestätigungsentscheidung dahingehend benennen, dass die Person zum Restrukturierungsbeauftragten zur Überwachung des Vollzugs des Restrukturierungsplans bestellt werde. Regelmäßig wird das der bisher schon bestellte Restrukturierungsbeauftragte sein. Dessen Amt endet mit der Planbestätigung (Folge aus § 67 StaRUG i.V.m. § 76 StaRUG), womit für die Überwachung eine weitere Bestellung zu diesem Zweck erforderlich ist, so dass der Richter aus § 72 Abs. 2 StaRUG dies in den Tenor des Bestätigungsbeschlusses aufnehmen muss.

Die Realisierung erfolgt durch den Restrukturierungsbeauftragten als Planüberwacher aus § 72 Abs. 2 StaRUG. Er überprüft im Wesentlichen, ob die im gestaltenden Teil vorgesehenen Ansprüche erfüllt werden. Die Maximaldauer der Überwachung ist gemäß § 72 Abs. 4 Nr. 2 StaRUG auf höchstens drei Jahre ab Rechtkraft des Plans begrenzt. Die Überwachung endet auch mit der Folgeinsolvenz.

Weitere Verfahrensaufgaben des Gerichts bestehen in der Vergütungsentscheidung über die beantragte Vergütung und die Auslagen des Restrukturierungsbeauftragten (§ 82 StaRUG) beziehungsweise der Mitglieder des Gläubigerbeirats (vgl. § 93 Abs. 4 i.V.m. Abs. 1 StaRUG) sowie der Entscheidung über die Aufhebung der Restrukturierungssache von Amts wegen, wenn die Tatbestände des § 33 StaRUG erfüllt sind. In Abb. 3.5 werden die gerichtlichen Tätigkeiten im Überblick aufgeführt.

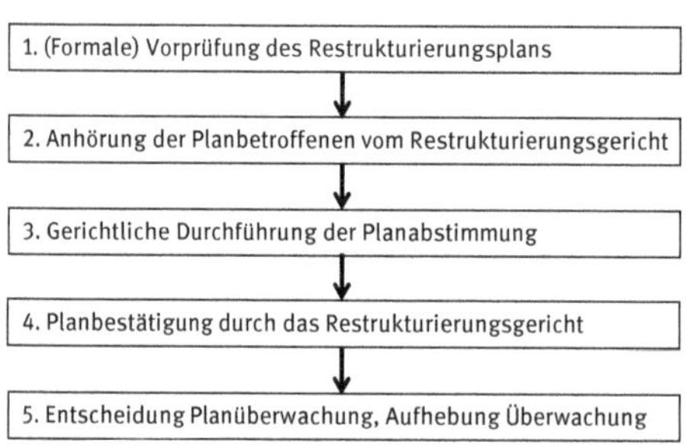

Abb. 3.5: Gerichtliche Einbindung in die Plandurchführung (Quelle: Eigene Darstellung)

Die §§ 84 ff. StaRUG ermöglichen es dem Schuldner, die Restrukturierungssache auf Antrag öffentlich bekannt machen zu lassen (Öffentliche Restrukturierungssachen). Die relevanten Vorschriften werden erst zum 17.07.2022 in Kraft treten. Dieses spätere Inkrafttreten erfolgt unter anderem, um ausreichend Zeit für die Einrichtung der technischen Voraussetzungen für öffentliche Bekanntmachungen in einem Restrukturierungsverfahren zu haben. Ergehen öffentliche Bekanntmachungen im Rahmen des Verfahrens, so werden gerichtliche Termine, gerichtliche Entscheidungen sowie die Berufung oder Abberufung eines Restrukturierungsbeauftragten und anderes in dem entsprechenden Internetportal bekannt gegeben.

Die relative Öffentlichkeit des Verfahrens wird zur Folge haben, dass die Restrukturierungssache und die in Anspruch genommenen Instrumente des StaRUG, insbesondere der bestätigte Restrukturierungsplan in anderen EU-Mitgliedstaaten gemäß der EuInsVO automatisch anerkannt werden. Die Anerkennung ist bei Restrukturierungssachen, die einen grenzüberschreitenden Bezug haben, relevant soweit ausländische Gläubiger beziehungsweise Beteiligte zu den Planbetroffenen gehören.

Des Weiteren besteht die Möglichkeit der Kenntnisnahme für nicht in den Restrukturierungsplan einbezogene Gläubiger (vgl. Kluth, 2022, S. 283), womit das prinzipiell als vertrauliches, nicht öffentlich bekannt gemachtes Verfahren der Restrukturierung nach dem StaRUG in gewisser Weise in sein Gegenteil verkehrt wird. Bejaht man wirtschaftspsychologisch ein Stigma der Insolvenz, so wirkt dieses öffentliche Verfahren potentiell kontraproduktiv, denn es verrät dem Dritten, dass sich hier ein Unternehmen im Zustand drohender Zahlungsunfähigkeit befindet.

Die öffentliche Bekanntmachung erfolgt gemäß § 84 Abs. 1 StaRUG auf Antrag des Schuldners, ist vor der ersten Entscheidung in der Restrukturierungssache zu stellen und kann auch nur bis zur ersten Entscheidung wieder zurückgenommen werden. Dies dient dem gegebenenfalls erforderlichen Schutz vor Reputationsschäden, wenn der Restrukturierungsbedarf öffentlich wird. Daher ist nur der Schuldner befugt, diesen Antrag zu stellen. Er hat vermutlich einen guten Grund dazu.

---

i

Beispiel: Der Schuldner, ein mittleres Unternehmen in Grenznähe zu einem Nachbarstaat der EU hat sich bei einer ausländischen Bank auf der anderen Seite der Grenze gegen im **Ausland** belegene Sicherheiten refinanziert, denn das Schuldnerunternehmen unterhält jenseits der Grenze verschiedene Niederlassungen neben der inländischen Hauptniederlassung. Die Bank ist einer der wesentlichen Finanzgläubiger, die in den Plan zur finanzwirtschaftlichen Restrukturierung einbezogen werden muss. Sie lehnt jedoch den Plan ab, sie bestreitet die drohende Zahlungsunfähigkeit, hält ihre Sicherheiten für bedeutend werthaltiger als diese es aus dem Blickwinkel des Schuldners sind und droht die Sicherheitenverwertung an. Hier hilft dann nur die automatische Anerkennung der Entscheidungen des international sowie örtlich zuständigen Restrukturierungsgerichts (vgl. §§ 34, 35 StaRUG, Art. 3 EuInsVO) nach Maßgabe der Art. 19, 32 EuInsVO in der Union, um das Scheitern der Restrukturierung allein an der fehlenden grenzüberschreitenden Anerkennung der inländischen Gerichtsentscheidung über die Maßnahmen nach § 29 StaRUG zu verhindern. Damit gelangt man unweigerlich wieder zu der beschränkten Verfahrensöffentlichkeit nach den §§ 84 ff. StaRUG.

Gemäß § 84 Abs. 2 Satz 1 Nr. 1 StaRUG hat das zuständige Restrukturierungsgericht Gründe anzugeben aus denen sich die internationale Zuständigkeit der deutschen Gerichte ergibt. Das ist die Folge des Art. 4 Abs. 1 Satz 2 EuInsVO, der dies von den mitgliedstaatlichen Gerichten fordert. Die Regelung des § 84 Abs. 2 Satz 1 Nr. 1 StaRUG ist daher deklaratorisch, denn wenn die öffentlichen Verfahren in den Anhang A der EuInsVO aufgenommen worden sind, gelten sie als Insolvenzverfahren gemäß EuInsVO und Art. 4 EuInsVO gilt unmittelbar (Rechtsfolge jeder europäischen Verordnung, siehe Art. 288 Abs. 2 AEUV). Gemäß § 85 Abs. 1 StaRUG sind in den **öffentlichen Verfahren** unter anderem bekannt zu machen:

- Ort und Zeit der gerichtlichen Termine
- Bestellung und Abberufung des Restrukturierungsbeauftragten
- sämtliche gerichtliche Entscheidungen in der Restrukturierungssache

Des Weiteren wird gemäß § 87 Abs. 1 StaRUG für die planbetroffenen Gläubiger ein öffentliches Restrukturierungsforum zur Verfügung gestellt. So können Planbetroffene im Restrukturierungsforum des Bundesanzeigers Kontakt zu anderen Betroffenen aufnehmen und diese auffordern, ihre Stimmrechte in bestimmter Weise auszuüben oder eine Stimmrechtsvollmacht zu erteilen. Änderungen zum Plan können vorgeschlagen werden. Das Forum kann von Kleinstgläubigern genutzt werden, damit sie sich aufeinander abstimmen können, um Einfluss auf diesen **gerichtlichen Verfahrensablauf** nehmen zu können (vgl. Kluth, 2022, S. 286).

! **Erläuterung:** Die **gerichtliche Variante des StaRUG** ist anzuwenden, wenn ein geringes Einigungspotenzial zwischen dem Schuldner und seinen Gläubigern besteht. In dem Fall ist die gerichtliche Einbindung obligatorisch, wenn eine Stabilisierungsanordnung erfolgt und die Abstimmung über den Restrukturierungsplan auch gegen dissertierende Parteien mit dem Instrument des Cram Down erfolgen muss. Dabei ist zu beachten, dass auch eine gerichtliche Involvierung nicht hilft, wenn der Schuldner nicht die Interessen der Gesamtheit der Gläubiger beachtet (§§ 32, 43, 51, 59 StaRUG).

Sanierungsmoderation als eigenständiger Verfahrensablauf

In der folgenden Abb. 3.6 wird der eigenständige Prozess der Sanierungsmoderation aufgezeigt. Diese Moderation kann ohne ein Restrukturierungsverfahren isoliert verlaufen, so ist auch ihre Grundstruktur gedacht. Die Moderation kann auch als Einigungsversuch dem Restrukturierungsverfahren vorausgehen. Dann ist der zeitliche Faktor zu betrachten, denn die Sanierungsmoderation kann insgesamt bis zu sechs Monate andauern (§ 95 Abs. 1 StaRUG). Die Zeit bedeutet eine starke Verzögerung, in der die finanziellen Ressourcen und Sanierungsaussichten wegbrechen können. Bei empirischer Betrachtung wird man die Sanierungsmoderation besser als eigenständiges Instrument einsetzen, wenn auf der Seite des Schuldners die Überzeugung besteht, er werde mit den von ihm ausgewählten Gläubigern in überschaubarer Zeit zu einer Einigung gelangen, er aber Bedarf nach einer Mediation erkennt.

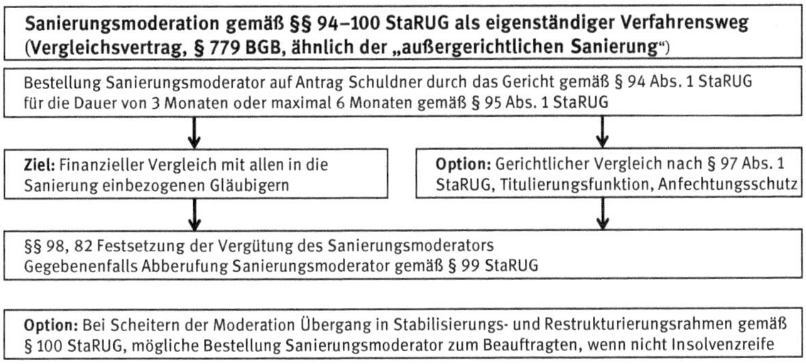

Abb. 3.6: Verlauf der Sanierungsmoderation (Quelle: Eigene Darstellung)

Die **Sanierungsmoderation** wird nur durch Antrag des Schuldners, im Stadium der drohenden Zahlungsunfähigkeit, gestartet. Das Verfahren wird durch einen gerichtlich bestellten Sanierungsmoderator begleitet, der gegenüber dem Gericht berichterstattungspflichtig ist. Der Moderator wird nach § 95 Abs. 1 StaRUG für drei beziehungsweise, mit Verlängerung um weitere drei Monate, für sechs Monate bestellt. Die Bestellung wird nicht öffentlich bekannt gemacht (§ 95 Abs. 2 StaRUG). Das ähnelt, von der Öffentlichkeit her, dem Modell der außergerichtlichen Sanierung.

Die Aufgabe des Moderators besteht in der Begleitung der Verhandlungen und des Abschlusses eines Sanierungsvergleichs. Dies wird immer dann möglich sein, wenn eine hohe Bereitschaft der Betroffenen besteht, einer Einigung zuzustimmen. Der Vergleich mit den Gläubigern kann nach § 97 Abs. 1 StaRUG vom Restrukturierungsgericht dann auf Antrag des Schuldners unter den dortigen Voraussetzungen bestätigt werden und ist somit offiziell.

Mit dieser Bestätigung erlangt der Vergleich Titelfunktion und er ist in einer Folgeinsolvenz nur beschränkt nach § 90 StaRUG anfechtbar (§ 97 Abs. 3 StaRUG). Dies ist eine anfechtungs- und haftungsrechtliche Win-Win-Situation für alle Beteiligten, so dass die gerichtliche Bestätigung unter dem Aspekt einer vernünftigen Risikostrategie für Schuldner und einbezogene Gläubiger eigentlich ein „Muss“ ist und keine bloß theoretische vom Gesetz an die Hand gegebene Option.

Die Initiative liegt aber auch hier beim Schuldner. Allerdings können die Gläubiger darauf dringen, dass der geschlossene Vergleich erst dann wirksam wird, wenn der Schuldner den Bestätigungsantrag beim zuständigen Restrukturierungsgericht einreicht und dies innerhalb einer im Vergleich festgelegten Frist erfolgt.

Erläuterung: Die **Sanierungsmoderation** kann als Alternative zu einer außergerichtlichen Sanierung bei kleinen und Kleinstunternehmen angewendet werden. Diese Variante wird in Fällen mit einem hohen Einigungspotenzial mit den Gläubigern und einer eher geringen Komplexität möglich sein. !

3.3 Planannahme

Planannahme ohne Versammlung der Planbetroffenen gemäß § 19 StaRUG

Das Zustandekommen des vom Schuldner vorgeschlagenen Restrukturierungsplans bedarf der Zustimmung der Gläubiger. Diese kann einmal dadurch erreicht werden, dass der Schuldner sein Planangebot den einbezogenen Gläubigern unterbreitet sowie eine Frist von mindestens 14 Tagen bestimmt, um den Plan anzunehmen (§ 19 Sätze 1 und 2 StaRUG) und alle einbezogenen Gläubiger in ihrer Gruppe mit einem Quorum von mindestens 75% dem vorliegenden Plan zustimmen (auch hier gilt § 25 Abs. 1 StaRUG). Das Procedere ist ohne Versammlung der Planbetroffenen nur dann sinnvoll, wenn der Schuldner zuverlässig mit der Zustimmung aller Planbetroffenen rechnen kann.

Leitet der Schuldner den in den Plan gemäß § 8 StaRUG einbezogenen Gläubigern das Restrukturierungskonzept zuvor in Textform zu (vgl. § 126b BGB „Ist durch Gesetz Textform vorgeschrieben, so muss eine lesbare Erklärung, in der die Person des Erklärenden genannt ist, dann auf einem dauerhaften Datenträger abgegeben werden, siehe dazu im Einzelnen Grüneberg/Ellenberger, 2022, § 126b Rn. 1, 3, 4, 6) und zwar mindestens 14 Tage vor Vorlage des Plans. Ansonsten kann die Annahmefrist auch kürzer sein (§ 19 Satz 3 StaRUG).

Dabei ist jedoch zu differenzieren. Das Planangebot, das unter Einhaltung der Mindestfrist von zwei Wochen den betroffenen Gläubigern vorzulegen ist, umfasst den vollständigen Plan nebst den Anlagen einschließlich einer Kostenaufstellung beziehungsweise einer Kostenprognose (§ 17 Abs. 1 Satz 2 StaRUG) einschließlich des Hinweises, der Plan sei in dem Falle der mehrheitlichen Zustimmung der einbezogenen Gläubiger und der gerichtlichen Bestätigung auch für dissentierende Planbetroffene verbindlich (vgl. § 17 Abs. 1 Satz 1 StaRUG). Das Restrukturierungskonzept, das den Planbetroffenen zwei Wochen vor der Zuleitung des Plans nebst Anlagen zugeleitet wurde und das die Abkürzung der Frist von mindestens 14 Tagen gestattet, bleibt dahinter zurück und umfasst nur die wesentlichen Planangaben.

Wirtschaftspsychologische Voraussetzung einer einhelligen Zustimmung zum Plan, das heißt einer konsensualen Lösung, die in ihrem Ergebnis der bisherigen außergerichtlichen Sanierung weitgehend entspricht, ist die frühzeitige Einbindung der betroffenen Gläubiger ohne „Überraschungseffekt". Die Unternehmenssanierung unter Beteiligung von Gläubigern an Sanierungsbeiträgen ist ein Prozess, der letzten Endes insgesamt drei Komponenten umfasst. Zum einen den ökonomischen Prozess (Leistungs- und Finanzwirtschaft), zum anderen den rechtlichen Vorgang (Gestaltung, das heißt Änderungen der Rechtspositionen der Beteiligten sowie gegebenenfalls außerhalb des Plans stehender Dritter, um das ökonomische Ergebnis zu erreichen) und schließlich den Kommunikationsprozess, der erst zur Vertrauensbildung und zur Zustimmung der Betroffenen führt. Das Handlungs- und Entscheidungsverhalten der Betroffenen ist idealiter dasjenige des idealtypischen Gläubigers.

Erläuterung: Die Planvorlage an die **Planbetroffenen** führt zu einem leicht unterschätzten Problem. Der Schuldner muss dem Planbetroffenen die Unterlagen an dessen richtige Anschrift zuleiten und den Zugang nachweisen, da ansonsten der Gläubiger einwenden kann, er habe an der Willensbildung nicht teilnehmen können, da er den Plan vor der Entscheidung darüber nicht erhalten habe. Er sei daher nicht daran gebunden, da er überhaupt nicht daran beteiligt worden sei. Das kann jedenfalls bei einer übersichtlichen Zahl von Gläubigern durch eine geeignete Kommunikation und Rückkopplung mit den Akteuren auf der Seite der Planbetroffenen vorsorglich behoben werden.

Entscheidender Beitrag von Kommunikationsprozessen

Fokussiert man diese Systematik der Planannahme daher auf den Kommunikationsprozess, ist zum einen der Begriff der Mindestfrist ernst zu nehmen. Fristen, die ultimativ wirken, können die Annahme gefährden. Zum anderen wird der Schuldner, der davon ausgeht, alle Planbetroffenen würden den Plan annehmen, rechtzeitig mit diesen kommuniziert und ihnen den Planentwurf zuleiten und zwar wiederum unter Einhaltung der Frist von mindestens 14 Tagen.

Der Prozess ist wechselseitig und führt immer wieder zu Nuancen einer Planänderung. Aus der Praxis des Insolvenzplans, aus dem dieser Restrukturierungsplan des StaRUG abgeleitet ist, weiß man, dass sogar noch kurze Zeit vor dem gerichtlichen Abstimmungstermin Änderungen auf nachvollziehbares Verlangen planbetroffener Gläubiger vorgenommen werden. § 240 InsO ermöglicht sogar die Abänderung einzelner Planbestimmungen im Erörterungstermin sowie die Abstimmung darüber im selben Termin und zwar auch solcher von erheblicher Bedeutung. Maßstab ist die Komplexität des Plans, der durch die Änderung „in letzter Sekunde" nur nicht so umgestaltet werden darf, dass über ihn nicht mehr sofort vernünftig entschieden werden kann (vgl. Schmidt/Spliedt, 2016, § 240 Rn. 3 ff.).

Werden diese parallelen Strukturen zwischen dem Insolvenzplan und dem Restrukturierungsplan des StaRUG berücksichtigt, so bedeutet das, dass Planänderungen bis zur finalen Fassung jederzeit möglich sind, aber immer im Rahmen eines geordneten Kommunikationsprozesses, der für Transparenz und Vertrauensaufbau sorgt. Das Planangebot mit der Annahmefrist von mindestens 14 Tagen ist daher nur dann ein geeignetes Instrument der konsensualen Planannahme, wenn zuvor ein transparenter Kommunikationsprozess stattgefunden hat sowie sich die Planbetroffenen und der Schuldner einig waren.

Hinweis gemäß § 17 Abs. 1 Satz 1 Halbsatz 2 StaRUG, Rechtscharakter des Plans

Genau diesen Kommunikationsprozess meint § 17 Abs. 3 StaRUG, der diese Option eines Erörterungstermins der Planbetroffenen vorsieht, wenn der Schuldner nicht zuvor Gelegenheit gegeben hat, das Restrukturierungskonzept oder den Plan zu erörtern. Zudem ist der von allen angenommene Plan ohne Abstimmung nach der hier vertretenen Meinung eher ein Vergleich im Sinne des § 779 BGB, ungeachtet dessen, welche der Theorien zur Rechtsnatur des Restrukturierungsplans vertreten werden.

Erforderlich ist es natürlich, dass der zur Planinitiative allein berechtigte Schuldner den zwingenden Hinweis erhält, der Plan werde für Dissentierende nur verbindlich, wenn dieser von den Gläubigern mehrheitlich angenommen und gerichtlich bestätigt werde (§ 17 Abs. 1 Satz 1 Halbsatz 2 StaRUG). Dieser Hinweis nimmt § 67 Abs. 1 Satz 2 StaRUG mit den Wirkungen des Plans für derartige Gläubiger auf. § 17 Abs. 1 Satz 1 Halbsatz 2 StaRUG ist im Ergebnis unbeachtlich, wenn der Restrukturierungsplan im Ergebnis konsensual nach § 19 StaRUG durch Annahme aller Planbetroffenen zustande kommt.

Auslegungsregel des § 18 StaRUG

Die Vorschrift gemäß § 18 StaRUG enthält eine gesetzliche Vermutung, wie der Plan auszulegen sei, wonach nämlich das Planangebot unter der aufschiebenden Bedingung (§ 158 Abs. 1 BGB) stehe, dass es entweder von allen Planbetroffenen angenommen werde oder vom Gericht zu bestätigen sei.

Im Kern bedeutet das nur, dass das Planangebot für den Schuldner nicht auf einzelne Gläubiger zielt, sondern dass er ausschließlich unter den Bedingungen der zitierten Norm gebunden sein möchte, nämlich gegenüber allen einbezogenen Gläubigern nach Maßgabe der Festlegungen im Plan. Genau genommen wird das Planangebot erst wirksam, wenn alle Gläubiger zugestimmt haben oder er vom Restrukturierungsgericht bestätigt wurde (Folge aus § 158 Abs. 1 BGB, der vorliegend im Rahmen des § 18 StaRUG anzuwenden ist). Es ist zu empfehlen, da § 18 StaRUG davon spricht, das Planangebot sei „im Zweifel“ unter den erwähnten aufschiebenden Bedingungen gemacht worden, im Planangebot selbst und zwar im gestaltenden Teil festzuhalten, dass das Angebot unter den beiden aufschiebenden Bedingungen des § 18 StaRUG stehe.

---

i **Beispiel:** Von den **Bedingungen** des § 18 StaRUG sind die Bedingungen nach § 62 StaRUG („Bedingter Restrukturierungsplan“) zu unterscheiden, die mit dem Weg der Zustimmung der Gläubiger zum Plan nichts zu tun haben. § 62 StaRUG betrifft die Leistungen und Maßnahmen von außerhalb des Plans stehenden Stakeholdern, ohne die und deren Handlungen der Restrukturierungsplan gefährdet ist oder nicht erfüllt werden kann. Beispielsweise haben die Planbetroffenen mit dem Schuldner erörtert und so wurde es im darstellenden Teil aufgenommen der Plan solle nur wirksam werden, wenn ein noch schwebender Kaufvertrag des Schuldners mit einem Dritten über den Verkauf eines Teilbetriebs des Unternehmens wirksam wird, vollzogen wird und der Schuldner die überschießende Liquidität aus diesem Verkauf endgültig zu seiner Verfügung hat. Dann kann in den gestaltenden Teil des Plans nach § 62 StaRUG eingebracht werden, dass der Plan nur bestätigt werden kann, wenn diese Maßnahme umgesetzt wurde und keine sonstigen Versagungsgründe entgegenstehen.

Planablehnung aus Sachgründen, negativ konnotierter Begriff des Akkordstörers

Die für dissentierende Gläubiger auch verwendete Begrifflichkeit des Akkordstörers beziehungsweise die auf sein ablehnendes Verhalten ebenfalls zielende Begrifflichkeit des „Obstruktionsverbots“ (§ 245 InsO) ist indes nicht sachgerecht.

Denn es impliziert, der **Widerstand** gegen den Plan entspringe letztlich unvernünftigen Erwägungen, obwohl jedem Plankonzept unter anderem diverse Bewertungsentscheidungen zugrunde liegen, dem sich der eine oder andere Gläubiger sich beispielsweise aus wirtschaftlichen Gründen nicht anschließen mag.

Erläuterung: Der Begriff **„Akkordstörer"** ist negativ besetzt und enthält begrifflich eine moralische Abwertung dissentierender Gläubiger, die in einem rationalen wissenschaftsbasierten Begriffsumfeld der Sanierung keinen Platz hat und dessen Verwendung im Kommunikationsprozess kontraproduktiv ist. Die Cram-Down-Regelungen (§§ 245, 245a InsO, 26 ff. StaRUG) binden daran an, dass das Gericht nach Abstimmung über den Insolvenzplan oder Restrukturierungsplan feststellt, der Gläubiger erleide entgegen seiner Wertung keinen Nachteil gegenüber anderen Beteiligten nach der normativen Wertung des Gesetzgebers im Rahmen eines weiten gesetzgeberischen Ermessens.

Optionen des Schuldners zur Auswahl der Mechanismen der Planzustimmung

Der betroffene Schuldner wird die Systematik der erwarteten konsensualen Plannahme durch alle Planbetroffenen ohne Mehrheitsentscheidung und dann sachlogisch ohne Cram Down wählen, wenn dieser sich insbesondere aufgrund vorheriger intensiver Kommunikation mit den in den Plan einbezogenen Beteiligten sicher sein darf, dass alle Planbetroffenen zustimmen.

Dieser Mechanismus des Zustandekommens des Plans ist nicht etwa eine erste Stufe, auf die dann eben notgedrungen die Abstimmungsverfahren als zweite Stufe folgen würden, sondern es handelt sich um ein rechtssystematisch verfahrenstechnisch und materiell-rechtlich um ein eigenständiges Vorgehen. Scheitert diese konsensuale und einheitliche Willensbildung, beginnt der Prozess von vorn. Stimmen nicht alle Planbetroffenen fristgerecht zu, ist das Planangebot des Schuldners auf Abschluss eines Sanierungsvergleichs, wie dieser vorliegt siehe § 779 BGB (vgl. Pannen/Riedemann/Smid-Smid, 2021, § 17, Rn. 12 ff.), endgültig erloschen, wie aus § 19 Satz 1 StaRUG i.V.m. den §§ 147, 148 BGB hervorgeht (Erlöschen eines Vertragsangebots, wenn die für Annahme gesetzte Frist ohne Annahme verstrichen ist).

Scheitern des Zustandekommens des Plans im Sinne des § 19 StaRUG

Der Schuldner würde in diesem Fall im Allgemeinen unüberlegt vorgehen, wenn er sein Planangebot schlicht noch einmal ohne jede Änderung den Betroffenen nach § 17 Abs. 1 StaRUG unterbreiten würde mit dem einzigen Unterschied der Ladung der Betroffenen zu einer Versammlung, um nun über die Plan mehrheitlich abzustimmen, gleichwohl ob als Präsenzveranstaltung oder elektronisch.

Sinnvoll ist vielmehr zunächst eine Ursachenforschung darüber, wer von den Planbetroffenen nicht zugestimmt hat und was die Gründe dafür waren, die eben rational sein können, auf Wertungserwägungen beruhend. Der Schuldner wird zugleich mit seinen Beratern erwägen müssen, ob der bisher vorgelegte Restrukturierungsplan letztendlich einen Cram Down rechtfertigt.

Das Scheitern der konsensualen Einigung muss daher regelmäßig einen Prozess der internen Reflexion auf Schuldnerebene ebenso auslösen wie einen Kommunikationsprozess mit dissentierenden Gläubigern. Wenn sonach eine Notwendigkeit der Planänderung auftaucht, kann das „Gleichgewicht" des gesamten Plans beeinträchtigt sein. In einem solchen Fall ist der Kommunikationsprozess mit allen Gläubigern erneut zu führen. All das kostet Zeit und verursacht zusätzliche Kosten. Beides hat der Schuldner im Regelfall nicht. Daher ist das Verfahren der konsensualen Einigung nur geeignet, wenn klar ist, dass die einbezogenen Gläubiger sämtlich zustimmen werden. Das Verfahren aus § 19 StaRUG ist nicht mit dem Abstimmungsverfahren nach § 20 StaRUG vergleichbar, da es nicht auf dem Mehrheitsprinzip mit Cram Down beruht, sondern auf einem Konsensualprinzip (anders zu diesem Sachverhalt Pannen/Riedemann/Smid-Smid, 2021, § 20, Rn. 9 und vgl. BTag 2020c, S. 123).

Privatisiertes Abstimmungsverfahren oder gerichtliches Abstimmungsverfahren

Der Schuldner kann in Abstimmungsverfahren mit einer Versammlung der Planbetroffenen über den vorgelegten Plan zwischen zwei Modulen wählen, einem privatisierten Abstimmungsverfahren und der gerichtlichen Abstimmung (§§ 23, 29 Abs. 1 Nr. 1, StaRUG, optional gegebenenfalls mit gerichtlicher Vorprüfung nach § 46 StaRUG zu relevanten Zweifelsfragen).

Vorbesprechung mit dem Gericht und Vorprüfung nach den §§ 46 ff. StaRUG

Vom Vorprüfungstermin im Sinne des § 46 StaRUG ist eine etwaige im StaRUG nicht vorgesehene Vorbesprechung mit dem Restrukturierungsrichter zu unterscheiden, welche gegebenenfalls erst Fragen zutage treten lassen, die dann im Vorprüfungstermin mit dem Ergebnis des Hinweisbeschlusses als vorläufige Rechtsmeinung des Gerichts verabschiedet werden. Eine solche Vorbesprechung hat ein ähnliches Ziel wie das Verfahren nach den §§ 46, 47, 48 StaRUG, ist ohne Bindungswirkung für das Gericht und ist vergleichbar mit dem durch das SanInsFoG in die Insolvenzordnung eingefügten § 10a InsO „Vorgespräch" (Auszug):

- „1) Ein Schuldner, der mindestens zwei der drei in § 22a Absatz 1 InsO genannten Voraussetzungen erfüllt, hat an dem für ihn zuständigen Insolvenzgericht Anspruch auf ein Vorgespräch über die für das Verfahren relevanten Gegenstände, insbesondere die Voraussetzungen für eine Eigenverwaltung, die Eigenverwaltungsplanung, die Besetzung des vorläufigen Gläubigerausschusses, die Person des vorläufigen Insolvenzverwalters oder Sachwalters, etwaige weitere Sicherungsanordnungen und die Ermächtigung zur Begründung von Masseverbindlichkeiten. Wenn der Schuldner nach Satz 1 keinen Anspruch auf ein Vorgespräch hat, liegt das Angebot eines Vorgesprächs im Ermessen des Gerichts.
- (2) Mit Zustimmung des Schuldners kann das Gericht Gläubiger anhören, insbesondere, um deren Bereitschaft für eine Mitgliedschaft in einem vorläufigen Gläubigerausschuss zu erörtern."

Ziel des § 10a InsO ist die Vorbereitung eines „etwaigen Insolvenzverfahrens“ (vgl. BTag 2020c, S. 192, zu § 10a InsO). Ein außerhalb des Vorprüfungsverfahrens nach den §§ 46, 47 ff. StaRUG liegendes Vorgespräch mit dem Restrukturierungsrichter hätte genau eben jenes Ziel wie § 10a InsO für das Insolvenzverfahren, nämlich die Vorbereitung eines gerichtlich begleiteten Restrukturierungsverfahrens, wobei etwa konkret von einem Schuldner vorgestellte Module von Stabilisierungsanordnungen erörtert werden könnten.

Das Vorprüfungsverfahren nach den §§ 46 ff. StaRUG geht darüber hinaus und entspricht etwa der gerichtlichen Erstprüfung des Insolvenzgerichts gemäß § 231 InsO, wenn auch das Vorprüfungsverfahren nach StaRUG mit einem Hinweisbeschluss auf bestehende Planmängel, endet und nicht mit der Zurückweisung des Plans, welches die Folge des § 231 InsO ist (vgl. BTag, 2020c, S. 148 zu § 48 StaRUG-RegE).

Die Vorlage eines ausgefertigten Plans ist für das hier angeregte Vorgespräch ähnlich § 10a InsO noch nicht erforderlich, lediglich ein Restrukturierungskonzept und die weiteren Angaben nach § 31 Abs. 2 StaRUG, denn auch ein solches Vorgespräch setzte die Rechtshängigkeit einer Restrukturierungssache aufgrund der Anzeige aus § 231 Abs. 1, 3 StaRUG voraus (auch wenn das Vorgespräch nicht im Katalog des § 29 Abs. 2 StaRUG enthalten ist). Mit der Anzeige hat der Schuldner noch keines der Instrumente nach § 29 Abs. 2 StaRUG in Anspruch genommen, das ist auch nicht notwendig, wie aus § 29 Abs. 3 StaRUG erkennbar ist

Es besteht kein Grund, ein solches Vorgespräch zu verneinen mit der Argumentation, es sei im Gesetz nicht vorgesehen oder der Schuldner wird auf die Vorprüfung nach den §§ 46 ff. StaRUG verwiesen. Ein wesentlicher Punkt einer solchen Vorbesprechung können Fragen im Zusammenhang mit dem Abstimmungsverfahren sein, ob ein privatisiertes oder eher ein gerichtliches Abstimmungsverfahren sachgerecht sei. Eine Beratung des Schuldners ist damit nicht verbunden.

Außergerichtliches Abstimmungsverfahren mit Planbetroffenenversammlung

Wählt also der Schuldner das „privatisierte“ Abstimmungsverfahren über die Zustimmung zum Restrukturierungsplan nach den §§ 17, 18, 20-22 StaRUG unter Verantwortung des Schuldners, dann eröffnet ihm das die Option des Cram Down, die allerdings erst dann Wirkung entfaltet, wenn der Plan, über den erfolgreich in dem privatisierten Verfahren abgestimmt wurde, vom Gericht bestätigt wird, weil er nur dann gegenüber dissentierenden Planbetroffenen Wirkung entfaltet (vgl. § 67 Abs. 1 Satz 2 StaRUG). Dazu muss der Schuldner nach der erfolgreichen privatisierten Abstimmung die Bestätigung des Plans beantragen (vgl. §§ 60 Abs. 1 Sätze 1, 3 StaRUG, 61–66 StaRUG). Hierzu muss er zuvor die Restrukturierungssache dem Restrukturierungsgericht anzeigen (§§ 31 Abs. 1, 3 StaRUG), da die Instrumente des Stabilisierungs- und Restrukturierungsrahmens nach § 31 Abs. 1 StaRUG nur in Anspruch genommen werden können, wenn zuvor die erwähnte Anzeige erfolgt ist, denn die gerichtliche Abstimmung ist eines dieser Instrumente (§ 29 Abs. 2 Nr. 1 StaRUG).

Das **„privatisierte" Abstimmungsverfahren** in einer Versammlung der Planbetroffenen läuft wie folgt ab:

- Angebot: Planangebot des Schuldners an die „Planbetroffenen" gemäß § 17 StaRUG, unter gleichzeitiger Einberufung der Versammlung der Planbetroffenen ohne Bestimmung einer Annahmefrist aus § 19 StaRUG, weil klar ist, dass nicht alle zustimmen werden. Das Vorgehen gemäß § 19 StaRUG kann übersprungen werden (vgl. Pannen/Riedemann/Smid-Smid, 2021, § 20, Rn. 9-11).
- Ladungsfrist: 14 Tage, bei der Option elektronischer Teilnahme mindestens sieben Tage, § 20 Abs. 1 StaRUG. Der Restrukturierungsplan mit Anlagen ist dieser Einladung beizufügen. Erfolgt die Einberufung zugleich mit dem Versand des Planangebots, muss den Gläubigern jedoch mindestens die 14 Tagefrist des § 19 StaRUG eingeräumt werden, damit sie sachgerecht das Angebot prüfen und ihre Strategie darauf abstellen können.
- Form der Einberufung: Schriftlich, § 20 Abs. 1 Satz 2 StaRUG beziehungsweise mittels der die Schriftform ersetzenden elektronischen Form, § 126a BGB i.V.m. § 126 Abs. 3 BGB (vgl. Grüneberg/Ellenberger, 2022, § 126a, Rn. 1, 2).
- Elektronische Kommunikation sowie Abstimmung: Die elektronische Form setzt dann voraus, dass die jeweiligen Planbetroffenen zuverlässig auf diesem Wege erreichbar sind beziehungsweise die elektronische Kommunikation zugelassen haben, was konkludent erfolgen kann (vgl. Grüneberg/Ellenberger, 2022, § 126a, Rn. 6). Erneut zeigt sich hier die Notwendigkeit vorheriger Kommunikation mit den Planbetroffenen, die auch zum Gegenstand haben muss, auf welche Art und Weise man miteinander kommuniziert, ob unter anderem die elektronische Form an die Stelle der Schriftform treten soll. In internationalen kommerziellen Verträgen der Finanzindustrie ist der Kommunikationstypus einschließlich der Angabe der bei den Beteiligten anzusprechenden Personen und Mitteilungsobliegenheiten bei Änderungen stets Gegenstand der Einigung. Ist nur ein planbetroffener Gläubiger nicht mit der elektronischen Kommunikation einverstanden, scheiden die dort möglichen Fristverkürzungen aus.
- Abstimmungsverfahren: Präsenzveranstaltung („Versammlung der Planbetroffenen") und/oder virtuelle (elektronische) Versammlung.
- Abstimmungsverfahren sowie Abstimmungsvorgang: Der Abstimmungsvorgang selbst ist nur ein Teilaspekt, ihn könnte man anonym durchführen. Es geht aber nicht nur um den Abstimmungsakt, sondern um den Diskurs über den Restrukturierungsplan und das zugehörige Gesamtkonzept, an dessen Ende die Abstimmung steht. § 20 Abs. 3 StaRUG verdeutlicht das anschaulich, wenn dort, unter der Leitung des Schuldners, dieser den Planbetroffenen Auskunft zu erteilen hat, der Plan sogar in einzelnen Punkten geändert werden kann (§ 20 Abs. 4 StaRUG), Planbetroffene das Recht zu Änderungsvorschlägen haben. Die Änderungen muss der Schuldner allerdings mindestens einen Tag vor dem Beginn der Versammlung in Textform erhalten haben (vgl. § 126b BGB).

Das bedeutet eine lesbare Erklärung auf einem „dauerhaften Datenträger“, welche die Kriterien der persönlichen Adressierung an den Empfänger, der dauerhaften Zugänglichkeit und der jederzeitigen unveränderten Wiedergabe der Erklärung erfüllt, einen Abschluss enthält und zweckmäßig eine jedenfalls eingescannte Unterschrift (vgl. Grüneberg/Ellenberger, 2022, § 126b, Rn. 3–5).

Sachlogisch haben diese Normen nur dann einen Sinn, wenn in der Versammlung die Möglichkeit eines Diskurses besteht, worauf die Gesetzesbegründung zutreffend hinweist (vgl. BTag, 2020c, S. 123, Begründung zu § 22 StaRU-RegE). Daraus können sich Änderungen des Plans ergeben, die durchaus bedeutend sein können (§ 20 Abs. 4 StaRUG, der § 240 InsO vergleichbar ist). Der Schuldner des StaRUG ist aber nicht gehalten, auf diese Vorschläge und Änderungen einzugehen. Er muss verspätet eingegangene Vorschläge dann nicht einmal in diese Versammlung einbringen (vgl. BTag, 2020c, S. 123), er ist aber natürlich dazu befugt.

Schweigt dieser sich aus, ist damit zu rechnen, dass derjenige, der Änderungen vorschlägt, in der Versammlung seinen Vorschlag einbringt. Die Begründung des Gesetzentwurfs des heutigen § 20 StaRUG hebt zutreffend hervor, dass über etwa konkurrierende Pläne nicht abzustimmen ist, sondern nur über den Plan des Schuldners. Lehnt dieser mit aus seiner Sicht guten Gründen jede Änderung an seinem Planangebot ab, riskiert er gegebenenfalls diese Ablehnung seines Plans durch die Gläubigermehrheit, so dass dieser scheitert.

Einen Schadenersatzanspruch gegen Gläubiger, deren Vorschläge er abgelehnt hat und die daraufhin in der Versammlung ihrerseits dafür werben, den Plan nicht anzunehmen, hat der Schuldner außerhalb der Voraussetzungen des § 826 BGB nicht, die in praxi nicht vorstellbar sind, auch wenn er aus seiner Sicht durch die fehlende Planannahme einen hohen Schaden erlitten haben will.

Der Diskurs in der Versammlung ist besonders wichtig, da diese das einzige Gremium der planbetroffenen Gläubiger ist, das über das Schicksal des vorgeschlagenen Sanierungskonzepts entscheidet. Ein Gremium, das insgesamt auch nur ein einziges Mal zusammentrifft, ein Rudiment der Gläubigerautonomie, wie sie aus der Insolvenzordnung bekannt ist. Im Allgemeinen ist der Schuldner gut beraten, auf Änderungsvorschläge wesentlicher planbetroffener Stakeholder einzugehen, diese jedenfalls in der Versammlung zu erörtern, da er mindestens der Mehrheit der gebildeten Gruppen der Gläubiger bedarf, um wenigstens über einen Cram Down seinen **Plan** durchzusetzen (vgl. § 26 Abs. 1 Nr. 3 Halbsatz 1 StaRUG) und er in jeder Gruppe zudem eine qualifizierte Mehrheit benötigt.

!

Erläuterung: Der Schuldner sollte stets offen sein für **Planänderungen** auf den Wunsch bedeutender Gläubiger wie Banken, da er die Zustimmung der Gläubigergruppen benötigt. Gerade mit den Hausbank und möglicherweise den Hauptlieferanten sollte er sich intensiv abstimmen, da er diese zur weiteren Finanzierung und gegebenenfalls Belieferung zur Fortführung seiner Geschäfte benötigt.

Erfordernis der Möglichkeit der Teilnahme für alle Planbetroffenen

Entscheidend ist aber neben der angemessenen Einberufungsfrist, dass tatsächlich alle Planbetroffenen an der Präsenzveranstaltung oder der virtuellen Veranstaltung teilnehmen können. Eine ausschließliche Präsenzveranstaltung ist dann rechtswidrig, wenn in aktuellen Pandemiezeiten durch infektionsschutzrechtliche Maßnahmen oder aus vergleichbaren tatsächlichen Gründen wenige Planbetroffene oder deren Repräsentanten teilnehmen könnten, eine aber ausschließlich virtuelle dann, wenn nicht alle Planbetroffenen auf diese Weise erreichbar wären. Hier besteht eine Grauzone und es existiert eine gesetzliche Lücke.

Im Ergebnis wird man gegebenenfalls eine hybride Veranstaltung wählen, wenn der Kreis der Planbetroffenen groß ist, eine virtuelle, wenn nur wenige Planbetroffene beteiligt sind (zum Beispiel ein Bankaußenkonsortium, ein Kreditversicherer) und wenn man ein allen Beteiligten geläufiges virtuelles Format verwendet. Allerdings besteht wie im Falle der virtuellen Hauptversammlung nach § 118 AktG das Problem der Legitimation der Abstimmenden (vgl. Heidel/Krenek/Pluta, 2020, § 118, Rn. 12, 14). Aber auch das ist bei einem kleinen Kreis Planbetroffener durch entsprechende vorherige Festlegung der Vertreter der Gläubiger möglich.

Geeignetheit der eingesetzten Formate, Dokumentationspflicht und Risiken

Entscheidend ist, dass das für die Videoversammlung verwendete digitale Format, die Beteiligung am Diskurs ebenso wie die dokumentierte unverfälschte Stimmabgabe ermöglicht. Der Schuldner hat all dieses zu dokumentieren (§ 22 StaRUG) und diese Dokumentation den Planbetroffenen unverzüglich beziehungsweise zeitnah zugänglich zu machen (§ 22 Abs. 2 StaRUG). Die genaue Einhaltung all dieser Vorgaben ist geboten, da die gerichtliche Bestätigung des Plans nicht erfolgt, wenn die Verfahrensvorschriften in einem wesentlichen Punkt nicht eingehalten wurden (vgl. § 63 Abs. 1 Nr. 2 StaRUG).

Zu den wesentlichen Verfahrensregelungen gehört die ordnungsgemäße Durchführung der Versammlung der Planbetroffenen und die Abstimmung sowie die zugehörige Dokumentation, die dem Gericht mit dem Antrag auf Planbestätigung vorzulegen ist (§ 60 Abs. 1 Satz 3 StaRUG). Allein eine nur ungenaue oder nichtssagende Dokumentation im Sinne des § 22 StaRUG führt daher im Zweifel zu einem Scheitern der Bestätigung und der Restrukturierung, da ohne gerichtliche Bestätigung die dissentierenden Gläubiger nicht gebunden sind, auch wenn noch so sehr die Voraussetzungen des Cram Down vorliegen mögen. Es steht nichts im Wege, die notwendige Unterrichtung der Beteiligten durch Zugänglichmachung der Dokumentation elektronisch durchzuführen, beispielsweise im Internet unter der Nutzung einer den Beteiligten zugeteilten PIN. Planbetroffene Gläubiger dürften regelmäßig über die Möglichkeit elektronischer Kommunikation verfügen. Auf damit verbundene Fragen im Kontext mit der DSGVO soll hier nicht eingegangen werden.

Vorsitz der Versammlung der Planbetroffenen

Den Vorsitz führt im Regelfall der Schuldner aus § 20 Abs. 3 Satz 1 StaRUG. Als Ausnahme kann die Leitung auch durch den Restrukturierungsbeauftragten erfolgen. Die Leitung der Versammlung und der Abstimmung durch diesen von Amts wegen bestellten Restrukturierungsbeauftragten erfolgt dann, wenn keine gerichtliche Abstimmung stattfindet, der Restrukturierungsbeauftragte diese privatisierte Abstimmung gewählt sowie die Voraussetzungen des § 73 Abs. 1 Nr. 1, 2 StaRUG vorliegen, § 76 Abs. 2 Nr. 1 StaRUG. Diese Voraussetzungen liegen bei Restrukturierungen vor, die gesamtverfahrensähnlich sind (§ 73 Abs. 1 Nr. 2 StaRUG) oder die in Rechte von Verbrauchern oder von kleinen sowie mittleren Unternehmen beziehungsweise von Kleinstunternehmen eingreifen beziehungsweise deren Rechte temporär durch eine Stabilisierungsanordnung beschränkt werden (§ 73 Abs. 2 Nr. 1 StaRUG).

Hauptgedanke der Rechtsnorm ist gemäß § 73 Abs. 1 Nr. 2 StaRUG die Notwendigkeit einer neutralen Instanz mit überwachenden Aufgaben (vgl. BTag, 2020c, S. 170, zu § 80 Abs. 1 Nr. 2 StaRUG-RegE und § 73 Abs. 1 Nr. 2 StaRUG), bei Nr. 1 eine Art Verfahrensfürsorge für die KMU beziehungsweise Kleinstunternehmen, weil es diesen an Know How in Restrukturierungsfragen fehle beziehungsweise es die Höhe ihrer Forderungen unwirtschaftlich erscheinen lässt, am Verfahren teilzunehmen. Es bedürfe daher, so die **Gesetzesbegründung**, einer neutralen Instanz, welche die Interessen der typischerweise schutzwürdigen Gläubiger wahrnehme (vgl. BTag, 2020c, S. 170, zu § 80 Abs. 1 Nr. 1 StaRUG-RegE, § 73 Abs. 1 Nr. 1 StaRUG).

Erläuterung: Das Konzept offenbart ein gewisses **Problem des StaRUG**, das auch an anderen Stellen zutage tritt, das Regelwerk soll auch ein Instrument zur Restrukturierung von Kleinstunternehmen und von KMU sein, denen es aber in der Regel an Erfahrung im Umgang mit Restrukturierungen und an Kenntnissen, die für die wirtschaftliche Einordnung dieses Planangebots erforderlich sind fehlt (vgl. BTag, 2020c, S. 170). Was im Rahmen des § 73 StaRUG für diese Unternehmen als Gläubiger vom Gesetzgeber beziehungsweise im Regierungsentwurf vermutet wird, gilt erst recht für die Restrukturierung dieser Unternehmensgrößen, die rund 99% aller Firmen in Deutschland ausmachen.

Die Abstimmung und Erfassung der Stimmrechte erfolgt wie beschrieben:

- Abstimmungsdurchführung: Verantwortlichkeit des Vorsitzenden, der die Modalitäten bestimmt, ausgenommen die jeweils gesonderte Abstimmung in den Gruppen (§ 20 Abs. 5 Satz 1 StaRUG) und die Pflicht, elektronische Stimmabgabe gesondert zu bestätigen entweder „händisch“, richtiger aber durch ein zertifiziertes elektronisches System gemäß § 20 Abs. 5 StaRUG.
- Stimmrechte: § 24 StaRUG determiniert das Stimmrecht, das an die Forderung beziehungsweise an der Beteiligungsquote bei Gesellschaftern des Planbetroffenen anbindet, also nicht an Kopfzahlen der Gläubiger. Bei Streitigkeiten entscheidet der Schuldner über das Stimmrecht und dokumentiert diese Entscheidung inhaltlich einschließlich Begründung, § 24 Abs. 4 StaRUG.

Ist die Stimmrechtszuteilung durch den Schuldner fehlerhaft, wie aus der Dokumentation hervorgeht, schlägt die später beantragte gerichtliche Bestätigung fehl, wenn das Gericht in seiner Bestätigungsentscheidung ein anderes Stimmrecht für richtig hält (siehe dazu § 63 Abs. 3 Satz 2 StaRUG) als der Schuldner und sich daraus ergibt, dass die notwendigen Mehrheiten verfehlt wurden.

Diese fehlerhafte autonome **Stimmrechtszuteilung** durch den Schuldner ist aber nicht per se ein wesentlicher Verfahrensmangel im Sinne des § 63 Abs. 1 Nr. 2 StaRUG, der ohne Weiteres als irreparabel zur Versagung einer Bestätigung führt, sondern nur dann, wenn letztendlich die notwendigen Mehrheiten verfehlt wurden und ein Cram Down möglicherweise ausscheidet.

! **Erläuterung:** Das **Stimmrecht** dient ausschließlich der Feststellung der Willensbildung der Planbetroffenen im Rahmen der Abstimmung über den Plan, die dort berücksichtigten Forderungsbeträge haben mit der Frage der Eingriffe in die Forderungen der Restrukturierungsgläubiger methodisch nichts zu tun. Identität zwischen Stimmrecht und zugrunde gelegter Forderung ist nicht zwangsläufig. Nicht jedes gestaltbare Rechtsverhältnis im Sinne des § 2 StaRUG ist nämlich ohne weiteren Verfahrensschritt als Geldbetrag darstellbar, der wiederum das Stimmrecht repräsentiert. Die Umrechnung der gestaltbaren Rechtsposition eines planbetroffenen Gläubigers in einen Geldbetrag, der das Stimmrecht verleiht, ist wie im Insolvenzrecht (vgl. §§ 45, 46, 77, 237 InsO) notwendig, um alle Planbetroffenen in die Abstimmung auch mit Quoten einbeziehen zu können, da ansonsten zwar Eingriffe in Rechtspositionen möglich wären, denen indes kein Stimmrecht gegenüberstünde. Daher bestimmt § 24 Abs. 1 Nr. 2 StaRUG in Ergänzung der auf Geldforderungen gerichteten Nr. 1 der Norm i.V.m. § 2 Abs. 1 Nr. 1 StaRUG, dass Absonderungsanwartschaften (Kreditsicherheiten) sowie gruppeninterne Drittsicherheiten nach ihrem Wert umgerechnet werden.

Sind Sachsicherheiten Gegenstand des Eingriffs (§ 2 Abs. 1 Nr. 2 StaRUG), bemisst sich der Wert an folgenden Parametern wie dem Wert des Gegenstands beziehungsweise der Sicherheit, dem Recht des Planbetroffenen etwa vorgehende Rechte (Rang des Rechts), der Höhe der Belastung zugunsten des Planbetroffenen.

Wird in gruppeninterne Drittsicherheiten als Sachsicherheiten eingegriffen, gilt der vorstehende Grundsatz entsprechend, bei Personalsicherheiten ist die Bonität der Gruppengesellschaft ebenfalls zu beurteilen, das heißt ihre Fähigkeit, den Anspruch des planbetroffenen Gläubigers aus einer Mithaftung oder Bürgschaft letztendlich auch befriedigen zu können.

Bei gesellschaftsrechtlichen Beteiligungen, die in der Kapitalziffer ihren Ausdruck finden beispielsweise bei juristischen Personen mit definiertem gezeichnetem Kapital beziehungsweise bei Personengesellschaften in dem Anteil am Eigenkapital, in praxi in der Kapitalziffer des festen Kapitalkontos I (vgl. Heidel/Schall-Eberl, 2020, § 167, Rn. 8), geht es hier allein um die vermögensrechtliche Seite als Maßstab des geltenden Stimmrechts im Restrukturierungsverfahren und nicht um davon abweichende Mitgliedschaftsrechte oder Anteile („gesellschaftsrechtliche" Stimmrechte), gemäß § 24 Abs. 2 Nr. 3 StaRUG.

Bei den einfachen Restrukturierungsgläubigern im Sinne des § 9 Abs. 1 Satz 2 Nr. 2 StaRUG, die im Insolvenzverfahren den Insolvenzgläubigern des § 38 InsO entsprechen, und bei der Gruppe der nachrangigen Restrukturierungsgläubiger gemäß § 9 Abs. 1 Satz 2 Nr. 3 StaRUG, sie entsprechen § 39 Abs. 1 Nr. 4, 5, Abs. 2 InsO mit jeweiligen Vermögensansprüchen gegen den Schuldner steht der konkrete Geldbetrag oft ebenfalls nicht immer fest.

Gemäß § 24 Abs. 2 StaRUG bestehen umzurechnende Forderungen, die in § 24 Abs. 2 Nr. 1–4 StaRUG aufgeführt sind, nämlich in aufschiebend oder auflösend bedingten Forderungen (Nr. 1 i.V.m. § 158 BGB), in unverzinslichen Forderungen (Nr. 2), Forderungen in ausländischer Währung oder in einer Rechnungseinheit (Nr. 3) und Forderungen, die auf eine wiederkehrende Leistungen gerichtet sind (Nr. 4). Die Umrechnung der Forderungen nach den Nr. 3, 4 erfolgt nach §§ 45, 46 InsO in dem dort beschriebenen komplexen Prozess. Unverzinsliche Forderungen werden gemäß § 41 InsO auf den Tag der Planvorlage abgezinst.

Zu achten ist ferner bei der Zuteilung des Stimmrechts auf die Gruppeneinteilung: Wenn Gläubiger mit Absonderungsrechten der Gruppe von Restrukturierungsgläubigern zugeordnet werden sollen, gilt für deren Stimmrecht das sogenannte Ausfallprinzip (§ 24 Abs. 3 StaRUG). Das Modell hierfür ist das Stimmrecht absonderungsberechtigter Gläubiger als Insolvenzgläubiger gemäß § 237 Abs. 1 Satz 2 InsO (vgl. Schmidt-Spliedt, 2022, § 237 Rn. 6).

Die Struktur des § 24 Abs. 3 StaRUG, erweitert um die gruppeninternen Drittsicherheiten, ist dadurch geprägt, dass die planbetroffenen Absonderungsanwartschaften, das heißt die Kreditsicherheiten, innerhalb ihres anzusetzenden Wertes im Restrukturierungsplan der Pflichtgruppe der Inhaber von Absonderungsanwartschaften zuzuordnen sind (§ 9 Abs. 1 Satz 2 Nr. 1 StaRUG) und dort nach § 24 StaRUG ein entsprechendes Stimmrecht generieren.

Ist die Forderung des betroffenen Gläubigers höher als der Wert einer Sicherheit, dann ist er im Umfang dieses Betrages (Ausfall seiner Forderung im Hinblick auf die bestehende Sicherheit) einfacher Restrukturierungsgläubiger im Sinne des § 9 Abs. 1 Satz 2 Nr. 2 StaRUG anzusetzen. Voraussetzung dieser zweifachen Berücksichtigung mit jeweils ganz unterschiedlichen Stimmrechten, wobei ihre Summe nicht die Gesamtforderung überschreiten kann ist, dass der planbetroffene Gläubiger gegen den Schuldner zugleich in Höhe seiner gesamten Forderung einen Anspruch hat und entweder bei einer „abgesonderten Befriedigung ausfallen würde“ oder auf eine solche generell verzichtet.

Der Verzicht auf fiktive abgesonderte Befriedigung, das heißt auf die Kreditsicherheit, ist systematisch nichts anderes als die Herbeiführung der Ausfallsituation, die zu der Berechtigung führt, in der Gruppe der einfachen Restrukturierungsgläubiger mit der vollen schuldrechtlichen Forderung stimmberechtigt zu sein. Der Schuldner gewinnt durch den Verzicht seine Kreditsicherheit zurück.

Verzichtet der Sicherungsnehmer nicht auf die Kreditsicherheit, ist der mutmaßliche Ausfall anzusetzen. Das ist stets der Fall, denn durch den Plan soll ja erst in das Recht eingegriffen werden, so dass es zum Zeitpunkt der Abstimmung noch nicht verwertet worden und auch kein Ausfall eingetreten sein kann. Dieselben Grundsätze gelten für die gruppeninternen Drittsicherheiten entsprechend. Nachfolgend werden Beispiele zu den Konstellationen des § 24 Abs. 1 Nr. 2 StaRUG gegeben.

Beispiel: Der Gläubiger G hat eine **Forderung** gegen den Schuldner, eine GmbH, in Höhe von 1.000 TEuro. Die Forderung ist mit einer Grundschuld am Betriebsgrundstück des Schuldners in Höhe von 800 TEuro nachrangig hinter anderen Grundpfandgläubigern besichert und mit der Bürgschaft einer Tochtergesellschaft in Höhe von 500 TEuro. Bei der Planerstellung beurteilt der Schuldner den Wert der Grundschuld mit 500 TEuro. Aufgrund der schwachen wirtschaftlichen Lage der Tochtergesellschaft, die sich ebenfalls in der Krise befindet, will er die Bürgschaft in den Plan einbeziehen, sie wird nach dem Plan aufgehoben (§ 2 Abs. 4 StaRUG). Ihren Wert beurteilt er mit 200 TEuro und legt die Kompensation (§ 2 Abs. 4 Satz 1 letzter Halbsatz StaRUG) für G für den Verlust der Bürgschaft infolge des Plans, sollte er verabschiedet sowie vom Gericht bestätigt werden, in dieser Höhe fest. Die Folge für das Stimmrecht ist, dass der Gläubiger sowohl der Gruppe der einfachen Restrukturierungsgläubiger zuzuordnen ist mit einem Stimmrecht im Umfang von 300 TEuro (§ 9 Abs. 1 Satz 2 Nr. 2 StaRUG) als auch der Gruppe der Inhaber von Absonderungsanwartschaften (§ 9 Abs. 1 Satz 2 Nr. 1) mit einem Stimmrecht im Umfang von 500 TEuro sowie der Gruppe der Gläubiger mit gruppeninternen Drittsicherheiten (§ 9 Abs. 1 Satz 3) im Umfang von 200 TEuro.

Ein weiteres Beispiel belegt die Komplexität der Feststellung der Forderungen und somit der Stimmrechte.

Beispiel: Der Schuldner S, ebenfalls eine GmbH, hat von dem **Gesellschafter** G (25% Beteiligung an der Gesellschaft) in der sich abzeichnenden Absatzkrise ein unverzinsliches Darlehen in Höhe von 2.000 TEuro für die Dauer von fünf Jahren erhalten mit Laufzeit vom 31.12.2020 bis zum 31.12.2025. G ist kein Kaufmann. Am 30.12.2021 legt die S GmbH einen Restrukturierungsplan nach § 17 StaRUG vor, das heißt das Planangebot nach dieser Norm geht G mit allen Unterlagen und Hinweisen zu. Die Darlehensrückzahlungsforderung von G soll nach dem Plan um insgesamt 50% gekürzt werden. Da die Restlaufzeit vier Jahre beträgt und G kein Kaufmann ist, wird die Forderung zur Ermittlung des Stimmrechts von G mit 4% über den Zeitraum vom 31.12.2021 bis 31.12.2025 abgezinst. Da G Gesellschafter einer Gesellschaft im Sinne des § 39 Abs. 1 Nr. 4, 5 InsO ist, ist im Plan eine besondere Gruppe der nachrangigen Restrukturierungsgläubiger zu bilden (vgl. § 9 Abs. 1 Satz 2 Nr. 3 StaRUG). Das zu berechnende Stimmrecht von G, sollten weitere Gesellschafterdarlehen im Plan restrukturiert werden, besteht dann in Höhe des abgezinsten Betrags (§ 24 Abs. 2 Nr. 2 StaRUG).

Der Schuldner muss im Restrukturierungsplan die jeweils von ihm zu errechnenden Forderungen darstellen und das Ergebnis nachvollziehbar begründen (so zutreffend Pannen/Riedemann/Smid-Smid, 2021, § 24, Rn. 14 zur Abzinsung, die Feststellung gilt für alle Festlegungen von Werten und Beträgen nach § 24 StaRUG). Die Höhe der Abzinsung wird sicherlich diskutabel sein.

Die beiden Beispiele zeigen die Komplexität der allein schon für die Ermittlung des Stimmrechts notwendigen Erwägungen im Plan. Für die Zuteilung der Planbetroffenen in Gruppen nach § 9 StaRUG, wobei zum Teil die Zuordnung zu mehreren Gruppen in Frage kommt, gilt dasselbe. Kleinstunternehmen und KMU dürften regelmäßig nicht das notwendige Know How haben, um hier die notwendigen Festlegungen treffen zu können, mag man auch dagegenhalten, dass die vorstehenden Beispiele für Kleinstunternehmen oder kleine Unternehmen nicht typisch sind. Ohne die notwendige sachgerechte Beratung durch externe Dritte dürften Restrukturierungspläne dann aber kaum zustande kommen.

Mehrheitserfordernis, Typologie des Quorums

Die Regelung des § 25 StaRUG befasst sich mit den „erforderlichen Mehrheiten“. Die Mehrheit knüpft an die Regelung über die Stimmrechte nach § 24 StaRUG an. Das Quorum wird, anders als im Insolvenzplanverfahren mit dem dortigen Prinzip der doppelten Mehrheit in jeder Gruppe der Gläubiger nach Köpfen und Forderungen mit jeweils einfacher Mehrheit der Abstimmenden bestimmt (§ 244 Abs. 1 InsO).

Im Verfahren nach dem StaRUG gilt der Grundsatz der qualifizierten Mehrheit von 75% aller Stimmrechte der Forderungs- beziehungsweise Beteiligungsbeträge (§ 25 StaRUG). Der Schuldner hat damit erheblichen Argumentationsbedarf, muss er doch weitaus mehr Gläubiger einer Gruppe überzeugen als im Insolvenzplanverfahren. Es geht hier nicht um Mehrheiten der Gläubigerversammlung, also der Planbetroffenen insgesamt, sondern um die jeweilige qualifizierte Mehrheit in den einzelnen Gruppen (Pannen/Riedemann/Smid-Smid, 2021, § 27, Rn. 1 weist zutreffend hierauf hin). Im Folgenden werden mögliche Beispiele zu § 25 StaRUG in Abgrenzung zur Insolvenzordnung gegeben.

---

i

Beispiel: In der **Insolvenz** der S GmbH legt der Insolvenzverwalter einen Insolvenzplan vor. Die S hat Insolvenzantrag wegen drohender Zahlungsunfähigkeit gestellt und darauf verzichtet, die Eigenverwaltung zu beantragen (§ 270a InsO), so dass ein Insolvenzverwalter zu bestellen war. Der Pflichtgruppe der nicht nachrangigen Insolvenzgläubiger (§ 222 Abs. 1 Satz 2 Nr. 2 InsO) sind sechs Gläubiger G1 bis G6 zugeordnet. Jeder hat eine Insolvenzforderung in Höhe von 100.000 Euro, die nach dem Plan um 75% gekürzt und ansonsten über fünf zinslose Ratenzahlungen befriedigt werden soll. Über die Höhe der Forderung besteht Einigkeit, ebenso über deren Qualifizierung und das Stimmrecht zu je 100.000 Euro. G1 bis G6 erheben auch keine Einwendungen, alle einer einzigen Gruppe zugeordnet zu sein. Die Abstimmung in der Gruppe fällt hingegen wie folgt aus: G1 bis G3 stimmen zu, G4 lehnt ab und G5 und G6 nehmen nicht an der Abstimmung teil beziehungsweise enthalten sich. Die Gruppe hat dem Plan zugestimmt, da es nur auf die doppelte Mehrheit der Abstimmenden nach Köpfen und Forderungssummen ankommt (vgl. § 244 Abs. 1 Nr. 1, 2 InsO). Passive Gläubiger sollen keine Rolle spielen (vgl. Schmidt-Spliedt, 2022, § 244 Rn. 1–4). Sind die Forderungen unterschiedlich, muss die doppelte Mehrheit sich auch aus der Mehrheit der Forderungen ergeben. Enthalten sich G1 bis G6 der Stimme oder erscheinen sie nicht zur Abstimmung, wird die Zustimmung der Gruppe fingiert (§ 246 Nr. 2 InsO). Es bedarf daher zur Wahrnehmung der Interessen eines aktiven Gläubigers, der seine Rechte durch Ausübung des Stimmrechts in der Abstimmung vertritt.

Ein weiteres Beispiel stellt eine Abwandlung des vorigen Falls dar und bezieht sich auf einen Restrukturierungsfall mit dem dortigen Abstimmungsmodell und den erforderlichen Mehrheiten. Relevant sind hier die Summenmehrheit und die abstimmenden Gläubiger in Relation zu den Gesamtforderungen der Gruppe.

---

i **Beispiel:** Dieselbe S GmbH wählt den Weg der **Restrukturierung** nach dem StaRUG anstelle des Insolvenzverfahrens, da sie nur drohend zahlungsunfähig ist. Sie zeigt eine Restrukturierungssache nach § 31 StaRUG an und legt unter anderem den Gläubigern G1 bis G6 einen Restrukturierungsplan vor, der inhaltlich dasselbe bezüglich der Kürzung der Forderungen vorsieht wie in dem vorigen Beispiel in der Insolvenzsituation. Der Sachverhalt ist auch ansonsten identisch wie im Beispiel. Auch die Abstimmung verläuft wie im vorigen Beispiel. Die Gruppe hat damit den Restrukturierungsplan abgelehnt, denn nur 50% (G1 bis G3) haben dafür gestimmt. Die Ablehnung durch G4 und die unterbliebene Stimmabgabe durch G5 und G6 führen zur Ablehnung des Plans durch die Gruppe, so dass das Prinzip, dass der Plan nur mit Zustimmung aller Gruppen zustande kommen kann, ein Scheitern des Plans bedeutet, wenn nicht der klassenübergreifende Cram Down zur Fiktion der Zustimmung führt und im tatsächlichen Ergebnis zur Überstimmung dissentierender Gruppen bei einem Vorliegen der Voraussetzungen der §§ 26–28 StaRUG. Hätten in dem Beispiel G1 bis G4 zugestimmt (die 400 TEuro von 600 TEuro Stimmrechten nach § 24 StaRUG in ihrer Gruppe repräsentieren, das heißt 66,67%) und G5, G6 wären nicht erschienen oder hätten nicht abgestimmt, hätte die Gruppe ebenfalls abgelehnt, obwohl alle aktiven Gläubiger beziehungsweise die Abstimmenden dem Restrukturierungsplan zugestimmt haben, denn das Quorum von 75% wurde insgesamt nicht erreicht.

Die Lösung gemäß § 25 StaRUG ist richtlinienkonform und entspricht den **Optionen** nach Art. 9 Abs. 6 RL 2019/1023/EU.

! **Erläuterung:** § 25 Abs.2 StaRUG beantwortet die Frage, wie das **gemeinsame Innehaben** von Forderungen und Rechten, die in den Plan einbezogen werden, zu beurteilen ist beziehungsweise wie sich Pfandrechte an Rechten oder ein Nießbrauch auf das Stimmrecht beziehungsweise das Stimmergebnis auswirken. Die dortigen Planbetroffenen werden einheitlich als ein einziger Planbetroffener behandelt, nach der Gesetzesbegründung werden „Stimmabgaben ... nur einmal berücksichtigt.“ Offen bleibt, wer bei einer Mehrzahl von Berechtigten das Stimmrecht ausübt. Das ist nicht eine Frage des StaRUG, sondern des materiellen Rechts dieses Instruments, mittels dessen diese Berechtigten miteinander verbunden sind. Vorbild der Norm des § 25 Abs. 2 StaRUG ist § 244 Abs. 2 InsO. Bei genauer Betrachtung handelt es sich um ein Legitimationsproblem des Abstimmenden, denn die Stimmrechte werden durch Mehrinhaberschaft an dem Recht beziehungsweise der Forderung Beteiligter nicht berührt, vielmehr folgt der Umfang des Stimmrechts bereits aus § 24 StaRUG. Andererseits greift der Plan, der das Recht selbst beschränkt, zugleich in die Rechte derjenigen ein, die ihrerseits ein Verwertungsrecht (Pfandrecht) oder ein Nutzungsrecht (Nießbrauch, §§ 1068 ff. i.V.m. §§ 1030 ff. BGB) an dem Recht oder der Forderung haben. Der Schuldner muss bei der privatisierten Abstimmung darauf achten, dass der richtige Stimmberechtigte in der Gruppe abstimmt beziehungsweise auf die genaue Angabe des Planbetroffenen. Die Rechtsinhaber müssen sich einigen, wie sie ihre Stimme abgeben. § 25 Abs. 2 StaRUG greift nicht bei einer BGB-Gesellschaft, da diese allein Rechtsinhaberin und stimmberechtigt ist. Ist eine Bruchteilsgemeinschaft Rechtsinhaber, wird der Schuldner im Hinblick auf die gemeinschaftliche Verwaltung des planbetroffenen Gegenstandes der Gemeinschaft (vgl. § 744 BGB) eine Erklärung fordern, wer das Stimmrecht ausübt.

Dokumentation der Abstimmung

Den Schuldner treffen nach § 22 Abs. 1 StaRUG umfassende Dokumentationspflichten. Er hält den Ablauf der Versammlung der Planbetroffenen fest, unter anderem protokolliert er, wenn streitig war oder geworden ist die sachgerechte Auswahl der Planbetroffenen (§ 8 StaRUG), die Gruppeneinteilung (§ 9 StaRUG) oder das Stimmrecht (§ 24 StaRUG), denn jeder Fehler bei einem dieser Themen kann beziehungsweise wird als wesentlicher Punkt im Sinne des § 63 Abs. 1 Nr. 2 StaRUG zur Versagung der Planbestätigung führen können.

Ist eines der Kriterien streitig geworden, ist anzunehmen, dass mindestens in einer Abstimmungsgruppe Gegenstimmen laut werden und bereits das Quorum von 75% nicht erreicht wird. Wird die qualifizierte Mehrheit verfehlt, wird der Plan für den dissentierenden Gläubiger nur verbindlich, wenn dieser gerichtlich bestätigt wird, was wiederum nicht der Fall ist, wenn die Dokumentation nach § 22 Abs. 1 StaRUG nicht hinreichend ausfällt, so dass es am Nachweis der ordnungsgemäßen Annahme des Plans nach § 63 Abs. 3 StaRUG fehlt.

Die Frage des Cross Class Cram Down der §§ 26–28 StaRUG stellt sich dann gar nicht mehr. Ist die Dokumentation ordnungsgemäß erfolgt, also nach § 22 Abs. 1 StaRUG mit Angabe streitig gewordener Gegenstände und ist dort ein verfahrensrechtlicher Fehler vom Gericht festzustellen, der die Versagung der Bestätigung trägt, ist der Plan nicht bestätigungsfähig, der **Cram Down** spielt keine Rolle.

Definition: Der **Cross Class Cram Down** beschreibt das Vorgehen bei einer gruppenübergreifenden Mehrheitsentscheidung gemäß § 26 StaRUG. Demnach gilt die Zustimmung einer Gruppe, wenn in dieser die nach § 25 StaRUG erforderliche Mehrheit von 75% nicht erreicht wird, als erteilt, wenn die Mitglieder der Gruppe durch den Restrukturierungsplan voraussichtlich nicht schlechter gestellt werden als sie ohne einen Restrukturierungsplan stünden oder die Mitglieder dieser Gruppe angemessen an dem wirtschaftlichen Wert beteiligt werden, der auf der Grundlage dieses Plans den Betroffenen zufließen soll (Planwert), und die Mehrheit der abstimmenden Gruppen dem Plan mit den erforderlichen Mehrheiten zugestimmt hat. Wurden nur zwei Gruppen gebildet, genügt die Zustimmung der anderen Gruppe. Dabei dürfen die zustimmenden Gruppen nicht ausschließlich durch Anteilsinhaber oder durch nachrangige Restrukturierungsgläubiger gebildet worden sein.

Entscheidend ist ferner, dass der Schuldner als Leiter der Abstimmung gemäß § 20 Abs. 2 StaRUG (zur Ausnahme siehe § 76 Abs. 2 Nr. 1 StaRUG, Leitung durch den Restrukturierungsbeauftragten) das Abstimmungsergebnis schriftlich festhält, für jede Gruppe im Einzelnen und das Gesamtergebnis, welche Gruppen zugestimmt haben und welche nicht. Teil des Protokolls beziehungsweise der Dokumentation nach § 22 Abs. 1 StaRUG sind auch etwa die Abstimmungsmodalitäten, die Feststellung, inwieweit und in welchem elektronischen Format abgestimmt wurde, wer in welcher Gruppe präsent beziehungsweise elektronisch abgestimmt hat, wie die Legitimation geprüft wurde, wann die Abstimmung begonnen hat und wann sie endete.

Auch die Protokollierung von Änderungsvorschlägen sowie der Fragen und Antworten ist erforderlich. Die Dokumentation bedarf erheblicher Sorgfalt, Nachlässigkeit riskiert das Scheitern des Plans, sie ist dem Antrag auf Planbestätigung an das Restrukturierungsgericht beizufügen (§ 60 Abs. 1 Satz 3 StaRUG).

In den möglichen Fällen einer konsensualen Einigung ohne Versammlung der Planbetroffenen (§ 17 Abs. 1, 19, 22 Abs. 1 Satz 1 Fall 2 StaRUG) ist die Dokumentation vereinfacht abbildbar. Der Schuldner muss dann lediglich festhalten, welche Gruppe mit welchen **Mehrheiten** den Plan angenommen hat.

Erläuterung: Bedarf der Plan einer **Abstimmung**, weil eine konsensuale Einigung aller Planbetroffenen sich in allen Gruppen als nicht möglich erweist, bedarf es, um Verbindlichkeit des Plans für alle Planbetroffenen, auch gegenüber dissentierenden Beteiligten herbeizuführen, einer gerichtlichen Planbestätigung. Die Strukturen auf diesem Weg zeigen die Verflechtung der verschiedenen Vorgehensweisen, eine Folge der vom Gesetzgeber verfolgten optionalen Systematik auf Grundlage alternativer Module (§ 29 Abs. 2 Nr. 1–4 StaRUG und die Normen zu den dortigen Instrumenten sowie die §§ 17–23 StaRUG über die Willensbildung bei der Zustimmung zum Plan durch die Betroffenen).

Diskurs über den Restrukturierungsplan ohne Versammlung der Planbetroffenen

Findet keine Versammlung der Planbetroffenen zur Abstimmung nach § 20 StaRUG statt, sondern setzt der Schuldner eine Frist zur Annahme eines vorgelegten Plans unter Vorlage der gesamten relevanten Dokumentation (§ 19 StaRUG), so findet auf Verlangen auch nur eines einzigen Planbetroffenen eine Versammlung der Planbetroffenen zur Erörterung des Plans statt, wenn der Schuldner nicht vor der Abgabe seines Planangebots den Planbetroffenen den gemeinschaftlichen Diskurs über das Restrukturierungskonzept beziehungsweise den Plan bereits ermöglicht hatte (siehe § 21 Abs. 1 i.V.m. § 17 Abs. 3 StaRUG).

Strukturell mag diese Regelung richtig sein und Lücken schließen, um eine Erörterung des Plans durch die Planbetroffenen zu ermöglichen. Das Auseinanderfallen der Annahme des Plans nach § 19 StaRUG (ohne Abstimmung im Rahmen einer Versammlung der Planbetroffenen) und die lediglich nachgelagerte Erörterung in einer Versammlung der Planbetroffenen, welche die Annahmefrist gegebenenfalls verlängert (vgl. § 21 Abs. 4 StaRUG) dürfte in der Praxis ins Leere gehen und daher auch meist wenig sinnvoll sein.

Eine solche Konstellation, wie sie § 21 Abs. 1 StaRUG zugrunde liegt, offenbart ein erhebliches Kommunikationsdefizit zwischen Schuldner und Planbetroffenen. Das Zustandekommen des Plans durch Annahme ohne Versammlung erfolgt formal nur durch Gruppenmehrheiten, die in praxi aber 100% in jeder Gruppe erreichen sollten, wenn der Plan inhaltlich mit den Planbetroffenen rechtzeitig vor Planvorlage kommunikativ im Diskurs aller abgesprochen wurde. Findet danach eine nachgeschaltete Erörterung statt, dürfte der kommunikative Schaden zu Lasten der Option zum Zustandekommen des Plans nicht gering sein.

Richtig erscheint die Ermöglichung des gemeinschaftlichen Diskurses mit den Planbetroffenen und bei Erkennbarkeit fehlender konsensualer Einigung mit allen Beteiligten die Wahl eines Abstimmungsverfahrens nach § 20 StaRUG (Versammlung der Planbetroffenen), wenn nicht sogar, abhängig von der Komplexität, das in der Regel vorzugswürdige gerichtliche Abstimmungsverfahren gemäß den §§ 23, 45, 46 StaRUG gewählt wird, das unter anderem mögliche Folgen aus Mängeln der Dokumentation des § 22 StaRUG vermeidet.

Cross Class Cram Down als gruppenübergreifende Mehrheitsentscheidung

Der Cram Down der §§ 26–28 StaRUG bedeutet Ausnahmeregelungen, welche den Plan auch ohne und gegen die Zustimmung des Betroffenen verbindlich machen. Das Prinzip der Zustimmung zum Restrukturierungsplan durch die Gläubigergruppen beruht auf der Annahme durch alle bestehenden Gruppen mit dem jeweils notwendigen Quorum von 75% (§ 25 Abs. 1 StaRUG).

Dieser Grundsatz rechtfertigt sich dadurch, dass die unterschiedlichen Gruppenzusammensetzungen mit jeweils völlig unterschiedlicher wirtschaftlicher Würdigung eine einfache Majorisierung, die darin bestehen würde, dass etwa die Mehrheit der Gruppen ausreicht, um den Plan zustande zu bringen, nicht sachgerecht wäre. Das gälte auch für eine qualifizierte Gruppenmehrheit. Daher stellt sich die Frage nach Kriterien, die es rechtfertigen, von einer Zustimmung der dissentierenden Gruppe auszugehen. Das ist der Grundgedanke des Cram Down (siehe §§ 245 ff. InsO für das Insolvenzplanverfahren und §§ 26–28 StaRUG).

Gruppenübergreifende Mehrheitsentscheidung nach den Vorschriften ist systematisch nicht ein Überstimmen dissentierender Gruppen durch andere, sondern eine Fiktion der Zustimmung der Gruppe, deren Zustimmungsquorum letztendlich nicht erreicht wurde, unter der Voraussetzung des Vorliegens der strengen Tatbestandsmerkmale der §§ 26–28 StaRUG, die das Gericht im Rahmen des Planbestätigungsverfahrens feststellt. Den Zusammenhang zwischen der Notwendigkeit der gerichtlichen Bestätigung und dem Cross Class Cram Down belegt nicht nur § 67 Abs. 1 Satz 2 StaRUG über die Wirkungen des bestätigten Plans gegenüber dissentierenden oder nicht abstimmenden Gläubigern, sondern auch Art. 11 RL 2019/1023/EU (siehe Pannen/Riedemann/Smid-Cranshaw, 2021, Teil 1, Art. 11 RL, Rn. 10-12).

Die Kurzformel zum Cram Down lautet etwa, dass derjenige, der materiell durch den Plan keinen Nachteil erleidet, auch kein besonderes rechtlich geschütztes Interesse haben kann, den Restrukturierungsplan durch seine Verweigerung zu vereiteln. Das Problem liegt nicht in diesem abstrakten Rechtssatz, sondern in dem Umstand, dass die Frage der Benachteiligung durch den Plan eine wertende Entscheidung voraussetzt, bezogen auf die Bewertung des Gegenstandes des Planbetroffenen, in den der Plan eingreift. § 26 Abs. 1 Nr. 1–3 StaRUG enthalten die Kriterien des Cram Down, nämlich die Fiktion der Zustimmung einer Gruppe zum Plan, wenn diese Gruppe voraussichtlich durch den Plan nicht schlechter gestellt wird als ohne Plan.

Dabei ist nicht ohne Weiteres das Szenario der Liquidation des Schuldnerunternehmens zugrunde zu legen, ein Kriterium, das auch in der Insolvenz nicht zwingend vorliegen muss, wenn ein Insolvenzplan nicht zustande kommt. Maßstab ist eine Prognose unter Zugrundelegung der voraussichtlichen nächstbesten Alternative, zum Beispiel die übertragende Sanierung des Unternehmens beziehungsweise von Unternehmensteilen oder Betrieben sowie Betriebsteilen des Schuldnerunternehmens anstelle der im Plan vorgesehenen Sanierung des Unternehmensträgers. Die **Vergleichsrechnung** nach § 6 Abs. 2 StaRUG zeigt die Alternative auf, die den Plan als alternativlos aufzeigt beziehungsweise den Cram Down begründet.

! **Erläuterung:** Die Übertragende Sanierung beschreibt einen ökonomischen wie rechtlichen Vorgang. Teile des Krisenunternehmens, die isoliert betrachtet, werthaltig sind und unter betriebswirtschaftlicher Betrachtung fortführungsfähig, werden bei dieser Lösung gegebenenfalls mittels eines M&A-Prozesses an einen Investor veräußert und entweder in dessen Unternehmen als rechtlich unselbstständige Einheit eingegliedert oder auf eine neu gegründete Gesellschaft regelmäßig eine GmbH, nicht selten unter der Übernahme und Fortführung der Firma des Krisenunternehmens, übertragen. Rechtlich werden Gesamtheiten von Sachen, Forderungen und Rechten an den Investor beziehungsweise dessen neue Gesellschaft übertragen (Asset Deal), keine Beteiligungen an dem Rechtsträger des Krisenunternehmens (also kein Share Deal). Der Rechtsträger des Krisenunternehmens wird mit den unrentablen Teilen abgewickelt und damit liquidiert. Das StaRUG ermöglicht auch einen Restrukturierungsplan mit diesem Konzept, wie § 6 Abs. 2 Sätze 2, 3 StaRUG zum Ausdruck bringt. In diesem Fall sind für die **Vergleichsrechnung** der Befriedigungsaussichten der Gläubiger zwischen Plan und nächstbestem Szenario Fortführungswerte zugrunde zu legen. Satz 3 der Norm schließt den Ansatz von Fortführungswerten aber aus, wenn ein Verkauf des Unternehmens oder eine anderweitige Fortführung aussichtslos ist. Die beiden Varianten des Unternehmensverkaufs oder die anderweitige Fortsetzung des Krisenunternehmens sind mögliche Spielarten der übertragenden Sanierung. Das StaRUG strebt aber primär die erfolgreiche Sanierung des Rechtsträgers selbst an.

Nicht unproblematisch kann insbesondere die Veräußerung des gesamten Unternehmens durch übertragende Sanierung sein, wenn das Krisenunternehmen eine bedeutende Marktstellung hat, durch die der Übernehmer als Investor unter anderem durch den Erwerb eine kritische wettbewerbsrechtliche Größe erlangt, so dass gegebenenfalls das Bundeskartellamt beziehungsweise die EU-Kommission diesen Zusammenschluss (vgl. § 37 GWB) freigeben beziehungsweise genehmigen müssen (vgl. §§ 35 ff. GWB). Durch die damit verbundenen Verzögerungen kann das Sanierungsziel insgesamt gefährdet werden. Bei einer Versagung der Genehmigung scheitert der entsprechende Restrukturierungsplan.

§ 26 Abs. 1 Nr. 2 StaRUG fordert, dass die Mitglieder der dissentierenden Gruppe angemessen an dem wirtschaftlichen Planwert beteiligt werden, ein Kriterium, das noch deutlich stärker als Nr. 1 wertend ist und daher in § 27 StaRUG legaldefiniert wird, wenn auch Bewertungsspielräume bestehen. Ökonomisch setzt diese Norm voraus, dass der Plan einen Planmehrwert aufzeigt, bei dessen Verteilung die betroffene Gruppe im Verhältnis zu anderen Gruppen angemessen beteiligt wird.

Absolute Priority Rule, Maßstab der angemessenen Beteiligung am Planmehrwert

Die angemessene Beteiligung definiert § 27 Abs. 1 Nr. 1–3 StaRUG (Absolute Priorität, Absolute Vorrangregel oder Absolute Priority Rule) für die Gläubiger und gemäß § 27 Abs. 2 StaRUG für die in den Restrukturierungsplan einbezogenen Gesellschafter des Rechtsträgers des Schuldners.

Angemessen beteiligt im Sinne des § 27 Abs. 1 Nr. 1 StaRUG am Planmehrwert ist ein Gläubiger dann, wenn kein planbetroffener Gläubiger aus dem Restrukturierungsplan Leistungen oder wirtschaftliche Werte erhält, die 100% seines Anspruchs übersteigen. In den Fällen des § 27 Abs. 1 Nr. 2 StaRUG darf gegenüber dem planbetroffenen Gläubiger kein anderer Gläubiger, der ihm gegenüber im Fall einer Insolvenz nachrangig wäre, einen Wert bekommen, wenn nicht zuvor der vorrangige Gläubiger voll befriedigt wurde und Gesellschafter dürfen aus dem Plan nur dann etwas erhalten, wenn zuvor eine entsprechende Leistung in das Schuldnervermögen geflossen ist. Schließlich dürfen in einem Insolvenzverfahren gleichrangige Gläubiger nicht besser gestellt werden als der Vergleichsgläubiger (§ 27 Abs. 1 Nr. 3 StaRUG).

Ähnlich regelt § 27 Abs. 2 StaRUG für die Gesellschafter, dass nach Nr. 1 kein Beteiligter einen Wert erhalten darf, der seinen Anspruch übersteigt, eine schlüssige Wiederholung von § 27 Abs. 1 Nr. 1 StaRUG. Nach § 27 Abs. 2 Nr. 2 darf kein Gesellschafter, wenn nicht eine Durchbrechung der absoluten Priorität nach § 28 Abs. 2 Nr. 1 StaRUG vorliegt (siehe im Folgenden Relative Vorrangregel oder Relative Priority Rule), der ohne Plan der Vergleichsgruppe gleichgestellt wäre, einen wirtschaftlichen Wert erhalten.

Definition: Die **Absolute Priority Rule** oder **Absolute Vorrangregel** gemäß § 27 StaRUG besagt, dass gesicherte Gläubiger erst im vollen Umfang befriedigt werden müssen, bevor ungesicherte Gläubiger ihren Anteil erhalten. Nach der absoluten Vorrangregel kann die Zustimmung einer Gruppe von Gläubigern, die nach dem Plan nicht vollständig befriedigt werden, nur ersetzt werden, wenn der Plan für die Mitglieder nachrangiger Klassen keinerlei Auszahlungen vorsieht. Gemäß dem absoluten Vorrang erhalten die Mitglieder nachrangiger Klassen nur dann Wertzuweisungen, wenn die vorrangigen Klassen einverstanden sind. Die Regel stellt sicher, dass Gläubiger gemäß dem Rangprinzip vor Gesellschaftern befriedigt werden und vorrangige Gläubiger vor Nachranggläubigern.

Schließlich dürfen in einem Insolvenzverfahren gleichrangige Gläubiger nicht besser gestellt werden als Vergleichsgläubiger (§ 27 Abs. 1 Nr. 3 StaRUG). Ähnlich regelt das § 27 Abs. 2 StaRUG für die Gesellschafter, nach Nr. 1 darf kein Beteiligter einen Wert erhalten, der seinen Anspruch übersteigt, letztendlich eine schlüssige Wiederholung von § 27 Abs. 1 Nr. 1 StaRUG.

Nach § 27 Abs. 2 Nr. 2 darf kein Gesellschafter, wenn nicht eine Durchbrechung der absoluten Priorität nach § 28 Abs. 2 Nr. 1 StaRUG vorliegt (siehe im Folgenden Relative Vorrangregel oder Relative Priority Rule), der ohne Plan einer Vergleichsgruppe gleichgestellt wäre, einen wirtschaftlichen Wert erhalten.

Beispiel: Ein **Restrukturierungsplan**, über den nach Änderungen abgestimmt wurde, sah fünf Gläubigergruppen vor. Vier Gruppen stimmten für den Plan, eine Gruppe, in der ein einziger Gläubiger vertreten war, stimmte dem Plan nicht zu. Das AG Dresden hat darauf erkannt, der dissentierende Gläubiger werde angemessen am Planmehrwert beteiligt. Der Grund der Ablehnung durch die eine Gläubigergruppe war, dass ein Gesellschafter, der eine eigene Gruppe der fünf Gläubigergruppen abbildete, zwei Darlehen gewährt hatte. Auf eines hatte er nach Plan verzichtet, das andere sollte er zuzüglich Zinsen in monatlichen Raten über etwa 225 Monate zurückerhalten. Er sollte damit 66,6% seiner Forderung nach dem Restrukturierungsplan erhalten, die Gläubiger der anderen Gruppen nur 50%, diesen Betrag allerdings sofort. Das Gericht hat die Voraussetzungen des Cram Down nach den §§ 26 ff. StaRUG bei wertender Betrachtung bejaht. Entscheidend war für die Feststellung, dass der betroffene Gesellschafter nicht besser gestellt werde als die Gläubiger der anderen Gruppen, da er nicht sofort befriedigt werde, sondern innerhalb eines sehr weiten Zeithorizonts, er mit anderen Worten ein deutlich höheres Ausfallrisiko trägt. Das ist nachvollziehbar. Zu ergänzen ist, dass die Restrukturierungsforderung des Gesellschafters hier nicht nachrangig war gegenüber den Forderungen anderen Gruppen, so dass seine Gruppe nicht unter § 9 Abs. 1 Satz 2 Nr. 3 StaRUG zu subsumieren war, denn in dem „Gesetz zur vorübergehenden Aussetzung der Insolvenzantragspflicht [...] bei einer durch die COVID-19-Pandemie bedingten Insolvenz" vom 27.03.2020 hat der Gesetzgeber unter anderem § 39 Abs. 1 Nr. 5 InsO über den Nachrang von Gesellschafterdarlehen in der Insolvenz unter bestimmten Voraussetzungen befristet ausgesetzt (siehe § 2 Abs. 1 Nr. 2, Abs. 2 COVInsAG), so dass die Forderung des Planbetroffenen im Fall des AG Dresden nicht nachrangig war und daraus keine Benachteiligung durch den Plan für die Gläubiger anderer Gruppen resultierte.

Relative Priority Rule, Durchbrechung der absoluten Priorität

Die Absolute Priorität des § 245 InsO aF wurde durch das SanInsFoG mit der Einführung einer Durchbrechung der absoluten Priorität (sogenannte Relative Priority Rule beziehungsweise Relative Vorrangregel) abgeschwächt (vgl. § 28 StaRUG in ähnlicher Form § 245 Abs. 2 Sätze 2, 3, Abs. 2a InsO). Gemäß § 28 Abs. 1 StaRUG ermöglicht diese Regelung die Besserstellung einzelner planbetroffener Gläubiger gegenüber gleichrangigen Gruppen, wenn dieses angesichts einer Gesamtwürdigung der wirtschaftlichen Probleme des betroffenen Sanierungsfalles beziehungsweise Restrukturierungsfalles und aller weiteren Umstände sachgerecht sei.

Definition: Nach der **Relative Priority Rule** oder **Relativen Vorrangregel** gemäß § 28 StaRUG ist die Zustimmung einer Klasse zum Restrukturierungsplan dann entbehrlich, wenn die Mitglieder dieser Klasse durch den Plan mindestens so gut wie in einem Insolvenzszenario und besser als die Mitglieder nachrangiger Klassen behandelt werden. Diese relative Vorrangregel steht damit im Gegensatz zur Absolute Priority Rule, die im deutschen Recht in § 245 Abs. 2 Nr. 2 InsO normiert ist.

Notwendig werden hier unbestimmte Rechtsbegriffe verwendet. Diese Norm zeigt, dass es hier um die Würdigung ökonomischer Umstände geht, unter anderem auch um die Einbeziehung von Gläubigern mit Forderungen aus dem operativen Betrieb wie beispielsweise Lieferanten (so die Begründung zu § 30 Abs. 1 StaRUG-RegE und § 28 StaRUG, vgl. dazu BTag, 2020c, S. 129).

---

i

Beispiel: Eine **unbesicherte Lieferantenforderung** ist gleichrangig gegenüber einer entsprechenden Kreditforderung. Dennoch kann es gerechtfertigt sein, dem Lieferanten eine höhere Quote im Plan einzuräumen, um beispielsweise Sicherheit für notwendige Lieferungen über einen künftigen Planungszeitraum zu erhalten oder Risikozuschläge für die Konditionen zu Lasten des Schuldnerunternehmens und seiner Liquidität abzuwehren. Die Folge kann sein, dass erst dadurch das operative Geschäft die Befriedigung der nach dem Plan etwa pro rata temporis auszugleichenden Forderungen der gegenüber dem Lieferanten zurückgesetzten gleichrangigen Gläubiger erlaubt.

Diese Ausnahmevorschrift des § 28 Abs. 1 Satz 1 StaRUG greift nicht, wenn „auf die überstimmte Gruppe mehr als die Hälfte der Stimmrechte der Gläubiger dieser betroffenen Rangklasse“ entfalle (§ 28 Abs. 1 Satz 2). Der Begriff der Rangklasse enthält das Gesetz nur zweimal, hier und in § 9 Abs. 1 Satz 2 Nr. 3 StaRUG. Gemäß § 28 Abs. 1 StaRUG soll damit zum Ausdruck gebracht werden, dass die Durchbrechung dieser Gleichbehandlung gleichrangiger Gruppen ausgeschlossen ist, wenn die dadurch „überstimmten“ Gruppen die Hauptlast der Sanierung im Hinblick auf die gleichrangigen anderen Gläubigergruppen zu tragen hätten (so die Begründung zu § 28 StaRUG nach der Fassung des Rechtsausschusses, die letztendlich Gesetz geworden ist, vgl. dazu BTag, 2020f, S. 7 ff.).

Der § 28 Abs. 2 StaRUG enthält die etwas überraschende Regelung, dass auch dem Schuldner beziehungsweise dem Rechtsträger des Unternehmens ein Planmehrwert zufließen kann, aber insbesondere auch den Gesellschaftern. Es ist daran zu erinnern, dass in der Insolvenz nach bisherigem Recht dem Schuldner beziehungsweise den an dem Rechtsträger des Schuldnerunternehmen Beteiligten kein Wert zufließen konnte. Im Regelinsolvenzverfahren mit Liquidation dieses Unternehmens sind die Gesellschafter oder der Schuldner auf den „Überrest“ gesetzt. Sie erhalten nach § 199 InsO den möglicherweise vorhandenen Überschuss, der nach der Schlussverteilung an die Gläubiger zuletzt verbleibt.

Auch im Insolvenzplanverfahren sollte dem Schuldner bisher nichts zufließen können, obwohl diese Sanierung mit Haircuts der Gläubiger in jeder Form dazu führen kann, dass der Schuldner auf Kosten der Gläubiger saniert wird und davon mittelbar auch die Gesellschafter profitieren. Der Schuldner muss daher den für ihn resultierenden Planmehrwert kompensieren. Die bloße Fortführungsentscheidung der Gesellschafter darüber, den Rechtsträger eines Schuldnerunternehmens fortzuführen, ist somit keine Kompensation.

Den Grundsatz der Absolute Priority Rule durchbricht § 28 Abs. 2 Nr. 1 StaRUG mit der Regelung, dass es einer angemessenen Beteiligung einer Gruppe von planbetroffenen Gläubigern am Planwert nicht entgegen steht, wenn der Schuldner oder eine an dem Schuldner beteiligte Person entgegen § 27 Abs. 1 Nr. 2 StaRUG am Unternehmensvermögen beteiligt bleibt, sofern die Mitwirkung des Schuldners oder der an dem Schuldner beteiligten Person an der Fortführung des Unternehmens unerlässlich ist, um den Planwert zu verwirklichen.

Des Weiteren erfordert es, dass sich der Schuldner oder die an dem Schuldner beteiligte Person im Plan zu der erforderlichen Mitwirkung und zur Übertragung der wirtschaftlichen Werte für den Fall verpflichtet, dass seine Mitwirkung aus von ihm zu vertretenden Gründen vor dem Ablauf von fünf Jahren oder einer kürzeren, für den Planvollzug vorgesehenen Frist endet.

Der § 28 Abs. 2 Nr. 2 StaRUG mutet den Gläubigern Einschränkungen dann zu, wenn dem Schuldner oder Gesellschaftern ein Planmehrwert zum Nachteil der Gläubiger zufließt, sofern dann „die Eingriffe in die Rechte der Gläubiger geringfügig sind, insbesondere, weil die Rechte nicht gekürzt werden und deren Fälligkeiten um nicht mehr als 18 Monate verschoben werden." Potenzielle Fälligkeitsnachteile werden den Gläubigern für maximal 18 Monate zugemutet, mit entsprechenden Refinanzierungsvorteilen für die Schuldner. Die Lösung ist flexibel, das Regelbeispiel des Fälligkeitsnachteils bedeutet zugleich eine Art Obergrenze der Eingriffe in Gläubigerrechte nach dem Maßstab der damit einhergehenden Zinsverluste. Ferner lässt die Vorschrift auch geringfügige Kürzungen im Umfang der Fälligkeitsnachteile zu. Die Voraussetzungen gemäß § 28 Abs. 2 Nr. 1 und 2 müssen nicht kumulativ vorliegen. Fehlt es an den Voraussetzungen des § 28 Abs. 2 Nr. 1 kann immer noch der Vorteil für den Schuldner nach § 28 Abs. 2 Nr. 2 StaRUG generiert werden.

Fazit zur „privatisierten" (außergerichtlichen) Abstimmung

Betrachtet man die außergerichtliche Abstimmung über den Restrukturierungsplan, so ist festzustellen, dass das Verfahren mit Annahmefrist nach § 19 StaRUG in praxi nur dann zum Ziel führt, wenn im Ergebnis zuvor konsensual Einigung mit allen Planbetroffenen erzielt wurde. Dann kann man sich aber auch der einfacheren Sanierungsmoderation nach den §§ 94 ff. StaRUG bedienen oder des Instruments der freien, außergerichtlichen Sanierung, ohne sich in den komplexen Verfahrensregelungen nach dem StaRUG zu verstricken.

Die Kommunikation mit den planbetroffenen Gläubigern und der gemeinschaftliche Diskurs der Gläubiger vor dem formellen Planangebot (vgl. §§ 17 Abs. 3, 21 StaRUG) sind für den Planerfolg bei verhandlungspsychologischer Betrachtung unverzichtbar, die Forderung einer nachgelagerten Diskurseinräumung nach § 21 StaRUG ist bei überrumpelungsähnlich vorgelegten Restrukturierungsplänen zu erwarten.

Damit erscheint das Ziel, die Planzustimmung unter Nutzung des § 19 StaRUG ohne Versammlung der Planbetroffenen nach § 20 StaRUG zu erreichen, deutlich nachteilig. Grundsätzlich sollte es daher bei der Abstimmung in einer „Gläubigerversammlung" verbleiben, wie sie sich in anderer Gestalt und anderen Aufgaben im Insolvenzrecht als Instrument von Kommunikation und Diskurs bewährt hat. Das privatisierte Abstimmungsverfahren nach den §§ 20-22 StaRUG enthält verschiedene Klippen für den Schuldner, deren Vermeidung er zu organisieren und zu dokumentieren hat, so dass sich die Frage stellt, ob man in praxi nicht generell das gerichtliche Abstimmungsverfahren, wie im Folgenden dargestellt, präferieren sollte.

Gerichtliches Planabstimmungsverfahren, §§ 23, 45-46 i.V.m. §§ 47, 48 StaRUG

Die Komplexität dieses Procedere lässt es nicht erwarten, dass Kleinstunternehmen und KMU das notwendige Know How haben, die verschiedenen materiellen und verfahrensrechtlichen Hürden zu meistern, die der Restrukturierungsplan und die Entscheidung darüber durch die Planbetroffenen errichten.

Die gerichtliche Planabstimmung übernimmt diesen Verfahrensteil von den Schuldnern. Die Voraussetzungen des Planinhalts, unter anderem die sachgerechte Zusammensetzung der Gläubigergruppen, die Bestimmung der Planbetroffenen, die Vergleichsrechnung, kurzum alle Anforderungen an das Verfahren und den darstellenden und gestaltenden Teil des Plans bleiben jedoch beim Schuldner (§ 17 StaRUG). Ohne professionelle Sanierungsberatung werden die Schuldner regelmäßig keinen geeigneten und den Anforderungen entsprechenden Plan aufstellen können, auch nicht den betriebswirtschaftlichen Teil des Plans. Der Schuldner hat die Möglichkeit, sich aus den Instrumenten des Stabilisierungs- und Restrukturierungsrahmens nach § 29 Abs. 2 Nr. 1–4 StaRUG und dessen Abs. 3 jeweils die Module herauszusuchen, die er für die Verfolgung seiner Restrukturierung für zweckmäßig hält.

Zweckmäßig und richtig erscheint es aus praktischer Sicht, wenn man die gerichtliche Planabstimmung wählt (§ 29 Abs. 2 Nr. 1 StaRUG) und auch die weiteren Verfahrensschritte der gerichtlichen Vorprüfung (§§ 29 Abs. 2 Nr. 2 i.V.m. §§ 46, 47 StaRUG) und der gerichtlichen Planbestätigung (§§ 29 Abs. 2 Nr. 4 i.V.m. §§ 60 ff. StaRUG). Das gerichtliche Verfahren beruht wie das privatisierte Abstimmungsverfahren auf der Erwägung, dass es mindestens eine dissentierende Gläubigergruppe gibt, die an den von den anderen Gruppen gebilligten Plan nur durch den Cram Down nach den §§ 26–28 StaRUG gebunden sein kann und dieses nur möglich ist, wenn der Plan durch das Restrukturierungsgericht bestätigt wurde (§ 67 Abs. 1 StaRUG).

Verfahrensschritte der gerichtlichen Planabstimmung

Auf Antrag des Schuldners bestimmt das Gericht gemäß § 45 Abs. 1 StaRUG einen Erörterungs- und Abstimmungstermin. Das gerichtliche Planabstimmungsverfahren bedarf wie alle weiteren Verfahrensoptionen des § 29 Abs. 2 StaRUG eines Antrags des Schuldners. Nur er allein ist antragsbefugt. Diesem Antrag muss die Anzeige der Restrukturierungssache nach § 31 Abs. 1 StaRUG durch den Schuldner an das Restrukturierungsgericht vorausgehen, deren Folge nach § 31 Abs. 3 StaRUG die Rechtshängigkeit der Restrukturierungssache ist, ohne die eine gerichtliche Handlung gar nicht möglich ist. Der Schuldner kann die Anzeige nach § 31 Abs. 1 StaRUG mit einem Antrag auf ein Instrument nach § 29 Abs. 2 StaRUG verbinden, beispielsweise mit dem Antrag auf gerichtliche Planabstimmung. Hat er diese Anzeige gemäß § 31 Abs. 1 StaRUG bereits früher vorgenommen, weil er etwa eine Stabilisierungsanordnung gemäß § 29 Abs. 2 Nr. 3 i.V.m. §§ 49 ff. StaRUG beantragt hat, bedarf es für die Planabstimmung natürlich keiner weiteren Anzeige mehr, da dieses Verfahren beim Gericht schon rechtshängig ist.

Im Rahmen der Anzeige hat der Schuldner eine Reihe von Unterlagen einzureichen und Angaben zu den Gläubigern und dem Sachstand zu machen, wie aus § 31 Abs. 2 StaRUG hervorgeht. Dies sind als **Anhänge** zu der Anzeige:

- 1. der Entwurf eines Restrukturierungsplans oder, sofern ein solcher nach dem Stand des angezeigten Vorhabens noch nicht ausgearbeitet und ausgehandelt werden konnte, ein Konzept für die Restrukturierung, welches auf Grundlage einer Darstellung von Art, Ausmaß und Ursachen der Krise das Ziel der Restrukturierung (Restrukturierungsziel) sowie die Maßnahmen beschreibt, welche zur Erreichung des Restrukturierungsziels in Aussicht genommen werden,
- 2. eine Darstellung des Stands von Verhandlungen mit den Gläubigern, an dem Schuldner beteiligten Personen sowie Dritten zu den in Aussicht genommenen Maßnahmen und
- 3. eine Darstellung der Vorkehrungen, welche der Schuldner getroffen hat, um seine Fähigkeit sicherzustellen, seine Pflichten nach diesem Gesetz zu erfüllen.

Der Schuldner hat bei der Anzeige zudem anzugeben, ob die Rechte von Verbrauchern oder von mittleren, kleinen oder Kleinstunternehmen berührt werden sollen, insbesondere, weil deren Forderungen oder möglicherweise deren Absonderungsanwartschaften durch einen Restrukturierungsplan gestaltet oder die Durchsetzung dieser Forderungen durch eine Stabilisierungsanordnung vorübergehend gesperrt werden sollen. Anzugeben ist auch, ob damit zu rechnen ist, dass das Restrukturierungsziel nur gegen den Widerstand einer nach Maßgabe des § 9 StaRUG zu bildenden Gruppe durchgesetzt werden kann. Zudem sind gegebenenfalls auch vorhandene frühere Restrukturierungssachen unter Angabe des befassten Gerichts sowie des jeweiligen Aktenzeichens anzugeben.

Der Schuldner muss also bereits außerhalb des Antrages auf eines der Instrumente des § 29 Abs. 2 StaRUG das gesamte Konzept darstellen und Unterlagen beifügen. Der Regierungsentwurf des § 33 StaRUG (entspricht § 31 StaRUG des dann beschlossenen Gesetzes) weist auf die verfahrensrechtlichen Aufgaben dieser Anzeige hin, welche zum einen alle künftigen Anträge im Sinne des § 29 Abs. 2 StaRUG zu einer einheitlichen Sache verklammert, aber auch darauf, dass dem Gericht die Einarbeitung in die Restrukturierungssache ermöglicht wird, um bei Eingang eines konkreten Antrages wie erforderlich beschleunigt reagieren zu können.

Schließlich soll dadurch dem Ziel des Gesetzes Ausdruck verliehen werden, dass die Verfahrenshilfen nach § 29 Abs. 2 StaRUG nur dem Schuldner zur Verfügung stehen, der die Sanierung ernsthaft betreibt, sie sorgfältig und gewissenhaft vorbereitet und umsetzt, seinen Pflichten nachkommt (siehe auch § 32 StaRUG, zur Begründung des § 31 siehe BTag, 2020c, S. 133 ff., Begründung zu § 33 StaRUG-RegE).

Die vorstehend umrissene Anzeige führt als solche nicht zu einer gerichtlichen Entscheidung. Es gibt in der gerichtlichen Restrukturierungssache gemäß StaRUG keine Eröffnungsentscheidung wie im Insolvenzverfahren oder dergleichen.

Keine gerichtliche Entscheidung auf die Anzeige nach § 31 Abs. 1 StaRUG

Entscheidungen ergehen nur im Rahmen der Module beziehungsweise Verfahrenshilfen nach § 29 Abs. 2 StaRUG nach den dafür jeweils geltenden Einzelregelungen. Dies hat zur Folge, dass der Schuldner zusammen mit der Anzeige weitere Anträge auf Verfahrenshilfen nach § 29 Abs. 2 StaRUG stellen kann.

Die Bearbeitung erfolgt dann dahin, dass zunächst die Anzeige zur Registrierung als Restrukturierungssache und der Vergabe eines Aktenzeichens (Geschäftsnummer) führt. Eine Prüfung der Angaben des Schuldners, auch etwa, ob er tatsächlich drohend zahlungsunfähig ist oder sogar schon zahlungsunfähig oder ob keine Zahlungskrise vorliegt beziehungsweise droht, erfolgt erst in einem weiteren nachgelagerten Schritt (vgl. Pannen/Riedemann/Smid-Pannen, 2021, § 33, Rn. 1, 2).

Die einzelnen Anträge des Schuldners nach den Modulen gemäß § 29 Abs. 2 StaRUG sind selbstständige Verfahren und werden als eigener Aktenband beziehungsweise elektronischer Aktenband geführt. Zutreffend ist die in der zitierten Literatur vertretene Meinung, dass diese Korrektur der automatisch mit der Anzeige eintretenden Rechtshängigkeit nur mit einer Aufhebung der Restrukturierungssache gemäß § 33 StaRUG erfolgen kann, wobei die Tatsachen, die zur Aufhebung nach dieser Norm führen, allerdings bereits zum Zeitpunkt des Einganges der Anzeige vorliegen können (vgl. Pannen/Riedemann/Smid-Pannen, 2021, § 33, Rn. 2). Die Aufhebung nach § 33 StaRUG liegt allein in der Disposition des Restrukturierungsgerichts. Davon zu unterscheiden ist die Antragsrücknahme durch den jeweiligen Schuldner nach § 31 Abs. 4 Nr. 1 StaRUG, deren Folge ist, dass die Anzeige ihre Wirkung verliert und der Schuldner demzufolge die Instrumente nach § 29 Abs. 2 StaRUG nicht mehr in Anspruch nehmen kann (siehe § 21 Abs. 1 StaRUG).

Beispiel: Antragsrücknahme oder **Aufhebung** bei fehlender Zuständigkeit des Gerichts. Die S GmbH mit Sitz in Karlsruhe zeigt durch ihren Alleingeschäftsführer die Restrukturierung nach § 31 Abs. 1 StaRUG an, richtet die Anzeige aber an das Amtsgericht Stuttgart, verbunden mit dem Antrag, eine Vollstreckungs- und Verwertungssperre gegenüber allen Gläubigern sowie Berechtigten aus Absonderungsanwartschaften nach § 29 Abs. 2 Nr. 3 i.V.m. § 49 Abs. 1 StaRUG anzuordnen, weil Gläubiger Vollstreckungen und Verwertungen von Kreditsicherheiten angedroht hatten. Das AG Stuttgart weist den Antragsteller S darauf hin, das AG Karlsruhe sei zuständig, da nach §§ 34, 35 StaRUG in Baden-Württemberg, das Amtsgericht am Sitz eines Oberlandesgerichts (also Karlsruhe oder Stuttgart) zuständig sei, in dessen Bezirk der Schuldner örtlich seinen allgemeinen Gerichtsstand habe. Das AG Stuttgart setzt dem Schuldner eine Frist von einer Woche und hebt bei erfolglosem Fristablauf, wenn also der Schuldner nicht die Verweisung an das AG Karlsruhe/Restrukturierungsgericht fristgerecht beantragt, die Restrukturierungssache auf. Reagiert dieser Schuldner entsprechend, erklärt sich das AG Stuttgart für unzuständig und verweist an das AG Karlsruhe (§ 281 ZPO i.V.m. § 38 StaRUG). Über den Antrag auf Vollstreckungs- und Verwertungssperre hat es sachlich zu Recht nicht entschieden. Nimmt der Schuldner daraufhin seinen Antrag zurück, wirkt diese Rücknahme für die Zukunft. Über den Antrag ist wiederum nicht zu entscheiden. Der Schuldner muss dann erneut die Anzeige erstatten, dieses Mal an das AG Karlsruhe. Bis zu dessen Entscheidung erhält der Schuldner keine Vollstreckungs- oder Verwertungssperre vom zuständigen Restrukturierungsgericht.

Beispiel: Aufhebung bei unzureichenden Unterlagen. Die XY. Immobilienfonds 3. Gesellschaft des bürgerlichen Rechts („GbR"), meldet bei dem zuständigen Restrukturierungsgericht durch ihre vertretungsberechtigten Gesellschafter ihre Restrukturierung an und beantragt zugleich die gerichtliche Planabstimmung. Diese Unterlagen nach § 31 Abs. 2 StaRUG sind mangelhaft, demgemäß auch diejenigen, die für den Antrag auf gerichtliche Planabstimmung nach § 45 Abs. 2 StaRUG vorzulegen gewesen wären (vollständiger Restrukturierungsplan nebst Anlagen). Das Restrukturierungsgericht wird unter Fristsetzung auf die Mängel und auf die Aufhebung der Restrukturierungssache hinweisen, wenn die gerügten Mängel nicht fristgerecht behoben werden. Bis dahin kann das Planabstimmungsverfahren nicht voranschreiten. Versäumt der Schuldner die Frist, wird die Restrukturierungssache aufgehoben und im Zweifel ist dann der Restrukturierungsplan gegenstandslos. Grund der Aufhebung ist, dass der Schuldner gegen seine Pflichten zur „Mitwirkung und Auskunftserteilung" dem Gericht gegenüber schwerwiegend verstoßen hat (§ 33 Abs. 1 Nr. 3 i.V.m. § 39 Abs. 2 StaRUG). Das Restrukturierungsgericht hatte die nach § 32 Abs. 2 StaRUG eingereichten Unterlagen auf Vollständigkeit durchzusehen sowie die Restrukturierungssache aufzuheben, wenn diese nicht den Anforderungen entsprachen. Über den Fortgang des Abstimmungsverfahrens war noch nicht zu entscheiden, ein Erörterungs- und Abstimmungstermin nach § 45 StaRUG nicht zu bestimmen. Die Restrukturierungsfähigkeit der GbR hatte das Gericht von Amts wegen zu prüfen (§ 39 Abs. 1 i.V.m. § 30 Abs. 1 Satz 1 StaRUG). Eine GbR, die nach außen auftritt wie hier eine Immobilienfondsgesellschaft, die Verwaltung und Vermietung eigener Immobilien betreibt, ist ähnlich der OHG (vgl. § 124 Abs. 1 HGB) rechtsfähig und damit auch restrukturierungsfähig (vgl. § 30 StaRUG i.V.m. § 11 InsO).

Fazit zu den Beispielen

Beide vorstehend konstruierten Beispiele, die in der Praxis vermutlich ähnlich zu erwarten sind, gehen auf mangelndes Know How der betroffenen Unternehmen zurück und können in der Insolvenzpraxis vielfach beobachtet werden. Hier wirken sie sich allerdings desaströs aus, weil der Restrukturierungsplan nicht vorangeht und sich der Schuldner bei Zurückweisung wieder auf den Ausgangspunkt zurückgeworfen sieht. Der Reputationsschaden bei bisher willigen Gläubigern dürfte hoch sein, zumal sich mangels Umsetzung des Plans die wirtschaftliche Lage des Schuldners und die Liquidität weiter verschlechtern dürften.

Hat also der restrukturierungsfähige Schuldner ordnungsgemäß seine Restrukturierungssache angezeigt und erfüllt er künftig seine Pflichten nach § 32 Abs. 1 StaRUG (verkürzt geht es dabei um die gewissenhafte Verfolgung der Sanierungsziele unter Wahrung der Interessen der Gesamtheit der Gläubiger), informiert er insbesondere das Gericht kontinuierlich über wesentliche Änderungen des Restrukturierungsvorhabens (§ 32 Abs. 2 StaRUG). Dann ist die Basis geschaffen, Anträge nach § 29 Abs. 2 StaRUG zu stellen und positiv darüber zu entscheiden.

Die Anberaumung des Erörterungs- und Abstimmungstermins nach § 45 Abs. 1 StaRUG ist der zweite Schritt der Planabstimmung, es sei denn die Anzeige sei schon zuvor erfolgt, entweder isoliert oder begleitet von einem Antrag auf Durchführung eines anderen Verfahrens im Sinne des § 29 Abs. 2 StaRUG, das in jenem Verfahrensstadium vor der Wahl der gerichtlichen Abstimmung sachlogisch nur ein Antrag nach § 49 StaRUG (Vollstreckungssperre, Verwertungssperre) sein konnte.

Das Gericht lädt die Sanierungsbetroffenen zu dem Erörterungs- und Abstimmungstermin. Diese Ladung ist förmlich zuzustellen, die Zustellung kann dem Schuldner überlassen werden (vgl. § 45 Abs. 3 i.V.m. § 41 Abs. 3 StaRUG und i.V.m. §§ 191–194 ZPO auf dem Wege der sogenannte Parteizustellung über den Gerichtsvollzieher).

Abhängigkeit des gerichtlichen Tätigwerdens von der Zahlung der Gerichtskosten

Allerdings wird das Gericht erst tätig, wenn der Schuldner die Verfahrensgebühr an das Gericht bezahlt hat (vgl. § 13a Satz 1 Gerichtskostengesetz (GKG) i.V.m. Kostenverzeichnis (GKG-KV) Nr. 2510, 2511). Die Gerichtskosten in den Verfahren nach dem StaRUG sind vernachlässigbar. Sie belaufen sich für die „Entgegennahme der Anzeige" auf 150 Euro, für den Antrag auf das gerichtliche Abstimmungsverfahren auf 1.000 Euro und werden mehr als drei der Module des § 29 Abs. 2 StaRUG gewählt, sind lediglich 1.500 Euro zu entrichten (GKG-VV 2512).

Die Bestellung eines Restrukturierungsbeauftragten generiert ebenso wie die eines Sanierungsmoderators Gerichtskosten in Höhe von 500 Euro (GKG-VV 2513, 2514). Bei der hier betrachteten Konstellation eines Antrags auf ein gerichtliches Abstimmungsverfahren ist GKG-VV 2511 (1) zu beachten, die Anrechnung der 150 Euro nach GKG-VV 2510, so dass der Antrag auf gerichtliche Planabstimmung sich auf insgesamt 850 Euro beschränkt, eine angesichts der notwendigen Beraterkosten oftmals vernachlässigbare Größenordnung.

Die Bezahlung ist aber entscheidend, da ansonsten das Gericht nicht tätig wird beziehungsweise tätig werden soll (§ 13a Abs. 1 GKG, vgl. Pannen/Riedemann/Smid-Pannen, 2021, § 45, Rn. 13). Die Gerichtskosten sind übrigens nicht restrukturierbar, sie sind keine Restrukturierungsforderungen im Sinne des § 4 Abs. 1 Nr. 1 StaRUG, denen im Insolvenzverfahren die Insolvenzforderungen im Sinne des § 38 InsO entsprechen (Pannen/Riedemann/Smid-Riedemann, 2021, § 2, Rn. 7, spricht zutreffend von hypothetischer Vergleichsbetrachtung bei der Bezeichnung dieser Restrukturierungsforderungen, vgl. BTag, 2020c, S. 111 zu § 4 StaRUG RegE).

Ladung, Ladungsfrist, Hinweise

Hat das Gericht den Erörterungs- und Abstimmungstermin bestimmt, mit dem Hinweis, diese Abstimmung könne auch dann durchgeführt werden, wenn nicht alle Planbetroffenen daran teilnähmen, wird es dem Schuldner die Zustellung überlassen (§ 45 Abs. 3 StaRUG). Eine gesetzliche Ladungsfrist enthält § 45 Abs. 3 StaRUG nicht, die daher vom Gericht angemessen festzusetzen ist und die Zustellungszeiträume ins Kalkül zu ziehen hat, gerade auch, wenn die Zustellung dem Schuldner übertragen wird. Der Pflichthinweis nach § 45 Abs. 3 Satz 2 StaRUG ist missverständlich, denn er sagt nur aus, die Abstimmung könne unabhängig von der Teilnahme einzelner Gläubiger abhängen. Das ist richtig, eine „Beschlussfähigkeit" gibt es hier ebenso wenig wie bei der Gläubigerversammlung im Insolvenzverfahren. Es besteht die Möglichkeit, auch ohne sämtliche Gläubiger über den Plan abzustimmen.

Daher ist zudem der Hinweis in der Ladung geboten, dass eine fehlende Mitwirkung an der Abstimmung (oder Enthaltung) als Ablehnung der Plans gelten beziehungsweise diese Wirkung hervorrufen (Folge gemäß § 25 Abs. 1 StaRUG). In der Literatur wird zutreffend auf die Zweckmäßigkeit weiterer **Hinweise** in der Ladung hingewiesen, deren Unterlassung Risiken für den Plan mit sich bringen kann.

! **Erläuterung:** Wendet sich ein Planbetroffener gegen die **Bestätigungsentscheidung** des Restrukturierungsgerichts, weil er die Meinung vertritt, der Plan stelle ihn schlechter als er ohne Plan stünde, so stehen ihm zwei Rechtsbehelfe zur Verfügung. Zum einen kann er im Rahmen des sogenannte Minderheitenschutzes des § 64 StaRUG den Antrag stellen, dem Plan die gerichtliche Bestätigung zu versagen, zum anderen kann er nach Erlass des gerichtlichen Bestätigungsbeschlusses gegen diese Entscheidung sofortige Beschwerde nach § 66 StaRUG (i.V.m. §§ 567 ff. ZPO, Beschwerdefrist von zwei Wochen, § 569 ZPO) einlegen. Die Rechtsbehelfe sind nur dann zulässig, wenn bestimmte Voraussetzungen erfüllt werden. Unter anderem muss der Antragsteller des Minderheitenschutzes bereits im Rahmen der Abstimmung sich gegen diesen Plan gewandt sowie seine voraussichtliche Schlechterstellung durch den Plan geltend gemacht haben (§ 64 Abs. 2) StaRUG). Hat weder eine Versammlung der Planbetroffenen im Sinne des § 20 StaRUG stattgefunden noch ein Erörterungs- und Abstimmungstermin im Sinne des § 45 StaRUG, dann bedarf es zu dem Antrag auf Minderheitenschutz nicht der geschilderten Zulässigkeitsvoraussetzungen, wenn auf die Schlechterstellung, je nach Art der Abstimmung, mit oder ohne Versammlung der Planbetroffenen, im Planangebot beziehungsweise im Einberufungsschreiben zur Versammlung oder in der Ladung nicht hingewiesen wurde (§ 64 Abs. 4 StaRUG). Vergleichbares gilt für die sofortige Beschwerde (§ 66 Abs. 3 StaRUG). Ohne diese Hinweise sind die bezeichneten Rechtsbehelfe ohne diese besonderen Voraussetzungen ohne Weiteres zulässig, womit im Einzelfall erhebliche Risiken für die Planbestätigung verbunden sind, so dass man diese Hinweise nach den §§ 64 Abs. 4, 66 Abs. 3 StaRUG in die Einberufung der Versammlung der Planbetroffenen beziehungsweise die Ladung einbringen sollte (so die zutreffende Empfehlung bei Pannen/Riedemann/Smid-Pannen, 2021, § 45, Rn. 15-17).

In der Praxis ist das ganz einfach möglich durch Einfügung in ein Mustereinberufungsschreiben beziehungsweise ein Muster der Ladung gemäß § 45 Abs. 3 StaRUG zudem in die Schlussbestimmungen des Restrukturierungsplans. Der dazu verfasste Text lautet immer gleich und ist durch die Formulierungen in den §§ 64, 66 StaRUG nahezu vorgegeben.

Ablauf des Erörterungs- und Abstimmungstermins

Den Ablauf des Gerichtstermins regelt § 45 Abs. 4 StaRUG. Die der Abstimmung vorausgehende Feststellung des Stimmrechts folgt aus § 24 i.V.m. § 45 Abs. 4 Satz 1 StaRUG. Streitigkeiten darüber sollten möglichst einvernehmlich unter den Beteiligten konsensual beigelegt werden, nur bei einem Scheitern entscheidet das zuständige Restrukturierungsgericht (§ 45 Abs. 4 Satz 2 StaRUG). Der Terminablauf richtet sich nach den Regelungen der §§ 239–-242 InsO, den §§ 24–-28 StaRUG, den Verfahrensgrundsätzen der Amtsermittlung durch das Restrukturierungsgericht nach § 39 StaRUG sowie subsidiär, soweit das StaRUG nichts anderweit anordnet, nach der Zivilprozessordnung (§ 38 StaRUG).

Der äußere Rahmen ist dadurch gekennzeichnet, dass eine virtuelle Teilnahme an dem Termin möglich ist (§ 128a ZPO), aber „wissentliche Aufzeichnungen“ verboten sind und seitens der Beteiligten und des Gerichts sicherzustellen ist, dass Dritte die „Ton- und Bildübertragung nicht wahrnehmen können“ (§ 38 Satz 2 StaRUG).

Dieser Termin ist nicht-öffentlich wie die Gläubigerversammlungen beziehungsweise der Erörterungs- und Abstimmungstermin im Insolvenzverfahren oder im Insolvenzplanverfahren. Ein Termin unter Zulassung der Öffentlichkeit würde dem vertraulichen Charakter des Verfahrens nach dem StaRUG zuwiderlaufen, zumal in der Erörterung des Plans die Details der wirtschaftlichen Lage bis hin zu betrieblichem Know How und künftiger Geschäftsstrategie des Schuldners offenbar werden.

Der Rahmen eines gerichtlichen Verfahrensablaufs ist ferner dadurch geprägt, dass der Ablauf durch das Gericht zu protokollieren ist, unter anderem ist in einer gesonderten Stimmliste das Stimmrecht dieser Beteiligten festzuhalten (§ 45 Abs. 4 Satz 1 i.V.m. § 239 InsO). Das Protokoll (zum Inhalt siehe § 160 ZPO) erbringt Beweis für die Einhaltung der vorgeschriebenen Förmlichkeiten (§ 165 ZPO). An diesen Maßstäben sollte sich auch die Dokumentation des Schuldners nach den §§ 22, 20 StaRUG orientieren. Die Stimmrechte, die Mehrheiten und der Cram Down sind identisch mit dem nicht-gerichtlichen Abstimmungsverfahren, wie bereits vorstehend dargestellt (§ 45 Abs. 4 Satz 1 i.V.m. §§ 24 ff. StaRUG).

Besonderheiten der Abstimmung im gerichtlichen Abstimmungsverfahren

Das gerichtliche Verfahren bedingt einige Besonderheiten, die durch den Verweis auf die §§ 239–242 InsO in § 245 Abs. 4 Satz 1 StaRUG auch im StaRUG implementiert werden. Dabei handelt es sich bei der gerichtlichen **Organisation** um:

- die Anfertigung einer Stimmliste durch das Gericht (§ 239 InsO).
- die Möglichkeit den Plan noch im Termin in einzelnen Punkten zu ändern (§ 240 InsO), eine Möglichkeit, die zudem auch das privatisierte Abstimmungsverfahren in § 20 Abs. 4 StaRUG vorsieht. Die Wiederholung in § 45 unter Verweis auf § 240 InsO hat nur gesetzessystematische Gründe, keine inhaltlichen.
- die Möglichkeit eines von dem Erörterungstermin abgetrennten und auf ihn folgenden gesonderten Abstimmungstermins mit neuer Ladung (§ 241 InsO). Dies kann geboten sein, wenn der verbundene Erörterungs- und Abstimmungstermin zeitlich nicht hinreichend war, um die Abstimmung durchzuführen. Aus Sicht der Praxis ist jedoch eher die Vertagung des verbundenen Termins anstelle des fokussierten gesonderten Abstimmungstermins sinnvoll, da die zeitlichen Probleme regelmäßig ihren Grund darin haben, dass weiterer Erörterungsbedarf bedarf, der im isolierten Abstimmungstermin formal noch nicht befriedigt werden konnte. Daher soll auch der im Ermessen des Gerichts stehende gesonderte Abstimmungstermin im Insolvenzplanverfahren die Ausnahme sein.
- die Möglichkeit der schriftlichen Stimmabgabe bei Anberaumung eines gesonderten Abstimmungstermins (§ 242 InsO).

Vorprüfungstermin gerichtliches Abstimmungsverfahren auf Antrag, § 46 StaRUG

Kaum zu überschätzen ist die Bedeutung der Möglichkeit des Gerichts, einen Vorprüfungstermin auf Antrag des Schuldners anzuberaumen. Dieser Termin darf nicht mit dem Vorgespräch des Schuldners mit dem Richter verwechselt werden, das allgemeinen Fragen der Vorabklärung dient, das Gericht nicht bindet und auch keine Beratung des Schuldners darstellt (siehe dazu vorstehend zu Vorgespräch und Vorprüfung nach den §§ 47 ff. StaRUG im privatisierten Planabstimmungsverfahren der §§ 19, 20 ff. StaRUG).

Der Vorprüfungstermin soll beziehungsweise kann streitige Punkte vor dem Erörterungs- und Abstimmungstermin klären, sein Ergebnis kann zu Planänderungen führen, er kann mit anderen Worten im Vorhinein zum Interessenausgleich der Beteiligten und zur Planannahme erheblich beitragen. In seinem Rahmen können alle für die Planbestätigung relevanten Fragen angesprochen und geklärt werden, kurzum praktisch alle vom Schuldner und den Beteiligten aufgeworfenen Fragen.

Die Beteiligten sind vom Gericht zu laden und zwar nach denselben Modalitäten wie zum Erörterungs- und Abstimmungstermin, hier aber nur mit einer Ladungsfrist von maximal sieben Tagen (§ 46 Abs. 1 Satz 3 StaRUG). Das Gericht entscheidet nicht über die vorgelegten und diskutierten Fragen, erlässt aber einen Hinweisbeschluss (vgl. § 46 Abs. 2 StaRUG), an den es im weiteren Verfahrensgang nicht gebunden ist, aber nicht davon „willkürlich" abweichen kann. Es kann aber im Erörterungs- und Abstimmungstermin unterrichten, dass es zu diesem oder jenem Punkt mittlerweile einen anderen Standpunkt vertrete als im Hinweisbeschluss.

Den dort eingenommenen Standpunkt muss das Gericht wenigstens kurz begründen, da seine Hinweise in die weitere Planung und Strategie der Beteiligten eingehen werden, auch wenn gegen den Hinweisbeschluss ein Rechtsmittel nicht zulässig ist (siehe zur Beschränkung der Rechtsbehelfe gegen gerichtliche Entscheidungen § 40 Abs. 1 StaRUG). Ändert das zuständige Restrukturierungsgericht später seine Rechtsmeinung im Verfahrensfortgang, so ist den Beteiligten rechtliches Gehör (Art. 103 Abs. 1 GG) einzuräumen, dazu Stellung zu nehmen (vgl. BTag, 2020c, S. 149 und Ziegenhagen, 2021, S. 2053).

Vorprüfungstermin von Amts wegen, § 46 Abs. 3 StaRUG

Liegt dem Gericht der Antrag auf gerichtliche Planabstimmung vor, kann es nach Sichtung der vorgelegten Unterlagen und Erkenntnisse bis dahin (§ 45 Abs. 2 sowie §§ 31 Abs. 2, 32 StaRUG) zu dem Ergebnis gelangen, es müsse ein Vorprüfungstermin stattfinden. Das Gericht kann von Amts wegen, also ohne Antrag des Schuldners, einen Vorprüfungstermin bestimmen. Es reicht aus, wenn dieses aus Sicht des Gerichts zweckmäßig erscheint. Dies entlastet den Vorprüfungstermin und es kann zur Klärung offener Fragen in Verbindung mit dem Hinweisbeschluss bei einer erforderlichen Konfliktlösung unter den Beteiligten beitragen.

Das hat tendenziell zur Folge, dass die notwendigen Mehrheiten der Stimmen in den einzelnen Gruppen erreicht werden und Cram-Down-Szenarien ebenso wie Rechtsbehelfe wegfallen können. Im besten Fall wird der Plan, gegebenenfalls nach Korrekturen aufgrund des Vorprüfungstermins, schneller verabschiedet und umgesetzt. Aus dem Blick der Praxis ist der Vorprüfungstermin sicher bei offenbaren Konflikten unter den Beteiligten nach dem Plan und den weiteren Erkenntnissen des Gerichts meist obligatorisch und das Gericht sollte bei dem Schuldner anregen, den Antrag aus § 46 Ab. 1 StaRUG zu stellen, den Vorprüfungstermin zu beantragen, der wiederum den Schuldnerwillen, das Verfahren positiv voranzutreiben, unterstreicht. Elementare Gesichtspunkte, die der **Vorprüfungstermin** klären kann, sind:

- die Angemessenheit der Auswahl der Planbetroffenen und der Gruppenbildung (§§ 8, 9 StaRUG), ob also der Schuldner als zur Planvorlage Berechtigter den gesetzlichen Anforderungen genügt hat. Die Vorprüfung ist hier also dann geboten, wenn Widerspruch aus den Reihen der Beteiligten vorliegt oder wenn aus dem Blick des Gerichts hier offensichtliche Zweifel bestehen.
- das Stimmrecht Beteiligter. Ein Vorprüfungstermin von Amts ist für geboten zu halten, wenn der Restrukturierungsbeauftragte auf Unklarheiten beim Stimmrecht hinweist (vgl. Pannen/Riedemann/Smid-Smid, 2021, § 46, Rn. 12). Dieses kann dann der Fall sein, wenn der obligatorische Restrukturierungsbeauftragte für die Entscheidung darüber zuständig ist, wie über den Restrukturierungsplan abzustimmen ist und er sich für diese gerichtliche Planabstimmung entscheidet (§ 76 Abs. 2 Nr. 1 i.V.m. § 73 Abs. 1 Nr. 1, 2 StaRUG). Betroffen sind hiervon Restrukturierungen mit gesamtverfahrensähnlichen Zügen, wie Stabilisierungsanordnungen gegen („im Wesentlichen“) alle Gläubiger oder solche, die die Rechte von Verbrauchern, Kleinstunternehmen und KMU berühren.
- die Frage, ob der Schuldner drohend zahlungsunfähig ist.

Erläuterung: Die beiden **Abstimmungsverfahren** nach dem StaRUG auf der Grundlage von Versammlungen der Planbetroffenen (privatisierte Abstimmung, §§ 20-22 StaRUG und gerichtliche Abstimmung, §§ 23, 45, 46 StaRUG) sind Instrumente der Entscheidung über den Restrukturierungsplan durch Mehrheitsbildung der in den Plan einbezogenen Gläubiger mit einem hohen Quorum (75%), die notwendig ist, um die Zustimmung aller Gläubigergruppen festzustellen oder die Zustimmung einer qualifizierten Gläubigermehrheit zu belegen und die Fiktion der Zustimmung der anderen aufgrund des Vorliegens der Voraussetzungen des Cram Down festzustellen (§§ 26–28 StaRUG). Die Planannahme ohne Versammlung gemäß § 19 StaRUG ist zwar verfahrenstechnisch ebenfalls als Abstimmung strukturiert und dargestellt, dass der Zustimmende die Zustimmung ausdrücklich erklären muss, ansonsten gilt die Zustimmung zum Plan auch ohne ausdrückliche Ablehnung als verweigert. Im Ergebnis wird es sich bei den zu erwartenden Praxisfällen unter § 19 StaRUG um konsensuale Verfahren handeln, die man als Vergleich im Sinne des § 779 BGB auslegen kann ähnlich dem Ergebnis der Sanierungsmoderation oder der „freien“ Sanierung (vgl. §§ 96 Abs. 1, 97 Abs. 1 StaRUG). Die Dokumentation und die Pflicht, diese den Beteiligten zugänglich zu machen nach § 22 StaRUG gilt auch in den Fällen des § 19 StaRUG. Stößt der Plan im finalen Verhandlungsergebnis auf Widerstand nur eines Gläubigers, bleibt die Abstimmung in der Versammlung der Betroffenen.

War die Abstimmung erfolgreich, wurde also ungeachtet der Gegenstimmen in einzelnen Gruppen, dennoch das Quorum von 75% in jeder Gruppe erreicht, ist dieser Plan angenommen. Des Cross Class Cram Down der §§ 26–28 StaRUG bedarf es dabei nicht mehr. Dennoch sind dissentierende Gläubiger durch die Gruppenentscheidungen nicht gebunden, denn diese Wirkung bedarf nach § 67 StaRUG der gerichtlichen Planbestätigung. Gegen diese können sich die betroffenen Gläubiger zur Wehr setzen, entweder indem sie Minderheitenschutz gegen den Plan nach § 64 StaRUG vor der gerichtlichen Bestätigung beantragen und gegebenenfalls sofortige Beschwerde gegen den gerichtlichen Bestätigungsbeschluss gemäß § 66 StaRUG einlegen.

Notwendigkeit der Durchführung des Planbestätigungsverfahrens

Die gerichtliche Planabstimmung ist nicht wirklich allein zielführend, vielmehr ist aus dem Blick der Praxis der weitere Schritt der Planbestätigung (§§ 60 ff. StaRUG) durch das Gericht unverzichtbar. Dieser Antrag, den nur der Schuldner stellen darf, sollte noch im Abstimmungs- und Erörterungstermin gestellt werden und zwar zu Protokoll des Gerichts (§ 60 Abs. 1 Satz 2 StaRUG, siehe Pannen/Riedemann/Smid-Smid, 2021, § 60, Rn. 7). Sachlogisch setzt er das Ende der Abstimmung und die Feststellung des Ergebnisses beziehungsweise die Annahme des Plans durch die Mehrzahl der Gruppen voraus. Das Vorliegen der Voraussetzungen des Cram Down beziehungsweise deren Prüfung ist nicht Voraussetzung für den Antrag auf Planbestätigung, da letztendlich erst im Bestätigungsverfahren die Tatbestände der §§ 26-28 StaRUG sorgfältig überprüft werden.

Eine Ausnahme von der uneingeschränkten Antragsbefugnis allein des Schuldners gibt es nach § 60 Abs. 2 StaRUG. Ist Schuldner eine Gesellschaft ohne Rechtspersönlichkeit oder eine KGaA mit natürlichen Personen als persönlich unbeschränkt haftende unmittelbare Gesellschafter beziehungsweise auch nur als mittelbare Gesellschafter, so müssen diese der Planbestätigung zustimmen, soweit sie nicht durch den Plan aus der Haftung für die gestalteten Restrukturierungsforderungen gemäß § 11 Satz 2 StaRUG entlassen wurden.

Die Haftung dieser persönlich unbeschränkt haftenden natürlichen Personen folgt aus § 128 HGB (direkt oder analog) beziehungsweise aus entsprechenden Normen für die jeweilige Gesellschaft ohne Rechtspersönlichkeit (siehe die Definition in § 11 Abs. 2 Nr. 1 InsO). Sie haften akzessorisch für die Schulden der Gesellschaft, deren Gesellschafter sie sind, den Gläubigern gegenüber im Außenverhältnis unmittelbar (zum Beispiel der Gesellschafter der OHG oder der Komplementär der KG).

Nach § 11 Satz 1 StaRUG haftet der Schuldner selbst nur noch für die nach den Haircuts der Gläubigerforderungen im Restrukturierungsplan verbleibenden Forderungen der Gläubiger, soweit nichts anderes bestimmt ist. Betroffen sind dann nur die in den Plan einbezogenen Gläubiger mit den im Plan restrukturierten Forderungen, also meist verminderten Positionen (Haircut). Dasselbe gilt für die persönliche Haftung der unbeschränkt haftenden Gesellschafter.

i

Beispiel: Der **Restrukturierungsplan** einer Kommanditgesellschaft, deren Komplementär Herr K ist, beschränkt sich auf eine finanzwirtschaftliche (bilanzielle) Sanierung. In den Plan einbezogen werden ausschließlich Banken und dort nur die unbesicherten Barkredite. Ein langfristiges Immobiliendarlehen der Bank B wird bewusst nicht in den Plan einbezogen, da die dortige grundpfandrechtliche Sicherung diese Finanzierung rechtlich und wirtschaftlich zu 100%"abdeckt. Notwendige leistungswirtschaftliche Maßnahmen sind eingeleitet. Sie werden im darstellenden Teil des Plans beschrieben. Die Restrukturierung dieser Barkredite sieht eine deutliche Kürzung um 40% der „Altforderungen" vor, eine Laufzeit von 4 Jahren und eine Halbierung des Zinssatzes für diesen Zeitraum. Ferner wird eine Neufinanzierung von 1 Mio. Euro seitens der Altbanken als Konsortialkredit eingeräumt. K soll aber für 20% der gekürzten Altforderungen weiterhin haften und diese aus seinen eigenen Mitteln innerhalb einer Laufzeit von vier Jahren einschließlich Zinsen zahlen. Einen Rückgriff gegenüber der Gesellschaft nach § 110 HGB darf er nicht nehmen. Hierzu gibt er eine Erklärung nach § 15 Abs. 3 StaRUG ab. Mit der Fortführung der KG auf der Basis des Plans hat er sich ebenfalls bereit erklärt (§ 15 Abs. 2 StaRUG). K muss der Planbestätigung nach § 60 Abs. 2 StaRUG zustimmen, da die KG von der Leistung der 40% der in den Plan einbezogenen Barkredite nach § 11 Abs. 1 Satz 1 StaRUG befreit wurde, nicht aber K, da er die Hälfte dieser Verzichte der Banken der Schuldnerin gegenüber tragen soll, als Folge seiner akzessorischen Haftung nach den §§ 128, 161 Abs. 2 HGB.

Sinnvolle Verknüpfung von Planabstimmung mit Vorprüfung und Planbestätigung

Für die Praxis besteht also in denjenigen Fällen, die nicht konsensual unter den Beteiligten zu einem eben von allen akzeptierten Restrukturierungsplan führen, dass ein schnelleres und aussichtsreicheres beziehungsweise sehr rechtssicheres Vorgehen in der Verknüpfung von gerichtlicher Planabstimmung mit Vorprüfung sowie Planbestätigung existiert. Dabei handelt es sich um drei verschiedene Verfahrensarten nach § 29 Abs. 2 Nr. 1, 2, 4 StaRUG, die bei derselben Abteilung des Gerichts verbunden sind und geführt werden (§ 36 StaRUG).

Die konsensuale Einigung auf den meist finanzwirtschaftlichen Plan ist einem konfliktbeladenen Sachverhalt vorzuziehen. Allerdings werden in der Praxis vermutlich vielfach erhebliche Haircuts an die Gläubiger im Rahmen des Plans herangetragen, die beispielsweise die gebildeten Einzelwertberichtigungen der Banken bei den Krisenengagements deutlich übersteigen können. Aufgrund der schwachen Ertragslage vieler Kreditinstitute führt dies zu Abschreibungen über die gebildete Einzelwertberichtigung hinaus und belastet die Ertragslage erheblich. Daher wird das Einigungspotenzial vieler Banken vermutlich begrenzt ausfallen.

Ein weiterer Grund kann darin liegen, dass dem Altmanagement die Krisenbereinigung nicht zugetraut wird oder kein vollumfängliches Restrukturierungskonzept inklusive einer Überprüfung und Anpassung des Geschäftsmodells im leistungswirtschaftlichen Bereich vorliegt. Die leistungswirtschaftliche Restrukturierung ist aber im Regelfall begleitend oder sogar primär erforderlich, um einen dauerhaften Turnaround mit einer Gewinnsituation zu erreichen. Eine Reduzierung der Schuldenlast hilft meist nur wenige Jahre und die Krisenlage wird nicht durchgreifend beseitigt. Finanzielle Maßnahmen flankieren die Sanierung und vermeiden die Insolvenz.

3.4 Stabilisierungsanordnung

Stabilisierungsanordnungen sind ein wesentlicher Bestandteil des StaRUG und verhelfen dem Schuldner seinen Restrukturierungsplan ohne zeitlichen Druck auszuarbeiten. Die Stabilisierungsanordnung ist ein gerichtlicher Beschluss des Restrukturierungsgerichts im Sinne der §§ 29 Abs. 2 Nr. 3, 49 Abs. 1 StaRUG. Ziel ist unter anderem die Beschränkung von Rechtsdurchsetzungsmaßnahmen betroffener Gläubiger, die das eigentliche Restrukturierungsziel gefährden können. § 49 Abs. 1 StaRUG spricht davon, dass die **Stabilisierungsanordnung** auf Antrag erlassen wird, wenn „dies zur Wahrung der Aussichten auf die Verwirklichung des Restrukturierungsziels erforderlich" sei. Gemeint ist unter anderen die Insolvenzvermeidung.

Definition: Die **Stabilisierungsanordnung** beschreibt die gerichtlichen Anordnungen des Restrukturierungsgerichts zur Einschränkung von Maßnahmen der individuellen Rechtsdurchsetzung gemäß § 29 Abs. 2 Nr. 3 StaRUG. Diese können inhaltlich sehr differenziert ausfallen und betreffen in der Praxis vermutlich vornehmlich Vollstreckungs- und Verwertungssperren für einen begrenzten Zeitraum. Die genauen Einzelheiten zu den Stabilisierungsmaßnahmen ergeben sich aus § 49 StaRUG.

Der Gesetzentwurf spricht hier von einer „Eilmaßnahme", vergleichbar den Sicherungsmaßnahmen des § 21 InsO im Insolvenzverfahren, und davon, es solle verhindert werden, „dass dem Restrukturierungsvorhaben dadurch die Grundlage entzogen wird, dass die betroffenen Gläubiger ihre Forderungen ohne Rücksicht auf eine im Interesse aller Beteiligten liegenden Restrukturierungslösung einseitig durchsetzen" (BT-Drs. 19/24181, S. 154).

Typologie der Vollstreckungssperre

Stabilisierungsanordnungen sind möglich in Gestalt der Vollstreckungssperre. Der entsprechende Gerichtsbeschluss des Restrukturierungsgerichts untersagt künftige Vollstreckungen beziehungsweise stellt laufende Vollstreckungsmaßnahmen einstweilen ein (§ 49 Abs. 1 Nr. 1 StaRUG). Diese Regelung umfasst die Vollstreckung in bewegliche wie in unbewegliche Gegenstände wie beispielsweise Grundstücke, Erbbaurecht, Teil- oder Wohnungseigentum nach dem WEG, sogenannte grundstücksgleiche Rechte, in die Luftfahrzeugrolle eingetragene Luftfahrzeuge, in das jeweilige Register eingetragene See- und Binnenschiffe (vgl. dazu Depré/Cranshaw, 2019, § 15, Rn. 23, 28–30, § 171a, Rn. 1 ff. (Flugzeuge), § 162 Rn. 1, 6–22).

Typologie der Verwertungssperre

Daneben steht die Verwertungssperre des § 49 Abs. 1 Nr. 2 StaRUG, die ausschließlich bewegliche Gegenstände betrifft, da unbewegliche Sachen („Immobilien") allein durch Zwangsvollstreckung nach dem ZVG zu verwerten sind und daher unter Nr. 1 der vorstehenden Norm zu subsumieren sind, wie vorstehend ausgeführt.

Die Verwertungssperre betrifft Gegenstände, an denen in der Insolvenz „Aus- und Absonderungsrechte“ bestehen. Diese ist aus der Struktur des § 21 Abs. 2 Satz 1 Nr. 5 InsO abgeleitet. Eine weitergehende Begründung enthält der mit der Regelung verabschiedete Gesetzentwurf nicht (siehe BTag, 2020c, S. 154, zu § 56 StaRUG-RegE). Der Begriff des „Gegenstandes des beweglichen Vermögens“ umfasst mit dem Verständnis im bürgerlichen Recht Sachen und Rechte einschließlich Forderungen (vgl. Grüneberg/Ellenberger, 2022, Überblick vor § 90, Rn. 2). Ziel der Verwertungssperre ist, wie im Zusammenhang mit der Vollstreckungssperre, der Erhalt der betroffenen Gegenstände im Schuldnervermögen in einer Phase der Restrukturierung, um Chancen der Verabschiedung des Restrukturierungsplans zu wahren.

Absonderungsanwartschaften

Absonderungsanwartschaften sind in der Terminologe des StaRUG akzessorische (Kredit-)Sicherungsrechte wie das Pfandrecht (§§ 1204 ff. BGB (Sachen), 1273 ff. BGB (Rechte), 1279 ff. BGB (Forderungen) und abstrakte Sicherheiten wie die Sicherungszession (§§ 398 ff. BGB) und die Sicherungsübereignung (§§ 929 ff. BGB). Siehe zu dem Begriff des Absonderungsrechts an beweglichen Gegenständen und Sachen insbesondere auch die §§ 50, 51 InsO.

Zu Gegenständen mit Absonderungsrechten gehören etwa das Sicherungseigentum an einzelnen genau bezeichneten sicherungsübereigneten Maschinen, dasjenige am Warenlager in einem genau bezeichneten Raum (Sicherungsraum) oder die Globalzession der Forderungen des Schuldners aus Lieferungen und Leistungen, um diese üblichen und gebräuchlichen mobilen Sicherheiten der Kreditpraxis mit wechselndem Bestand zu umreißen.

Die Absonderungsrechte sind Gegenstände des Schuldnervermögens, die mit einem Verwertungsrecht zur abgesonderten Befriedigung vor den weiteren Gläubigern des Schuldners belastet sind. Sie sind Gegenstände des Schuldnervermögens, die aufgrund des Verwertungsrechts des Gläubigers als Folge des Pfand- oder pfandrechtsähnlichen Rechts verwertet werden können. Der daraus resultierende Erlös steht zunächst dem Sicherungsgläubiger zur Befriedigung seiner Finanzierungsforderungen einschließlich sämtlicher Zinsen sowie Kosten zur Verfügung. Einen verbleibenden Betrag erhält der Schuldner beziehungsweise in der Insolvenz die Insolvenzmasse und damit die Insolvenzgläubiger. Zu diesem weiten Feld der Sicherheiten gehören beispielsweise auch Pfandrechte an Forderungen, wie an Kontoguthaben von Anlagekonten des Schuldners oder am Wertpapierdepot in Sammelverwahrung.

Zu beachten ist weiter, dass die oben umrissenen Pfandrechte rechtsgeschäftlich erworbene Sicherungsrechte darstellen. Ihnen stehen die Pfändungspfandrechte, die ein Gläubiger durch Pfändung im Rahmen einer Individualvollstreckung erworben hat, gleich, ebenso die gesetzlichen Pfandrechte (wie das oft bedeutende Vermieterpfandrecht nach § 562 BGB an den eingebrachten Sachen des Mieters, das dem Sicherungseigentum in der Praxis regelmäßig vorgeht).

Aussonderungsrechte

Der Terminus des Aussonderungsrechts in § 49 Abs. 1 Nr. 2 StaRUG ist ein ebenfalls aus der Insolvenzordnung entlehnter Begriff (§ 47 InsO). Dieser umfasst Gegenstände, die schuldnerfremd sind und die daher in der Insolvenz ihrem Eigentümer oder Inhaber herauszugeben sind. Die Aussonderungsrechte sind nicht restrukturierbar. Dennoch kann die Aussonderung nicht vollzogen werden, wenn der betreffende Gegenstand für die Fortführung des Schuldnerunternehmens im Sinne des § 49 Abs. 1 Nr. 2 StaRUG von erheblicher Bedeutung ist und hierfür eine Verwertungssperre angeordnet wurde, damit der Betrieb weiterlaufen kann. Bedeutende praxisrelevante Beispiele für Aussonderungsrechte sind das Finanzierungsleasing, Eigentumsvorbehaltsrechte (§ 449 BGB) in den verschiedenen Formen sowie Herausgabeansprüche auf Herausgabe der Miet- oder Pachtsache an den Vermieter oder Verpächter.

Ansprüche sowie Rechte, die aussonderungsfähig sind, können nicht restrukturiert werden. Ausgenommen hiervon sind die aus einem zugrunde liegenden Rechtsverhältnis (Miete, Pacht und sonstige schuldrechtliche Nutzungsverhältnisse) resultierenden Zahlungsansprüche. Ungeachtet eines bestehenden Herausgabeanspruchs aufgrund des bestehenden Aussonderungsrechts sind selbstverständlich Vereinbarungen mit dem Aussonderungsberechtigten im Rahmen des Plans möglich.

---

i **Beispiel 1:** Leasinggeber LG hatte an den mittlerweile in die Krise geratenen Leasingnehmer LN eine Produktionsanlage im Rahmen eines Finanzierungsleasing (in Gestalt eines Sale and Lease back) verleast. Der **Leasingvertrag** sieht bei Verzug mit den Leasingraten Kündigungsrechte von LG vor, die an LG übereignete Anlage ist dann herauszugeben. Im Rahmen der Anordnung nach § 49 Abs. 1 Nr. 2 StaRUG hat das Restrukturierungsgericht beschlossen (§ 51 Abs. 5 StaRUG), dass die Anlage für die Dauer von zunächst drei Monaten nicht herauszugeben ist und im Schuldnerbetrieb weiter genutzt werden kann (§ 53 Abs. 1 StaRUG). Diese Anordnung wird schließlich in weiteren Entscheidungen bis zur Rechtskraft der Bestätigung des Restrukturierungsplans verlängert, höchstens aber auf acht Monate insgesamt, gerechnet ab der ersten Anordnung (§ 53 Abs. 3 StaRUG). Im Rahmen des Plans einigt man sich, dass die Leasingraten auf ein den Möglichkeiten des Schuldners angepasstes Maß unter Kürzung der Leasingdauer reduziert werden. Rückständige Leasingraten werden erlassen. LG erklärt für den Fall der Planbestätigung, dass er von Kündigungsrechten und Herausgabeansprüchen auf die Anlage keinen Gebrauch machen werde, sondern sie nach dem Ende der Vertragslaufzeit für 1 Euro an den LN überlässt (Erklärung nach § 15 Abs. 3 StaRUG). Der LG hat sich zu dem Schritt entschlossen, weil die Weiterführung des Leasingvertrages zu reduzierten Leasingraten insgesamt in diesem konkreten Fall wirtschaftlich günstiger für ihn ist als die Kündigung, die Herausgabe der Anlage mit Demontage, Ertüchtigung und Weitervertrieb und das Verlangen nach etwaigem Schadenersatz vom LN. Letzteres würde dort zur Insolvenz führen und einer voraussichtlichen Quote unter dem Ergebnis des Restrukturierungsplans mit der weiteren Erklärung vom LG.

Die Stabilisierungsanordnung ermöglicht es dem Unternehmen, hier dem Leasingnehmer, weiter mit der Produktionsmaschine zu arbeiten und die Geschäftsgrundlage zu erhalten. Dies wäre gerade bei marktgängigen Leasinggütern, wie beispielsweise Baumaschinen problematisch, wenn diese herauszugeben wären.

Flankierende Regelungen

Neben den Instrumenten der „Vollstreckungssperre“ und der „Verwertungssperre“ stehen die flankierenden **Normen** dazu:

- Verbot von Lösungsklauseln: Zum einen geht es dabei um das Verbot von Lösungsklauseln (§ 44 Abs. 1 Satz 1, Abs. 2 StaRUG). Danach sind vertragliche Regelungen unwirksam, welche die Beendigung oder Abänderung der mit einem Schuldner bestehenden Verträge oder die Fälligstellung der vertraglichen Leistungen nur für den Fall einer Rechtshängigkeit einer Restrukturierungssache ermöglicht. Auch die Wirksamkeit der Verträge kann durch die Rechtshängigkeit der Restrukturierungssache nicht beeinträchtigt werden (§ 44 Abs. 1 Satz 2 StaRUG), so dass eine den Vertrag auflösende Bedingung der Rechtshängigkeit einer Restrukturierungssache (§ 158 Abs. 2 BGB) ebenfalls unwirksam ist. Das Verbot der Lösungsklausel im StaRUG ist mit § 119 InsO im Insolvenzverfahren vergleichbar, der den anfänglichen Ausschluss der §§ 103-118 InsO in Vertragswerken für unwirksam erklärt. Die zugrundeliegende Gedanke ist eindeutig und bezweckt den Schutz des Wahlrechts des Insolvenzverwalters (§§ 119 InsO). Damit hat § 44 Abs. 1, 2 StaRUG nichts zu tun, die Normen setzen Art. 7 Abs. 5 der RestrukturRL um (BTag, 2020c, S. 146 ff. zu § 46 StaRUG-RegE, § 44 StaRUG).
- Vertragsrechtliche Wirkung der Stabilisierungsanordnung aus § 55 StaRUG: Die Regelung des § 55 StaRUG ist unverzichtbar zur Sicherung der Betriebsfortführung des Schuldners, der einerseits auf die fortlaufenden Leistungen seiner Vertragspartner, insbesondere von Lieferanten sowie Dienstleistern angewiesen ist, denen gegenüber er sich andererseits im Leistungsrückstand befindet.

Der betroffene Gläubiger kann während des Anordnungszeitraums einer Stabilisierungsanordnung, die alle Gläubiger oder Gruppen von Gläubigern oder auch nur einzelne Gläubiger erfassen kann (§ 49 Abs. 2 Satz 2 StaRUG), unter den besonderen **Voraussetzungen** des § 55 Abs. 1 Satz 1 Halbsatz 1 StaRUG:

- seine eigene Leistung nicht zurückbehalten („einfrieren“), siehe § 273 BGB beziehungsweise auch das kaufmännische Zurückbehaltungsrecht aus § 369 HGB (vgl. Heidel/Schall-Eberl, 2020, § 369, Rn. 3–10, 17 ff.), das in der Insolvenz ein Absonderungsrecht begründet (§ 51 Nr. 3 InsO) und unter die Verwertungssperre des § 49 Abs. 1 Nr. 2 StaRUG fällt.
- bestehende Vertragswerke nicht beenden oder sonstige Abänderungsrechte geltend machen und zwar mit der ausschließlichen Begründung unstreitig bestehender Rückstände des Schuldners.

Die Stabilisierungsanordnung entfaltet die Wirkung ausschließlich gegenüber denjenigen Gläubigern, die von der Stabilisierungsanordnung umfasst sind. Diese Gläubiger müssen nicht Planbetroffene sein. Voraussetzung ist, dass die künftigen Leistungen des Vertragspartners von erheblicher Bedeutung für die Fortführung sind.

Das bedeutet umgekehrt, dass der mit der Stabilisierungsanordnung belastete Gläubiger einwenden kann, der Schuldner sei gerade nicht auf die Leistung des Gläubigers angewiesen. Die von § 55 Abs. 1 StaRUG aufzulösende Konfliktlage besteht in der Praxis darin, dass der Schuldner sich gegenüber dem Gläubiger mit fälligen und durchsetzbaren Zahlungen im Verzug befindet (§ 286 BGB).

Die Stabilisierungsanordnung nimmt dem Verzug die Wirkungen auf den bestehenden Vertrag der Beteiligten und schneidet den Vertragspartnern jede Möglichkeiten zu Einreden und Einwendungen ab, die mit dem Rückstand des Schuldners begründet wurden. Betroffen sind diejenigen Rückstände, die zum Zeitpunkt der Stabilisierungsanordnung bestehen. Spätere Leistungsstörungen schränken den betroffenen Gläubiger dagegen nicht ein (vgl. Pannen/Riedemann/Smid-Smid, 2021, § 55, Rn. 10, vgl. BTag, 2020c, S. 158).

§ 55 Abs. 1 Satz 1 Halbsatz 2 StaRUG begründet aber selbst keine Vorleistungspflicht des betroffenen Gläubigers, im Gegenteil kann dieser sich weigern, Leistungen zu erbringen, die „als Gegenleistung gerade diejenige Leistung des Schuldners abgelten sollen, welche der Schuldner vor dem Erlass der Stabilisierungsanordnung noch nicht erfüllt hat (vgl. BTag, 2020c, S. 158 und Pannen/Riedemann/Smid-Smid, 2021, § 55, Rn. 10). Ist der Gläubiger aufgrund eines bestehenden konkreten Vertragsverhältnisses vorleistungspflichtig, kann er künftige Leistungen aber davon abhängig machen, dass ihm Sicherheit geleistet wird oder er erbringt seine eigene Leistung nur Zug-um-Zug gegen die Gegenleistung des Schuldners, § 55 Abs. 3 Satz 1 StaRUG, das heißt gegen gleichzeitigen Leistungsaustausch, in der Praxis nicht stets einfach umzusetzen. Zu den weiteren Ausnahmen in § Abs. 2 Sätze 2, 3 StaRUG wird auf die entsprechenden Ausführungen unter der Verwertungssperre verwiesen.

Restrukturierungsforderungen aus gegenseitigen Verträgen, § 3 Abs. 2 StaRUG

Eine flankierende Regelung zur Stabilisierung der Verhältnisse des Schuldners stellt auch die Regelung gemäß § 3 Abs. 2 StaRUG dar, die systematisch in dem Abschnitt über die Gestaltung von Rechtsverhältnissen angesiedelt ist und den Planinhalt betrifft. Nicht restrukturierungsfähige Forderungen unterliegen auch keiner Stabilisierungsanordnung nach § 49 StaRUG, wie aus dem eigentlichen Rechtsgedanken zu § 49 Abs. 2 Satz 1 StaRUG hervorgeht.

Die Forderungen aus gegenseitigen Verträgen gehören zwar nicht zu den Rechtsverhältnissen des § 4 StaRUG, die nicht durch den Plan nicht umgestaltet werden können. Diese sind aber gemäß § 3 Abs. 2 StaRUG nur eingeschränkt zu restrukturieren, nämlich in denjenigen Fällen, die dadurch gekennzeichnet sind, dass der Vertragspartner des Schuldners seine Leistung schon vollständig erbracht hat, nicht jedoch der Schuldner. Hat der Gläubiger bereits ein Risikomoment verwirklicht, seine Vertragsleistung erbracht, dann soll er auch das Restrukturierungsrisiko (eines Haircut) tragen. Hiervon sind insbesondere Darlehen im Sinne des § 488 BGB betroffen, dort insbesondere auf Zahlungskonten eingeräumte Kreditlinien.

---

i

Beispiel 2: Schuldner S hat **Kontokorrentlinien** bei den Banken A–D zugesagt bekommen und zum Zeitpunkt der Einleitung der Restrukturierung die Linien der Banken A–C vollständig in Anspruch genommen, diejenige bei Bank D (noch) nicht. Bei Finanzierungsverträgen bedeutet die Erbringung der Leistung die Nutzung des eingeräumten Kapitalnutzungsrechts, das heißt die Kreditinanspruchnahme. S zeigt die Restrukturierungssache an (§ 31 Abs. 1, 3 StaRUG) und beantragt beim Restrukturierungsgericht eine Vollstreckungs- und Verwertungssperre gegen sämtliche Gläubiger (vgl. § 49 Abs. 2 Satz 2 StaRUG), die auch erlassen wird. Nach seinem Planentwurf benötigt er zur Sicherung der Liquidität die vollständige Inanspruchnahme der Linie auch bei D. Eindeutig ist aber aus den eingereichten Unterlagen (vgl. § 50 Abs. 2 StaRUG), dass die Gläubiger A–D sämtlich einer Kürzung ihrer Kreditforderungen um 40% unterliegen sollen. Daraus ergeben sich einige Fragen: Müssen die Linien von A–D aufrechterhalten bleiben bis zur Planbestätigung und können die bestehenden Forderungen dann einer Kürzung unterworfen werden? Macht es einen Unterschied, ob die Linie bei D schon einmal ausgenutzt war und durch laufende Einzahlungen reduziert worden ist? Kann D sich entsprechend § 490 BGB darauf berufen, noch nicht ausgezahlt zu haben, wenn noch keine Inanspruchnahme stattfand oder kann D erklären, seine Leistung in diesem letzteren Fall noch nicht erbracht zu haben, so dass eine Restrukturierung für ihn ausscheide (§ 3 Abs. 2 StaRUG) mit der Folge, dass die Stabilisierungsanordnung, gerichtet an D, im Hinblick auf die nicht ausgenutzte Linie nicht greift? Die Lösung erfolgt später im Text unter der Rubrik Verwertungssperre.

Strukturen und Problemfelder der Vollstreckungssperre

Die Inhalte und Problemfelder der Vollstreckungssperre im Einzelnen lassen sich an den folgenden Beispielen aufzeigen.

---

i

Beispiel 3: Der Gläubiger G hat wegen einer Geldschuld das „Bankkonto“ des Schuldners S durch Pfändungs- und Überweisungsbeschluss gepfändet und sich zur Einziehung bei der Bank überweisen lassen, §§ 828 ff., 833a, 835 Abs. 1 ZPO. Dabei handelt es sich um eine „Dauerpfändung“ aller Ansprüche und Guthaben im Hinblick auf den „Girovertrag“ mit dem Schuldner, ein Zahlungsdiensterahmenvertrag nach § 675f Abs. 2 BGB mit ergänzenden Abreden (Kontokorrentabrede, bei Unternehmen meist i.V.m. einem Darlehensvertrag, womit dem Schuldner auf dem Konto Kreditlinien zur Verfügung stehen). Die Pfändung bleibt nach ihrer grundsätzlichen Struktur aufrecht erhalten, bis die gesamte Schuld, wegen derer der Gläubiger vollstreckt, bezahlt ist. Erst nach der Pfändung erarbeitet der Schuldner einen Restrukturierungplan und zeigt dem Restrukturierungsgericht die Restrukturierungssache an (§ 31 Abs. 1 StaRUG). Zur Lösung dieses Falles siehe im Folgenden.

Ein weiteres Beispiel besteht im Zusammenhang mit einer Immobilienvollstreckung und soll ebenfalls später aufgelöst werden.

---

i

Beispiel 4: Gläubiger G vollstreckt wegen unstreitiger Rückstände aus einer Darlehensschuld, die dinglich im Grundbuch mittels einer Grundschuld an erster Rangstelle abgesichert ist, gegen das schuldnerische Unternehmen (Schuldner S) aus einer vollstreckbaren notariellen Grundschuldbestellungsurkunde (vgl. §§ 794 Abs. 1 Nr. 5, 800 ZPO) und beantragt die Zwangsversteigerung sowie die Zwangsverwaltung der betriebsnotwendigen Immobilie. Das zuständige Amtsgericht ordnet beides an. Hilft hier die Vollstreckungssperre nach § 49 Abs. 1 Nr. 1 StaRUG? Zur Lösung dieses Falles erfolgen ebenfalls die Erläuterungen im Folgenden Teil dieses Kapitels.

Notwendigkeit der einstweiligen Einstellung

Die Tragweite der Vollstreckungssperre in § 49 Abs. 1 StaRUG wird ersichtlich, wenn man die möglichen Vollstreckungsgegenstände, wie oben in den Beispielen 3 und 4 umrissen, Revue passieren lässt. Vollstrecken Gläubiger eigensüchtig ohne Berücksichtigung der Sanierungsanstrengungen des Schuldners sowie ohne Rücksicht auf die Gesamtgläubigerschaft, droht die Sanierung zu scheitern und der Schuldner gerät meist zwingend in die Insolvenz, ein Ereignis, das die Restrukturierungsrichtlinie und das StaRUG gerade vermeiden wollen.

Im Insolvenzeröffnungsverfahren kann auch das Insolvenzgericht Vollstreckungsmaßnahmen „untersagen oder einstweilen einstellen" (§ 21 Abs. 2 Satz 1 Nr. 3 InsO), ausgenommen sind hier unbewegliche Gegenstände, bezüglich derer der (vorläufige) Insolvenzverwalter aber einen entsprechenden Antrag beim Amtsgericht stellen kann (§ 30d Abs. 1, 4 ZVG).

Rechtsdogmatisch und im Hinblick auf die Ziele des StaRUG erscheint ein solches Moratorium, wie es § 49 Abs. 1 Nr. 1 StaRUG im Sinne einer vorübergehenden Vollstreckungssperre (vgl. § 53 Abs. 1, Abs. 2 Satz 2, Abs. 3 Satz 1 StaRUG) gegen einzelne oder alle Gläubiger vorsieht, aus den vorstehenden Gründen somit unverzichtbar und Schuldner werden gegebenenfalls davon Gebrauch machen, soweit sie jedenfalls nicht die verschiedenen Rechtsfolgen daraus bedenken, die eben beileibe nicht nur darin bestehen, dass die Individualvollstreckung einzelner Gläubiger während der Verfolgung der Restrukturierung nach Maßgabe des StaRUG von vornherein unterbunden wird oder laufende Vollstreckungen einstweilen eingestellt werden.

Zu bedenken ist dabei, dass das Sanierungsgeschehen ein ökonomischer wie rechtlicher Prozess ist, der nach dem StaRUG nur gestartet werden kann, wenn die drohende Zahlungsunfähigkeit im Prognosezeitraum des § 18 Abs. 2 InsO bejaht werden kann. Der nach dem StaRUG mit einem Restrukturierungsplan eintretende Schuldner benötigt die einstweilige Einstellung der jeweiligen Vollstreckungsmaßnahmen gegen ihn, die problematisch für den in Planung befindlichen Restrukturierungsprozess sein können, wie die aufgezeigten Beispiele zeigen. Somit liefern die Stabilisierungen wichtige Rahmenbedingungen für Restrukturierungen.

In dem **Beispiel 3** legt die Vollstreckung von G den Zahlungsverkehr des Schuldners lahm, so dass er kurzfristig, wenn nicht schon sofort, zahlungsunfähig ist. Die Kreditlinien helfen ihm nicht, auch wenn die Bank nicht aus wichtigem Grund kündigt (§ 490 BGB). Die Pfändung umfasst zwar das gegenwärtige und künftige Kontoguthaben, die Kreditlinie aber nicht ohne Weiteres. Nimmt der Schuldner die Linie aber in Anspruch, verfügt er also über das im Debet geführte Konto, gilt die Pfändung als erfolgt. Damit scheitert die Restrukturierung nach dem StaRUG an ihrer Ausgangsbedingung und der Schuldner ist nicht nur drohend zahlungsunfähig, sondern dieser hat faktisch seine Zahlungen bereits eingestellt (§ 17 Abs. 2 InsO) und ist damit endgültig zahlungsunfähig und zum Insolvenzantrag verpflichtet.

Entweder reicht die Kreditlinie nicht zur Befriedigung des Vollstreckungsgläubigers aus oder die Bank kündigt die Linie oder der Schuldner kann als Folge der Pfändung seine anderen Gläubiger nicht befriedigen. Zu der Anordnung nach § 49 Abs. 1 Nr. 1 StaRUG kann es nicht mehr kommen, sondern nur noch zur Insolvenz. Anders ist dieses nur, wenn die Vollstreckungsforderung die vorstehenden Größenordnungen nicht entfernt erreicht. Das ist aber nur die oberste Ebene des zugrunde liegenden Geschehens. G konnte nur vollstrecken, wenn er zuvor einen Titel gegen S erstritten hatte, aus dem er vollstreckt und der eine Größenordnung erreicht, die dazu führt, dass der gepfändete Betrag aus dem Guthaben nicht gedeckt werden kann und nur eine Dauerpfändung Erfolg verspricht.

Zudem kann eben damit gerechnet werden, dass die Bank ab der Pfändung in entsprechender Höhe die Linien mindestens einfriert, das heißt ein Zurückbehaltungsrecht ausübt. Der Schuldner kann der Problematik auch nicht durch die Eröffnung eines Kontos bei einer anderen Bank entgehen, denn bis er seinen Abnehmern (Kunden, Drittschuldner) das neue Konto mitgeteilt hat und diese darauf zahlen, dürfte er meist zahlungsunfähig sein. Außerdem ist auf einer weiteren Ebene festzuhalten, dass nicht der Umstand eines Titels von Bedeutung ist, sondern dass der Schuldner die Zwangsvollstreckung nicht durch Zahlung abwenden konnte. War die titulierte Forderung gar unstreitig, hat es also der Schuldner auf eine Klage ankommen lassen. Um die unvermeidbare Zahlung hinauszuzögern, ist spätestens zum Zeitpunkt der Rechtskraft, aber auch schon zum Zeitpunkt der vorläufigen Vollstreckbarkeit der erstinstanzlichen Entscheidung, Zahlungsunfähigkeit anzunehmen. Das Instrument des § 49 Abs. 1 Nr. 1 StaRUG geht weitgehend ins Leere.

Das **Beispiel 4** ist noch deutlich desaströser, auch hinsichtlich der Folgen. Hier hat der Schuldner S zur Sicherung einer Forderung eine Sicherungsgrundschuld (§ 1192 Abs. 1a BGB) zugunsten des Gläubigers bestellt. Die Rückstände sind unstreitig, der Gläubiger kann vollstrecken. Dazu musste die Grundschuld durch Kündigung fällig gestellt werden, die Frist beträgt sechs Monate. Vollstreckt der Gläubiger nur wegen der bei der Grundschuld eingetragenen dinglichen Zinsen, muss er ebenfalls einen Zeitraum von sechs Monaten vor dem Versteigerungsantrag einhalten. Sodann muss er die vollstreckbare Urkunde dem Schuldner zustellen und erst dann kann er den Antrag auf Zwangsversteigerung beziehungsweise Zwangsverwaltung stellen.

Die Forderung selbst ist in diesem Fall unstreitig, so dass er weder materiell noch formell nichts gegen die Versteigerung einwenden kann. Hat der Gläubiger das Darlehen gekündigt, wird er die Versteigerung jedenfalls wegen des gesamten Grundschuldkapitals nebst Zinsen betreiben. Die schuldrechtliche Darlehensforderung ist fällig, kann der Schuldner nicht bezahlen, ist er wieder zahlungsunfähig gemäß § 17 InsO und die Restrukturierung nach dem StaRUG scheidet aus. Dasselbe gilt, wenn der Gläubiger nur im Hinblick auf Rückstände die Versteigerung betreibt. Zu beachten ist, dass die Versteigerung aus der Grundschuld erfolgt, nicht aus der schuldrechtlichen Darlehensforderung und den daraus resultierenden Rückständen.

Die Grundschuld ist mit dem Darlehensvertrag über den Sicherungsvertrag (Sicherungsabrede) verbunden, dessen Inhalt dahin geht, dass der Gläubiger bei offenen Forderungen aus dem genannten besicherten Darlehen aus der Grundschuld nach dem Zwangsversteigerungsgesetz vollstrecken darf. Der Duldungstitel (§ 1147 BGB) in notarieller Urkunde (vgl. §§ 794 Abs. 1 Nr. 5, 800 ZPO) hat zum Gegenstand, dass der Eigentümer des mit einem Grundpfandrecht belasteten Besitzes die Zwangsvollstreckung aus dem Grundpfandrecht dulden muss und zwar wegen des Betrages des im Grundbuch eingetragenen Rechtes mit Zinsen und anderen eingetragenen Nebenleistungen. Der schuldrechtliche Darlehensvertrag spielt bei der Zwangsversteigerung oder Zwangsverwaltung des belasteten Grundbesitzes aufgrund des erwähnten dinglichen Titels, der auch ein gerichtliches Duldungsurteil anstelle der verbreiteten vollstreckbaren Notarurkunde sein kann, keine Rolle.

Es ist evident, dass die Versteigerung des betrieblichen Grundbesitzes dem Unternehmen im Allgemeinen eine der wesentlichen betrieblichen Grundlagen entzieht. Die Restrukturierung wird unmöglich, mindestens ist sie von Anfang an hochgradig gefährdet, von der Zahlungsunfähigkeit einmal ganz abgesehen.

Hierzu kommt aber, und das unterscheidet Beispiel 4 erheblich von Beispiel 3, dass das Restrukturierungsgericht die Vollstreckungssperre nach § 49 Abs. 1 Nr. 1 StaRUG beschließt, der Vollzug aber in die Hände des Amtsgerichts gelegt ist, das die einstweilige Einstellung anordnen muss (§ 30g Abs. 1 ZVG). Diese verfahrensrechtliche Komponente ist richtig, damit nicht das Versteigerungsverfahren in mehreren Gerichten zu betreiben ist, aber hierin liegt nicht das Problem. Das aus dem Blick des Schuldners desaströse Ergebnis folgt aus § 30g Abs. 2 ZVG.

Nach dieser Norm darf die einstweilige Einstellung wie im Insolvenzverfahren nach 30e ZVG nur mit der Auflage angeordnet werden, dass dem Vollstreckungsgläubiger unter anderem die geschuldeten Zinsen zu zahlen sind, soweit der Wert des Grundbesitzes und der Rang der Grundschuld die Befriedigung der dinglichen Forderung gestattet. Das Gegenteil bilden die Fälle der sogenannten „Schornsteinhypothek“ ab, auf die in der Versteigerung keine Zuteilung mehr erfolgt, weil ihr eindeutig den Wert ausschöpfende Grundpfandrechte im Rang vorgehen.

„Forderung“ meint hier nicht die schuldrechtliche Darlehensforderung, sondern die dingliche (sachenrechtliche) Forderung aus der eigentlichen Grundschuld. Umstritten ist zu § 30d ZVG und somit auch zu § 30g ZVG, ob bei den laufenden Zinsen die schuldrechtlichen Darlehenszinsen gemeint sind oder die dinglichen Grundschuldzinsen, die oft jährlich nachträglich fällig sind und üblich zwischen 15% und 18% Jahreszinsen betragen, also ein Vielfaches über dem derzeitigen Darlehenszins liegen. Der Gesetzgeber des § 30g ZVG verhält sich zu dieser Frage nicht (siehe BTag, 2020c, S. 190). Zutreffend dürften die dinglichen Zinsen geschuldet sein. Die Liquidität des Schuldners wird stark beansprucht, als wenn er die Darlehenszinsen zahlen würde, auch wenn die über die Darlehenszinsen hinaus nach § 30g Abs. 2 ZVG gezahlten Beträge auf den schuldrechtlichen Anspruch angerechnet werden.

Die Regelung gewährleistet, dass die Grundpfandgläubiger nicht schlechter stehen als in einem Insolvenzverfahren und ist demgemäß auch richtlinienkonform (vgl. Pannen/Riedemann/Smid-Smid, 2021, § 49, Rn. 17). Diese Regelung wird daher wie bisher diejenige der §§ 30d, 30e ZVG in der Praxis ins Leere gehen. Dieses ungeachtet des Umstandes, dass die Vollstreckungssperre nur zunächst für höchstens drei und danach für maximal acht Monate angeordnet werden darf. Die liquiditätsbelastenden Zinsen wachsen dennoch meist erheblich an.

---

i

Beispiel 5: Die **Grundschuld**, aus der vollstreckt wird, beträgt nominal 200.000 Euro. Der dingliche Zins im Grundbuch beträgt 15%. Die Auflage bedeutet, dass der Schuldner im Jahr mit 30.000 Euro belastet wird, der schuldrechtliche Darlehenszins liegt bei 2%, also bei 4.000 Euro p.a. Angesichts des Umstandes, dass dingliche Zinsen nach der Formularpraxis jährlich nachträglich fällig werden, erscheint die gesetzliche Regelung des § 30g ZVG wie diejenige des § 30e ZVG für dieselbe Thematik im Insolvenzverfahren unklar beziehungsweise ins Leere zu gehen. Dauert diese Vollstreckungssperre vom 1. Februar bis 30. September an (Maximaldauer), liegt in dem Zeitraum kein Fälligkeitstermin und man könnte daraus folgern, der Schuldner habe nichts zu zahlen. Die Zahlungsauflage wäre gegenstandslos. Das widerspricht Sinn und Zweck der Regelung. Zudem zahlt der Schuldner vor Verwertungsreife der Grundschuld stets auf die schuldrechtlichen Darlehenszinsen, nicht auf die dinglichen Zinsen, um die es nach der auch hier vertretenen Meinung geht. Somit sollte das Vollstreckungsgericht in dem Auflagenbeschluss zugleich anordnen, dass der Schuldner monatlich 1/12 der dinglichen Zinsen der Grundschuld zu zahlen habe, aus welcher der Gläubiger vollstreckt.

Die Forderungen auf Zinszahlungen aus der Auflage gemäß § 30g Abs. 2 ZVG sind ihrerseits durch den Plan nicht restrukturierbar.

Fazit zur Vollstreckungssperre

Diese Vollstreckungsaussetzung der Individualvollstreckung schließt während der Anhängigkeit der Restrukturierungssache § 42 Abs. 1 Satz 1 StaRUG faktisch aus, da die Insolvenzantragspflicht gemäß § 15a InsO beziehungsweise nach § 42 Abs. 2 BGB für die davon betroffenen juristischen Personen und dazu verpflichteten Personengesellschaften ausgesetzt und durch Anzeige der Zahlungsunfähigkeit beziehungsweise Überschuldung an das Restrukturierungsgericht ersetzt wird, ist im Allgemeinen nur scheinbar ein Instrument der Sicherung der Restrukturierung.

Ist die vollstreckbare Forderung gering, ist die Vollstreckungssperre nicht zur Wahrung der Aussichten der Restrukturierung im Sinne des § 49 Abs. 1 StaRUG erforderlich. Ist diese existenzbedrohend, ist der Schuldner zahlungsunfähig oder aufgrund dieser Forderung überschuldet, wenn die Forderung streitig war und der Schuldner sie in der Bilanz dennoch als sonstige Rückstellung passivieren musste. Ist die eingeklagte Forderung offenbar unstreitig, ist sie als Verbindlichkeit gegebenenfalls zu passivieren und im Zweifel sogar zusätzlich um die Prozesskostenrückstellungen zu erhöhen. Sie führt dann die bilanzielle Überschuldung gegebenenfalls herbei oder vertieft diese noch.

Wird die existenzbedrohende Forderung vom Gläubiger bereits vollstreckt, wie in den beiden Beispielen, ist es fraglich, ob die bilanzielle Überschuldung durch eine positive Fortführungsprognose aufgefangen werden kann. In derartigen Fällen sind Zweifel an der Bestandsfähigkeit des Unternehmensträgers angebracht und am Ansatz von Fortführungswerten in der Bilanz.

Diese Vollstreckungssperre ist daher richtlinienkonform, dogmatisch scheinbar notwendig und schlüssig, jedoch unter Betrachtung des gesamten insolvenzrechtlichen Umfeldes sowie der zugrundeliegenden ökonomischen Sachverhalte in den meisten Fällen recht zweifelhaft bis untauglich. Die Aussichten der Restrukturierung dürfte sie nur in seltenen Fallkonstellationen effektuieren.

Strukturen und Problemfelder der Verwertungssperre im Einzelnen

Der andere Begriff des § 49 Abs. 1 Nr. 2 StaRUG, die Verwertungssperre, impliziert, dass eine Verwertung „gesperrt" werden, also unterbunden werden müsse, wozu systematisch eine drohende Verwertung ebenso dazu gehört wie die bereits begonnene, aber noch nicht abgeschlossene Verwertung.

Dies bezieht sich bei ökonomischer Betrachtung auf die Realisierung des Erlöses, der aus der Verwertung der betroffenen Sache, der Forderung oder dem betroffenen Recht resultiert. Rechtlich handelt es sich um die Verwertung des Pfandrechts oder des dem Pfandrecht ähnlichen anderweitigen Sicherungsrechts. Die Voraussetzung jeder Verwertung ist allerdings die Pfandreife oder Verwertungsreife, bei abstrakten Sicherungsrechten. Diese setzt nach dem jeweiligen Sicherungsvertrag die Fälligkeit der besicherten Forderung voraus.

Ist das Absonderungsrecht im Sinne des § 49 Abs. 1 StaRUG von erheblicher Bedeutung für die Fortführung des Schuldnerunternehmens, so ist es auch die zugrunde liegende Forderung des Gläubigers beziehungsweise die passivierte Verbindlichkeit des Schuldners. Setzt also Verwertung die Fälligkeit des besicherten Anspruchs voraus, stellt sich auch hier wieder die Frage, ob nicht dieser Schuldner bereits zahlungsunfähig ist, so dass auch in der Konstellation des § 49 Abs. 1 Nr. 2 StaRUG gefragt werden muss, ob die wiederum scheinbar schlüssige, ja notwendige Regelung im Allgemeinen nicht ins Leere geht, weil der Schuldner nicht nur drohend zahlungsunfähig ist. Insgesamt stellt sich daher auch hier die Frage nach der Sinnhaftigkeit dieser Maßnahme.

Hinzu kommt ein deutlich weiter greifendes Problem, das in § 54 StaRUG verortet ist und wiederum insolvenzrechtlichen Mechanismen entlehnt ist, hier den §§ 169, 172 InsO über die von der Masse geschuldete Kompensation zugunsten der betroffenen Absonderungsberechtigten. § 54 Abs. 1 Satz 1 StaRUG ordnet nämlich zweierlei an, nämlich die Zahlung der „laufenden Zinsen" an den Gläubiger und den Ersatz des Wertverlustes der Gegenstände, bezüglich derer eine Verwertungssperre angeordnet wurde und die für das schuldnerische Unternehmen genutzt wurden.

Diese Kompensationsleistungen sind zwar nach Satz 2 der zitierten Norm mehrfach beschränkt. Sie werden nur im Rahmen der Werthaltigkeit des Rechts des Betroffenen ersetzt und zwar innerhalb des Rangs des Sicherungsrechts an dem betroffenen Gegenstand und der Höhe der besicherten schuldrechtlichen Forderung.

Beispiel 6: Der Gläubiger G ist scheinbar Berechtigter aus einer Globalzession der Forderungen des Schuldners aus Lieferungen und Leistungen. Schuldner S hat indes dieselben Forderungen zuvor an Gläubiger H abgetreten, zudem unterliegen die meisten Forderungen dem verlängerten Eigentumsvorbehalt des Lieferanten L. Die Globalzession von G, einer Bank, enthält die seit Jahrzehnten übliche und von der Rechtsprechung geforderte „Teilverzichtsklausel", wonach die Globalzession erst dann greifen soll, wenn die Eigentumsvorbehaltsrechte erledigt sind, was hier nicht der Fall ist. Im Ergebnis hat G kein Recht, das zu Ansprüchen nach § 54 Abs. 1 StaRUG führen würde. Denn es steht mindestens Satz 2 dieser Norm dem vorliegenden Sachverhalt klar entgegen.

Des Weiteren ist häufig unklar, wie mögliche Wertverluste zu quantifizieren und gegebenenfalls auszugleichen sind, wie folgendes Beispiel zeigt.

Beispiel 7: Lieferant L hat dem Schuldner, einem Logistikunternehmen, 10 elektrisch angetriebene Transporter unter einfachem Eigentumsvorbehalt verkauft, aber noch nicht bezahlt. Die Forderungen sollen nach dem Restrukturierungsplan mit einem Abschlag versehen werden. Der Schuldner betreibt zehn weitere in seinem Eigentum stehende gleichartige Fahrzeuge. Er erwirkt eine Verwertungssperre bezüglich der Fahrzeuge von L. In der Zeit der Sperre nutzt er im Betrieb vornehmlich die Fahrzeuge von L. Dadurch entstehen Wertverluste über den üblichen Rahmen hinaus, der durch den Gebrauch bis zum Fälligkeitszeitpunkt des Kaufpreises entstanden wäre und danach bis zum Ende der Verwertungssperre. Im Ergebnis bedürfen diese oftmals nicht leicht zu beweisenden Wertverluste meist eines Sachverständigengutachtens. Werden diese vom Gutachter festgestellt muss der Schuldner diese ohne Restrukturierungsmöglichkeit aus seiner Liquidität ausgleichen.

Offen ist weiterhin die Frage, was der „geschuldete" Zins denn eigentlich bedeutet. Derselbe Streit ist für bewegliche Gegenstände in der Insolvenz vom BGH dahingehend beantwortet worden. Angemessen sei der vertragliche Zinssatz aufgrund des „ungestörten" Schuldverhältnisses, mindestens aber der festgelegte gesetzliche Zins von 4% jährlich (§ 246 BGB), um einen Insolvenzverwalter nicht mit erhöhten Verzugszinssätzen zu belasten mit der etwaigen Folge, dass er sein Verwertungsrecht nicht ausübt (vgl. § 166 BGB) und dann die Fortführungschancen des Unternehmens nicht wahrnimmt (BGH, 16.02.2006, IX ZR 26/05). Die Ausgangslage, die der BGH zu beurteilen hatte, war noch von § 288 Abs. 2 BGB aF bestimmt, der 8% jährliche Zinsen über dem Basiszinssatz bei Verzug vorsah, der regelmäßig in dergleichen Fällen vorliegen dürfte. Darüber hinaus war das damalige Zinsniveau noch deutlich höher als das seit der Finanzkrise immer geringere Zinsniveau und der von der EZB festgelegte Basiszinssatz. Es spricht vieles dafür, dass die Judikatur des BGH auf die Fälle des § 169 Satz 1 InsO unverändert anzuwenden ist.

Dennoch geht diese Argumentation, die in der Insolvenz als Folge des Verwertungsrechts und der Verwertungspflicht des Insolvenzverwalters (siehe §§ 1, 166 ff., 159 InsO) völlig richtig ist, im Falle der Restrukturierung nach dem StaRUG wohl weitgehend ins Leere. Es fehlt hier nämlich an der in einem eröffneten Insolvenzverfahren eintretenden Verwertungsreife. Diese setzt Fälligkeit der besicherten Forderung voraus, betrachtet man die Finanzierungsverbindlichkeiten des Schuldners gegenüber Banken und die diesen daher hingegebenen Sicherheiten.

Im Fokus stehen dort die mobilen Sicherheiten im wechselnden Bestand, mit anderen Worten die Globalzession und die Sicherungsübereignung des Warenlagers. Besichert sind Barkreditlinien aller Art. Bei mittel- bis langfristige Investitionsfinanzierungen ist das die Sicherungsübereignung des Investitionsgutes. Bei den Avallinien ist der Rückgriff bei Inanspruchnahme von Avalen in verschiedener Weise abgesichert, dieses Kreditsegment soll hier nicht weiter beleuchtet werden. Die Fälligkeit der Forderung der Bank tritt ein:

- infolge Fristablaufs bei befristeten Kreditlinien oder sonstigen Finanzierungen beziehungsweise aufgrund Endfälligkeit bei Darlehen im kreditwirtschaftlichen Sinne beziehungsweise sonstigen Finanzierungen, aber auch im Falle der wirksamen Kündigung, ordentlich unter Fristeinhaltung sowie außerordentlich fristlos nach der Maßgabe des § 490 Abs. 1 BGB.
- oder aber infolge der Eröffnung des Insolvenzverfahrens nach § 41 Abs. 1 InsO. Dessen ratio legis ist es, Fälligkeit kraft Gesetzes herbeizuführen, um die betreffenden Forderungen der Insolvenzgläubiger an der Quote im Verteilungsverfahren teilhaben zu lassen (vgl. §§ 187 ff. InsO). Zu einem dieser Zeitpunkte tritt bei absonderungsberechtigten Gläubigern dann die Verwertungsreife ein. Regelmäßig werden sie aber schon dann kündigen, wenn ihnen der Insolvenzantrag bekannt geworden ist und zwar nicht wegen des Insolvenzantrags, sondern eben im Hinblick darauf, dass regelmäßig in einem der geschilderten Fälle die Rückzahlung der Finanzierung gefährdet ist (§ 490 Abs. 1 BGB). Die Finanzinstitute werden daher die Kredite beziehungsweise Darlehen kündigen und ferner unter Bezugnahme auf die entsprechenden Klauseln in den Musterverträgen der verschiedenen Banken und Verlage der Finanzindustrie enthaltenen Klauseln dem Schuldner wie dem vorläufigen Verwalter untersagen, eingezogene sicherungszedierte Forderungen im laufenden Betrieb zu verwenden und sie werden ebenso untersagen, Erlöse aus sicherungsübereigneten Sachen des Umlaufvermögens im laufenden Betrieb zu verwenden obwohl die Weiterführung des Schuldnerunternehmens betriebswirtschaftlich zwingend auf diese Erlöse angewiesen ist, stellen diese Erlöse doch die wesentliche Liquidität des Unternehmens dar.

Der (vorläufige) Verwalter ist damit auf die Zustimmung seiner Sicherungsgläubiger zur Verwendung des Erlöses zur Betriebsfortführung angewiesen, in der Form sogenannter „stiller“ oder „atypischer“ Massekredite.

Der Sicherungsgläubiger wandelt im Rahmen einer solchen Vereinbarung seinen Anspruch auf Herausgabe des Erlöses in ein Darlehen an den Insolvenzverwalter um. Auf die originäre Zuführung weiterer Darlehensmittel an den Schuldner ist der atypische Massekredit nicht gerichtet. Das Risiko des Gläubigers besteht darin, dass sein Darlehensrückzahlungsanspruch nicht mehr durch bestehende Sicherheiten oder den Erlös dafür besichert ist. Auch wenn der (vorläufige) Insolvenzverwalter mit dem Gläubiger eine neue Sicherung für den „atypischen" Massekredit etwa in Gestalt der Sicherungsabtretung der im Rahmen der Unternehmensfortführung neu entstehenden Forderungen gegen die Kunden des Schuldners vereinbart, müssen diese Forderungen in der Zukunft dann erst noch entstehen. Der Sicherungsgläubiger geht daher durchaus ein Risiko ein.

Diese Hintergründe und Verwertungsvoraussetzungen im eröffneten Insolvenzverfahren beziehungsweise bereits im Insolvenzeröffnungsverfahren sind mit der Situation der Restrukturierung nach dem StaRUG allerdings nicht vergleichbar.

Hat der Schuldner Zahlungsrückstände, aufgrund derer dieser zahlungsunfähig geworden ist, scheidet die Restrukturierung nach dem StaRUG aus. Anders, wenn die Rückstände ausnahmsweise nicht ernsthaft eingefordert worden werden, wobei in diesem Fall zwar keine vollendete, sehr wohl aber noch drohende Zahlungsunfähigkeit zu bejahen ist (vgl. BGH, 22.05.2014, IX ZR 95/13).

Im letzteren Fall scheidet allerdings auch die Verwertung aus, da die Verwertungsreife im Zweifel zu verneinen ist. Hat der Schuldner Bedenken, die Gläubiger würden die angezeigte Restrukturierungslage zur Kündigung von Finanzierungsverträgen nutzen und mangels Zahlung würde Verwertungsreife eintreten, wird er erfolgreich einen Antrag auf Verwertungssperre nach § 49 Abs. 1 Nr. 2 StaRUG stellen.

Kündigungsgrund des Gläubigers zur außerordentlichen Kündigung aus wichtigem Grund ist die Gefährdung der vollständigen Rückzahlung nebst Zinsen im Sinne des § 490 Abs. 1 BGB, wobei der Wert der bestehenden Sicherheit in die Abwägung der Rechtmäßigkeit der Kündigung einzubeziehen ist.

Finanzierungsverträge sehen in der Praxis zudem häufig eine ganze Reihe weiterer Umstände vor, die einen wichtigen Grund zur Kündigung darstellen, unter anderem bei der Nichteinhaltung im Vertrag vereinbarter betriebswirtschaftlicher Kennzahlen. Dieses sind die bekannten Financial Covenants aus der angelsächsischen Vertragspraxis, die sich insbesondere in den großvolumigen internationalen Konsortialkreditverträgen auch in Deutschland durchgesetzt haben.

Es entsteht dadurch möglicherweise ein „Windhundrennen-Dilemma". Erfährt der Gläubiger von der beabsichtigten Restrukturierung mit Haircut und besteht bereits zu jenem Zeitpunkt eine Kommunikationsstörung zwischen Gläubiger und Restrukturierungsschuldner, wird der Gläubiger kündigen und die Einziehung insbesondere der globalzedierten Forderungen durch den Schuldner untersagen. Im Ergebnis ist der Schuldner zahlungsunfähig und das StaRUG nicht mehr anwendbar.

Ist der Schuldner schneller und beantragt eine Verwertungssperre und erhält er sie, ist er dem Gläubiger zuvor gekommen und alles ist dann scheinbar gerettet. Dagegen steht bei den sicherungsübereigneten Gegenständen die oben erwähnte Verzinsung nach § 54 Abs. 1 StaRUG und die Kompensation der Wertminderung der beim Schuldner verbliebenen sicherungsübereigneten Sachen beziehungsweise der Positionen, an denen Aussonderungsrechte bestehen.

Für die Liquiditätssicherung des Schuldners ist damit nichts gewonnen. Die Verwertungssperre verschlechtert nämlich seine Situation. Ohne Absprache mit dem Gläubiger darf dieser die Erlöse aus der Verarbeitung und Weiterveräußerung sicherungsübereigneter Sachen oder aus der Sicherungszession von Forderungen nicht in der Betriebsfortführung ohne Zustimmung des Absonderungsberechtigten nutzen, wie aus § 54 Abs. 2 StaRUG hervorgeht.

Dazu bedarf er, wenn der Gläubiger die Einziehungsbefugnis zedierter Forderungen widerrufen hat, der Zustimmung des Gläubigers. Außerhalb der Insolvenz entsteht dieselbe Situation wie innerhalb derselben. Es muss ein stiller beziehungsweise ein „atypischer" Massekredit („stiller Restrukturierungskredit") verabredet werden, der bei der gebotenen wirtschaftlichen Betrachtung als neue Finanzierung im Sinne des § 12 StaRUG zu werten ist (dazu Pannen/Riedemann/Smid-Smid, 2021, § 12, Rn. 6 ff.). Ansonsten muss der Schuldner die Erlöse an den Berechtigten auskehren oder unterscheidbar vom sonstigen Vermögen verwahren, wie § 54 Abs. 2 StaRUG unmissverständlich zum Ausdruck bringt. Verstöße dagegen führen zu Haftungsrisiken der Organmitglieder von Schuldnerunternehmen.

Nimmt man § 49 Abs. 1 Halbsatz 1 StaRUG ernst, wonach die Stabilisierungsanordnung, hier die Verwertungssperre, zur „Wahrung der Aussichten auf die Verwirklichung des Restrukturierungsziels erforderlich" sein muss, wird dieses Ziel offenbar nicht erreicht, wie die vorstehenden Ausführungen zeigen, die nur einen Ausschnitt aus den Grundsätzen und der Praxis der inländischen Kreditsicherung darstellen. Die Vorschrift ist dogmatisch wie praktisch verfehlt, wie der Kontext zu § 54 StaRUG zeigt (so auch Pannen/Riedemann/Smid-Riedemann, 2021, § 54, Rn. 6, 7).

Vertragsrechtliche Wirkungen der Stabilisierungsanordnung, § 55 Abs. 3 StaRUG

Zudem zeigt § 55 Abs. 3 Sätze 2, 3 StaRUG die Grenzen der Wirkungen der Stabilisierungsanordnungen auf. Diese Norm des § 55 Abs. 1 StaRUG enthält inhaltlich eine Vertragsänderungssperre, wie aus § 55 Abs. 1 Satz 1 Halbsatz 1 StaRUG hervorgeht. Allein Rückstände des Schuldners auf seine Leistungsverpflichtung aufgrund eines Vertrages berechtigen den Gläubiger nicht, den Vertrag zu beenden oder seine Abänderung zu verlangen. Die Bestimmung des § 55 Abs. 3 Sätze 2, 3 StaRUG enthalten jedoch eine wesentliche Ausnahme von diesem Grundsatz im Hinblick auf Darlehen sowie „andere Kreditzusagen", das heißt für die Unternehmen der Finanzindustrie. Die insoweit knappe Begründung des Gesetzes beschränkt sich im Ergebnis auf die Wiedergabe des Inhalts des Gesetzeswortlauts.

Sie weist aber § 55 StaRUG grundsätzlich zwei Aufgaben zu, nämlich einmal die Bewahrung des Status Quo. Die Gläubiger sollen nicht einseitig vorpreschen und dem Plan zuvorkommen können. Sie sollen andererseits aber auch nicht gezwungen werden, ihr wirtschaftliches Risiko vergrößern zu müssen.

Daher bleibt den Finanzgläubigern mit ihren Darlehen und Krediten die Möglichkeit der Kündigung vor Valutierung, wenn die Voraussetzungen gemäß § 490 Abs. 1 BGB vorliegen, das heißt die fristlose Kündigung im Hinblick auf die Verschlechterung der Vermögensverhältnisse oder der Kreditsicherheiten, sofern die Rückzahlung der Finanzierung durch diese Verschlechterung gefährdet ist.

Es ist also Kausalität zwischen der Vermögensverschlechterung und der Gefährdung der Rückzahlung erforderlich, der maßgebliche Zeitpunkt liegt nach dem Abschluss des wirksamen Darlehensvertrages bis zur Kündigung (vgl. Grüneberg-Weidenkaff, 2022, § 490, Rn. 3). Dabei hat der Gesetzgeber des StaRUG die Kündigungsmöglichkeit gemäß § 490 Abs. 1 BGB auf die Fälle der noch nicht erfolgten Valutierung beschränkt. Dies ist folgerichtig, denn vor dem Hintergrund der Restrukturierung hat der Kreditgeber sein Risiko mit der Valutierung bereits realisiert. Zudem kann er, wie der Verweis in § 55 Abs. 3 Satz 2 StaRUG auf § 490 Abs. 1 BGB zeigt, vor Valutierung nur „im Zweifel stets" kündigen. Andererseits genügt bereits das Drohen einer Verschlechterung, um die Kündigung vor Valutierung zu begründen.

Eine besondere Konstellation liegt dann vor, wenn die Vermögensverhältnisse des Schuldners bereits bei Abschluss des Vertrages ungünstig sind, wenn insbesondere bereits eine Sanierungsfinanzierung vereinbart worden ist (vgl. BGH, 06.07.2004, XI ZR 254/02 und BGH, 14.09.2004, XI ZR 184/03). Dann setzt § 490 Abs. 1 BGB voraus, dass sich die Verhältnisse weiter verschlechtert haben sowie die Voraussetzungen, die bei Darlehenszusage bestanden haben, nicht mehr vorliegen.

Da § 55 Abs. 3 StaRUG nur die Kündigung vor Valutierung unter den genannten Voraussetzungen gestattet, ist der Anwendungsbereich dieser Norm voraussichtlich eng. Bei Darlehen, die im „klassischen" Sinne valutiert werden, unter anderem bei kurz-, mittel- oder langfristigen Investitionsfinanzierungen ist diese Möglichkeit der Gläubiger grundsätzlich problemlos umzusetzen, wenn die Auszahlung der Finanzierungsmittel noch ganz oder teilweise bevorsteht.

Eine Sonderproblematik ist bei Kreditlinien wie Betriebsmittelkrediten zu beachten, die auf Zahlungskonten wie Girokonten eingeräumt werden, wenn § 55 Abs. 3 Satz 3 StaRUG auch alle Kreditzusagen umfasst. Da entgegen früherer Auffassung der Darlehensvertrag im Sinne des § 488 BGB, zu dem auch die Kontokorrentkredite und die Überziehungslinien gehören, nach heutiger Rechtsmeinung kein Realvertrag ist, der erst mit Erfüllung (Valutierung der Finanzierungsmittel) wirksam wird, die die vertragliche Einigung herbeiführt, sondern ein Konsensualvertrag, der die schuldrechtliche Einigung über den Vertrag ausreichen lässt, entsteht beim Kontokorrentkredit das Kapitalnutzungsrecht bereits mit dem Vertragsschluss.

Die Inanspruchnahme eines Kredits oder die Unterlassung der Inanspruchnahme steht aber rechtlich im Belieben des Kreditnehmers. In diesem Umfeld bewegen sich die Probleme und Fragen des obigen Beispiels 2. Wird der Kredit „bis auf Weiteres" ohne Befristung eingeräumt, besteht dieses Kapitalnutzungsrecht beim Gelddarlehen bis zur ordentlichen Kündigung unter Einhaltung der Frist von drei Monaten gemäß § 488 Abs. 3 BGB oder zur außerordentlichen, der fristlosen Kündigung gemäß dem erwähnten § 490 Abs. 1 BGB. Die Problematik beim Kontokorrentdarlehen besteht im Hinblick auf § 55 StaRUG darin, dass die Inanspruchnahme im ebenfalls bereits erwähnten Belieben des Kreditnehmers (Darlehensnehmers) steht und dass es seiner Natur nach zudem revolvierend ist. Eine „Rückzahlung" kommt erst in Frage, wenn ein Debetsaldo auf dem Zahlungskonto im Sinne des § 675f Abs. 2 BGB (Zahlungsdiensterahmenvertrag) nach Beendigung des Kredits, das heißt nach Ende des Kapitalnutzungsrechts des Darlehensnehmers, besteht.

Ist der Kontokorrentkredit noch nicht in Anspruch genommen, bleibt dem Kreditgeber unter den erwähnten Voraussetzungen des § 490 Abs. 1 BGB die Kündigung. Ist er nach der Inanspruchnahme wieder durch Einzahlungen zurückgeführt und soll er wieder revolvierend in Anspruch genommen werden, stellen sich in der Praxis die in dem Beispiel 2 dieses Abschnitts aufgeworfenen Fragen.

Dabei ist zu beachten, dass in der Rechtsprechung auch die teilweise Kündigung eines jederzeit ordentlich kündbaren Kontokorrentkredits zugelassen ist (vgl. BGH, 04.05.1999, XI ZR 137/98,) und damit auch ein hinter der Kündigung als aliud zurückbleibendes Zurückbehaltungsrecht im Sinne des § 273 BGB (vorübergehendes „Einfrieren" der Linie bis zur Prüfung und Entscheidung über eine Kündigung). Der jederzeit fristgerecht kündbaren Finanzierung steht in diesem Zusammenhang die nach § 490 Abs. 1 BGB fristlos kündbare Finanzierung gleich.

Die im Beispiel 2 aufgeworfenen Fragen sind nach der hier vertretenen Meinung daher wie folgt zu beantworten. Vieles spricht dafür, dass die nicht in Anspruch genommene Linie zwar nicht wegen der Rechtshängigkeit einer Restrukturierungssache gekündigt werden kann, sehr wohl aber wegen Verschlechterung der Verhältnisse des Schuldners im Sinne des § 490 Abs. 1 BGB, da der Kontokorrentkredit revolvierend ist. Zugleich hat damit dieser Kreditgeber seine Leistung, die Zurverfügungstellung der Kapitalnutzung noch nicht im Sinne des § 3 Abs. 2 StaRUG erbracht. Der Status Quo als Ziel des § 55 Abs. 1 StaRUG ist damit gewahrt, dem Kreditgeber ist nicht zuzumuten, ein weitergehendes Risiko über die tatsächliche Inanspruchnahme hinaus einzugehen und damit möglicherweise die Einzelwertberichtigung sowie die drohende Abschreibung zu erhöhen.

Mit der nach den §§ 490 Abs. 1, 55 Abs. 3 Sätze 2, 3 StaRUG zulässigen Kündigung der Kreditlinie geht auch die Verwertungssperre als eine der Folgen der Stabilisierungsanordnung ins Leere. Einen praktischen Anwendungsfall kann man sich daher nur sehr eingeschränkt vorstellen.

3.5 Restrukturierungsplan

Der **Restrukturierungsplan** ist das Herzstück des Restrukturierungsverfahrens (siehe Desch, 2021b, S. 28, Ringelspacher/Ruch, 2021, S. 636 ff.). Er bildet analog zum Insolvenzplan oder Sanierungskonzept die Grundlage für die Neugestaltung des Krisenunternehmens. Während Praxiserfahrungen mit Sanierungskonzepten nach IDW S 6 (vgl. IDW, 2018a, S. 813 ff. und IDW, 2018b, S. 826 ff.) oder den Insolvenzplänen nach der Maßgabe der §§ 217 ff. InsO sowie IDW S 2 (vgl. IDW, 2020, S. 45 ff.) bestehen, ist abzuwarten, inwieweit der Restrukturierungsplan nach den §§ 5 ff. StaRUG in der Praxis ausgestaltet wird und sich Elemente aus anderen Konzepten übertragen lassen (vgl. Cranshaw/Portisch, 2020b, S. 106 ff.).

Der Restrukturierungsplan nach StaRUG dient primär der Umgestaltung der finanziellen Verbindlichkeiten und Sicherungsrechte. Dieser ist weniger auf die Sanierung im operativen Geschäft ausgerichtet, der leistungswirtschaftlichen Sanierung, sondern konzentriert sich auf die finanzwirtschaftliche Restrukturierung, die Umgestaltung ausgewählter Verbindlichkeiten. Die **Rechtsverhältnisse**, die im Restrukturierungsplan gemäß §§ 2–3 StaRUG gestaltet werden können betreffen:

- Forderungen der Gläubiger, wie diejenigen der Banken und Lieferanten
- Absonderungsanwartschaften aus Abtretungen und Sicherungsübereignungen
- Forderungen, Sicherungsrechte von Kreditkonsortien oder aus Poolverträgen
- Rangverhältnisse der Forderungen oder Absonderungsanwartschaften
- Anteils- oder Mitgliedschaftsrechte am zu restrukturierenden Unternehmens
- Gruppeninterne Sicherheiten wie Bürgschaften, Mithaftungen in Konzernen
- Bedingte oder noch nicht fällige Restrukturierungsforderungen
- Forderungen aus gegenseitigen Verträgen, bei denen die Leistung erbracht ist

Dagegen können die Forderungen gegenüber Arbeitnehmer aus Arbeitsverhältnissen sowie Rechte aus Zusagen auf betriebliche Altersversorgung gemäß § 4 StaRUG und die dort weiter genannten Forderungen nicht durch den Plan umgestaltet werden. Die Änderung individualvertraglicher Rechte und von Ansprüchen sowie von Rechten der Arbeitnehmer aufgrund von Instrumenten des kollektiven Arbeitsrechts ist nur möglich parallel beziehungsweise außerhalb des Plans durch die Änderung von Betriebsvereinbarungen mit dem Betriebsrat oder bei tarifvertraglichen Rechten durch einen Sanierungstarifvertrag mit der jeweiligen betrieblichen Gewerkschaft.

Bei nicht tarifgebundenen Unternehmen und solchen ohne **Betriebsrat** beschränkt sich der Schutz der Arbeitnehmer auf die Möglichkeiten des Individualarbeitsrechts unter Beachtung des Kündigungsschutzgesetzes (KSchG) soweit eben dieses Gesetz reicht (§ 23 Abs. 1 KSchG, die Unwirksamkeit der Kündigung, weil gemäß § 1 KSchG es für Arbeitnehmer, die länger als sechs Monate im Unternehmen tätig waren, sozial ungerechtfertigt, wenn sie nicht durch die Ausnahmen in § 1 KSchG gerechtfertigt ist, dies gilt nicht für Betriebe bis zu fünf Arbeitnehmern bei Vollzeitäquivalenten).

Ungeachtet des Umstandes, dass die arbeitsrechtlichen Verhältnisse im Rahmen des Plans nicht restrukturierbar sind, sind doch Änderungen nach Instrumenten außerhalb des Plans möglich. Es handelt sich dabei unter dem Aspekt der Unternehmenssanierung um ein der leistungswirtschaftlichen Sanierung zuzuordnendes Problemfeld, das in diesen Plan über § 62 StaRUG Eingang findet. Der darstellende Teil des Restrukturierungsplans kann die leistungswirtschaftlichen Erfordernisse einbringen und der gestaltende Teil kann die vorherige Erfüllung zur Bedingung der Wirksamkeit des Plans machen (siehe dazu § 62 StaRUG), so dass ihn das Gericht erst bestätigen wird, wenn diese Bedingungen erfüllt sind.

Beispiel: Mit dem **Betriebsrat** muss eine für notwendig erachtete Betriebsänderung (§§ 111 ff. BetrVG) vereinbart, ein Interessenausgleich beziehungsweise ein Sozialplan abgeschlossen sein (vgl. §§ 112, 112a BetrVG). Die Auswirkung zum Beispiel eines Sozialplans auf die Unternehmensplanung beziehungsweise die Unternehmensliquidität ist erheblich, so dass der dortige Aufwand in die Planung und damit den Sanierungsplan (darstellender Teil) einzubringen ist. Das ist eine klare Schnittstelle zur finanzwirtschaftlichen Sanierung und den Haircuts der planbetroffenen Gläubiger.

Die Neugestaltung der Forderungen und Sicherungsrechte richtet sich aus § 8 StaRUG nicht zwangsläufig wie in einem Insolvenzverfahren gegen alle Gläubiger. Der Schuldner kann und muss, wenn er sich nicht an alle Gläubiger wendet, eine sachgerechte Auswahl bestimmen. Der Schuldner wird regelmäßig seine Auswahl unter denjenigen Gläubigern treffen, deren Sanierungsbeiträge der Schuldner für die Restrukturierung für erforderlich hält und von denen er bei wirtschaftlicher Betrachtung der Rechtspositionen dieser Gläubiger ihm gegenüber annehmen darf, sie würden sich mit hoher Sicherheit an den Sanierungsbeiträgen zwecks einer Restrukturierung beteiligen. Dies können die Hausbanken und langjährig bekannte Lieferanten sein, mit denen umfangreiche Geschäftsbeziehungen bestehen. Die Wahrscheinlichkeit dazu wird zweckmäßig in Vorgesprächen ausgelotet.

Die Rechte und Ansprüche der nicht in den Plan einbezogenen Gläubiger sind allerdings vollständig zu erfüllen. Zudem ist die Auswahl dann nicht sachgerecht, wenn die Forderungen, nicht einbezogener Gläubiger aus Sicht des Schuldners zum Zeitpunkt eines **Restrukturierungsplans** in einem vorausgehenden Insolvenzverfahren nicht vollständig befriedigt würden (eine Folge aus § 8 Abs. 1 Satz 2 Nr. 1 StaRUG). Die Planbetroffenen sind gemäß § 9 StaRUG in Gruppen einzuteilen.

Erläuterung: Der **Restrukturierungsplan** bildet den Kern eines Restrukturierungsverfahrens und der Gestaltung der finanzwirtschaftlichen Verhältnisse des Unternehmens beziehungsweise der einer Unternehmensgruppe zugehörigen Firma inklusive der Sicherungsrechte. Dieser Plan ähnelt in der Struktur mit darstellendem und gestaltendem Teil sowie den Plananlagen, dem Insolvenzplan, dem er auch nachgebildet worden ist. Dieser Plan richtet sich nicht zwangsläufig an alle Gläubiger. Die Bestandsfähigkeit des Schuldners nach dem Plankonzept und dessen Umsetzung ist aufzuzeigen.

Einbeziehung von ausgewählten Planbetroffenen

Diese Forderungen werden zur Abgrenzung von den Insolvenzforderungen des § 38 InsO im Insolvenzverfahren als Restrukturierungsforderungen (§ 2 Abs. 1 Nr. 1 StaRUG) bezeichnet. Dabei müssen nicht sämtliche Gläubiger in die Umgestaltung ihrer Rechtspositionen einbezogen werden. Anders als im Insolvenzplanverfahren kann eine gezielte Auswahl der einbezogenen Forderungen und Rechte getroffen werden. Auch Nebenbestimmungen wie Financial Covenants oder Negativerklärungen können durch den Plan neu ausgestaltet werden, um eine außerordentliche Kündigung zu erschweren und die Refinanzierung bei dritten Gläubigern zu erleichtern.

Intercreditor Agreements können auch umstrukturiert werden, wie dies bei Konsortialverträgen und Sicherheitenpoolverträgen der Fall ist (vgl. § 2 Abs. 2 StaRUG). Die Optionen des § 2 Abs. 2 StaRUG reichen damit unter anderem bis in einzelne Klauseln der bestehenden Vertragsdokumentationen hinein. Allerdings geht dies nur soweit, als der Schuldner selbst in den Vertrag einbezogen ist. Das ist nicht der Fall bei Sicherheitenpoolverträgen, bei denen der Poolvertrag ausdrücklich nur unter Poolbanken geschlossen wird. Ferner kann ein Intercreditor Agreement in Gestalt eines Innenkonsortiums, ob „still“ oder nicht „still“ ebenfalls nicht der Gestaltung nach § 2 Abs. 2 StaRUG unterliegen, da der Schuldner hier nicht beteiligt ist. **Einbezogen** werden können gemäß § 2 StaRUG:

- Restrukturierungsforderungen der Gläubiger wie von Banken und Lieferanten
- Absonderungsanwartschaften mit Ausnahme von Finanzsicherheiten
- Anteils- und Mitgliedschaftsrechte an dem Unternehmensträger
- Gruppeninterne Drittsicherheiten, Bürgschaft, Mithaft Tochtergesellschaften

Durch die Einbeziehung der Sicherungsrechte in Unternehmensverbünden soll die Restrukturierung von **Konzernen** erleichtert werden. Auf die Weise soll zum einen die Insolvenz der sicherungsgebenden Konzerngesellschaft verhindert werden können und zum anderen soll der Sicherungsnehmer geschützt werden. Das verbundene Unternehmen, der Sicherungsgeber, muss der Umgestaltung seiner Haftung zustimmen (§ 15 Abs. 4 StaRUG). Die Lösung des § 2 Abs. 4 StaRUG ist eine Abkehr vom Grundsatz des § 43 InsO, wonach im Insolvenzverfahren des Haftenden bei Haftung mehrerer für eine Schuld der Grundsatz der Doppel- und Vollberücksichtigung gilt.

Beispiel: Die in ein Restrukturierungsverfahren eintretende A-AG hat eine Darlehensverpflichtung (Barkredit- mit Avallinie) gegenüber der Bank B in Höhe von x Euro als alleinige Darlehensnehmerin. Die vier **Tochtergesellschaften** der A, die C, D, E sowie F übernehmen die Bürgschaft (C,D), stellen eine Grundschuld am Immobilieneigentum der E beziehungsweise treten Forderungen aus Lieferungen und Leistungen von F an B ab, um die Finanzierung der A zu besichern. In der Insolvenz der A sowie der Konzerngesellschaften macht die Bank B in jeder Insolvenz ihren vollen Anspruch geltend und erhält in jedem Verfahren diese Quote darauf, bei E und F die Sicherheitenerlöse, insgesamt bis zur vollen Höhe der Forderung nebst Zinsen und Kosten (bis zur Höhe der Sachsicherheitenerlöse).

Nach § 2 Abs. 4 StaRUG sieht dies anders aus, denn sämtliche Sicherheiten können demnach im Plan der A AG gegen Entschädigung abgelöst werden. Alle Konzernunternehmen können zudem „einheitlich“ restrukturiert werden, wie aus dem Gruppen-Gerichtsstand des § 37 StaRUG hervorgeht. Diese Norm ermöglicht die Konzern-Restrukturierung auch in Folgeverfahren vor demselben Restrukturierungsgericht. Die Verfahrensleitung obliegt hier dem Schuldner, das ist die Geschäftsleitung der jeweiligen Unternehmensträger, der A sowie der weiteren Gesellschaften C–F, aber unter der Steuerung der A AG als Konzernobergesellschaft, denn dieser Konzernverbund bleibt aufrechterhalten.

Man darf hierbei unter Beachtung des § 2 Abs. 4 StaRUG erwarten, dass die Einbeziehung der „gruppeninternen Drittsicherheit“ im Plan der A auf die Zustimmung der Tochtergesellschaften nach § 15 Abs. 4 StaRUG stößt. Danach stellt sich die Frage des Betrages der angemessenen Entschädigung, die dann in den Plan mit aufzunehmen ist. Hier ist zu erwarten, dass Bewertungsspielräume zu Lasten des Gläubigers ausgereizt werden. Kommt es dann zu einer Folgeinsolvenz der A, erstarken die ursprünglichen Sicherheiten nicht mehr, sondern der betroffene Gläubiger, hier die Bank B, hat ja hierfür in der Restrukturierung bereits eine wahrscheinlich deutlich wertgeminderte Entschädigung erhalten.

Der § 2 Abs. 4 StaRUG bedeutet einen Einstieg in die Substantive Consolidation, ein ausnahmsweise insbesondere im US-Recht angewandtes Instrument, bei dem Vermögensmassen wie bei untrennbarer Vermögensvermischung im Konzern zusammengeführt werden und der Gläubiger die Quote nur einmal aus der rechnerisch zusammen geführten einzigen Masse erhält. Die Struktur bedeutet Vorteile der größeren Masse für Non Sophisticated Creditors, die dadurch eine höhere Quote erhalten und Nachteile für institutionelle Gläubiger, die sich wie in dem obigen Fall rechtzeitig durch Mitverpflichtungen oder auf sonstige Art und Weise besser gegen Ausfallrisiken abgesichert haben. Für die Fälle des § 2 StaRUG sind die Rechtsverhältnisse gemäß § 2 Abs. 5 StaRUG zum Zeitpunkt der Unterbreitung des Planangebotes maßgeblich, zum Zeitpunkt der gerichtlichen Abstimmung oder zum Zeitpunkt.

Auch bedingte und noch nicht fällige Forderungen können gemäß § 3 Abs. 1 StaRUG gestaltet werden. Die Leistung bei gegenseitigen Verträgen muss zuvor bereits erbracht sein (§ 3 Abs. 2 StaRUG), das hat Bedeutung unter anderem für Kreditlinien, die zum maßgeblichen Zeitpunkt gemäß § 2 Abs. 5 StaRUG nicht ausgenutzt waren. Können sie in Anspruch genommen werden, muss also die betroffene Bank sehenden Auges die Inanspruchnahme hinnehmen, wissend, dass es auch insoweit einen Haircut geben wird oder sie kann die Linie einfrieren. Das Gesetz lässt die Problematik völlig offen, sowohl in Wortlaut als auch in Begründung der §§ 49, 55 StaRUG.

Der dissentierende Gläubiger ist für seinen Rechtsverlust angemessen zu entschädigen (§ 2 Abs. 4 Satz 1 Halbsatz 2 StaRUG). Auf Ebene der Anteilseigner, deren Beteiligung im Plan umstrukturiert werden kann gilt dieser Grundsatz der Freiwilligkeit nicht (§§ 2 Abs. 3 StaRUG, die Regelung ist § 225a Abs. 1, 3 InsO entlehnt).

Die Begründung der die Möglichkeit ablehnenden Meinung besteht darin, dass die Werthaltigkeit der Anteile in diesem vorinsolvenzlichen Stadium gegenüber der Situation einer Insolvenz noch nicht beeinträchtigt sei. Die Erwägung darf mit jener Begründung allerdings bezweifelt beziehungsweise abgelehnt werden, da bei Bestehen der drohenden Zahlungsfähigkeit, das heißt der Liquiditätskrise, die in den näheren Zeithorizont zur Zahlungsunfähigkeit führen kann, nicht mehr von der 100%-igen Werthaltigkeit der Position von Anteilseignern ausgegangen werden kann. Im Gegenteil würde eine Unternehmensbewertung, heruntergebrochen auf die Beteiligung, eine deutliche Wertminderung bis nahe Null zeigen können.

An der Börse würde sich der Zustand einer drohenden Zahlungsunfähigkeit negativ auf den Kurs der Aktien auswirken. Die Öffentlichkeit des Restrukturierungsverfahrens würde sich vermutlich zudem schädlich für die allgemeine Reputation erweisen. Die Anteilseigner, die einem Verlust oder einer Verwässerung ihrer Anteile im Plan unterworfen werden, wird auf den Antrag auf Minderheitenschutz wegen Verschlechterung durch den Plan verwiesen (§ 64 StaRUG) sowie auf den angemessenen Interessenausgleich nach § 28 Abs. 2 Nr. 1 StaRUG (Relative Priority Rule), wenn es Gründe gibt, die Eigner am Planmehrwert zu beteiligen. Es ist gemäß § 9 StaRUG zwischen folgenden Gruppen planbetroffener Gläubiger zu unterscheiden, die eine Relevanz für den späteren **Abstimmungsprozess** haben können:

- Inhaber von Absonderungsanwartschaften
- Inhaber von Forderungen, die in der Insolvenz nicht nachrangig sind
- Inhaber von nachrangigen Forderungen
- Inhaber von Anteils- oder Mitgliedschaftsrechten
- Gläubiger aus gruppeninternen Drittsicherheiten

Das Planinitiativrecht liegt beim Schuldner. Dieser darf damit die vom Restrukturierungplan betroffenen Gläubiger auswählen (sachgerechte Auswahl). Dabei ist Voraussetzung für die Durchführung eines Restrukturierungsverfahrens, dass lediglich die drohende Zahlungsunfähigkeit gegeben sein darf. Diese sollte gegebenenfalls in Analogie zum Schutzschirmverfahren durch einen externen Spezialisten wie einen Wirtschaftsprüfer zur Absicherung des Verfahrens offiziell bestätigt werden. Vorgeschrieben beziehungsweise vorgesehen ist das nicht.

Den Planbetroffenen in einer Gruppe sind gemäß § 10 StaRUG gleiche Rechte anzubieten, anders gewendet bedeutet das die Möglichkeit der Ungleichbehandlung der verschiedenen Gläubigergruppen untereinander. Der Restrukturierungsplan besteht gemäß § 5 ff. StaRUG, wie auch der Insolvenzplan gemäß §§ 217 ff. InsO, aus einem darstellenden und einem gestaltenden Teil sowie den Plananlagen. Es erfolgt über die Planbestandteile primär die Umstrukturierung der Forderungen und Rechte mit Vergleichsrechnungen zu den erwarteten Befriedigungsquoten. Dieser Plan stimmt weitgehend mit einem Insolvenzplan überein (vgl. Pannen/Riedemann/Smid-Smid, 2021, § 5, Rn. 5 ff. und Desch, 2021b, S. 28 ff.).

Daher kann der Konzeptstandard IDW S 2 für die Struktur sowie Ausgestaltung der Inhalte des Restrukturierungsplans herangezogen werden (vgl. IDW, 2020, S. 45 ff., Portisch/Jansen, 2019, S. 230 ff.). Zudem ist wegen des Erfordernisses einer betriebswirtschaftlichen Neuorientierung auf den IDW S 6 zurückzugreifen (vgl. IDW, 2018a, S. 813 ff.), wenn er auch keine insolvenzrechtliche Normqualität hat. Zu gestalten sind die im Plan einbezogenen Forderungen und **Absonderungsanwartschaften**.

! **Erläuterung:** Auf der Grundlage eines Restrukturierungsplans können nach § 2 Abs. 1 StaRUG Forderungen gestaltet werden, die gegen einen restrukturierungsfähigen Schuldner begründet sind, sogenannte **Restrukturierungsforderungen** und die dazugehörigen **Absonderungsrechte**, im Restrukturierungskontext als **Absonderungsanwartschaften** bezeichnet, da Restrukturierungen außerhalb der Insolvenz stattfinden. Aussonderungsrechte sind nicht Gegenstand der Gestaltung im Plan. Sie können aber einer Durchsetzungssperre nach § 49 Abs. 1 Nr. 2 StaRUG unterworfen werden.

Der **darstellende Teil** beschreibt nach § 6 StaRUG die Grundlagen und Auswirkungen des Plans, die Befriedigungsaussichten der ausgewählten Planbetroffenen. Dabei kann die Vergleichsrechnung die Zielrichtung des Plans im Rahmen einer Fortführung oder eines Unternehmensverkaufs in den Blick nehmen (§ 6 Abs. 2 StaRUG). Bei einer Fortführungslösung sind bei der Vergleichsrechnung die jeweiligen Fortführungswerte (Going Concern) zugrunde zu legen. Darzustellen sind Maßnahmen, die nicht über den gestaltenden Teil herbeigeführt werden können, wie diejenigen der personalwirtschaftlichen Restrukturierung, die nur die Beschreibung dessen ist, was mit den Arbeitnehmern ausgehandelt wurde oder werden soll.

Im **gestaltenden Teil** nach § 7 StaRUG wird festgelegt, wie die Rechtsstellung der Inhaber von einbezogenen Restrukturierungsforderungen, der Inhaber von Absonderungsrechten oder von gruppeninternen Drittsicherheiten sowie von Inhabern der Anteils- und Mitgliedsrechte geändert werden soll (§ 7 Abs. 1 StaRUG). Auch ein freiwilliger Debt Equity Swap, auf der Ebene der eine Beteiligung eingehenden Gläubiger, wird in § 7 Abs. 4 StaRUG wie in § 225a Abs. 2 InsO ermöglicht.

Des Weiteren sind **Planunterlagen** gemäß § 14 StaRUG beizufügen. Diese bestehen zum einen in der Erklärung zu der Beseitigung der drohenden Zahlungsunfähigkeit und der vorhandenen Bestandsfähigkeit und zum anderen in einer Vermögensübersicht mit dem Szenario bei Wirksamwerden des Plans. Daneben ist aus § 14 Abs. 2 Satz 2 StaRUG eine Finanzplanung beizulegen mit der Abfolge der Einnahmen und Ausgaben, um die Zahlungsfähigkeit für den Zeitraum, während dessen die Gläubiger befriedigt werden sollen, zu dokumentieren.

Hier wäre es betriebswirtschaftlich begrifflich genauer mit den Planungselementen „Einzahlungen“ und „Auszahlungen“ zu arbeiten, da nur auf dieser Grundlage die Zahlungsfähigkeit bestimmt werden kann sowie ein Finanzplan nur anhand dieser betriebswirtschaftlichen Zahlungsgrößen aufgestellt wird. So erzeugt eine Abschreibung einen Aufwand, der jedoch nicht zahlungswirksam ist.

Zusätzlich können Anlagen beziehungsweise Erklärungen gemäß § 15 StaRUG, beispielsweise bei der KGaA, erforderlich sein. Die Auswahl der Planbetroffenen hat gemäß § 8 StaRUG sachgerecht zu erfolgen. Es ist zudem transparent darzulegen, welche Gläubiger in den Restrukturierungsplan einbezogen werden und welche nicht. In der folgenden Abb. 3.7 wird der Musteraufbau eines Plans dargestellt.

Restrukturierungsplan nach StaRUG gemäß IDW S 2 sowie IDW S 6

1. Darstellender Teil
- Ziele und Regelungsstruktur des Plans
- Auswahl der Planbetroffenen
- Gruppenbildung und Stimmrechte
- Regelung für die vorgesehenen Gläubigergruppen
- Beschreibung der notwendigen Unternehmensdaten
- Krisenursachenanalyse und Lagebeurteilung des Unternehmens
- Leitbild für das durch den Plan umzugestaltende Unternehmen
- Darstellung der für die Umsetzung des Plans notwendigen Maßnahmen
- Vergleichsrechnungen bei Annahme und bei Ablehnung des Plans

2. Gestaltender Teil
- Planregelungen für die im StaRUG vorgesehenen Gläubigergruppen aus § 9 StaRUG
- Regelung für die Inhaber von Anteils- und Mitgliedschaftsrechten
- Gestaltung von vertraglichen Nebenbedingungen gemäß § 2 StaRUG
- Zeitpunkt des Wirksamwerdens des Plans
- Haftung des Schuldners gemäß § 11 StaRUG
- Einräumung einer neuen Finanzierung gemäß § 12 StaRUG
- Änderung sachenrechtlicher Verhältnisse gemäß § 13 StaRUG
- Auswirkung auf Beschäftigungsverhältnisse, Anhörung Arbeitnehmervertreter

3. Plananlagen
- Erklärung Bestandsfähigkeit, Vermögensübersicht, Ergebnis- und Finanzplan § 14 StaRUG
- Erklärung der Gesellschafter, von Gläubigern die Anteilsrechte halten, verpflichtender Dritter
- Zustimmung von verbundenen Unternehmen bei Eingriff in gruppeninterne Sicherheiten
- Ausführungen gemäß der Anlage zu § 5 Satz 2 StaRUG

Abb. 3.7: Restrukturierungsplan (Quelle: In Anlehnung an Braun-Böhm, 2021, § 5, Rn. 5 ff.)

Gemäß § 16 StaRUG ist eine Online-Checkliste für Restrukturierungspläne bereitzustellen, die an die besonderen Bedürfnisse von kleinen und mittleren Unternehmen angepasst ist. Diese Checkliste wird auf der Internetseite www.bmjv.bund.de veröffentlicht. Die Online-Liste mit praktischen Leitlinien für die Erstellung des Plans, insbesondere für kleine und mittlere Unternehmen, ist bei einer geeigneten Struktur sicherlich nützlich. Sie garantiert aber keineswegs einen immer betriebswirtschaftlich sachgerechten und individuell ausgearbeiteten Plan. Dieser soll bei der Umsetzung letztendlich die Wettbewerbsfähigkeit der Firma gewährleisten.

Daher gelten gegebenenfalls auch weitergehende Anforderungen als an einen Insolvenzplan. Es ist eher auf ein Sanierungskonzept, beispielsweise in Anlehnung an den IDW S 6 mit notwendigen Elementen aus den gesetzlichen Modulen des StaRUG hinzuwirken. Der Restrukturierungsplan sollte ein wirtschaftlich realisierbares Konzept aufzeigen, mit welchen Maßnahmen ein Unternehmen wieder in der Gewinnsituation geführt werden kann oder eben auch nicht. Gerade die kritische Analyse des Geschäftsmodells ist unbedingt erforderlich. Die Mindestanforderungen an den Plan aus der Anlage zu § 5 Satz 2 StaRUG beinhalten Basisdaten.

Anlage (zu § 5 Satz 2) Notwendige Angaben im Restrukturierungsplan

Neben den sich aus den §§ 5 bis 15 StaRUG ergebenden Angaben hat der Restrukturierungsplan mindestens die folgenden **Aufstellungen** zu enthalten. Dieses sind die Mindestinhalte, daneben sind die betriebswirtschaftlichen Informationen zu geben:

- 1. Firma oder Namen und Vornamen, Geburtsdatum, Registergericht und Registernummer, unter der der Schuldner in das Handelsregister eingetragen ist, Geschäftszweig oder Beschäftigung, gewerbliche Niederlassungen oder Wohnung des Schuldners und bei mehreren Niederlassungen die Hauptniederlassung.
- 2. die Vermögenswerte und Verbindlichkeiten des Schuldners zum Zeitpunkt der Vorlage des Restrukturierungsplans, einschließlich der Bewertung der Vermögenswerte, eine Beschreibung der wirtschaftlichen Situation des Schuldners und der Position der Arbeitnehmer sowie eine Beschreibung der Ursachen und des Umfangs der wirtschaftlichen Schwierigkeiten des Schuldners.
- 3. die Planbetroffenen, die entweder namentlich zu benennen oder unter hinreichend konkreter Bezeichnung der Forderungen oder Rechte zu beschreiben sind.
- 4. die Gruppen, in welche die Planbetroffenen für die Zwecke der Annahme des Restrukturierungsplans unterteilt wurden, und die auf deren Forderungen und Rechte entfallenden Stimmrechte.
- 5. die Gläubiger, Inhaber von Absonderungsanwartschaften sowie Inhaber von Anteils- oder Mitgliedschaftsrechten, die nicht in diesen Restrukturierungsplan einbezogen wurden, zusammen mit einer Erläuterung der Gründe für eine unterbliebene Einbeziehung, eine Beschreibung unter Bezugnahme auf Kategorien gleichartiger Gläubiger, Inhaber von Absonderungsanwartschaften sowie Inhaber von Anteils- oder Mitgliedschaftsrechten genügt, wenn dadurch die Überprüfung der sachgerechten Abgrenzung nach § 8 nicht erschwert wird.
- 6. Name und Anschrift des Restrukturierungsbeauftragten, sofern ein solcher bestellt ist.
- 7. die Auswirkungen des Restrukturierungsvorhabens auf die Beschäftigungsverhältnisse sowie Entlassungen und Kurzarbeiterregelungen und die Modalitäten der Unterrichtung und Anhörung der Arbeitnehmervertretung.
- 8. sofern der Restrukturierungsplan eine neue Finanzierung (§ 12) vorsieht, die Gründe für die Erforderlichkeit dieser Finanzierung.

Im Detail enthält der **darstellende Teil** gemäß § 6 StaRUG folgende Inhalte:

- Ziele und Regelungsstruktur des Restrukturierungsplans
- Maßnahmen zur finanziellen Umgestaltung, Kürzung, Stundung
- Tausch von Forderungen in Verbindlichkeiten über Debt Equity Swap
- Darstellung der Ist- und der Soll-Situation des Krisenunternehmens
- Krisenstadium, Krisenursachenanalyse, Unternehmensleitbild
- Vergleichsrechnung mit Auswirkungen auf die Planbetroffenen

Gerade der Vergleichsrechnung kommt dabei eine besondere Bedeutung zu, da sie die wirtschaftlichen Fakten liefert und die Planbetroffenen von der Vorteilhaftigkeit des Plans anhand der Befriedigungsaussichten überzeugen soll. Als Szenarien sind diejenigen mit und ohne Plan gegenüberzustellen. Es soll jedoch nicht automatisch bedeuten, dass die Alternative ohne Plan mit einer Insolvenz gleichzusetzen ist und dementsprechend eine nur sehr geringe Quote im Gegensatz zur Annahme des Plans gegenübergestellt wird (vgl. Braun-Böhm, 2021, § 6, Rn. 10 ff.).

Daher wird auch eine fundierte Begründung gefordert, wenn ohne Plan eine Fortführung des Unternehmens nicht möglich erscheint, damit der Schuldner sich nicht einen hohen Spielraum für Kürzungen und Forderungen und weitere Eingriffe in die Rechte der Planbetroffenen verschafft (vgl. Braun-Böhm, 2021, § 6, Rn. 14). In einem Insolvenzszenario kann gegebenenfalls auch eine übertragende Sanierung als Asset Deal noch zu finanziellen Erfolgen führen, im Gegensatz zum Regelinsolvenzverfahren, sofern dort eine Abwicklung durch eine Verwertung der Vermögensgegenstände und Rechte in Form einer Einzelverwertung („Piecemeal") erfolgt.

Im Rahmen der Vergleichsrechnung nach § 6 Abs. 2 StaRUG ist zusammenfassend festzustellen, dass bei der Bewertung im Allgemeinen von Fortführungs- und nicht von Liquidationswerten auszugehen ist. Die Bewertung in der Vergleichsrechnung antizipiert zugleich die Voraussetzungen des Cram Down des § 26 StaRUG, denn sie ist die Basis für die gerichtlichen Entscheidungen in diesem Zusammenhang (Pannen/Riedemann/Smid-Smid, 2021, § 6, Rn. 29, 30). Für ungesicherte Gläubiger wäre dies meist nur geringe Insolvenzquote die Referenzgröße bei Aussichtslosigkeit der Unternehmensfortführung (einschließlich des Verkaufs), für absonderungsberechtigte Gläubiger wie die betroffenen Banken und Lieferanten gilt der Wert des jeweiligen Absonderungsrechts in der Verwertung (außerhalb der Fortführungswerte).

Beispiel: Die planbetroffenen Banken halten **Sicherheiten** zu Liquidationswerten und sie sind etwa Inhaber von Absonderungsanwartschaften wie Grundschulden, Globalzession der Forderungen des Schuldners aus Lieferungen und Leistungen oder der Sicherungsübereignung des Warenlagers. Die planbetroffenen Lieferanten halten die Sicherungsrechte aus verlängertem Eigentumsvorbehalt. Die Kürzung bei den Hausbanken um 30% und den unbesicherten Nebenbanken um 50% sowie bei den Lieferanten um 10% der Nominalforderungen wird begründet mit der Wiederherstellung der Kapitaldienstfähigkeit sowie der Aufrechterhaltung Zahlungsfähigkeit, der ansonsten drohenden Insolvenz und der damit verbundenen geringeren Quote in der Regelabwicklung bei Zerschlagung oder der übertragenden Sanierung mit der Verwertung von Unternehmensteilen bei Insolvenzeröffnung.

Daraus ergibt sich basierend auf dem Beispielfall eine Vergleichsrechnung gemäß § 6 Abs. 2 StaRUG in der die Befriedigungsaussichten der Planbetroffenen in unterschiedlichen Szenarien bei Umsetzung des Plans, mit Liquidation und Verwertung der Sicherheiten (Zerschlagungsszenario) und der übertragenden Sanierung als Verwertungsmaßnahmen in der Insolvenz gegenübergestellt werden.

In der folgenden Tab. 3.1 wird eine mögliche Vergleichsrechnung auf Basis des oben dargestellten Beispiels aufgezeigt. Gezeigt werden die erwarteten StaRUG-Erlöse für die Gläubiger in den Szenarien 1. bis 3, es ergeben sich automatisch die Quoten.

Tab. 3.1: Vergleichsrechnung Darstellender Teil des Plans in TEuro (Quelle: Eigene Darstellung)

Planbetroffene	Ist-Linien	Sicherheiten	1. Plan-Linien	2. Liquidation	3. Übertragung
Hausbank 1	1.000	500	700	500	600
Hausbank 2	1.000	500	700	500	600
Nebenbank 1	500	Keine	250	50	60
Nebenbank 2	500	Keine	250	50	60
Lieferant 1	100	50	90	50	60
Lieferant2	100	50	90	50	60

Wie gezeigt, ergeben sich Vorteile für die Planbetroffenen, die Banken und Lieferanten, wenn sie den Kürzungen gemäß den Plan-Linien zustimmen, da die prognostizierten Erlöse im Rahmen der Liquidation oder übertragenden Sanierung in der Insolvenz geringer ausfallen als bei der Annahme der Kürzungen gemäß dem Plan.

Ob die Gläubiger diese Berechnungen teilen, dem Restrukturierungsplan zustimmen und die Verzichte akzeptieren, ist nicht vorauszusagen, da diese ihre eigenen Kalkulationen anstellen werden. Es spielen unter anderem Erwartungen zu Veräußerungen und Bewertungen von Sicherheiten unter Going-Concern-Gesichtspunkten eine Rolle und die damit beinhalteten Wertberichtigungen. Wenn Einzelwertberichtigungen und Rückstellungen im Rahmen der vorgerechneten Szenarien deutlich angehoben werden müssen, ist dieses gerade bei den betroffenen Kreditinstituten nicht förderlich für die Verhandlungen. Es spielt die individuelle Gewinnsituation der Banken eine Rolle. So kann der Plan als Drohkulisse des Schuldners oder das mögliche scheitern lassen aus Bankensicht eingesetzt werden. Eine Kürzung dieser Absonderungsrechte liegt nur vor, wenn die Forderungen derart reduziert werden, dass der Wert des Absonderungsrechts unterschritten wird. Dann wird der Absonderungsberechtigte dem Restrukturierungsplan nicht zustimmen, der Cram Down scheitert an § 26 Abs. 1 Nr. 1 StaRUG, da er durch den Plan schlechter gestellt wird als ohne.

Der **gestaltende Teil** enthält gemäß § 7 StaRUG folgende Inhalte:

- Änderung der Rechtsstellung der Inhaber von Restrukturierungsforderungen
- Änderung der Rechtsstellung der Inhaber von Absonderungsanwartschaften
- Änderung der Rechtsstellung der Inhaber gruppeninterner Drittsicherheiten
- Änderung der Rechtsstellung Inhaber von Anteils- oder Mitgliedschaftsrechten
- Darlegung der Kürzung, Zeitraum Stundung, Sicherung, sonstige Regelungen
- Abänderung vertraglicher Nebenbestimmungen oder Vereinbarungen § 2 Abs. 2

Gemäß § 7 Abs. 2 StaRUG ist zu benennen, um welchen Prozentsatz die Forderungen in den gesetzlichen Gruppen (§ 9 StaRUG) gekürzt werden, wie in Tab. 3.2 gezeigt.

Tab. 3.2: Quotenberechnung Gestaltender Teil des Plans in TEuro (Quelle: Eigene Darstellung)

Planbetroffene	Ist-Linien	Sicherheiten	Kürzung nominal	Kürzungsquote
Hausbank 1	1.000	500	300	30%
Hausbank 2	1.000	500	300	30%
Nebenbank 1	500	Keine	250	50%
Nebenbank 2	500	Keine	250	50%
Lieferant 1	100	50	10	10%
Lieferant2	100	50	10	10%

Auch neue Finanzierungen (§ 12 StaRUG) können in den Plan aufgenommen werden, als Fresh Money oder in Form von echten Prolongationen nach Auslaufen des Kapitalnutzungsrechts vor dem nach § 2 Abs. 5 StaRUG maßgeblichen Zeitpunkt sowie Sicherheiten dafür, das heißt dingliche Sicherheiten, aber auch Personalsicherheiten Dritter, wie Bürgschaft, Garantie oder Mithaftung zur Absicherung einer neuen Finanzierung. Im darstellenden Teil des Plans muss begründet werden, warum die Finanzierung für die Planverwirklichung notwendig ist.

Neue Finanzierungen gemäß § 12 StaRUG können erforderlich sein, um den weiteren Geschäftsbetrieb während der Verhandlungen über den Plan und nach Umsetzung des Plans aufrecht zu erhalten. Die neuen Finanzierungen und auch die darauf bezogenen Sicherheiten sind bei der Haftung und Anfechtung gemäß §§ 89, 90 StaRUG privilegiert (vgl. Braun-Böhm, 2021, § 12, Rn. 12 ff.). Gegeben werden können zur Finanzierung beispielsweise neue Darlehen, aber auch Liquiditätserleichterungen der Lieferanten durch das Hinausschieben von Zahlungszielen, gegebenenfalls in enger Abstimmung mit den Kreditversicherern.

Prolongationen von Krediten und Stundungen der Finanzgläubiger stellen dagegen keine neue Finanzierung im Sinne des § 12 StaRUG dar. Lediglich Prolongationen und Stundungen während der Verhandlungen über den Plan sind als Zwischenfinanzierungen anzusehen und dann bis zur Bestätigung des Plans über § 89 StaRUG geschützt. Die Maßnahmen sind anschließend als Planbestandteil regelbar und sind dann über § 90 StaRUG privilegiert, beispielsweise bei den Tilgungsaussetzungen, während der Ausarbeitung und Debatte über den Restrukturierungsplan.

Die neue Finanzierung erfolgt auf der Grundlage des Plans, der den Planbetroffenen zur Abstimmung gestellt wird. Diese ist auch Prüfungsinhalt durch das Gericht gemäß § 63 Abs. 2 StaRUG. Wenn das Zustandekommen der neuen Finanzierung unsicher ist, kann daraus auch die Versagung der Planbestätigung abgeleitet werden.

Im Restrukturierungsplan sind gemäß § 2 Abs. 2 Satz 1 StaRUG auch Einzelbestimmungen in Sicherheitenpoolverträgen, Konsortialverträgen, Schuldverschreibungen sowie Schuldscheindarlehen gestaltbar. Dabei ist bei Konsortialfinanzierungen nur das Außenkonsortium umfasst, weder das stille Innenkonsortium noch das gegenüber dem Schuldner offengelegte. Mit den Rechtsänderungen zu den vertraglichen Einzelbestimmungen ist gemeint, inwieweit beispielsweise Verpflichtungen aus der Einhaltung von Finanzrelationen über die Financial Covenants umgestaltet werden können. Zu dem Instrumentarium der Klauseln in Form der Financial und Non Financial Covenants ist festzustellen, dass gerade die Financial Covenants in der Krise vereinbart werden, um den Schuldner eng zu binden und die Sanierungserfolge an den erreichten Kennzahlen zu verifizieren.

Überschießende und kombinierte Covenants, wie diese nicht selten aus international determinierten Finanzierungsdokumenten hervorgehen, sind dabei natürlich zu vermeiden. Gegenüber dem Insolvenzverfahren gelten diese Klauseln jedoch weiter, da vertragliche Rechtsverhältnisse außerhalb der Insolvenz in einem Restrukturierungsverfahren von Unternehmen ohne Einschränkungen bestehen bleiben (vgl. dazu Braun-Böhm, 2021, § 7, Rn. 13 ff.).

Der Restrukturierungsplan kann gemäß § 2 Abs. 4 StaRUG auch die Rechte der Inhaber von Restrukturierungsforderungen gestalten, die diesen aus einem verbundenen Unternehmen zum Beispiel als Bürge oder Mitschuldner oder an Sicherheiten des verbundenen Unternehmens zustehen. Diese in der Praxis übliche Mitverpflichtung von Konzernunternehmen beziehungsweise die Besicherung einer der Muttergesellschaft oder von einer oberen Konzernfinanzierungsgesellschaft gewährten Finanzmittel durch Personalsicherheiten oder Rechten an Assets der gruppenzugehörigen Gesellschaften durch Upstream oder Sidestream Securities war in der Insolvenz für Gläubiger bisher unproblematisch, weil § 43 InsO die kumulative Geltendmachung der Forderung ermöglicht. Diese Norm entspricht § 32 VglO. Die Banken profitieren von dieser Lösung, ökonomisch verteilt sie aber das Risiko der Finanzierung konzernweit. Es ist sachgerecht, weil die Verwendung von Barkreditlinien wie Kontokorrentlinien und Avallinien in einer Unternehmensgruppe oftmals über Cash Pools gestreut wird, gleichgültig, wer bürgerlich-rechtlicher Kreditnehmer ist.

§ 2 Abs. 4 StaRUG bricht diese Struktur auf, womit sich die Quote für alle Gläubiger erhöht, mit Ausnahme für diejenigen, die von der Doppelberücksichtigung wie nach § 43 InsO profitieren. § 2 Abs. 4 StaRUG lässt Konzernsicherheiten im Sinne des § 43 InsO in den Restrukturierungsplan einbeziehen, das heißt sie können je nach Gestaltung ihre Wirksamkeit einbüßen. Allerdings ist beim Eingriff in diese Sicherheiten aus dem „Vermögen des Schuldners eine Entschädigung zu leisten“ und zwar innerhalb der Werthaltigkeit der Konzernsicherheiten. Es bedeutet aber nicht zwingend den vollständigen Ausgleich für die Sicherheit. Die Begründung des Gesetzes weist zugleich darauf hin, diese Werthaltigkeit könne durch die Kapitalerhaltungsvorschriften gemindert sein.

Des Weiteren ist ein Eingriff in die Rechte der Anteilseigner nach § 7 Abs. 4 StaRUG möglich. Dann ist analog zur Insolvenzordnung gemäß § 225a Abs. 2 InsO ein Debt Equity Swap durchführbar, nach den näheren Bestimmungen der InsO.

Gemäß § 11 Abs. 1 StaRUG wird der Schuldner in Höhe eines Kürzungsbetrags nach positiver Abstimmung über den Restrukturierungsplan von seinen Verbindlichkeiten befreit. Dabei kann gegebenenfalls, ohne die Möglichkeit aufgelaufene Verluste gegenrechnen zu können, ein steuerlicher Sanierungsgewinn entstehen. Steuerliche Problemstellungen können sich ebenfalls auch bei der Umsetzung des Debt Equity Swap ergeben. Die Steuerfolgen sind bei der Planerstellung zu prüfen und in die Gestaltungen mit einzubeziehen (vgl. Braun-Böhm, 2021, § 11, Rn. 6).

Die **Plananlagen** gemäß § 14 StaRUG beinhalten folgende Unterlagen:

- Erklärung zur Bestandsfähigkeit des Unternehmens
- Beseitigung der drohenden Zahlungsunfähigkeit
- Übersicht der Vermögensgegenstände und Verbindlichkeiten nach Plan
- Einzahlungen, Auszahlungen für Zeitraum der Befriedigung der Gläubiger
- Plan für Restrukturierungsforderungen, unberührte und künftige Forderungen

Prägend im StaRUG sind die Begriffe Bestandsfähigkeit sowie Restrukturierungsfähigkeit. Die **Bestandsfähigkeit** gemäß § 14 StaRUG meint im Sinne des Gesetzes die mögliche Wiederherstellung der Wettbewerbsfähigkeit und es existieren Übereinstimmungen zur Sanierungsfähigkeit und zur handelsrechtlichen Fortführungsfähigkeit (Going Concern), die sich auf die Bewertung der Aktiva auswirkt sowie zur insolvenzrechtlichen Fortbestehensprognose. Im Restrukturierungskontext bestehen mit dem Begriff der Bestandsfähigkeit Schnittmengen zur Sanierungsfähigkeit und Sanierungswürdigkeit. Des Weiteren setzt die Bestandsfähigkeit die positive insolvenzrechtliche Fortbestehensprognose voraus. Dieses entspricht dem Stufenkonzept des IDW S 6, in dem vor der Sanierungsanalyse stets die Insolvenzreife der Firma zu überprüfen ist (vgl. IDW, 2018a, S. 813 ff.). Grundlage einer möglichen Planbestätigung ist eine Erklärung zur Bestandsfähigkeit des Unternehmens nach § 14 StaRUG durch den Schuldner. Dieser Nachweis ist vergleichbar mit der Sanierungsfähigkeit, der in außergerichtlichen Sanierungen in der Regel von einem externen auf Sanierungen und Restrukturierungen spezialisierten Gutachter abgegeben wird.

Es ist daran zu erinnern, dass die Notwendigkeit eines solchen „Sanierungsgutachtens“ durch Rechtsprechung des Bundesgerichtshofs ausgelöst wurde, der in dem grundlegenden Urteil seine Rechtsansicht, die er später weiter zur ständigen Rechtsprechung ausdifferenziert hat, zum ernsthaften Sanierungsversuch, welcher die insolvenzrechtliche Anfechtung wegen vorsätzlicher Gläubigerbenachteiligung im Ergebnis ausschließt, geäußert hat (BGH, 04.12.1997, IX ZR 47/97). So setzt ein derartiger Sanierungsversuch ein in sich schlüssiges Konzept voraus, das von erkannten sowie erkennbaren tatsächlichen Gegebenheiten ausgeht sowie nicht offensichtlich undurchführbar ist. Dies erscheint auch sachlogisch.

Diese Entscheidung und die Nachfolgejudikatur bilden die rechtliche Grundlage für IDW S 6 ab, sie ist damit auch die Grundlage der Verprobung von Insolvenzplänen sowie der Bestandsfähigkeitsprüfung gemäß § 14 Abs. 1 StaRUG. Unter „Bestandsfähigkeit" ist die überwiegende Wahrscheinlichkeit zu verstehen, dass die Wettbewerbsfähigkeit des Unternehmens im relevanten Markt und die Rendite- und Kapitaldienstfähigkeit wieder hergestellt werden können. Dies kann allein durch die Anforderungen der Umgestaltung der Passiva in der Regel nicht erreicht werden und fordert operative Maßnahmen auf der leistungswirtschaftlichen Ebene wie Kostenreduzierungen, Kapazitätsanpassungen und die Neukonfiguration des Geschäftsmodells. Die Leitbildkonzeption ist zentral für die Anwendung des IDW S 6.

Zudem bedeutet überwiegend nicht eine definierte und errechenbare arithmetische Größe von mehr als 50% nach der statistischen Wahrscheinlichkeitsrechnung, sondern ist die Folge einer wertenden Betrachtung aller relevanten Fallumstände, die die Überzeugung anhand der vorliegenden betriebswirtschaftlichen und volkswirtschaftlichen Daten unter anderem zur Konjunkturlage und deren Entwicklung sowie zur Wirkung bestehender oder zu erwartender staatlicher Maßnahmen auf die Branche rechtfertigen, das Unternehmen werde aufgrund dieses Restrukturierungsplans reüssieren. Im Ergebnis wird man empirisch davon sprechen müssen, dass eine deutlich überwiegende Wahrscheinlichkeit zu bejahen ist.

Die Erklärung zur Bestandsfähigkeit sollte aus diesem Grund möglichst von einem neutralen, externen und in Restrukturierungsfragen erfahrenen Akteur angefertigt werden, vorgeschrieben ist dieses im StaRUG allerdings nicht. Der Schuldner wird meist nicht das notwendige Know How dazu haben beziehungsweise nicht das notwendige Vertrauen der in den Plan einbezogenen Gläubiger. Es kann daher geboten sein, den Restrukturierungsplan schon deswegen durch das Gericht bestätigen zu lassen (§§ 60 ff. StaRUG), um Unsicherheiten über die potenzielle Bestandsfähigkeit zu vermeiden, jedenfalls aber zu reduzieren.

Allerdings nimmt das Gericht im Wesentlichen keine inhaltliche Kontrolle des Plans vor, sondern überwacht die formalen Erfordernisse und die Vollständigkeit der Unterlagen. Jedoch hat das Gericht gemäß § 63 Abs. 1 Nr. 2 StaRUG die Bestätigung zu versagen, wenn die Vorschriften über den Planinhalt (der §§ 2–15 StaRUG) nicht beachtet wurden. Das eröffnet zusammen mit § 63 Abs. 1 Nr. 3 StaRUG (Versagung der Bestätigung des Plans, wenn die Ansprüche der Planbetroffenen und der anderen Gläubiger offensichtlich nicht erfüllbar sind, ein weites Spektrum inhaltlicher Prüfung des Plans von Amts wegen. § 63 Abs. 2 StaRUG führt zur Versagung der Bestätigung, wenn eine neue Finanzierung in den Plan eingebunden wird und das Sanierungskonzept offensichtlich unschlüssig ist. Bei genauerer Betrachtung geht diese Prüfungsmöglichkeit und Überprüfungspflicht des zuständigen Restrukturierungsgerichts deutlich weiter als nach dem Wortlaut des Gesetzes anzunehmen. Das Gericht prüft die Schlüssigkeit der Vergleichsrechnung, nicht jedoch die wirtschaftliche Zweckmäßigkeit und den angestrebten Erfolg.

Der Schuldner sollte sich bei der Feststellung der Bestandsfähigkeit im Sinne seiner Sanierungsfähigkeit und überwiegenden Wahrscheinlichkeit bei der Herstellung der Wettbewerbsfähigkeit und Renditefähigkeit durch erfahrene und neutrale Akteure beraten lassen (vgl. IDW, 2018a, S. 816). Die Bestandsfähigkeit aus § 14 StaRUG sollte analog zur Sanierungsfähigkeit durch einen sanierungserfahrenen Experten festgestellt werden (so auch Braun-Böhm, 2021, § 14, Rn. 12).

Die **Restrukturierungsfähigkeit** wird dagegen in § 30 StaRUG mit der Insolvenzfähigkeit des Schuldners erläutert und stimmt mit der Insolvenzfähigkeit aus der Insolvenzordnung überein (vgl. Braun-Haffa/Schuster, 2021, § 30, Rn. 1 sowie Braun-Bußhardt, 2019, § 11, Rn. 6 ff.). Die Instrumente des Stabilisierungs- und Restrukturierungsrahmens sind demnach nur auf die unternehmerische Tätigkeit anzuwenden und können für Verbraucher nicht in Anspruch genommen werden.

Die Plananlagen des § 14 Abs. 2 StaRUG orientieren sich inhaltlich an den Bestandteilen des Insolvenzplanverfahrens gemäß § 229 InsO (vgl. Braun-Böhm, 2021, § 14, Rn. 4). Diese Anlagen bestehen in der Vermögensübersicht, dem Ergebnisplan und dem Finanzplan und ergänzen den darstellenden Teil eines Restrukturierungsplans durch Zahlenwerke, damit sich die Planbetroffenen ein Bild über die prognostizierte Lage nach der Planumsetzung machen können. Die Planwerke sind aufeinander abgestimmt zu erstellen. Die Analyse derartiger Zahlenwerke ist das Tagesgeschäft der Spezialisten in der Problemkreditbetreuung der Kreditinstitute.

Wird das Verfahren der Restrukturierung als gesamtheitliches Sanierungsverfahren mit finanzwirtschaftlichen und leistungswirtschaftlichen Komponenten betrachtet, dann sollten sich die Planinhalte an der außergerichtlichen Sanierung und an der einschlägigen Rechtsprechung des BGH orientieren (vgl. Pannen/Riedemann/Smid-Smid, 2021, § 14, Rn. 22 ff.). Der Restrukturierungsplan ist als Sanierungskonzept zu verstehen und sollte die Kernbestandteile nach IDW S 6 aufweisen.

Anforderungen an Sanierungskonzepte aus IDW S 6

Der IDW Standard Anforderungen an Sanierungskonzepte IDW S 6 stellt eine Modell für die Erstellung des Restrukturierungsplans bereit (vgl. IDW, 2018a, Rn. 1 ff.). Der Standard kann für die betriebswirtschaftliche Ausarbeitung des Restrukturierungsplans herangezogen werden. Das Vorgehen wird in Abb. 3.8 dargestellt.

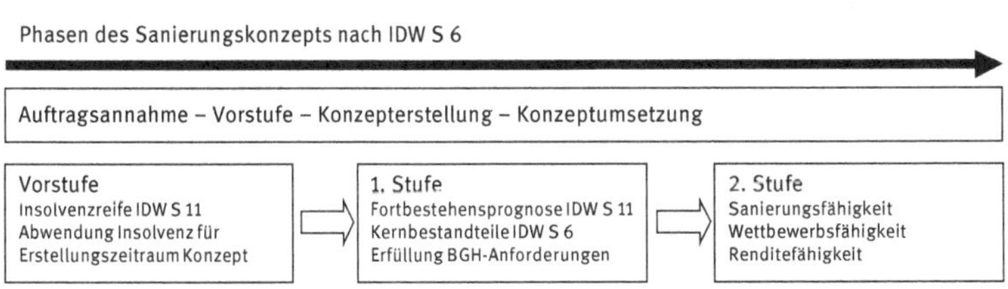

Abb. 3.8: Ablauf Sanierungsüberprüfung nach IDW S 6 (Quelle: In Anlehnung an IDW S 6, 2018a)

Begonnen wird mit der **Vorstufe** zur Prüfung der Insolvenzreife nach IDW S 11 und erforderlicher finanzwirtschaftlicher Sofortmaßnahmen. Es folgen die zentralen Stufen der Konzepterstellung und bei einer positiven Votierung der Gläubiger zum Sanierungskonzept die Umsetzung der Sanierungsmaßnahmen.

Auf der **ersten Stufe** erfolgt im IDW S 6 eine Überprüfung der Fortführungsfähigkeit auf der Basis der Durchfinanzierung des Prognosezeitraums des Konzepts (vgl. IDW, 2018a, Rn. 17). Es ist Voraussetzung für die Sanierungsfähigkeit, dass die Phase der Konzepterstellung und auch die der Umsetzung des Sanierungskonzepts mit ausreichenden finanziellen Mitteln ausgestattet ist. Auf der **zweiten** Stufe ist die Wiederherstellung der nachhaltigen Wettbewerbsfähigkeit sowie Renditefähigkeit auf der Grundlage einer krisenstadiengerechten Bewältigung der Schieflage zu gestalten.

Sämtliche Krisenstadien der Stakeholderkrise, Strategiekrise, Produkt- und Absatzkrise, Erfolgskrise und Liquiditätskrise sind aufzuarbeiten sowie durch Maßnahmen nachhaltig zu beseitigen. Das intensiv auf Chancen und Risiken abgewogene positive Prognoseurteil über die Wettbewerbsfähigkeit sollte mit überwiegender Wahrscheinlichkeit, unter der Voraussetzung realistischer Annahmen, gegeben sein (vgl. IDW, 2018a, Rn. 21). Dann besteht auch die Grundlage für die externe Bestätigung der Sanierungsfähigkeit. Die Sanierungswürdigkeit dagegen schließt die subjektive Bewertung des Konzeptes, beispielsweise durch Banken, im Hinblick auf das Sanierungsrisiko mit ein (vgl. IDW, 2018a, Rn. 22). Die in der nachfolgenden Abb. 3.9 dargestellten Kernbestandteile des IDW S 6 sind mit aufzunehmen, damit eine umfassende und BGH-konforme Sanierungsanalyse erfolgt.

Sanierungskonzept nach IDW S 6

1. Beschreibung von Auftragsgegenstand und -umfang
   - Beschreibung der Auftragsbedingungen und der Begutachtungsinhalte
   - Festlegung der verantwortlichen Sanierer und des Zeitrahmens

2. Basisinformationen über die wirtschaftliche und rechtliche Ausgangslage
   - Untersuchung der leistungswirtschaftlichen Verhältnisse und der Branche
   - Analyse der Vermögens-, Finanz- und Ertragslage

3. Analyse von Krisenstadium und -ursachen
   - Feststellung des Krisenstadiums und des Intensitätsgrads der Krise
   - Analyse der internen und externen Krisenursachen

4. Darstellung des Leitbilds mit dem Geschäftsmodell des sanierten Unternehmens
   - Erarbeitung eines nachhaltig wettbewerbsfähigen Geschäftsmodells
   - Krisenstadiengerechte Überwindung der wirtschaftlichen Schieflage

5. Maßnahmen zur Abwendung der Insolvenzgefahr und Bewältigung der Krise
   - Sanierungsschritte zur Herstellung des erarbeiteten Leitbilds
   - Finanzwirtschaftliche und leistungswirtschaftliche Sanierungsmaßnahmen

6. Integrierter Unternehmensplan
   - Zahlenmäßige Darstellung der Maßnahmeneffekte und des Sanierungsablauf
   - Integrierte Planungsrechnung mit Planbilanz, Plan-Guv, Finanzplan und Kennzahlen

7. Zusammenfassende Einschätzung der Sanierungsfähigkeit
   - Berichterstattung, Muster für Schlussbemerkung und Zusammenfassung
   - Beispiel für die Gliederung eines Sanierungskonzepts

Abb. 3.9: Kernbestandteile Sanierungskonzept IDW S 6 (Quelle: In Anlehnung an IDW S 6, 2018a)

Basis der Analyse ist das Leitbild, das als wettbewerbsfähiges Geschäftsmodell eines sanierten Unternehmens interpretiert werden kann. Das Sanierungskonzept und der Gesundungsprozess sind am Firmenleitbild auszurichten. Der IDW S 6 prägt für die Konzepterstellung die Zielbegriffe nachhaltige Fortführungsfähigkeit, Wettbewerbsfähigkeit und Renditefähigkeit und angemessene Eigenkapitalausstattung (vgl. IDW S 6, 2018a, Rn. 24 ff. und Steffan/Solmecke, 2018, S. 5 ff.).

Dabei sind die wesentlichen **BGH-Anforderungen** im Sanierungskonzept nach dem Standard des IDW S 6 aufzugreifen, die nachfolgend genannt werden:

- Das Sanierungskonzept geht von den erkannten und erkennbaren tatsächlichen Gegebenheiten aus, ist in sich schlüssig und nicht offensichtlich undurchführbar (vgl. BGH-Urteil, 12.11.1992, IX ZR 236/91).
- Für die Prognose der Durchführbarkeit ist auf die Beurteilung eines unvoreingenommenen, branchenkundigen Fachmanns abzustellen, dem Buchhaltungsunterlagen vorlagen (vgl. BGH-Urteil, 04.12.1997, IX ZR 47/97).
- Das Sanierungsgutachten enthält eine detaillierte Analyse der wirtschaftlichen Lage des Unternehmens im Rahmen seiner Wirtschaftsbranche und erfasst die wesentlichen Krisenursachen (vgl. BGH-Urteil, 04.12.1997, IX ZR 47/97).
- Das Sanierungsgutachten beurteilt die Vermögens-, Ertrags- und Finanzlage des Unternehmens zutreffend (vgl. BGH-Urteil, 04.12.1997, IX ZR 47/97).
- Das Unternehmen ist nach der Einschätzung eines Dritten sanierungsfähig. Die in Angriff genommenen Schritte sind geeignet, die Gesellschaft in überschaubarer Zeit durchgreifend zu sanieren (vgl. BGH-Urteil, 21.11.2005, II ZR 277/03).
- Die geplanten Sanierungsmaßnahmen sind in Anfängen schon in die Tat umgesetzt, das heißt die Sanierungsaktivitäten wurden sachgerecht eingeleitet (vgl. BGH-Urteil, 12.11.1992, IX ZR 236/91).

Ein Sanierungskonzept sollte unabhängig von der Einhaltung eines Standards mit einer detaillierten rechtlichen und wirtschaftlichen Bestandsaufnahme in Form der Unternehmensanalyse beginnen (siehe dazu auch BGH-Urteil vom 12.05.2016, IX ZR 65/14 zur Berücksichtigung eines Sanierungsstandards). Es ist von Bedeutung, das Krisenstadium festzustellen, in dem sich das Unternehmen befindet.

Dies ist besonders wichtig, da beispielsweise in einer akuten Liquiditätskrise unverzüglich Maßnahmen zur Sicherung der Zahlungsfähigkeit ergriffen werden müssen, um die Insolvenzantragspflicht zu vermeiden. Des Weiteren ist es von Bedeutung, die wesentlichen internen sowie externen Krisenursachen zu erkennen, um Ansatzpunkte für wirksame Sanierungsmaßnahmen zu identifizieren.

Das Erkennen und das Darlegen der internen und externen Krisenursachen ist Kern eines Sanierungsgutachtens, da die zu ergreifenden Sanierungsmaßnahmen an den identifizierten Krisenursachen ansetzen müssen, um eine wirtschaftliche Schieflage überhaupt nachhaltig beseitigen zu können. Diese Umsetzungsmaßnahmen sollten demnach zeitnah begonnen werden, wie auch der BGH es fordert.

Die Erforschung dieser Krisenfaktoren sollte systematisch erfolgen und strukturiert in dem Konzept dargelegt werden. Daher bieten sich folgende Ausgangspunkte an, um die wesentlichen **Krisenmerkmale** zu ermitteln:

- Untersuchung der Geschäftsfelder, Produkte und Dienstleistungen
- Analyse des Managements und der übrigen internen Stakeholder
- Analyse der Organisationsstruktur und der Geschäftsprozesse

Unterscheiden lassen sich interne, externe sowie interne-externe Mischformen von Krisenursachen. Unternehmensschieflagen sind in der Regel nicht allein auf einen einzigen Grund zurückzuführen. Unternehmenskrisen sind meist durch multikausale Faktoren geprägt. Die Ursachen und Wirkungen sind oft stark verflochten. Bedeutende Krisenursachen und die nachfolgenden Auswirkungen können sich dann vermischen. Häufig auftretende **interne Krisenursachen**, die aus dem Unternehmen heraus entstehen, sind beispielsweise:

- Managementfehler und mangelhafte personelle Ressourcen
- Fehlende oder nicht leistungsfähige Controllingsysteme
- Qualitätsmängel bei Produkten und Dienstleistungen

Die Ursachen für nicht vom Unternehmen zu verantwortende externe Krisengründe liegen in Marktentwicklungen begründet und sind unter anderem von makroökonomischen Faktoren abhängig. Daher kann sich die konjunkturelle Wirtschaftslage in bestimmten Sektoren abschwächen oder die Preise für Inputfaktoren verteuern sich. Folgende Merkmale können als **externe Krisenursachen** auf ein Unternehmen einwirken und eine bedrohliche Schieflage auslösen:

- Steigende Zinsen, Energie- und Rohstoffpreise, schwankende Wechselkurse
- Veränderte relevante gesetzliche Rahmenbedingungen
- Konjunkturelle Einbrüche der Wirtschaft und Finanzkrisen

Vielfach liegen die Krisenursachen weder eindeutig in einem Unternehmen begründet, noch sind diese alleine durch marktseitige Faktoren zu erklären. Interne sowie externe Krisenmerkmale sind eng miteinander verbunden. Zusätzlich kann die Geschäftsleitung der Firma dann auf schwierige wirtschaftliche Situationen angemessen reagieren und deren Auswirkungen in Grenzen halten. Beispiele für die vernetzten **internen-externen Krisenursachen** sind:

- Forderungsverluste bei Kunden, Ausfall von Lieferanten und Lieferketten
- Nachfrageverschiebungen auf den globalen Märkten, Zölle
- Änderungen der IT-Systematik, Hacker-Angriffe auf Unternehmens-IT

Als methodisches Hilfsmittel zur Feststellung von Krisenursachen in den Unternehmen kann eine Analyse der Wertschöpfungskette erfolgen. Dieses Vorgehen ermöglicht eine Systematik, bei der alles durchleuchtet und nichts übersehen wird.

Zur Analyse des Unternehmens wird dieses in unterschiedliche Aktivitäten gegliedert, wie in folgender Abb. 3.10 dargestellt (vgl. Porter, 2000, S. 70 ff.). Die Aufspaltung erfolgt zum einen in Primäraktivitäten, auch Kernprozesse genannt, die unmittelbar mit der Herstellung und dem Vertrieb der Produkte und Dienstleistungen verbunden sind und einen direkten Beitrag zur Wertschöpfung leisten. Zum anderen bestehen Sekundäraktivitäten. Bei den Supportprozessen handelt es sich um unterstützende Tätigkeiten, die über keinen unmittelbar wertschöpfenden Charakter verfügen, aber notwendige Versorgungs- und Steuerungsleistungen beinhalten.

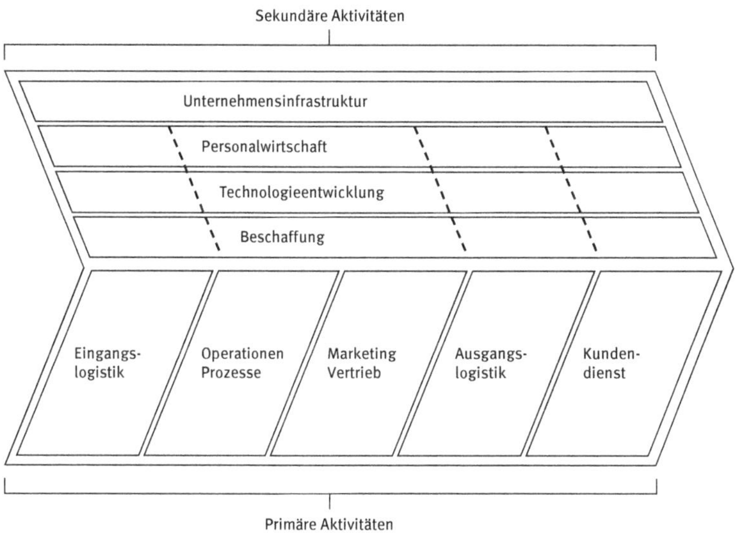

Abb. 3.10: Wertschöpfungskette nach Porter (Quelle: In Anlehnung an Porter, 2000, S. 70)

Das Ziel der Untersuchung der Wertschöpfungskette besteht in einer systematischen Ordnung sowie Beschreibung der Unternehmensressourcen aus strategischer Sicht. Auf dieser Grundlage kann ein Ansatz für die Krisenursachen im Wertschöpfungsprozess und deren Behebung gefunden werden (vgl. Noeske, 2005, S. 209 ff.).

Wurden wesentliche Krisenursachen aus einer Analyse der Wertschöpfungskette erkannt, so sollte ein Sanierungsgutachten auf die relevanten Märkte, in denen das betreffende Unternehmen agiert, Bezug nehmen. Kenntnisse über die Absatzmärkte sind von Bedeutung, um das eigene Verhalten auf die übrigen Akteure wie Konkurrenten einzustellen und zu optimieren. Unverzichtbar sind qualitative Informationen über die verschiedenen Produkteigenschaften oder Dienstleistungen, die Kundenbedürfnisse, die Konkurrenzsituation, die regulatorischen Bestimmungen sowie die möglichen Markteintrittsbarrieren. Auch die Digitalisierungsstrategie des betreffenden Unternehmens ist kritisch zu überprüfen.

Neben qualitativen Beschreibungen eines Marktes sind quantitative Informationen notwendig, um detaillierte Untersuchungen der Absatzkanäle durchführen zu können. Die Daten sind oft nur über eigene Studien verfügbar oder müssen von Marktforschungsgesellschaften käuflich erworben werden. Beispielsweise sind quantitative Informationen über Marktvolumina, Marktanteile, Entwicklungstrends, Wachstumsraten und Preise einzuholen. Auch Daten über Wirkungszusammenhänge wie Preiselastizitäten bei Produkten können helfen, um das Preis-Mengen-Gefüge tiefgehen zu verstehen. Es sind besondere Analyseverfahren einzusetzen, um die Produkte, die Branche und die Wettbewerbslage auf den abgegrenzten relevanten Märkten beschreiben zu können (vgl. Faulhaber/Grabow, 2009, S. 69 ff.).

Oftmals wird beispielsweise eine Kunden-ABC-Analyse erstaunliche absatzbezogene Ergebnisse zeigen. Es wird dann oft festgestellt, dass der Hauptanteil des Umsatzes und des Deckungsbeitrages (80%) mit einer geringen Kundenanzahl (20%) erzielt wird (80/20-Regel). Als **methodische Hilfsmittel** zur Untersuchung der relevanten Märkte können die folgenden Analyse-Tools angewendet werden:

- Branchenstudien mit Befragungen von Kunden, Lieferanten, Konkurrenten
- ABC-Analysen und Deckungsbeiträge je Geschäftsfeld, Produkt und Kunde
- Portfolio-, Konkurrenz- und Produktlebenszyklus-Analysen

Wurden die Krisenursachen systematisch erforscht und das Unternehmen, die Produkte und die Märkte detailliert beschrieben, so sind in einem Sanierungskonzept anschließend geeignete leistungswirtschaftliche Sanierungsmaßnahmen zur Beseitigung der Krisenursachen aufzuzeigen. Vorzustellen sind kreative, realisierbare sowie praxisnahe Lösungen. Ziel ist es, zunächst über pragmatische und operative Sanierungsschritte wichtige Krisenherde zu beseitigen, zum Beispiel eine Liquiditätsenge über Kosteneinsparungen. Dabei ist der Maßnahmenkatalog umsetzungsorientiert auszuarbeiten, damit er bei der Einleitung der Sanierungsmaßnahmen als Grundlage zur Umsetzung verwendet werden kann. Wichtig ist es, die Prozesse mit Zuständigkeiten und Erledigungsterminen zu versehen.

Auch die Realisierung der Sanierungsmaßnahmen, unter der Hilfestellung eines Interimsmanagers, durch ein intern-extern besetztes Projektteam oder durch die bestehende Geschäftsführung, sollten erörtert werden. Auch langfristig wirkende strategische Vorschläge, wie unter anderem in Form einer Kooperation mit anderen Unternehmen oder einer Investorenlösung, die wiederum bedenken muss, wie weit der Einfluss der Investoren beziehungsweise anderen Unternehmen geht und ob beziehungsweise inwieweit die nationalen beziehungsweise europäischen Wettbewerbsbehörden zustimmen müssen (§§ 37, 39, 40 GWB).

Des Weiteren ist auf die personelle Umsetzung und die Überwachung der geplanten Sanierungsmaßnahmen einzugehen. Es kann unter anderem auf die Einrichtung eines intern sowie und besetzten Lenkungsausschusses zur Steuerung und Überwachung der Umsetzung des Sanierungsprojekts hingewirkt werden.

In dem Sanierungskonzept ist umfassendes Zahlenmaterial bereitzustellen. Dazu ist einzugehen auf den letzten vorliegenden Jahresabschluss und die aktuellen unterjährigen Zahlen. Die Analysen zur Bilanz sollten unter anderem die Eigenkapitalisierung und eine vorsichtige Bewertung des Umlaufvermögens umfassen. Die relevanten Ertragszahlen sind nach Geschäftsfeldern sowie Profit Centern zu gliedern. Neben den Ist-Daten sind Planungsrechnungen, in enger Verzahnung mit den leistungswirtschaftlichen Maßnahmenpaketen, abzustimmen. Diese Rechenwerke sind integriert, das heißt aufeinander abgestimmt, zu erstellen.

Sanierungsaufwendungen, beispielsweise für Sozialpläne oder für die Schließung von Bereichen, sind in die Planzahlen unbedingt mit einzuarbeiten. Wichtig ist die Darstellung des erforderlichen finanziellen Rahmens, der die leistungswirtschaftliche Sanierung über den gesamten Zeitraum des Sanierungsprozesses begleitet. Den Gläubigern sind die zur Sanierung erforderlichen externen Leistungen in Form von Verzichten, neuen Finanzmitteln, Tilgungsstundungen klar darzulegen.

Banken werden im Sanierungskonzept häufig im Rahmen von Tilgungsstundungen oder Verzichten in die finanzwirtschaftliche Sanierung eingebunden. Bei Lieferanten sowie Warenkreditversicherern steht oft die Absicherung der geschäftlichen Lieferbeziehungen auf Basis der bestehenden Linien der Kreditversicherer im Vordergrund. Zusätzliche erforderliche finanzielle Sofortmaßnahmen zu der unmittelbaren Vermeidung der Zahlungsunfähigkeit und der Überschuldung sind besonders hervorzuheben, um die Insolvenzvermeidung zu beschreiben.

Wichtig ist es, die finanziellen Beiträge der Gesellschafter und der weiteren internen Stakeholder aufzuzeigen. Dabei sehen es die externen Gläubiger als sehr positiv an, wenn beispielsweise Gesellschafter neue Finanzmittel in der Krise ins Unternehmen hineingeben. Dann werden die Gläubiger diesem Restrukturierungsplan tendenziell eher zustimmen. Die Bereitschaft der betroffenen Gläubiger zu Sanierungsbeiträgen sollte im Vorfeld erfragt und in diese Planungsrechnungen einbezogen werden. Bedeutend ist es, die Rahmenbedingungen, unter denen die **Prognoserechnungen** erstellt wurden, zu benennen. Zu erarbeiten sind:

- Planbilanz mit Plan-GuV, inklusive Segmentrechnung
- Investitionsplanung für Anlagevermögen und Personal
- Liquiditätsplanung, zeitlich abgestuft und nach Sparten

Bei der Erstellung der Planungsunterlagen ist die interdependente Abstimmung der Zahlenwerke zu berücksichtigen. Dies ist mit einer professionellen integrierten Planungssoftware möglich. Finanzpläne sind aufgrund der Unsicherheiten des Sanierungsverlaufs konservativ aufzubauen. Die Ertrags- und Finanzpläne sind stetig an neue Ereignisse anzupassen, sowohl rollierend im Zeitablauf, wenn Monate vergangen sind, als auch im Hinblick auf positive oder negative Informationen mit einer Zahlungswirksamkeit, wenn neue Aufträge abgerechnet wurden oder bereits eingeplante Zahlungen letztendlich ausbleiben und nicht zahlungswirksam werden.

Das Sanierungskonzept sollte mit einer Zusammenfassung enden, in der die Krisenursachen und die wesentlichen zu ergreifenden Sanierungsmaßnahmen mit den finanziellen Auswirkungen aufgezeigt werden. Das Management Summary erleichtert es, einen Gesamtüberblick über das Gutachten zu gewinnen. Zum Abschluss ist eine klare sowie objektive Aussage zur Sanierungsfähigkeit, unter Berücksichtigung der finanziellen Beiträge der Stakeholder, abzugeben.

Das Konzept sollte auch die Managementleistung im Zusammenhang mit der Krise begutachten. Die Stakeholderkrise ist oft eine Managementkrise, die durch finanzwirtschaftliche Vorgänge allein nicht bereinigt wird. Daher ist zu untersuchen, inwieweit das Alt-Management ausgetauscht werden sollte. Zu prüfen ist, in welchem Umfang und durch wen das Management auf Sanierungseignung zu überprüfen ist, wie dies zu erfolgen hat und welche Konsequenzen für den geplanten Turnaround bestehen. Die Managementfunktion in der Krise ist neben den Marktfaktoren einer der wesentlichen Erfolgsfaktoren für den Turnaround

Problematisch ist dabei, dass insbesondere bei kleinen und mittleren Unternehmen häufig eine Einheit von Management sowie Gesellschafterstellung besteht. Der Austausch ist dann erschwert. Es hat ein Management-Audit im Restrukturierungskonzept zwingend zu erfolgen. Eine erfolgreiche Sanierungsumsetzung kann nur mit einem fähigen Management gelingen, denn die Situation der Krise stellt hohe Anforderungen an die Führungsperson beziehungsweise das Führungsteam.

Anforderungen an Insolvenzpläne nach den §§ 219 ff. InsO und IDW S 2

Der Restrukturierungsplan ähnelt dem Insolvenzplan beziehungsweise ist aus dem Regelwerk der §§ 217 ff. InsO abgeleitet (vgl. BTag, 2020c, S. 109). Aus § 219 InsO besteht der Insolvenzplan aus einem darstellenden und einem gestaltenden Teil sowie den Plananlagen (§§ 229, 230 InsO). Im darstellenden Teil ist zu beschreiben, welche Maßnahmen nach Eröffnung des Insolvenzverfahrens getroffen worden sind oder noch getroffen werden sollen, um die Grundlage für eine Gestaltung der Rechte aller Beteiligten zu schaffen (§ 220 InsO). In der Darstellung sind die Auswirkungen zu erläutern, um eine Entscheidungsgrundlage für die Gläubiger und das Gericht vorzubereiten. Im gestaltenden Teil ist nach § 221 InsO festzulegen, wie sich die Rechtsstellung sämtlicher Beteiligter durch den Insolvenzplan ändert.

Die Gestaltung des Insolvenzplans wird in IDW S 2 ausführlich erläutert (vgl. IDW, 2020, S. 45 ff.). Dabei wird der Sanierungscharakter des Insolvenzplans verdeutlicht. So wird neben der Rechtsprechung des BGH zu Sanierungskonzepten häufig auf den IDW S 6 verwiesen. Weitere Bezüge werden unter anderem zu IDW S 1, IDW S 9 und IDW S 11 hergestellt. Bedeutende Sanierungsoptionen, die im Planverfahren genutzt werden können, sind demnach die übertragende Sanierung im Rahmen eines Asset Deals, die Liquidation, der Verkauf des Geschäftsbetriebs nach der Sanierung und die Eigensanierung unter Beibehaltung des Rechtsträgers. In der Praxis ermöglicht der Asset Deal meist noch eine annehmbare Quote.

Im IDW S 2 steht die Sanierung des Unternehmens im Vordergrund der Betrachtung, unter Beachtung der Rechtsmittel der InsO, wenn beispielsweise nachteilige Rechtsverhältnisse durch den Insolvenzverwalter nach §§ 103 ff. InsO beendet werden können (vgl. Portisch/Jansen, 2019, S. 230 ff.). Im darstellenden Teil wird das eigentliche Sanierungskonzept intensiv erläutert (vgl. IDW, 2020, S. 49 ff.).

Darstellender Teil des Insolvenzplans (§ 220 InsO)

Der darstellende Teil eines Insolvenzplans soll den aktuellen Zustand des Unternehmens beschreiben. Es ist einzugehen auf die Krisenursachen und die Auswirkungen auf das Unternehmen, die Marktsituation sowie die aktuelle Vermögens-, Ertrags- und Finanzlage. Im Zentrum steht die Überprüfung der Sanierungsfähigkeit mit den finanzwirtschaftlichen und leistungswirtschaftlichen Maßnahmen.

Daher kann von der Konzeptstruktur auf den Standard IDW S 6 zurückgriffen werden. Die Untersuchungen sind vergleichbar mit den außergerichtlichen Sanierungshandlungen. Der darstellende Teil soll zudem eine Ergebnisprognose für die beteiligten Gläubiger beinhalten und genaue Ausführungen darüber geben, wie sich die Gläubigerbefriedigung bei Wirksamwerden des Insolvenzplans im Vergleich zu der Zerschlagung oder in Bezug auf den Verkauf des Unternehmens oder seiner Teile gestaltet. Konkrete **Inhalte im darstellenden Teil** sind:

- Krisenursachenanalyse und genaue Darlegung der aktuellen Marktstellung
- Darstellung der bereits eingeleiteten oder noch geplanten Sanierungsschritte
- Leitbild saniertes Unternehmen zur Herstellung der Wettbewerbsfähigkeit

Der Insolvenzplan sollte auch ein zusammenfassendes Ergebnis zu den Chancen der erfolgreichen Sanierung enthalten. Hilfestellung zur abschließenden Einschätzung der Sanierungsfähigkeit kann ein betriebswirtschaftliches Stärken-Schwächen- und Chancen-Risiken-Profil leisten und die Zahlen im Insolvenzplan unterlegen. Dabei sind die Ergebnisse im Insolvenzplan differenziert nach den Gläubigergruppen darzustellen. Gläubiger wie Banken bewerten unter anderen die erforderlichen finanziellen Zugeständnisse im Hinblick auf die Alternative der Verwertung der Sicherheiten. Dies ist bei der Zustimmung zum Insolvenzplan zu beachten.

Dabei ist auch auf das Leitbild, in der Praxis das Geschäftsmodell der Firma intensiv einzugehen. Oftmals ist das angeschlagene Geschäftsmodell die eigentliche Ursache für die wirtschaftliche Krise. Daher ist kritisch zu überprüfen, ob dies mit den vorhandenen Mitteln und dem zeitlichen Spielraum überhaupt anpassbar erscheint. Da die Gläubiger durch die Umsetzung des Insolvenzplans eine finanzielle Verbesserung durch Befriedigung aus den Erträgen des fortgeführten Unternehmens erreichen sollen, ist die Besserstellung in der Vergleichsrechnung InsO auch nachzuweisen, die im Gesetz nicht explizit gefordert wird, aber zu den wesentlichen Grundlagen der Entscheidung der Gläubiger und der Planbestätigung nach § 220 Abs. 2 InsO gehört (vgl. Schmidt-Spliedt, 2022, § 231 InsO, Rn. 6).

Gestaltender Teil des Insolvenzplans (§ 221 InsO)

Gemäß §§ 187 ff. InsO werden die Insolvenzforderungen im Rahmen einer Regelabwicklung quotal befriedigt. Wenn von der gesetzlichen Regelung dann durch einen Insolvenzplan abgewichen werden soll (§ 1 Satz 1 Halbsatz 2 InsO), ist gemäß § 224 InsO im gestaltenden Teil eines Insolvenzplans anzugeben, in welcher Höhe Forderungen nicht nachrangiger Gläubiger gekürzt oder welchen sonstigen Regelungen diese unterworfen werden sollen. Im gestaltenden Teil wird auch festgelegt, wie die Rechtsstellung der Beteiligten durch den Insolvenzplan geändert werden soll. Dies bedeutet, dass die im Insolvenzplan vorgesehenen Eingriffe in die Rechte sämtlicher Beteiligter festzulegen und zu erläutern sind.

Involviert sind daher regelmäßig die nicht nachrangigen, die nachrangigen Insolvenzgläubiger sowie die absonderungsberechtigten Gläubiger. Dabei gelten die Forderungen der nachrangigen Insolvenzgläubiger nach § 225 Abs. 1 Satz 1 InsO als erlassen, wenn in dem Insolvenzplan nichts anderes bestimmt ist. Gemäß § 223 InsO bleiben die Rechte der absonderungsberechtigten Gläubiger unberührt, falls der Insolvenzplan für diese nichts anderes regelt.

Soll die Rechtsstellung der absonderungsberechtigten Gläubiger im Insolvenzplan geändert werden, sind die Rechte dieser Gläubigergruppe im Abstimmungstermin einzeln zu erörtern. Deshalb müssen die abweichenden Regelungen im gestaltenden Teil gemäß § 223 Abs. 2 InsO genau angegeben werden. Somit können unter anderem von den Absonderungsberechtigten, wie Banken, im Insolvenzplan erhebliche Zugeständnisse gefordert werden. Diese reichen im Hinblick auf die schuldrechtlichen Forderungen von einer Stundung bis hin zu einem Zinsverzicht oder auch zu einem teilweisen oder vollständigen Forderungserlass. Bei den Absonderungsrechten ist anzugeben, wie diese Rechte beschränkt werden. Auch erhebliche Eingriffe in die Sicherungsrechte sind möglich, wenn unter anderem bei einer Neukreditaufnahme den neu hinzutretenden Gläubigern ein Gleichrang oder sogar ein Vorrang an einer werthaltigen Kreditsicherheit eingeräumt werden soll.

Das setzt aber die Zustimmung des absonderungsberechtigten Gläubigers voraus, wenn dieser damit durch den Plan schlechter gestellt wird als ohne Plan, der Verlust eines Absonderungsrechts ohne volle Kompensation bedeutet eine Schlechterstellung gemäß § 245 Abs. 1 Nr. 1 InsO. Auch hier bleibt das Problem der Bewertung der Sicherheit, so dass auch der Absonderungsberechtigte das Risiko von Bewertungsdifferenzen trägt, also von unterschiedlich geschätzten Werten. Wobei die Bewertungen ungeachtet der Differenz sämtlich zu vertretbaren Ergebnissen gelangt sein können. Die Interessenlagen der unterschiedlichen Gläubiger sind in der Insolvenz meist sehr heterogen ausgeprägt. Daher sind die Gläubiger in Gruppen aufzuteilen (§ 222 InsO) und gemäß § 226 InsO in den Gruppen gleich zu behandeln. Dies fördert in der Regel eine Einigungslösung, da in den Gruppen über den Insolvenzplan abgestimmt wird (vgl. Foerste, 2008, S. 235). Über eine geeignete Gruppenbildung kann aber auch das Abstimmungsergebnis beeinflusst werden.

Im Insolvenzplan sind die Gläubigergruppen detailliert zu beschreiben sowie voneinander abzugrenzen. Die **Kerninhalte des gestaltenden Teils** des Insolvenzplans betreffen daher unter anderem:

- Bildung der Gläubigergruppen
- Neugestaltung der Gläubigerrechte
- Ausführungen zur Planüberwachung

Nach § 227 InsO wird der Insolvenzschuldner bei Erfüllung der im gestaltenden Teil vorgesehenen Regelungen von seinen restlichen dort einbezogenen Verbindlichkeiten gegenüber den Gläubigern befreit, soweit der Plan nichts anderes vorsieht. Der Schuldner als natürliche Person erhält somit eine Restschuldbefreiung, ohne dass er das gesonderte Restschuldbefreiungsverfahren nach den §§ 286 ff. InsO durchlaufen muss. Dies bedeutet, dass in der Insolvenz natürlicher Personen selbst der unredliche Schuldner sowie der Schuldner, der die Voraussetzungen für eine Versagung der Restschuldbefreiung nach den §§ 290, 296 ff. InsO erfüllt, von seinen restlichen Verbindlichkeiten befreit wird, wenn der Insolvenzplan hier keine andere Regelung trifft. Hierzu sind ebenfalls Ausführungen im gestaltenden Teil eines Insolvenzplans zu machen, da dies für die Gläubiger von Bedeutung sein kann.

Plananlagen des Insolvenzplans (§§ 229, 230 InsO)

Die Plananlagen dienen der zahlenmäßigen Nachvollziehbarkeit des Insolvenzplans und müssen daher mit den beabsichtigen Sanierungsmaßnahmen eine Einheit bilden. Handelt es sich um einen Fortführungsplan, so sollen die Gläubiger erkennen können, wie sie aus den künftigen Erträgen des wieder gesundeten Unternehmens mit hoher Wahrscheinlichkeit befriedigt werden. Es sind gemäß § 229 InsO bestimmte Zahlenwerke auf eine integrierte Art und Weise und möglichst mit einer professionellen Software zu erstellen und diese dem Insolvenzplan als quantitative Grundlage beizufügen. Dies sind im Wesentlichen die **Plananlagen**:

- Planvermögensübersicht
- Plangewinn- und Verlustrechnung
- Planliquiditätsrechnung

Hilfreich ist eine weitere Differenzierung der Rechenwerke. So kann zusätzlich zur Plangewinn- und Verlustrechnung eine Segmentberichterstattung für wichtige Teilbereiche erstellt werden. Bei der Liquiditätsplanung sollte nach Fristen differenziert werden. Neben einer langfristigen nach Monaten aufgeteilten Jahresplanung ist eine Wochen- oder auch eine Tagesplanung zu erarbeiten. Die bereitgestellten Plananlagen müssen aufeinander abgestimmt sein. Die Planzahlen sollten interdependent, widerspruchsfrei und vollständig sowie auf aktueller Zahlenbasis erstellt werden. Es sind auch die jeweiligen Prognoseannahmen sowie Szenarien und die voraussichtliche geschätzte Zeitdauer der Umsetzung des Konzeptes mit anzugeben.

Im Folgenden wird der Aufbau des Insolvenzplans mit dem darstellenden und dem gestaltenden Teil sowie den ergänzenden möglichen quantitativen Plananlagen in Abb. 3.11 beispielhaft aufgezeigt.

Darstellender Teil (§ 220 InsO)
- Beschreibung des Unternehmens
- Analyse der Krisenursachen
- Leistungswirtschaftliche Maßnahmen
- Leitbild des sanierten Unternehmen
- ....

Gestaltender Teil (§ 221 ff. InsO)
- Bildung der Gläubigergruppen
- Neugestaltung der Gläubigerrechte
- Eingriff in die Gläubigerrechte
- Gesellschaftsrechtliche Änderungen
- ....

Plananlagen (§ 229 ff. InsO)
- Planvermögensübersicht
- Plangewinn- und Verlustrechnung
- Planliquiditätsrechnung
- Vergleichsrechnung zum Regelinsolvenzverfahren
- ....

Abb. 3.11: Struktur und Inhalte eines Insolvenzplans (Quelle: Eigene Darstellung)

Nach einer genaueren Erläuterung des Plans im Erörterungs- und Abstimmungstermin wird im Anschluss an die Feststellung der Stimmrechte über den Insolvenzplan abgestimmt. Wesentlich für die Annahme und die Umsetzung des Insolvenzplans ist die geeignete Aufteilung der Beteiligten auf die verschiedenen Gläubigergruppen, denn es wird in gleichartigen Fraktionen über das Konzept entschieden.

Insolvenzpläne werden oft auf der Grundlage vorhandener Informationen aus dem internen und dem externen Rechnungswesen erstellt. Gerade in größeren Unternehmen sind das Rechnungswesen und Controlling intakt und bieten eine gute Grundlage das notwendige Zahlenmaterial zeitnah und professionell zuzuliefern. In kleinen Unternehmen und Kleinstunternehmen ist dies unter Umständen aufwendiger.

Es kann unter Umständen auf ein bereits vorliegendes außergerichtliches Sanierungskonzept zurückgegriffen werden. Zusätzlich können Daten aus den nach Verfahrenseröffnung erstellten Verzeichnissen verwendet werden.

Dazu besteht die Möglichkeit, das Masseverzeichnis (§ 151 InsO), das Gläubigerverzeichnis (§ 152 InsO) sowie die Vermögensübersicht (§ 153 InsO) als Basis für einen Vorteilhaftigkeitsvergleich zwischen einer Betriebsfortführung und der Abwicklung zu verwenden. Die nachfolgende Abb. 3.12 zeigt den Aufbau der Verzeichnisse. Die Informationsdaten sind laufend zu aktualisieren und zu einem Planungsinstrument weiterzuentwickeln. Szenarioanalysen können verschiedene und in der Zukunft zu erwartende Verläufe alternativ abbilden.

Es ist das jeweilige Planungsziel der Sanierung, der Übertragung oder der Liquidation zugrunde zu legen. Im Folgenden wird stärker auf die Fortführungslösung Bezug genommen, da diese meist zentraler Gegenstand eines Insolvenzplans ist.

Verzeichnis der Massegegenstände gemäß § 151 InsO

	Fortführungswert	Liquidationswert
Vermögensgegenstände	30.000	20.000
Forderungen	20.000	10.000

Gläubigerverzeichnis gemäß 152 InsO

	Grund der Forderung	Höhe der Forderung	Besicherung	Mutmaßlicher Ausfall
Papierlieferant GmbH	Warenlieferung	300.000	Eigentumsvorbehalt	250.000
Mittelstandsbank AG	Darlehensvertrag	500.000	Grundschuld	300.000

Vermögensübersicht gemäß 153 InsO

Aktiva	Passiva
Vermögensgegenstände	Rückstellungen
Forderungen	Verbindlichkeiten

Abb. 3.12: Verzeichnisse und Übersichten in Insolvenzverfahren (Quelle: Eigene Darstellung)

Beurteilung des Restrukturierungsplans nach StaRUG

Der darstellende und der gestaltende Teil des Restrukturierungsplans beziehen sich vorrangig auf die Umgestaltung der finanziellen Verbindlichkeiten auf der Passivseite der Bilanz. Allerdings wird ein primär finanzwirtschaftlich geprägter Restrukturierungsplan mit der Umgestaltung der Verbindlichkeiten, wie im StaRUG vorgesehen, für eine erfolgreiche Marktsanierung regelmäßig nicht ausreichen. Auch die Planstruktur auf der Basis einer Checkliste kann die Anforderungen an einen Restrukturierungsplan nicht erfüllen. Es ist ein individuelles Konzept, mit betriebswirtschaftlichen Ansatzpunkten auszuarbeiten, mit aussagekräftigen Planunterlagen zu unterlegen und mit einem konkreten zeitlichen Maßnahmenumsetzungsplan zu arrondieren (vgl. Cranshaw/Portisch, 2020f, S. 2617 ff.).

Die Bedeutung der betriebswirtschaftlichen und leistungswirtschaftlichen Ausarbeitung wurde auch im Konzeptstandard IDW S 2 Anforderungen an Insolvenzpläne erkannt. Demnach ist bei der Erstellung des **Restrukturierungsplans** ein Vorgehen zu empfehlen, das nicht nur die finanzielle Gestaltung umfasst, sondern leistungswirtschaftliche Bereiche aus dem Sanierungskonzept nach IDW S 6 aufgreift.

Erläuterung: Wird das Restrukturierungsverfahren als Alternative zur außergerichtlichen Sanierung angesehen, dann sollte der **Restrukturierungsplan** sowohl Elemente des Insolvenzplans beispielsweise nach IDW S 2 als auch leistungswirtschaftliche und betriebswirtschaftliche Controllinginstrumente nach dem Standard IDW S 6 ausweisen. Der Plan ist eine Mischung aus beiden Konzepten.

Der Restrukturierungsplan nach dem StaRUG ist in erster Linie ein finanzwirtschaftlicher Plan. Allerdings kann ein Turnaround über rein finanzwirtschaftliche Maßnahmen ohne Bearbeitung der leistungswirtschaftlichen Krisenursachen sowie der Verbesserung der Managementqualität in der Regel nicht erreicht werden. Ein Unternehmen gelangt in eine wirtschaftliche Schieflage, wenn es am Markt für Kunden nicht mehr attraktiv ist und das Geschäftsmodell überarbeitet werden muss. Wenn die Restrukturierungspläne lediglich die finanzwirtschaftliche Sanierung betreiben, fehlen wesentliche Bausteine der operativen und strategischen Umgestaltungen sowie die kritischen Analyse des Geschäftsmodells und des Leitbilds.

Zu bemerken ist, dass die Gläubiger häufig nicht mehr von der Managementleistung im Krisenunternehmen beziehungsweise von der Person des Schuldners überzeugt sind und dem Schuldnerplan daher oft sehr kritisch gegenüberstehen. Es ist ferner zu beachten, dass aufgezwungene Moratorien (siehe die Stabilisierungsanordnungen nach den §§ 49 ff. StaRUG) die Rechte der Gläubiger wie Banken und Lieferanten stark einschränken. Dies erhöht nicht unbedingt die Zustimmung, die Restrukturierung mit dem bestehenden Management weiter fortzuführen und einem primär Schuldner orientierten Plan zuzustimmen. Der Restrukturierungsplan soll betriebswirtschaftliche Kernbestandteile wie im IDW S 6 aufweisen und die Gestaltung der Managementkomponente ist für die Umsetzung der Restrukturierung zu organisieren. Es bietet sich an, einen externen Sanierer als Chief Restructuring Officer (CRO) zu installieren. Die Mitwirkung der Geschäftsleiter ist gemäß § 43 Abs. 1 StaRUG verpflichtend (vgl. Pannen/Riedemann/Smid-Riedemann, 2021, § 43, Rn. 30 ff.).

Eine Restrukturierung erfordert die Umsetzung der leistungswirtschaftlichen Sanierungsmaßnahmen, die an den Krisenursachen ansetzt. Dabei sind die betriebswirtschaftlichen Sanierungsumsetzungspakete mit Zeitkorridor, Verantwortlichkeit und dem gewünschten Effekt anzubahnen, zu kommunizieren und im Soll-Ist-Vergleich zu überprüfen. Begleitend sind die Planungssysteme gegebenenfalls neu aufzubauen, um eine Überwachung der Umsetzung und Berichterstattung zu ermöglichen.

Der Erfolg des Restrukturierungsverfahrens setzt die Kommunikation mit den Planbetroffenen voraus, um diese von der Annahme zu überzeugen. Die **Krisenkommunikation** kann im Restrukturierungsverfahren dann eingeschränkt sein, wenn der Schuldner die außergerichtliche Variante des StaRUG stark nutzt und:

- den Restrukturierungsplan im Alleingang ausarbeitet,
- ihn dann den einbezogenen Gläubigern unter Annahmefrist vorlegt, ohne vorher die Kommunikation mit den Betroffenen zu suchen
- beziehungsweise sofort zur Erörterung des Plans (siehe § 17 Abs. 3 StaRUG, der die unterbliebene Kommunikation mit den Betroffenen vor Abgabe des Planangebots durch den Schuldner zum Gegenstand hat und daher die Abhaltung eines Erörterungstermins ermöglicht) sowie zur privatisierten Abstimmung über den Restrukturierungsplan dann die Versammlung der betroffenen Gläubiger einberuft (vgl. hierzu auch §§ 17, 19, 20 Abs. 1 StaRUG).

Dies ist unter Umständen ein Nachteil gegenüber der außergerichtlichen („freien") Sanierung, die zwingend eine intensive Kommunikation voraussetzt und sogar dem Insolvenzeröffnungsverfahren beziehungsweise auch dem eröffneten Insolvenzverfahren, sogar in Eigenverwaltung, denn dort sind feste Kommunikationswege über die Beteiligung der Gläubiger in verschiedenen Gremien wie der Gläubigerversammlung und dem (vorläufigen) Gläubigerausschuss) vorgesehen.

Das Schutzschirmverfahren hingegen mit dem Ziel eines Fortführungsinsolvenzplan ist meist nur dann sinnvoll, wenn vor dem Insolvenzantrag zwischen dem Schuldner und den hauptsächlichen „willigen" Gläubigern eine entsprechende Kommunikation stattgefunden hat. Ansonsten droht dasselbe Risiko wie bei dem Schuldner, der den Restrukturierungsplan auf die bezeichnete Weise überfallartig seinen einbezogenen Gläubigern präsentiert. Dasselbe gilt für die Restrukturierung unter Einschaltung des Restrukturierungsgerichts, wenn die Gläubiger etwa durch eine Verwertungssperre als ersten Schritt überrascht werden.

Planbetroffene Gläubiger, auch juristische Personen, auch Banken oder Kreditversicherer, sind nicht durchweg die idealtypisch rational handelnden Akteure, die nach umfangreichen externen sowie internen Vorgaben (MaRisk) agieren und jederzeit transparent rational und objektiv jeden der Schritte nachvollziehen oder dokumentieren. Die dortigen Akteure setzen bewusst oder unbewusst und durch Hierarchien hindurch bei wirtschaftspsychologischer Betrachtung Wertungsprärogativen, letztverbindliche Kriterien, warum man einem Plan näher tritt oder nicht.

Der überraschende Restrukturierungsplan oder Insolvenzantrag, wird Reflexe auslösen, die nicht mehr reparabel sind, etwa die Kündigung der Geschäftsverbindung. Eine weitere Reaktion ist die Erwägung, der Schuldner, der sich so verhalte, verdiene a priori kein Vertrauen mehr und seinen Vorschlägen sei grundsätzlich zunächst mit Ablehnung zu begegnen. Damit entstehen Hürden der Restrukturierung, die das Gesetz nicht einhegen kann. Wird beachtet, dass die Sanierung des Unternehmens, zunächst gleichgültig in welchem gesetzlichen Rahmen, primär ein ökonomischer Vorgang ist, der Einschnitte in Rechte Dritter erfordert, die hier trotz Cram Down mit den notwendigen Mehrheiten zustimmen müssen, wird evident, dass die Kommunikation zwischen den Beteiligten ein Kernbestandteil des Gelingens des Planvorhabens darstellt. Das Kommunikationserfordernis könnte im Restrukturierungsverfahren bei dem Verhalten des Schuldners, wie es oben umrissen wurde, zu kurz kommen. Die Problematik zeigen auch erste Restrukturierungsverfahren aus der Praxis. Hier kann unter Umständen ein **Berater** helfen.

Erläuterung: Hilfreich ist für die Qualität und Annahme des Plans insbesondere, wenn dieser begleitend durch einen erfahrenen **Berater** strukturiert sowie professionell ausgearbeitet wird und die wesentlichen Gläubiger in die Konzeption bei der Umgestaltung ihrer Forderungen sowie Sicherungsrechte mit einbezogen werden. Dafür ist eine frühzeitige sowie professionelle Kommunikation unerlässlich. Ein neutraler Akteur kann zudem als Moderator die unterschiedlichen Interessen abwägen.

Der Restrukturierungsplan nach StaRUG sollte übersichtlich aufgestellt werden, ein Management Summary beinhalten und insgesamt gut lesbar sein (vgl. Braun-Böhm, 2021, § 5, Rn. 6). Es sollten auch Erläuterungen für die Fachbegriffe gegeben werden. Eine digitale Übermittlung oder elektronische Bereitstellung des Berichts und der Anlagen sollte unbedingt möglich sein.

Das nicht nur vorinsolvenzliche, sondern ganz eigenständige Restrukturierungsverfahren nach StaRUG überlagert zeitlich gesehen die außergerichtliche Sanierungsphase und sollte daher auch mit den notwendigen betriebswirtschaftlichen Instrumenten arbeiten. So bleiben beispielsweise die ausdrücklich geforderten Unterlagen beziehungsweise Anlagen für einen Restrukturierungsplan inhaltlich hinter den geforderten Unterlagen in einem rechtsprechungskonformen Sanierungskonzept zurück. Auch die rechnerischen Planunterlagen und die laut Gesetz geforderten Zahlenwerke sind inhaltlich gesehen nicht vergleichbar mit einer integrierten softwarebasierten Planungsrechnung, die in allen Sanierungsprojekten zum Einsatz kommt. Diese Planungsunterlagen sind heutzutage in der außergerichtlichen Sanierung ein Standard und ein Muss, denn sie bieten die Basis für Entscheidungsvorlagen in Banken beispielsweise für Verzichte, Tilgungsaussetzungen oder Fresh Money.

Hier ist in der Praxis auf große Professionalität zu achten, denn gerade Zahlenwerke bieten die notwendige Arbeitsgrundlage beispielsweise in Kreditinstituten und werden von den Mitarbeitern der Problemkreditbearbeitung in den Banken genau untersucht. Wenn diese Unterlagen gut erstellt wurden, ist dies für eine Einigungslösung hilfreich, denn es zeigt ein sorgfältiges Vorgehen, welches in der Krise und Restrukturierung auch im weiteren Vorgehen unerlässlich ist.

Es fehlt insgesamt im StaRUG an der genauen Aufnahme des Geschäftsmodells und der Erarbeitung des Leitbilds für die Beurteilung des möglichen langfristigen Erfolgs und die notwendige Geschäftsmodellrestrukturierung, denn nur so gelingt die Herstellung der langfristigen Bestandsfähigkeit. Man wird aber doch die notwendig unbestimmten Rechtsbegriffe des StaRUG mit entsprechendem Inhalt füllen können. Hier sind die ersten Erfahrungen aus der Praxis hilfreich

Es besteht auch im Restrukturierungsverfahren ein hohes Erfordernis an Kommunikation, wie im Insolvenzverfahren angeleitet durch den (vorläufigen) Insolvenzverwalter oder in der (vorläufigen) Eigenverwaltung die Berater des Schuldners und in der außergerichtlichen Sanierung getrieben durch die Hausbank beziehungsweise angeleitet durch den Sanierungsberater.

Im StaRUG-Verfahren kann der Restrukturierungsbeauftragte als neutraler Moderator diese Rolle übernehmen. Auf diesem Wege kann den Gläubigern die Bedeutung der finanzwirtschaftlichen Forbearance-Maßnahmen, in Form von Tilgungsaussetzungen und Verzichten, als notwendige Bedingung für eine Restrukturierung klargemacht und den Planbetroffenen die höhere Quote hier im Vergleich zu einer Insolvenz transparent erläutert werden.

Folgende **Empfehlungen** werden für die Inhalte des Restrukturierungskonzepts gegeben (vgl. auch Pannen/Riedemann/Smid-Smid, 2021, § 6, Rn. 23 ff.):

- Der Restrukturierungsplan sollte wenn möglich auf einem bestehenden Sanierungskonzept nach IDW S 6 aufbauen und die leistungswirtschaftlichen Aspekte aus dem Sanierungskonzept aufgreifen und umsetzen.
- Ist der Restrukturierungsplan grundlegend neu zu erarbeiten, so sollte sich der Schuldner Unterstützung durch erfahrene Berater suchen. Dies können sanierungserfahrene Berater oder Insolvenzverwalter sein.
- Der Restrukturierungsplan hat das Ziel das Krisenunternahmen dauerhaft und tiefgreifend zu sanieren und zum wirtschaftlichen Turnaround zu führen. Dies kann nur über eine betriebswirtschaftliche Sanierung erfolgen.
- Im Restrukturierungsplan sind nicht nur die finanzwirtschaftlichen Bereiche detailliert abzubilden. Primär sind die leistungswirtschaftlichen Maßnahmen zur Bereinigung der Krisenstadien und Krisenursachen abzubilden.
- Der Restrukturierungsplan sollte einen Maßnahmenplan beinhalten. In diesem Plan sind die Sanierungsschritte darzulegen mit Verantwortlichkeiten, mit dem finanziellen Effekt der Maßnahmen und dem zeitlichen Erreichen.
- Der Maßnahmenplan ist mit dem integrierten Planzahlenwerk genau abzustimmen. Das Planzahlenwerk ist auch als Grundlage für die Überprüfung der Sanierungserfolge heranzuziehen und mit den Ist-Zahlen zu vergleichen.
- Der Plan ist stets individuell und strukturiert auszuarbeiten. Ein solches Gerüst können Verlautbarungen wie IDW S 6 und IDW S 2 anbieten. Diese Standards verschaffen dem Restrukturierungsplan gegebenenfalls einen roten Faden.
- Der Restrukturierungsplan sollte unbedingt die Anforderungen des BGH an Sanierungskonzepte aufgreifen. Hilfreich dafür ist es, die Inhalte und Prozesse des IDW S 6 als Grundlage für den Restrukturierungsplan zu verwenden.
- Im Restrukturierungsplan ist auf die Managementeignung im Hinblick auf die Beseitigung der Krise durch die leistungswirtschaftlichen Maßnahmen einzugehen. Auch die Einbindung eines Restrukturierungsberaters ist zu erörtern.
- Der Restrukturierungsplan hat in der Praxis eine Chance, wenn der Schuldner wie bei einer vorläufigen Eigenverwaltung mit den Stakeholdern einen offenen und interessenbetonten Kommunikationsprozess pflegt.
- Die Planannahme kann gefördert werden, wenn eine intensive Gläubigerkommunikation erfolgt. Die Hausbank kann unter Umständen Überzeugungsarbeit leisten, soweit Erfahrungen in der Sanierungsbegleitung bestehen.
- Die Planabstimmung hat professionell zu erfolgen. Die Abstimmung kann gegebenenfalls der Restrukturierungsbeauftragte organisieren (§§ 76 Abs. 2 Nr. 1, 73 Abs. 1 Nr. 1, 2 Abs. 2, 20–22 StaRUG), der auf die gerichtliche Klärung streitiger Stimmrechte im Wege der Vorprüfung unter Einbindung des Restrukturierungsgerichts hinwirken kann. Die gerichtliche Einbeziehung sollte aus Anfechtungsgründen in einer möglichen Folgeinsolvenz unbedingt erfolgen.

Der privatisierten Abstimmung in einem gesetzlichen Verfahren, durch den Schuldner oder unter Leitung des Restrukturierungsbeauftragten, ist die gerichtliche Abstimmung mit einer zusätzlichen Vorprüfung (§§ 23, 45 ff., 24 ff. StaRUG) aus Gründen der Rechtssicherheit sowie Praktikabilität für die spätere Restrukturierung und auch möglichen Folgeinsolvenz, nach der hier vertretenen Meinung im Allgemeinen unerlässliche gerichtliche Planbestätigung, unbedingt vorzuziehen.

Die Planabstimmung sollte unbedingt gelingen. Hier können gegebenenfalls die Instrumente des StaRUG mit dem **Cram Down**, der gruppenübergreifende Mehrheitsentscheidung erfolgen, aber unter den im Gesetz genannten Bedingungen. Die Abstimmung soll an folgenden Fall beispielhaft aufgezeigt werden.

Beispiel: Es ist nach § 9 StaRUG vorgesehen, zwei Gruppen von Gläubigern zu bilden, die der Banken gemäß § 9 Abs. 1 Nr. 2 StaRUG sowie die der Lieferanten die verlängerten Eigentumsvorbehaltsrechten gemäß § 9 Abs. 1 Nr. 1 StaRUG. Dabei sollen die Forderungen der zwei Hausbanken von je 1.000 TEuro um je 30% gekürzt werden. In der Vergleichsrechnung im darstellenden Teil ohne Plan wird ein Wert von je 500 TEuro gegenübergestellt. Daneben existieren drei Lieferanten, die für die Weiterführung des Betriebs unerlässlich sind. Die Gruppe der Lieferanten mit je 100 TEuro Forderungen und Absonderungsanwartschaften soll auf 5% verzichten. Sie stimmen dem Plan zu, während die beiden planbetroffenen Banken diese Kürzung und den Plan ablehnen. Gemäß § 26 Abs. 1 Nr. 1–3 StaRUG kann eine **gruppenübergreifende Mehrheitsentscheidung** erfolgen, wenn die erforderliche 75% Mehrheit aus § 25 Abs. 1 StaRUG, hier in der Gruppe der Banken, nicht erreicht wird.

Bei nur zwei Gruppen muss nur eine Gruppe zustimmen, um einen Cram Down zu ermöglichen (siehe § 26 Abs. 1 Nr. 2 Halbsatz 2 StaRUG). Dann wird dieser Plan letztendlich umgesetzt, sofern die Banken am Planmehrwert angemessen beteiligt wurden (§ 26 Abs. 1 Nr. 2 StaRUG). Das scheint im obigen Beispiel der Fall zu sein, denn die Forderungen der Banken sind blanko und die Lieferanten haben zudem den Eigentumsvorbehalt neben einer Abtretung der aus der Veräußerung resultierenden Forderungen des Schuldners auf ihrer Seite.

Gemäß § 32 Abs. 1 StaRUG ist allerdings die Gesamtheit der Interessen der Gläubiger zu wahren, ansonsten kann die Restrukturierungssache dann auch gerichtlich aufgehoben werden und es droht aus dieser Richtung das Fehlschlagen. In diesem Beispiel wird die Zustimmung der Banken wohl erreichbar sein, wenn die Notwendigkeit des Verzichts erläutert wird. Allerdings werden die Banken für neue Finanzierungen dann wohl nicht mehr zur Verfügung stehen. Es ist immer zu beachten, dass die Geschäfte nach einer erfolgreichen Restrukturierung in der Praxis auch mit den bereits bestehenden Geschäftspartnern erfolgt. Dies erfordert einen fairen Umgang miteinander und eine Kommunikation, bei Informationsbedarf der Partner.

Im Folgenden werden in Tab. 3.3 wesentliche Merkmale des Restrukturierungsplans den IDW Standards S 6 und S 2 gegenübergestellt, um Anregungen für die Ausgestaltung der Anforderungen an einen praxisgerechten Plan zu erhalten.

Tab. 3.3: Pläne und Konzepte zur Restrukturierung im Vergleich (Quelle: Eigene Darstellung)

Kriterien	Restrukturierungsplan	Sanierungsplan S 6	Insolvenzplan S 2
Planinitiatoren	Schuldner	Schuldner Gläubiger	Schuldner Insolvenzverwalter
Einbezogene Gläubiger	Auswahlermessen des Schuldners	Im Regelfall sämtliche Gläubiger	Sämtliche Gläubiger
Entscheidungskriterien	Insolvenzvermeidung Bestandsfähigkeit Cram Down	Sanierungsfähigkeit Sanierungswürdigkeit Wettbewerbsfähigkeit	Quotenvergleich Schlechterstellung Cram Down
Ablauf	Ähnelt Insolvenzplanverfahren	Insolvenzprüfung Stufe 1 und Stufe 2	Insolvenzplanverfahren gemäß §§ 217 ff. InsO
Gliederung und Inhalte	Darstellender Teil Gestaltender Teil Pläne, BGH-Kriterien	Kernbestandteile gemäß IDW S 6 BGH-Kriterien	Darstellender Teil Gestaltender Teil Plananlagen
Sanierung	Finanzieller Fokus Moratorium Debt Equity Swap	Finanz- und leistungswirtschaftliche Komponenten	Fokus finanzwirtschaftliche Sanierung im darstellenden Teil
Abstimmung	Gruppenabstimmung Cram Down §§ 24 ff. StaRUG	Freies Einigungsprinzip Einstimmigkeit Quotenentscheidung	Gruppenabstimmung Obstruktionsverbot (Cram Down) § 245 InsO
Verfahren	Gruppenabstimmung Gerichtlich Außergerichtlich	Quotale Einigung Außergerichtlich Konsensprinzip	Gruppenabstimmung Gerichtliches Abstimmungsverfahren
Mehrheiten	75% Zustimmung Gruppenmitglieder, Summenmehrheit Forderungen	Keine Regelung Außergerichtliche Verhandlung	Einfache Kopfmehrheit Summenmehrheit Forderungen § 244 InsO
Überstimmung	Absolute und Relative Priority Rule Cross Class Cram Down	Keine Regelung	Absolute und Relative Priority Rule, § 245 InsO
Planbestätigung	Gerichtliche Planbestätigung auf Schuldnerantrag, § 60 StaRUG	Keine Regelung Sanierungswürdigkeit	Gerichtliche Bestätigung § 248 InsO von Amts wegen
Umsetzung	Beschreibung der Umsetzungen aus dem Plan, Planüberwachung optional	Umsetzungsplan im Sanierungskonzept Interne Überwachung Banken nach MaRisk	Überwachung der Planerfüllung (optional, § 260 InsO)
Planüberwachung	Restrukturierungsbeauftragter Aufhebung durch Gericht	Gläubiger Schuldner Sanierungsberater	Insolvenzverwalter, Sachwalter, Gläubigerausschuss Aufhebung durch das Insolvenzgericht

3.6 Sanierungsmoderation

Neben dem Restrukturierungs- und Stabilisierungsrahmen kann der Schuldner nach § 94 StaRUG im Fall seiner wirtschaftlichen oder finanziellen Schwierigkeiten alternativ durch den gerichtlich bestellten **Sanierungsmoderator** Unterstützung bei der Ausarbeitung einer Lösung zur Überwindung dieser Probleme erhalten, insbesondere um einen Sanierungsvergleich gemäß § 97 StaRUG zu moderieren. Das Procedere nach den §§ 94 ff. StaRUG verläuft wie nachfolgend beschrieben.

! **Erläuterung:** Eine restrukturierungsfähige Person beantragt bei Restrukturierungsgericht (§§ 34, 35 StaRUG) die Bestellung eines **Sanierungsmoderators** (§ 94 Abs. 1 Satz 1 StaRUG). Die Sanierungsmoderation scheidet aus bei offensichtlicher Zahlungsunfähigkeit nach § 17 InsO, insbesondere bei Zahlungseinstellung und bei offensichtlicher Überschuldung. „Offensichtlichkeit" ist nicht synonym, aber weitgehend deckungsgleich mit der „Offenkundigkeit" des § 291 ZPO. Überschuldung und Zahlungsunfähigkeit müssen daher ohne weiteres feststellbar sein, sie müssen für jedermann, der den Sachverhalt kennt, auf der Hand liegen und letztendlich im Fall nicht vorliegen.

Einen Stolperstein stellt die offensichtliche Überschuldung dar, und zwar als Folge der Tatbestandsvoraussetzung der positiven Fortführungsprognose beim Überschuldungstatbestand gemäß § 19 Abs. 2 Satz 1 InsO. Die offensichtliche Überschuldung bedarf daher einer negativen Fortbestehensprognose, die wiederum nur auf Grundlage einer Prüfung, etwa nach IDW S 11, angestellt werden könnte. Eine solche Prüfung kann aber das im Fokus einer Sanierungsmoderation befindliche kleine oder Kleinstunternehmen im Zweifel nicht bezahlen. Die Norm enthält daher im Ergebnis einen schwer auflösbaren Widerspruch.

Möglicherweise wird dieser in der Praxis weitgehend dadurch aufgelöst, dass die Prognoseperiode für die drohende Zahlungsunfähigkeit (§ 18 Abs. 2 StaRUG, regelmäßig 24 Monate), die Voraussetzung der Restrukturierung unter Zuhilfenahme der Sanierungsmoderation, von der Prognoseperiode einer Überschuldung abgekoppelt ist (§ 19 Abs. 2 InsO, 12 Monate).

Sind die Voraussetzungen für die Restrukturierung nach dem StaRUG zu bejahen, kann von einer positiven Fortführungsprognose ausgegangen werden, auch wenn bilanzielle Überschuldung bei den davon betroffenen Rechtsträgern vorliegt (§ 19 Abs. 1, 2 InsO), so dass insolvenzrechtliche Überschuldung zu verneinen ist.

Fokus der auf zunächst drei Monate angelegten nicht öffentlich bekanntgemachten Sanierungsmoderation (§ 95 Abs. 1 Satz 1, Abs. 2 StaRUG) ist die Vermittlung zwischen Schuldner und Gläubigern. Der Sanierungsmoderator ist somit Mediator. Ziel ist das Finden eines Vergleichs zwischen den Beteiligten zur Lösung der wirtschaftlichen oder finanziellen Schwierigkeiten, die der Schuldner im Antrag darzustellen hat. Dabei ist auf einen Ausgleich der Interessen für die betroffenen Gläubiger, oft der Banken und Lieferanten zu achten, damit eine Benachteiligung besteht.

Die sprachliche Ungenauigkeit, dass im Kontext dieser Sanierungsmoderation stets alle Gläubiger angesprochen werden, beeinträchtigt die Möglichkeit, die Sanierung eben gerade nicht mit allen Gläubigern in die Wege zu leiten, nicht. Die Begründung der Normen zur Sanierungsmoderation verhält sich dazu nicht.

Das Instrument ist in das StaRUG eingebettet, ähnelt sehr stark der außergerichtlichen oder freien Sanierung und die Sanierungsmoderation kann in den Stabilisierungs- und Restrukturierungsrahmen des Teils 2 StaRUG münden (§ 100 StaRUG). Im Kern der Vorgehensweise der freien Sanierung beziehungsweise des StaRUG ist der Grundsatz angelegt, dass es sich im Allgemeinen nicht um eine Gesamtschuldenbereinigung mit sämtlichen Gläubigern handelt (mit Ausnahme der „Öffentlichen Restrukturierungssachen" in den §§ 84 ff. StaRUG mit den „gesamtverfahrensähnlichen Zügen"). Damit ist in der Sanierungsmoderation der Rechtsgedanke der sachgerechten Auswahl der Planbetroffenen nach § 8 StaRUG angelegt.

Die Norm ist jedoch aus systematischen Blick weder direkt noch analog anwendbar, weil es dem Schuldner völlig freisteht, wen er in eine konsensuale Lösung mittels eines Sanierungsvergleichs aus § 779 BGB einbindet und ob das Procedere zu seiner Sanierung hinreichend ist oder nicht. Nur diese optionale gerichtliche Bestätigung (§ 97 StaRUG) verschafft über die Versagungsgründe (§ 97 Abs. 1 Satz 2 StaRUG) dem Konzept auch insoweit eine gewisse Rechtssicherheit. Ein Plan, der aus dem Blick des Gerichts unschlüssig ist oder auch keine vernünftige Erfolgsaussicht hat, wird nicht bestätigt und vermindert daher weder die Insolvenzanfechtungsrisiken (§§ 97 Abs. 3, 90 StaRUG) in einer Folgeinsolvenz noch hat er Titelwirkung.

Die **Sanierungsmoderation** ist gleichermaßen wie das Restrukturierungsverfahren des StaRUG auch eine teilkollektive Struktur, aber in Gestalt eines allein auf dem Konsens der Beteiligten beruhenden materiell-rechtlichen Vergleiches mit den einzelnen betroffenen Gläubigern. Mit diesen ist daher eng zu kommunizieren.

Erläuterung: Bei der **Sanierungsmoderation** hat der Schuldner seinem Antrag auf das Moderationsverfahren ein Verzeichnis der Gläubiger und ein Verzeichnis des Vermögens sowie eine Erklärung über die nicht vorhandene Zahlungsunfähigkeit beziehungsweise bei Personen ohne Rechtspersönlichkeit zusätzlich zum fehlenden Vorliegen einer Überschuldung abzugeben. Das Gericht bestimmt einen Sanierungsmoderator zur Vermittlung zwischen Schuldner und Gläubigern sowie zur Herbeiführung einer Lösung zur Überwindung der wirtschaftlichen oder finanziellen Schwierigkeiten. **!**

Wie jede Sanierung bedarf auch diejenige auf dem Weg der Sanierungsmoderation einer Planung, mag sie auch weniger komplex sein. Die angesprochenen Gläubiger, man darf sicher sein, dass es sich weitgehend um die Banken handeln wird, werden einen Plan verlangen, der den Mindestanforderungen der Anlage zu § 5 Satz 2 StaRUG genügt, auch wenn die §§ 94 ff. StaRUG darauf keinen Bezug nehmen und § 96 Abs. 1 StaRUG nur von einer Lösung spricht, welche die wirtschaftlichen und finanziellen Schwierigkeiten des Schuldners überwindet.

In der Praxis kann es nur einen Plan, analog dem Restrukturierungsplan, bedeuten. Dies ist allgemein erforderlich, denn von den Gläubigern wird in allen Verfahren stets ein Sanierungsbeitrag verlangt, zum Beispiel durch den Verbrauch von variablen Sicherungswerten, in Form von Tilgungsaussetzungen oder Teilverzicht. Ökonomisch ist die Sanierung eines Unternehmens in der Krise nur planmäßig, auf der Grundlage eben eines umfassenden Plankonzepts, erreichbar. Demnach sind gemäß § 14 StaRUG zumindest die Plananlagen auszuarbeiten mit der Vermögensübersicht, dem Ergebnisplan und der Finanzplanung.

Die §§ 94 ff. StaRUG gehen von wirtschaftlichen sowie finanziellen Schwierigkeiten des Schuldners aus. Ursächlich sind wirtschaftliche Problemfelder in der Form von Stakeholderkrisen, Absatzkrisen, die auf der Zeitachse unweigerlich zu finanziellen Krisen, wie der Ertrags- und Liquiditätskrise, führen. Gerade die Verwendung des Begriffs der wirtschaftlichen Schwierigkeiten, die im Rahmen der Sanierungsmoderation mit den Gläubigern zu lösen sind, deutet an, dass das leistungswirtschaftliche Moment in den Sanierungsplan unbedingt mit einzubeziehen und zeitnah umzusetzen ist (vgl. Braun-Blümle/Erbe, 2021, § 94, Rn. 9 ff.).

Offen könnte erscheinen, ob die Voraussetzungen eines Triggers für die Sanierungsmoderation vorliegen müssen. Mangels Definition der wirtschaftlichen oder finanziellen Schwierigkeiten und angesichts der Offensichtlichkeit von Zahlungsunfähigkeit oder Überschuldung als negative Tatbestandsmerkmale des Zugangs zur Moderation und im Hinblick auf das Instrument als Vorstufe zur möglichen Inanspruchnahme von Instrumenten des Stabilisierungs- und Restrukturierungsrahmens muss man als Auslösetatbestand ebenfalls die drohende Zahlungsunfähigkeit im Sinne des § 18 InsO ansehen. Dabei wäre es jedoch von Vorteil, wenn auch frühere Krisenstadien beispielsweise in Form der Ergebniskrise, wie bei außergerichtlichen Sanierungen, zu einer Sanierungsmoderation Anlass geben könnten. Somit ist es geboten erstens möglichst früh eine Sanierungsmoderation ins Auge zu fassen und zweitens eine professionelle Ausarbeitung des Plans vorzunehmen.

Der im Rahmen der Sanierungsmoderation geschlossene Vergleich kann durch das Restrukturierungsgericht bestätigt werden (§ 97 Abs. 1 Satz 1 StaRUG), womit dieser nach der Begründung in einer etwa späteren Insolvenz nur noch nach § 90 StaRUG anfechtbar sein soll (vgl. §§ 97 Abs. 3, 90 StaRUG). Die Sanierungsmoderation ist mit Kosten verbunden, es müssen die Dienste des Sanierungsmoderators vergütet werden, wofür § 98 Abs. 2 StaRUG auf die §§ 80–83 StaRUG verweist. Diese Vergütung orientiert sich an den Regelsätzen für den Restrukturierungsbeauftragten.

Die danach zu entrichtende Vergütung mit Honorar und Auslagen nach Stundensätzen wird vom Restrukturierungsgericht zur Leistung aus der Staatskasse festgesetzt, wobei zugleich der Kostenschuldner der Staatskasse bestimmt wird. Regelmäßig ist dieses der Schuldner. Es ist der Meinung, der Sanierungsmoderator oder das Moderationsverfahren sei nicht mit Kosten verbunden, zu widersprechen. Denn die Kosten können bei den genannten gesetzlichen Stundensätzen hoch sein.

Daher erweist sich die Begründung zu der Sanierungsmoderation als etwas brüchig, wonach die Moderation dann in Frage komme, wenn der Schuldner externe Unterstützung für die Verhandlungen mit seinen Gläubigern benötige, aber sich professionelle Sanierungsberater nicht leisten kann, denn der Sanierungsmoderator ist gerade der notwendige professionelle Berater, wenn auch als Mediator und Vermittler, nicht als Mitentscheider auf der Schuldnerebene.

Der Unterschied zum Restrukturierungsbeauftragten der §§ 73 ff. StaRUG besteht im Hinblick auf notwendige Professionalität und Vergütung letztlich nur in dem vermutlich häufig zeitlich geringerem Umfang der Tätigkeiten des Moderators im Vergleich zum Restrukturierungsbeauftragten. Dass § 74 Abs. 1 StaRUG diese Anforderungen an den Restrukturierungsberater auf einen in Restrukturierungs- und Insolvenzsachen erfahrenen Steuerberater, Wirtschaftsprüfer, Rechtsanwalt oder natürliche Person mit vergleichbarer Qualifikation fokussiert, die Anforderungen aber in § 94 Abs. 1 StaRUG fehlen, ist unbeachtlich. Somit lässt sich letztendlich festhalten, dass bei der **Sanierungsmoderation**:

- die vom Schuldner in die Moderation einbezogenen Gläubiger sämtlich zustimmen müssen und nicht durch Kollektiventscheidung gezwungen werden können. Einen Cram Down gibt es nicht.
- Streitigkeiten über den Vergleichsinhalt nicht vor dem Restrukturierungsgericht auszutragen sind, sondern in erster Instanz als Restrukturierungssache vor der Zivilkammer des Landgerichts (§ 19b ZPO, §§ 71 Abs. 2 Nr. 6, 72a GVG).
- eine Konkurrenz zur außergerichtlichen Sanierung, meist mit Unterstützung der Hausbank, besteht. Es stellt sich die Frage, ob die Sanierungsmoderation über Haircut-Lösungen zum Exit der Banken und in die Insolvenz führt.
- der Fokus auf der finanzwirtschaftlichen Bereinigung der Probleme liegt. Diese leistungswirtschaftlichen Aspekte, die bei einer Sanierung immer erforderlich sind, werden eher außen vor gelassen.
- ebenfalls Kosten verursacht werden, da der Moderator für seine Leistungen zu vergüten ist. Die Moderation und die Unterstützung bei der Erstellung der Unterlagen sind für den Erfolg des Verfahrens unerlässlich.

Der Sanierungsmoderator ist eng an das Gericht angebunden und steht unter dessen Aufsicht (§ 96 Abs. 5 StaRUG). Seine Befugnisse sind begrenzt, da er nur Einblick in die Geschäftsunterlagen des Schuldners hat und nur Anspruch auf „angeforderte zweckmäßige Auskünfte“ (§ 96 Abs. 2 StaRUG). Der Sanierungsmoderator erstattet monatlich schriftlich Bericht an das Gericht über den Fortgang der Moderation (§ 96 Abs. 3 StaRUG), der mindestens Aussagen über die wirtschaftlichen Schwierigkeiten des Schuldners und deren Ursachen, die Restrukturierungsgläubiger und die weiteren Verfahrensbeteiligten, Gegenstand und Ziele der Moderation und den angenommenen Fortschritt der Verhandlung treffen muss. Insolvenzverwalter und Sachwalter erscheinen für die Funktion des Sanierungsmoderators geeignet zu sein.

3.7 Vergleich der Umstrukturierungsalternativen

Der Schuldner beziehungsweise das Unternehmen sollte das Restrukturierungsverfahren im Vorfeld durchplanen und andere Alternativen der Sanierung, Restrukturierung und Insolvenz in Betracht ziehen. Volkswirtschaftlich es zu begrüßen, wenn im Zuge des StaRUG Schuldner beziehungsweise Unternehmen und Organe von Firmen aufmerksamer im Hinblick auf mögliche Risikoanzeichen umgehen und auf die bemerkten Krisensignale reagieren. Voraussetzung dafür ist die Installierung wirksamer Risikofrüherkennungssysteme.

Positiv ist es zudem, wenn Unternehmen aktiv das Gespräch mit den Hauptgläubigern wie den Hausbanken suchen, um Lösungen vorzubereiten. Diese können in der außergerichtlichen Sanierung, dem Restrukturierungsverfahren nach StaRUG oder der Insolvenz, auch in Eigenverwaltung, liegen. Wenn das StaRUG zu einer intensiven Gläubigerkommunikation führt ist das ebenfalls vorteilhaft und kann die Beziehung zwischen Unternehmen und dieser Stakeholdergruppe stärken.

Dieses ist auch eine wesentliche Stärke der außergerichtlichen Sanierung, da dieses Verfahren meist zu einer hohen Kommunikationsdichte zwischen Kunde und Bank führt. Wenn in den Gesprächen mit den Hausbanken und gegebenenfalls auch den Hauptlieferanten deutlich wird, dass eine Sanierung gelingen kann, aber wohl nicht alle Gläubiger mitziehen werden, unter anderem mit Sanierungsbeiträgen, kann das StaRUG-Verfahren Vorteile bieten, wenn diese Konfliktparteien überstimmt und zu Sanierungsbeiträgen gezwungen werden können.

Zu beachten ist, dass bei einer außergerichtlichen Sanierung der Kommunikationsprozess im Hinblick auf die Krise, durch die Hausbanken angegangen wird. Dies ist sehr positiv und sollte auch in einem Restrukturierungsverfahren beibehalten werden. In der außergerichtlichen Sanierung kann da dazu führen, dass sich im Sanierungsverlauf und auch nach erfolgreicher Sanierung die Beziehung zwischen dem Unternehmen und den Gläubigern positiv verändert. Der Schuldner wird sicherlich auch künftig enger überwacht. Die oft erst in dem Umstrukturierungsprozess installierten Controllinginstrumente führen aber auch dazu, dass sich das Unternehmen in der Zukunft stärker selbst beobachtet und einen engeren faktenbasierten Dialog mit den Gläubigern, auf der Basis von Ist- und Planzahlen führt. Das Unternehmen wird künftig stärker durch beispielsweise Banken überwacht. Wenn sich bedeutende Kennzahlen verschlechtern kann dann zeitnah gegengesteuert werden. Die Kommunikation und die Informationsprozesse werden insgesamt professionalisiert.

Negativ gesehen kann ein stilles Restrukturierungsverfahren, indem die Gläubiger überrascht werden von einem Restrukturierungsplan, dazu führen, dass die Kommunikation und Information eingeschränkt sind sowie mit Agency-Problemen einhergehen. Die Gläubiger fühlen sich dann von einem reinen Schuldnerplan überrumpelt. Nicht zu vergessen ist aber, dass die künftige Geschäftstätigkeit nur weiterlaufen kann, wenn die Parteien sich auf Dauer untereinander einigen.

Im Folgenden soll eine typisierte Situationsbeschreibung gegeben werden, in welchen Fällen der Krise eines Unternehmens ein bestimmtes Krisenbewältigungsverfahren angewendet werden kann. Aus Sicht der Autoren ist jedoch klar, dass im Einzelfall die jeweilige Situation des Krisenunternehmens zu betrachten ist. Daher können die genannten Merkmale nur grobe Muster sein, die für die Anwendung einer bestimmten Sanierungs- und Restrukturierungsmodalität sprechen. Begonnen wird mit der Sanierungsmoderation, unter Umständen als Vorstufe eines Restrukturierungsverfahrens oder Stand Alone.

Situation einer Sanierungsmoderation:
- Unternehmen befindet sich in der drohenden Zahlungsunfähigkeit
- Krisenfirma ist ein Kleinstunternehmen oder ein kleines Unternehmen
- Sanierungsmoderator wird von Gläubigern neutral und fähig wahrgenommen
- Hohes Einigungspotenzial der Gläubiger wie Banken und Lieferanten
- Finanzverbindlichkeiten können voraussichtlich umstrukturiert werden
- Private Mittel können mit hoher Sicherheit eingebracht werden

In einem Restrukturierungsverfahren nach StaRUG, steigen die Anforderungen an den Verfahrensablauf und die Akteure. Sowohl auf den Schuldner als auch auf den möglicherweise eingesetzten Restrukturierungsbeauftragten werden Bedürfnisse an die Qualifikationen sowie Erfahrungen gesetzt. Dabei stehen in einem Restrukturierungsverfahren leistungswirtschaftliche und finanzwirtschaftliche Aspekte im Vordergrund, neben einer Bereinigung der Finanzierungsstruktur. Folgende Unternehmenslage soll die Einsatzfähigkeit einer Restrukturierung begünstigen.

Situation eines Restrukturierungsverfahrens:
- Unternehmen befindet sich in der drohenden Zahlungsunfähigkeit
- Krisenunternehmen ist stark verschuldet, drohend überschuldet
- Reduzierung, Umstrukturierung der Finanzverbindlichkeiten erforderlich
- Vereinzelte Gläubiger scheren unter Umständen aus, sollen gebunden werden
- Krise soll aus Reputationsgründen nicht an die Öffentlichkeit gelangen
- Einmalzahlung Gesellschafter zur Abfindung Gläubiger möglich

Neben dem Restrukturierungsverfahren besteht die Alternative der Umsetzung einer außergerichtlichen (freien) Sanierung mit hauptsächlicher Unterstützung der Banken. Die hervorgehobene Rolle nehmen die Hausbanken ein. Der Sanierungsverlauf stützt sich im Wesentlichen auf MaRisk BTO 1.2.5. Wesentlich für die Anwendung dieses Procederes ist, dass es sich um ein frühes Krisenstadium handelt, in dem sich das Unternehmen befindet. Des Weiteren sollten die marktlichen Fähigkeiten, die qualifizierten Mitarbeiter noch vorhanden sein und das Geschäftsmodell intakt. Positiv ist es, wenn die Gesellschafter finanzielle Unterstützungsbeiträge leisten.

Situation einer außergerichtlichen Sanierung:
- Unternehmen befindet sich in einem frühen Krisenstadium
- Krise soll nicht an die Öffentlichkeit gelangen
- Geschäftsmodell ist weitestgehend intakt
- Unterstützungsbereitschaft der (Haus-)Banken besteht
- Lieferanten, Kreditversicherer halten Konditionen aufrecht
- Sanierungsfähigkeit und Sanierungswürdigkeit sind gegeben

Nachfolgend wird in Tab. 3.4 ein Verfahrensvergleich zwischen der außergerichtlichen Sanierung und dem Restrukturierungsverfahren nach StaRUG vorgenommen. Dabei zeigt sich, dass sowohl Ähnlichkeiten wie auch Unterschiede bestehen.

Bei einer außergerichtlichen Sanierung steht neben der finanzwirtschaftlichen Umstrukturierung die Rekonfiguration der leistungswirtschaftlichen Komponenten im Vordergrund. Diese Form der Sanierung erfordert ein umfassendes Sanierungskonzept, dass die Sanierungsfähigkeit aus Sicht der Ersteller des Konzepts signalisiert, und die Sanierungswürdigkeit aus den Blickwinkeln der Gläubiger. Wesentlich ist, dass die finanzielle Bereitschaft der internen sowie externen Gruppen existiert dieses Unternehmen über die mehrjährige Phase der Krise zu finanzieren.

Tab. 3.4: Verfahrensvergleich zur außergerichtlichen Sanierung (Quelle: Eigene Darstellung)

Kriterien	Außergerichtliche Sanierung	Restrukturierungsverfahren
Verfahrensziel	Wettbewerbsfähigkeit, Renditefähigkeit, Unternehmenserhalt	Wettbewerbsfähigkeit, Renditefähigkeit, Unternehmenserhalt
Auslöser	Wirtschaftliche Krise Risikofrüherkennung	Drohende Zahlungsunfähigkeit, gegebenenfalls früheres Stadium
Öffentlichkeit	Keine	Option (ab 17.7.2022) in gesamtverfahrensartigen insbesondere in Cross-Border-Fällen
Hauptakteure	Hausbank, Sanierungsberater, sonstige Gläubiger	Schuldner, Restrukturierungsbeauftragter
Verfahrensdauer	Verhandlungen mehrere Monate, leistungswirtschaftliche Sanierungsdauer 2–3 Jahre nach Einigung	Bis Rechtsverbindlichkeit des Plans mehrere Monate, leistungswirtschaftlich 2–3 Jahre
Rechtsbehelfe	Keine	Beschwerde gegen gerichtliche Entscheidung, soweit statthaft, Stabilisierung, Vollstreckungssperre
Finanzierung	Forbearance-Maßnahmen, Fresh Money	Forbearance-Maßnahmen, Fresh Money gemäß Restrukturierungsplan
Kosten	Sanierungsberatung, Sanierungsumsetzung	Restrukturierungsbeauftragter, Gericht, Sanierungsberater des Unternehmens

Der nächste Vergleich wird zur Eigenverwaltung gezogen. Hier bestehen starke Ähnlichkeiten mit einem Restrukturierungsverfahren. Der Sachverwalter hat unter Umständen eine vergleichbare Rolle wie der Restrukturierungsbeauftragte. Vorteilhaft ist hier, dass der Verfahrensweg finanziell durch das Insolvenzgeld unterstützt wird. Das bestehende Management des Krisenunternehmens bleibt am Ruder und führt das Unternehmen zunächst weiter.

Situation einer Eigenverwaltung:

- Unternehmen befindet sich in der drohenden Zahlungsunfähigkeit
- Management ist in der Lage Unternehmen weiterzuführen
- Geeigneter, fachlich kompetenter Sachwalter
- Insolvenzgeld für Ausarbeitung des Plans notwendig
- Umsetzung Insolvenzplan ist höchst realistisch
- Einmalzahlung Gesellschafter, Investoreinstieg zur Abfindung Gläubiger

In nach folgender Tab. 3.5 wird ein Verfahrensvergleich zwischen der Eigenverwaltung und dem Restrukturierungsverfahren nach StaRUG vollzogen.

Tab. 3.5: Verfahrensvergleich zur Eigenverwaltung (Quelle: Eigene Darstellung)

Kriterien	Eigenverwaltung	Restrukturierungsverfahren
Verfahrensziel	Gemeinschaftliche Gläubigerbefriedigung	Wettbewerbsfähigkeit, Renditefähigkeit, Unternehmenserhalt
Auslöser	Drohende Zahlungsunfähigkeit	Drohende Zahlungsunfähigkeit, gegebenenfalls früheres Stadium
Öffentlichkeit	Öffentliches Verfahren	Option (ab 17.7.2022) in gesamtverfahrensartigen insbesondere in Cross-Border-Fällen
Hauptakteure	Schuldner, Sachwalter	Schuldner, Restrukturierungsbeauftragter
Verfahrensdauer	Bis zur Rechtskraft der Bestätigung des Insolvenzplans, idealiter wenige Monate nach Insolvenzeröffnung	Bis Rechtsverbindlichkeit des Plans mehrere Monate, leistungswirtschaftlich 2–3 Jahre
Rechtsbehelfe	Beschwerden gegen gerichtliche Entscheidung, soweit statthaft, Maßnahmen gemäß §§ 21 Abs. 2 InsO	Beschwerde gegen gerichtliche Entscheidung, soweit statthaft, Stabilisierung, Vollstreckungssperre
Finanzierung	Insolvenzgeld, Massekredit, Gläubigerbeiträge über Forbearance-Maßnahmen	Forbearance-Maßnahmen, Fresh Money gemäß Restrukturierungsplan
Kosten	Sachwalter, Gericht, Sanierungsberater des Unternehmens	Restrukturierungsbeauftragter, Gericht, Sanierungsberater des Unternehmens

Des Weiteren besteht die Option, gegebenenfalls auch freiwillig im Zustand der drohenden Zahlungsunfähigkeit, durch den Schuldner einen Insolvenzantrag zu stellen. Die Insolvenz wird öffentlich bekannt gemacht. Der (vorläufige) Insolvenzverwalter führt die Geschäfte fort und eruiert die Möglichkeiten der Sanierung oder des Verkaufs von Betriebsteilen zur bestmöglichen Gläubigerbefriedigung. Über Anfechtungen kann die Masse angereichert werden.

Situation eines Regelinsolvenzverfahrens:
- Unternehmen befindet sich in der drohenden Zahlungsunfähigkeit
- Management ist in der Lage Unternehmen weiterzuführen
- Insolvenzgeld für Ausarbeitung des Plans oder Abwicklung notwendig
- Kündigung bestehender Dauerschuldverhältnisse erforderlich
- Geeigneter, fachlich kompetenter Insolvenzverwalter
- Abwicklung erbringt hohe Erlöse für Gläubiger

In der folgenden Tab. 3.6 wird ein Vergleich zwischen dem Regelinsolvenzverfahren und dem Restrukturierungsverfahren nach StaRUG vollzogen.

Tab. 3.6: Vergleich zur Regelinsolvenz ohne Eigenverwaltung (Quelle: Eigene Darstellung)

Kriterien	Regelinsolvenz	Restrukturierungsverfahren
Verfahrensziel	Gemeinschaftliche Gläubigerbefriedigung	Wettbewerbsfähigkeit, Renditefähigkeit, Unternehmenserhalt
Auslöser	Zahlungsunfähigkeit, Überschuldung	Drohende Zahlungsunfähigkeit, gegebenenfalls früheres Stadium
Öffentlichkeit	Öffentliches Verfahren	Option (ab 17.7.2022) in gesamtverfahrensartigen insbesondere in Cross-Border-Fällen
Hauptakteure	(Vorläufiger) Insolvenzverwalter	Schuldner, Restrukturierungsbeauftragter
Verfahrensdauer	Unklare Dauer, abhängig vom Einzelfall, 10 bis 12 Jahre denkbar, idealiter bei Planverfahren wenige Monate nach Insolvenzeröffnung	Bis Rechtsverbindlichkeit des Plans mehrere Monate, leistungswirtschaftlich 2–3 Jahre
Rechtsbehelfe	Beschwerden gegen gerichtliche Entscheidung, soweit statthaft, Maßnahmen gemäß §§ 21 Abs. 2 InsO	Beschwerde gegen gerichtliche Entscheidung, soweit statthaft, Stabilisierung, Vollstreckungssperre
Finanzierung	Insolvenzgeld, Massekredit	Forbearance-Maßnahmen, Fresh Money gemäß Restrukturierungsplan
Kosten	Insolvenzverwalte, Gericht, gegebenenfalls Berater	Restrukturierungsbeauftragter, Gericht, Sanierungsberater des Unternehmens

3.8 Erfahrungen aus der Rechtsprechung zum StaRUG

Nach einem guten Jahr StaRUG liegen, soweit ersichtlich, nur wenige veröffentlichte Entscheidungen zu dem Regelwerk vor. Das ist zum einem darauf zurückzuführen, dass das StaRUG weitgehend ohne gerichtliche Inanspruchnahme beziehungsweise Verfahrenshilfen auskommen kann. Zum anderen wird das StaRUG beziehungsweise das Restrukturierungsverfahren in der Praxis bisher nur verhalten angewendet.

Wendet man sich den wenigen publizierten Entscheidungen zu, so kann man bisher noch keine Tendenz feststellen, da die wenigen Entscheidungen keine hinreichende Beurteilung über den Erfolg des StaRUG zulassen. Allerdings darf es nicht verkannt werden, dass im Hinblick darauf, dass der Restrukturierungsplan nach dem StaRUG in vielen Punkten dem Insolvenzplan nachgebildet wurde, zu ein paar Gegenständen auch auf den Fundus der Judikatur zum Insolvenzplan zurückgegriffen werden kann. Von Instanzentscheidungen der erstinstanzlichen Insolvenzgerichte über die Landgerichte als Beschwerdegerichte bis hin zu Rechtsbeschwerdeentscheidungen des BGH. Im Einzelnen äußern sich die wenigen veröffentlichten Entscheidungen zum StaRUG zu einer Reihe verschiedener Details.

Wesentlich ist dabei, dass eine Reihe von Problemfeldern für die Praxis der Restrukturierung nach dem StaRUG aufgegriffen wird, so dass die Entscheidungen ungeachtet ihrer geringen Zahl gleichwohl der Praxis für viele Konstellationen den Weg weisen. Sie sind Beispiele für den Umgang mit dem StaRUG und seinen Instrumenten und zwar eben nicht nur in abstrakten Rechtssätzen, sondern anhand von verbreiteten oder auch von außergewöhnlichen Sachverhaltskonstellationen.

Für die letzteren Fälle steht der im Hinblick auf den der Restrukturierung zugrunde liegenden Sachverhalt karge Beschluss des AG Hamburg zu 61a RES 1/21 zur Sanierung aus dem Konzern heraus ohne Beteiligung externer Gläubiger. Hier gewinnt man den Eindruck, das Restrukturierungsverfahren diene jedenfalls auch der Klärung gesellschaftsrechtlicher Verwerfungen zwischen den beiden Gesellschaftern, ein Phänomen, das auch aus dem Insolvenzplanverfahren bekannt ist.

Die Entscheidungen zum StaRUG werden daher im Folgenden sowohl in tatsächlicher als auch rechtlicher Hinsicht dargestellt und in ihren Wirkungen in wesentlichen Punkten analysiert. Die Darstellung enthält die Entscheidungen chronologisch mangels anderweitiger schlüssiger Gliederungsreihenfolge, die Entscheidung des AG Düsseldorf (601 SAN 1/21) zu einer Sanierungsmoderation folgt nach den Restrukturierungsfällen nach Teil 2 des StaRUG am Ende der Darstellung.

Auch nach einem Jahr StaRUG bewegen sich die Protagonisten auf in Teilen unbekanntem Terrain, es ist vor allem Aufgabe der Gerichte, soweit diese denn aufgrund der modularen Strukturen des Stabilisierungs- und Restrukturierungsrahmens überhaupt eingesetzt werden (§ 29 Abs. 2, 3 StaRUG), mit Leitplanken der Praxis den Weg zu zeigen. Eine Reihe solcher Leitplanken hat die Judikatur in den wie erwähnt bisher wenigen Beschlüssen bereits am Wegesrand montiert.

Diese Beschlüsse sind in der Literatur aufgearbeitet und auf differenzierte Kritik in den Rezensionen gestoßen. Ungeachtet der Ableitung eines Restrukturierungsplans aus dem Insolvenzplan bestehen doch Unterschiede zwischen dem Planverfahren nach dem StaRUG und dem Insolvenzplanverfahren. Ein einheitliches Bild der Haltung der Rechtsprechung zum StaRUG wird noch seine Zeit beanspruchen und eine größere Zahl von Verfahren bedürfen, um flächendeckend Einigkeit der Gerichte in wesentlichen Fragen herbeizuführen.

Beispiele für solche Themen sind die Vorprüfung (§ 46 StaRUG), die Vergleichsrechnung (unter anderem § 6 Abs. 2 StaRUG), die Frage, wie weit die Amtsermittlungspflicht des Gerichts im Hinblick auf das Vorliegen der drohenden Zahlungsunfähigkeit geht, die Auswahl der Planbetroffenen, die Gruppenbildung (§ 9 StaRUG) und die Cram-Down-Voraussetzungen. Die nachfolgend abgehandelten Fälle können daher nur einen ersten Zwischenstand abbilden, der wesentliche Strukturen, die in der Praxis gewählt werden, jedoch schon erkennen lässt.

Entscheidend für die Herausbildung eines breiten Meinungsbildes in der Judikatur wird auch die Tiefe der Begründung veröffentlichter Entscheidungen sein, die verfahrensrechtlich davon abhängt, ob ein Rechtsbehelf gegen die Entscheidung besteht oder nicht. Im letzteren Fall kann diese Begründung sich weitgehend auf das Notwendigste beschränken, das den Beteiligten die tragenden rechtlichen Begründungen des Gerichts verdeutlicht (Folge des Rechtsstaatsprinzips).

Zustimmende, aber auch kritische Stimmen in der Literatur zu den nachfolgend behandelten Entscheidungen zum StaRUG zeigen nicht nur die intensive Diskussion über diese vielfältigen Gegenstände, die den Entscheidungen der Gerichte zugrunde liegen, sondern dass hier vieles im Fluss ist. Erste Leitplanken sind errichtet und ein einheitliches Bild in der Fläche mag sich noch finden.

Die den Entscheidungen zugrunde liegenden Sachverhalte und die dazu in der bisherigen Literatur und Judikatur vertretenen Standpunkte zeigen aber auch, dass die Einschätzung in der Literatur richtig ist, wonach die Restrukturierungsgerichte genau hinsehen müssten, um die Grenzen der strategischen Gestaltungsfreiheit zu bestimmen (vgl. Doebert/Krüger, 2021, S. 614 ff.).

Ob die dort ebenfalls als objektive Kontrollinstanz genannten Restrukturierungsbeauftragten diese Option haben, wird man angesichts der beschränkten Möglichkeiten derselben mit einem deutlichen Fragezeichen versehen dürfen. Hinzu kommt, dass auch die Möglichkeiten des Restrukturierungsgerichts im Vergleich zum Insolvenzgericht bei dem tendenziell schuldnergetriebenen Verfahren nach dem StaRUG eher eingeschränkt sind, ist es doch der Schuldner, der allein die Einschaltung des Gerichts durch die Anzeige gemäß § 31 StaRUG und seine modularen Anträge (§ 29 Abs. 2 Nr. 1–4 StaRUG) vornimmt. Will er jedoch ernsthaft seine Sanierung voranbringen, dann muss er das Gericht einschalten, wenn auch nur ein einziger Gläubiger sich gegen einen Plan wendet, in den er eingebunden werden soll.

Der Schuldner wird dann jedenfalls gerichtliche Planabstimmung und -bestätigung beantragen sowie seinen Plan sachgerecht aufbauen oder darauf bauen, dass die Gruppe des dissentierenden Gläubigers mit 75% der Forderungen für den Restrukturierungsplan stimmt oder die Voraussetzungen des Cram Down vom Gericht bejaht werden. Diejenigen Gläubiger, die mit dem Schuldner auch eine freie, außergerichtliche Sanierung auf der Basis eines vorgelegten Plans durch den Schuldner vereinbart hätten, benötigen keine gerichtliche Abstimmung und auch keine Bestätigung. Diejenigen Gläubiger, die der Schuldner meint aus strategischen Gründen einbinden zu müssen glaubt, haben bei Ablehnung des Plans, weil er aus ihrer Sicht bei wirtschaftlicher Betrachtung inakzeptabel ist, nur die Möglichkeit sich gegen den Plan zu wenden, auch im Rahmen eines Vorprüfungstermin (vgl. § 46 und §§ 47 ff. StaRUG) und das Gericht und gegebenenfalls andere Planbetroffene von ihrer Linie zu überzeugen. Die Durchsetzung des Minderheitenschutzes und der sofortigen Beschwerde gegen die Planbestätigung dürfte im Allgemeinen schwierig sein. Bisherige gerichtliche Entscheidungen zum StaRUG werden nachfolgend dargestellt.

(1) Finanzwirtschaftliche Restrukturierung mit Schuldscheingläubigern

Das AG München (21.10.2021, 1542 RES 2180/21 (zu den Einzelheiten von Sachverhalt und dem Hintergrund siehe auch Skauradszun/Blum, 2022, S. 31 ff.) hat sich in einem Bestätigungsbeschluss mit der finanzwirtschaftlichen Restrukturierung einer Kapitalgesellschaft, die eine Schuldverschreibungsemission begeben hatte, zu deren Planbetroffenen also Schuldverschreibungsgläubiger gehörten, auseinandergesetzt. Vor einer Nutzung der Restrukturierung mittels der Instrumente des StaRUG hatte die Gesellschaft vergeblich versucht, sich mit den Schuldverschreibungsgläubigern auf der Grundlage des Schuldverschreibungsgesetzes zu einigen.

Hierzu ist folgendes zum Hintergrund und zur besonderen Situation der Schuldverschreibungsgläubiger zu beachten. Enthalten die Anleihebedingungen einer unter deutschem Recht begebenen Anleihe (§ 1 Abs. 1 SchVG) Klauseln im Sinne des § 5 SchVG („Mehrheitsbeschlüsse der Gläubiger" auch „Collective Action Clauses") in internationalen Emissionen beziehungsweise internationaler Terminologie, dann können die Anleihebedingungen durch Mehrheitsbeschlüsse der Anleihegläubiger (Schuldverschreibungsgläubiger im Sinne des §§ 793 ff. BGB) abgeändert werden.

Wesentlicher Grund der Regelung des § 5 SchVG ist die Sanierung des Schuldners (BTag, (2009), S. 18). Nach § 5 Abs. 3 Satz 1 SchVG können die Anleihegläubiger der jeweils betroffenen Emission alle Maßnahmen mehrheitlich beschließen, durch welche die Anleihe restrukturiert werden kann, zu den Maßnahmen gehören die Regelbeispiele des § 5 Abs. 3 Satz 1 Nr. 1–10 SchVG. Diese umfassen etwa die Fälligkeit der Zinsen oder der Hauptforderung (Nr. 1, 2), die Verzichte (Nr. 1, 3), den Nachrang im Insolvenzverfahren des Emittenten und Anleiheschuldners (Nr. 4), den Debt Equity Swap (Nr. 5), ja sogar die Ersetzung des Emissionsschuldners durch einen anderen (Nr. 9, anstelle der Emittentin S AG soll neuer Anleiheschuldner die Y GmbH sein).

Über die Maßnahmen nach § 5 Abs. 3 Satz 1 Nr. 1–9 SchVG entscheiden die Anleihegläubiger mit einer qualifizierten Mehrheit von mindestens 75% der „teilnehmenden Stimmrechte" (gleich den abgegebenen Stimmen, § 5 Abs. 4 Satz 2 SchVG, höhere Mehrheitserfordernisse in den Anleihebedingungen sind möglich). Die unterlegenen Anleihegläubiger sind ohne Weiteres an die Ergebnisse der Abstimmung auf Grundlage der Beteiligungssumme an der Anleihe gebunden. Die Abstimmungen erfolgen in Gläubigerversammlungen (§§ 9 ff. SchVG) oder im Rahmen einer Abstimmung ohne Versammlung (§ 18 SchVG).

In der Insolvenz des Emittenten ist eine gesonderte Gläubigerversammlung dieser Anleihegläubiger vom Insolvenzgericht einzuberufen, die über die etwaige Bestellung eines gemeinsamen Vertreters der Anleihegläubiger der jeweiligen Emission Beschluss fasst, wenn ein solcher nicht schon zuvor, etwa in den Anleihebedingungen bestellt wurde (§§ 7, 8 SchVG). Seine Aufgabe ist die Wahrnehmung der Rechte der Gläubiger nach Maßgabe des ihm durch die Emissionsgläubiger erteilten Mandats. In der Insolvenz ist er allein zur Wahrnehmung der Gläubigerrechte berechtigt, aber zur ordnungsgemäßen Wahrnehmung auch verpflichtet.

In der Insolvenz ebenso wie in der Restrukturierung nach dem StaRUG können die Emissionsgläubiger ihre Rechte aus ihren jeweiligen Teilschuldverschreibungen isoliert wahrnehmen oder nur „kollektiv" durch den gemeinsamen von ihnen bestellten Vertreter. Sie können zur Sanierung des Emissionsschuldners beitragen, indem sie Beschlüsse nach § 5 Abs. 3 SchVG fassen und die Ergebnisse dieser Beschlussfassung in einen Insolvenzplan einbringen. Nach Bestellung eines gemeinsamen Vertreters ist er dann für die weitere Verhandlung verantwortlich mit dem Insolvenzverwalter oder dem Eigenverwalter über den Plan.

Instrumente des SchVG versus Instrumente des StaRUG

Zur Unterstützung der Krisenbewältigung des Emittenten hat der Gesetzgeber des SanInsFoG den § 19 SchVG um Abs. 6 ergänzt und die daraus folgenden Handlungsvarianten beschrieben (vgl. BTag, 2020c, S. 222, Begründung zu § 19 Abs. 6 SchVG):

„Der Schuldner, der eine Sanierung seines Krisenunternehmens unter Nutzung des Stabilisierungs- und Restrukturierungsrahmens anstrebt, kann nach seinem Ermessen entscheiden, ob dieser die Forderungen von Anleihegläubigern im Restrukturierungsplan gestalten will, oder ob er, wenn in den Anleihebedingungen vorgesehen, deren Änderung nach dem den §§ 5 ff. SchVG, mit oder ohne Verknüpfung mit dem Restrukturierungsplan über eine Bedingung nach § 69 des [StaRUG], herbeiführen will oder ob er gänzlich auf eine Einbeziehung der Anleihen in ihr Restrukturierungskonzept verzichtet. Wählt er die erste Variante, gelten für diese Beschlüsse der Gläubiger die Bestimmungen des StaRUG, soweit sich aus der entsprechenden Anwendung der Absätze 2 bis 5 des § 19 SchVG nichts anderes ergibt." (vgl. zu diesen verschiedenen Handlungsalternativen Pannen/Riedemann/Smid-Cranshaw, Teil 3, Rn. 24 ff., Rn. 36 ff., Rn. 55 ff.).

Gründe der Restrukturierung mittels des StaRUG im Fall des AG München

Die versuchte Einigung der Emittentin mit der betreffenden Schuldverschreibungsgläubigerin über einen Sanierungsbeitrag unter Nutzung der Möglichkeiten des § 5 SchVG war daran gescheitert, dass die notwendige qualifizierte Mehrheit bei der Beschlussfassung der Gläubiger verfehlt wurde.

Daraufhin wählte der Schuldner den Weg der Restrukturierung unter Nutzung der Optionen des StaRUG, wobei eine „außergerichtliche Planabstimmung" (also nach den §§ 20–22 StaRUG) durchgeführt wurde. Die Leitung der Versammlung der Planbetroffenen hatte der Restrukturierungsbeauftragte. Die Repräsentation der Schuldverschreibungsgläubiger oblag einem gemeinsamen Vertreter der Schuldverschreibungsgläubiger, der dem Restrukturierungsplan zugestimmt hatte. Die Anleihegläubiger bildeten eine der fünf Gruppen des Restrukturierungsplans ab, weitere Gruppen waren zusätzlich Großgläubiger, Kleingläubiger, Nachrangdarlehensgeber (§ 9 Abs. 1 Satz 2 Nr. 3 StaRUG) und die Gesellschafter der Emittentin.

Kapitalerhöhung als Restrukturierungsmaßnahme im Fall des AG München

Zu den vorgesehenen Restrukturierungsmaßnahmen gehörte eine Kapitalerhöhung unter Ausschluss des Bezugsrechts der bisherigen Gesellschafter, die mit einer Bedingung im Sinne des § 62 StaRUG verknüpft war, der Übernahme der Beteiligung durch die nach dem Restrukturierungsplan dazu bereiten Beteiligten. Die damit verbundene Satzungsänderung der Schuldnergesellschaft ermöglichte § 2 Abs. 3 StaRUG, der sämtliche gesellschaftsrechtlichen Maßnahmen gestattet, die damit planbetroffenen Gesellschafter sind für die Planabstimmung einer besonderen Gruppe (§ 9 Abs. 1 Satz 2 Nr. 4 StaRUG) zuzuordnen.

Der vorliegende Debt Equity Swap mit der Umwandlung von Restrukturierungsforderungen mit Zustimmung der planbetroffenen Gläubiger, deren Forderungen in eine gesellschaftsrechtliche Beteiligung am Rechtsträger des Schuldnerunternehmens umgewandelt werden sollen nach § 7 Abs. 4 StaRUG, ermöglicht den Bezugsrechtsausschluss für die „Altgesellschafter" bei Kapitalerhöhungen (§ 7 Abs. 4 Satz 3 StaRUG) mit der Folge der Verwässerung der bisherigen Beteiligungsstruktur sowie der Werte der Anteilsrechte zu Lasten der „Altgesellschafter".

Wie im Insolvenzplanverfahren (vgl. § 225a InsO) kann jede gesellschaftsrechtliche Umstrukturierung Teil des Restrukturierungsplans sein, allerdings mit dem Unterschied, dass der Plan von der Schuldnergesellschaft selbst ausgeht und daher deren Gesellschafter bei rechtlicher Betrachtung das Heft in der Hand behalten, ob diese einen Debt Equity Swap vorsehen oder nicht und ob die dafür vorgesehenen Gläubiger dieses für sachgerecht halten.

Zu beachten ist, dass der Debt Equity Swap für die Gläubiger wirtschaftlich betrachtet Sinn machen muss. Ein Grund für die Zustimmung zu einem Tausch liegt in der höheren Werthaltigkeit der Anteile gegenüber den Schuldverschreibungen.

Rechtsmittelverzicht im Anhörungstermin nach 61 StaRUG, Vorteile für Beteiligte

In dem Fall des AG München war verfahrensrechtlich ein Rechtsmittelverzicht noch im Anhörungstermin über die Planbestätigung nach § 61 StaRUG vorgesehen, der dann, wenn keine gerichtliche Planabstimmung stattfand, obligatorisch ist (siehe § 61 Satz 2 StaRUG), ansonsten aber im Ermessen des Gerichts steht. Kein Zweifel besteht, dass der Rechtsmittelverzicht der Beteiligten vorteilhaft ist, da er etwaige Bedenken, der Plan werde doch noch scheitern, ausschließt.

Der Rechtsmittelverzicht zur sofortigen Herbeiführung der Rechtskraft einer gerichtlichen Entscheidung ist in der Rechtsordnung verbreitet, wenn die Parteien Wert darauf legen. Allerdings setzt der Verzicht sachlogisch eine vorherige Verkündung der Entscheidung voraus. Die Planbestätigung kann sofort im Anschluss an die Anhörung im selben Termin verkündet werden (§ 65 Abs. 1 StaRUG, die Planbestätigung wird den Planbetroffenen bekanntgemacht, bei börsennotierten Gesellschaften als Schuldner auf ihrer Internetseite zusammen mit einer Zusammenfassung des wesentlichen Planinhalts, § 65 Abs. 2 StaRUG, die Norm entspricht § 252 Abs. 2 Satz 5 InsO im Insolvenzplanverfahren). Auf die Wirkungen des Plans hat der Rechtsmittelverzicht allerdings keinen Einfluss, denn diese gegen den Bestätigungsbeschluss statthafte sofortige Beschwerde hat keine aufschiebende Wirkung. Sie müsste vielmehr ausdrücklich angeordnet werden, dieses Instrument kann aber nur ganz ausnahmsweise bei schwerwiegenden Folgen des Planvollzugs für den Beschwerdeführer in Betracht kommen, wenn der Planvollzug nicht mehr rückgängig zu machende Nachteile für den Planbetroffenen mit sich bringt, die zudem unverhältnismäßig sein müssen (Abwägung zwischen den Vorteilen des Planvollzugs und den Nachteilen für den Beschwerdeführer, § 66 Abs. 4 StaRUG).

Dieser Rechtsmittelverzicht mit der daraus folgenden Rechtskraft des Plans hat zur Folge, dass alle Mängel der Planabstimmung sowie etwaige „Willensmängel" von Planangebot sowie Planannahme geheilt werden (§ 67 Abs. 6 StaRUG). Vorliegend war allerdings dieser Rechtsmittelverzicht wohl sogar entbehrlich, da alle Planbetroffenen dem Plan zugestimmt hatten, so dass die sofortige Beschwerde gegen den Bestätigungsbeschluss unzulässig gewesen wäre (Folge aus § 66 Abs. 2 Nr. 2 StaRUG), wobei verfahrensrechtlich die Rechtskraft erst nach Ablauf der Beschwerdefrist von zwei Wochen (§ 569 Abs. 1 ZPO) ohne Einlegung einer Beschwerde eingetreten wäre beziehungsweise bei Verwerfung einer Beschwerde als unzulässig.

Kernargumente des AG München

Das AG München hat, fasst man die redaktionellen Leitsätze der karg publizierten Entscheidung zusammen, im Kern darauf erkannt, dass im Restrukturierungsplan eine aufschiebende Bedingung dergestalt vorgesehen werden kann, wonach vor der Planbestätigung die im gestaltenden Teil des Planes vorgesehene Übernahme von Gesellschaftsanteilen im Rahmen einer Kapitalerhöhung auch gesellschaftsrechtlich vollzogen sein muss (vgl. § 55 GmbHG).

Ferner hat das Gericht die Auffassung vertreten, der gemeinsame Vertreter der Anleihegläubiger könne auch mit einfacher Mehrheit bestellt werden (§ 5 Abs. 4 Satz 1 SchVG), obwohl er weitgreifenden Regelungen dieses Restrukturierungsplans zugestimmt hat, die unter den Katalog des § 5 Abs. 3 Satz 1 Nr. 1-9 SchVG zu subsumieren waren und daher des Mindestquorums von 75% der abstimmenden Schuldverschreibungsgläubiger bedurft hätten. Diese Frage des Quorums (75% der Abstimmenden gemäß § 5 Abs. 4 Satz 2 SchVG oder 75% aller Stimmrechte nach § 25 StaRUG i.V.m. § 24 Abs. 1 Nr. 1 StaRUG) bei Einbindung von Schuldverschreibungsgläubigern in den Restrukturierungsplan ist ungeklärt, wie die Besprechung der Entscheidung des AG München zutreffend hervorhebt (siehe Skauradszun/Blum, 2022, S. 33). Hierzu verhält sich die Entscheidung des AG München nicht.

Im Ergebnis wird man sich der Meinung anschließen, dass der gemeinsame Vertreter anlässlich der Gläubigerversammlung der Schuldverschreibungsgläubiger (§ 19 Abs. 1, 6 SchVG), die seine Bestellung sowie Beauftragung beschließt, einen Weisungsbeschluss einholt, wie er vorzugehen habe, er aber nicht zu jeder Detailentscheidung, die er danach zu treffen hat, die Zustimmung einer erneuten Versammlung der Schuldverschreibungsinhaber einholen muss.

Bedeutung der drohenden Zahlungsunfähigkeit als Versagungsgrund

Die Frage der drohenden Zahlungsunfähigkeit eines Schuldners, so der dritte Eckpunkt des AG München, deren Fehlen zu der Versagung der Bestätigung führt (§ 63 Abs. 1 Nr. 1 StaRUG) hatte das Amtsgericht positiv geprüft (vgl. Skauradszun/Blum, 2022, S. 33 ff.). Die zitierte Anmerkung interpretiert allerdings, dies sei unrichtig, weil es sich um eine negative Bestätigungsvoraussetzung handele, so allerdings für alle Versagungsmerkmale in § 63 Abs. 1 StaRUG (vgl. BTag, 2020c, S. 162 zu § 70 StaRUG-RegE entspricht § 63 StaRUG), denn nachdem der Plan den „Marktkonformitätstest" durch Annahme der Planbetroffenen bestanden habe, müsse der Richter gerade vom Gegenteil voll überzeugt sein, nämlich davon, der Schuldner sei nicht drohend zahlungsunfähig sondern eben zahlungsunfähig.

In der Praxis sollte diese Frage nicht wirklich eine Rolle spielen, aus den dem Gericht vorliegenden Unterlagen sollte hervorgehen, ob und innerhalb welchen Zeithorizonts die Zahlungsunfähigkeit nur droht. Ging aus den Planunterlagen und den der Anzeige nach § 31 StaRUG beizufügenden Unterlagen nichts zur drohenden Zahlungsunfähigkeit hervor, wäre die Bestätigung zu versagen, da dann feststeht, dass der Zugang zur Restrukturierung nach dem StaRUG nicht einmal geprüft worden wäre. Hat der Schuldner Zahlungsunfähigkeit angezeigt, kann der dennoch angenommene Plan trotzdem bestätigt werden, wenn das Gericht aus den Gründen des § 33 Abs. 2 Halbsätze 2, 3 StaRUG die Restrukturierungssache nicht aufhebt, weil ein Insolvenzverfahren im Hinblick auf den Stand der Restrukturierung nicht im Interesse der Gläubigergesamtheit liege. Die Frage der drohenden Zahlungsunfähigkeit wird in der Praxis häufig durch die Überzeugung des Richters geprägt sein.

Die veröffentlichte Entscheidung selbst führt aus, der Plan werde bestätigt, die Anhörung und die Prüfung der von der Schuldnerin vorgelegten Unterlagen und Stellungnahmen haben keinen Versagungsgrund erkennen lassen und auch nicht, dass die Planannahme unlauter herbeigeführt worden sei. Das Gericht habe sich zur Prüfung der vorliegend einschlägigen Hintergründe, Fakten sowie der drohenden Zahlungsunfähigkeit der Expertise des Restrukturierungsbeauftragten bedient, um unabhängig vom Schuldner die Frage von Versagungsgründen zu prüfen. Hieraus hätten sich keine Gründe ergeben. Die außergerichtliche Planabstimmung sei von dem Restrukturierungsbeauftragten geleitet worden und gegen den Planinhalt sei nichts einzuwenden, die aufschiebende Bedingung sei mittlerweile eingetreten, alle Planbetroffenen hätten für den Plan gestimmt, so dass Fragen zum Minderheitenschutz (§ 64 StaRUG) nicht anzusprechen seien.

Die Entscheidung des AG München, liest man den veröffentlichten Text ist sehr kurz ausgefallen, so dass einige wesentliche Tatsachen zu dem Fall des AG München nur der Besprechung (vgl. Skauradszun/Blum, 2022, S. 32–34) zu entnehmen sind. Zu Recht betonen deren Autoren, dass eine Entscheidung, die nicht wie hier letztlich konsensual abgelaufen ist, einer umfassenderen Sachdarstellung mit erheblich erweiterten Gründen bedarf, da diese Entscheidung durch ein Rechtsmittel überprüft werden kann (§ 66 StaRUG, sofortige Beschwerde sowie nach Zulassung durch das Beschwerdegericht durch den BGH im Rahmen einer Rechtsbeschwerde, §§ 66, 40 StaRUG, 574 Abs. 1 Satz 1 Nr. 2 ZPO). Dieses erfordert eine Begründung, damit das Rechtsmittelgericht die Entscheidung überprüfen kann (vgl. Thomas/Putzo-Seiler, 2021, § 329, Rn. 10, Skauradszun/Blum, 2022, S. 32). Vorliegend mag das Procedere des AG München zutreffend sein, da ein Rechtsmittel infolge des erklärten Verzichts darauf nicht mehr zulässig war. Die der Entscheidung des AG München zugrunde liegende Sachverhaltskonstellation und die daraus sich ergebenden Rechtsfragen zeigen trotz der hier erreichten konsensualen Lösung die Komplexität des Verfahrens und der Entscheidungen nach dem StaRUG in diesem Fall.

(2) Erfolglose Beschwerde gegen einen Planbestätigungsbeschluss, LG Dresden

Das LG Dresden (01.07.2021, 5 T 263/21) hatte über die Beschwerde eines vormaligen Geschäftsführers einer Schuldner-GmbH gegen den Planbestätigungsbeschluss des AG Dresden (07.06.2021, 574 RES 2/21) zu entscheiden, dem Abfindungsansprüche in Gestalt der Gehaltsfortzahlung in Höhe von 9.000 Euro p.M. vom 1.3.–21.12.2021 zustanden. Soweit ersichtlich liegt damit die bisher einzige veröffentlichte Rechtsmittelentscheidung zu der ebenfalls veröffentlichten Entscheidung des erstinstanzlichen Restrukturierungsgerichts vor. Offen waren die Abfindungsforderungen bis 31.12.2021 in Höhe von 81.000 Euro, da diese Schuldnerin am 01.04.2021 keine Zahlungen mehr leistete. Im Rahmen des Restrukturierungsplanes vom 27.04.2021, der angenommen und bestätigt wurde, war der Beschwerdeführer und Geschäftsführer der Plangruppe 6 von sechs Gruppen als einziges Gruppenmitglied zugeordnet.

Dieser sollte 50% seiner Forderungen als Abfindung erhalten. Ein Minderheitsgesellschafter sollte gegen die Abfindung ausscheiden. Eine Rückstellung in Höhe von 50.000 Euro war für die Planbetroffenen vorgesehen, die eine Schlechterstellung durch den Plan nachweisen können (vgl. § 64 Abs. 3 StaRUG) und deren Rechtsbehelfe gegen Planbestätigung und Planvollzug als Folge der als hinreichend angesehenen Rückstellung erfolglos bleiben würden.

Am 03.05.2021 zeigte die Schuldnerin die eingetretene Zahlungsunfähigkeit an, das Restrukturierungsgericht Dresden sah aber davon ab, die Restrukturierungssache aufzuheben (§ 33 Abs. 2 Nr. 1 Halbsätze 2, 3 StaRUG i.V.m. § 32 Abs. 3 StaRUG). Im Erörterungs- und Abstimmungstermin am 31.05.2021, nach Anzeige beziehungsweise Eintritt der Zahlungsunfähigkeit, strich die Schuldnerin die Gruppe 3 der planbetroffenen Gläubiger. Der Beschwerdeführer, der Planbetroffene der Gruppe 6, stimmte als einzige Gruppe gegen den Plan. Die Schuldnerin beantragte im Erörterungs- und Abstimmungstermin die Planbestätigung, wogegen sich der Beschwerdeführer mit dem Vortrag wandte, er habe bereits bei Vereinbarung seiner Abfindung anlässlich des Ausscheidens aus der Schuldnerin Zugeständnisse gemacht, weil man ihm versprochen habe, die „Schuldnerin [gehe] nicht in die Insolvenz“.

Erfolglosigkeit des Antrags auf Versagung der Bestätigung, AG Dresden

Das AG Dresden wies den Antrag des Beschwerdeführers auf Versagung der Bestätigung zurück. Der Antrag auf Minderheitenschutz (§ 64 StaRUG) sei unzulässig, weil der frühere Geschäftsführer seine Schlechterstellung durch diesen Plan nicht habe glaubhaft machen können (§ 294 ZPO, bei „Glaubhaftmachung“ bedarf es eines geringeren Grades an Wahrscheinlichkeit, dass der Tatsachenvortrag auch richtig ist, er muss nicht zur vollen richterlichen Überzeugung feststehen).

§ 64 Abs. 2 Satz 1 StaRUG spricht davon, der sich auf Schlechterstellung Berufende müsse diese „geltend machen“ und zwar dahingehend, dass er durch den Restrukturierungsplan „voraussichtlich“ schlechter gestellt werde.

Im gerichtlichen Planabstimmungsverfahren muss der Betroffene dann spätestens im Erörterungs- und Abstimmungstermin diese voraussichtliche Schlechterstellung glaubhaft machen, § 64 Abs. 2 Satz 2 StaRUG. Zudem seien im Plan 50.000 Euro zurückgestellt, um hier etwaige Schlechterstellungen klar ausgleichen zu können, ein wesentlicher Aspekt, der den Planvollzug wie im Insolvenzplanverfahren deutlich erleichtert (§ 251 Abs. 3 Satz 1 InsO). Allerdings ist in beiden Fällen die Entscheidung der Frage einer etwaigen Schlechterstellung gegenüber der Leistung aus dem Plan nicht vom Restrukturierungsgericht zu beantworten oder im Insolvenzplanverfahren vom Insolvenzgericht. Vielmehr muss der Betroffene einen Rechtsstreit vor dem Prozessgericht führen (vgl. §§ 251 Abs. 3 Satz 2 InsO, Insolvenzplanverfahren beziehungsweise hier § 64 Abs. 3 Satz 2 StaRUG). Die im Plan zurückgestellten Beträge, hier in Höhe von 50.000 Euro, sind dann in der Bilanz der Schuldnergesellschaft als Rückstellung für ungewisse Verbindlichkeiten auszuweisen.

Die vom BFH hierfür aufgestellten Voraussetzungen liegen in Restrukturierungsfällen wie hier stets vor, sie sind dem Schuldner durch den Planbeschluss und dessen Bestätigung vorgegeben (vgl. BFH, 11.12.2001, VIII R 34/99, und BFH, 02.07.2021, XI R 21/19). Ein oder mehrere dissentierende Gläubiger haben eine Schlechterstellung ihres bestehenden Anspruchs durch den Plan jedenfalls vorgetragen und eine Mehrleistung gegenüber dem Plan gefordert, die Inanspruchnahme ist nicht nur ernsthaft zu erwarten, sondern eingetreten. Die Verursachung der Rückstellung ist im Kalenderjahr des Planbeschlusses jedenfalls wirtschaftlich eingetreten. Damit sind die vom Bundesfinanzhof geforderten Voraussetzungen für die Bildung einer Rückstellung eindeutig zu bejahen. Dabei handelt es sich kumulativ um:

- das Bestehen des Anspruchs eines Dritten gegen den Schuldner, auch eines etwa erst in Zukunft entstehenden,
- die Wahrscheinlichkeit, dass der Schuldner von dem Dritten auch tatsächlich in Anspruch genommen werde und
- die Entstehung des Anspruchs aufgrund rechtlicher oder wirtschaftlicher Verursachung (vgl. Heidel/Schall/Schimpf-Dörges, 2020, § 249, Rn. 18, 20–35).

Gründe der Verwerfung der Beschwerde als unzulässig

Das LG Dresden hat die Beschwerde als unzulässig verworfen, weil der frühere Geschäftsführer seine „materielle Beschwer“ nicht glaubhaft gemacht habe (LG Dresden, Rn. 9), obwohl seine Schlechterstellung durch den Plan aus Blick der Kammer des Landgerichts überwiegend wahrscheinlich und glaubhaft sei. Der Beschwerdeführer hatte seinen Abfindungsanspruch von 81.000 Euro den 40.500 Euro bei Plandurchführung gegenüber gestellt. Die Schuldnerin hatte aber jene 81.000 Euro einem Liquidationsszenario gegenübergestellt, wenn über ihr Vermögen das Insolvenzverfahren eröffnet und ihr Unternehmen zerschlagen werde.

Liquidationswerte sind aber nur anzusetzen, wenn dieses Procedere auch tragfähig begründet ist. Das war aber vorliegend nicht der Fall, wie das LG Dresden feststellt, denn der Minderheitsgesellschafter, die Mehrheitsgesellschafterin sowie die Schuldnerin hatten eine dreiseitige Vereinbarung geschlossen, wonach die Minderheitsgesellschafterin ihre Beteiligung in notarieller Form an die Mehrheitsgesellschafterin überträgt, sollte der Restrukturierungsplan vom AG Dresden nicht bestätigt werden, das aber dann den Plan bestätigt hat.

Grund dieser dreiseitigen Abrede sei, dass die Mehrheitsgesellschafterin nur die zur Sanierung nötigen Finanzmittel zur Verfügung stelle, wenn sie die Beteiligung des Minderheitsgesellschafters erhalte, was übrigens das Ziel des Verfahrens sei. Eine Zerschlagung der Schuldnerin, so das Ergebnis des LG Dresden, war nach diesen Abreden ausgeschlossen. Somit war der Ansatz des Liquidationsszenarios bei der Vergleichsrechnung nicht tragfähig begründet und damit die Schlechterstellung des Geschäftsführers glaubhaft gemacht und zwar unabhängig von der bestehenden Restrukturierungsquote für andere Gläubigergruppen.

Der vormalige Geschäftsführer habe aber die zweite Voraussetzung der Zulässigkeit seiner Beschwerde nicht glaubhaft gemacht (§ 66 Abs. 2 Nr. 3 Fall 2 StaRUG), dass nämlich der ihn treffende Nachteil von vornherein nicht durch die im Plan zurückgestellten Beträge ausgeglichen werden könne. Da im Plan offenbar für die Ansprüche des Geschäftsführers von der Rückstellung in Höhe von 50.000 Euro eine Teilrückstellung für seine Forderungen in einer Höhe von 45.000 Euro gebildet wurde, sein Nachteil nur höchsten 40.500 Euro betragen konnte, die andere Hälfte seiner 81.000 Euro erhält er dann über die Planquote.

Da er nicht vorgetragen hat, welche weiteren Planbetroffenen einen Nachteilsausgleich geltend machen könnten, fehlte es an der Glaubhaftmachung der Voraussetzungen des § 66 Abs. 2 Nr. 3 StaRUG insgesamt, so dass diese Beschwerde erfolglos blieb. Die Rechtsbeschwerde wurde zu Recht nicht zugelassen, weil deren Voraussetzungen nicht vorliegen, sondern die Kammer auf der Grundlage der vorliegenden Tatsachen entschieden hat. Hätte der Beschwerdeführer bei Glaubhaftmachung der Voraussetzungen seines Antrags wohl Erfolg gehabt (siehe auch Ziegenhagen, 2021, S. 2053 ff. und 2059 ff.). Zutreffend hebt die zitierte Literaturstimme auch hervor, die Praxis werde den Erfolg eines Plans durch Rückstellungen in ausreichender Höhe zum Nachteilsausgleich absichern und damit zugleich die bestehenden Risiken von Minderheitenschutz und Beschwerde abmildern.

(3) Gerichtliche Bestätigung eines komplexen Restrukturierungsplans, AG Dresden

Der Beschluss des AG Dresden (07.06.2021, 574 Res 2/21) ist die Ausgangsentscheidung, gegen die Beschwerde zum LG Dresden (5 T 263/21) erfolglos eingelegt wurde. Das Restrukturierungsgericht Dresden bestätigt den von der Schuldnerin vorgelegten und nach Hinweisbeschluss geänderten Restrukturierungsplan.

Lehrbuchmäßig stellt das AG Dresden zunächst den chronologischen Verfahrensablauf dar, der dadurch geprägt war, dass ein vorausgehendes versuchtes Verfahren der Sanierungsmoderation nach den §§ 94 ff. StaRUG (zu AG Dresden 574 SAN 1/21) scheiterte und die Schuldnerin am 01.03.2021 ein Restrukturierungsvorhaben nach § 31 Abs. 1 StaRUG anzeigte, wobei der Entwurf eines Plans beigefügt war.

Die Schuldnerin hat sodann richtig die Instrumente der Vorprüfung und der gerichtlichen Planabstimmung (§ 29 Abs. 2 Nr. 1, 2 StaRUG) in Anspruch genommen. Der Antrag auf Planbestätigung kann zulässig erst nach der erfolgreichen Planabstimmung gestellt werden. Am 19.04.2021 fand der Vorprüfungstermin gemäß § 46 StaRUG statt, der mit einem Hinweisbeschluss nach § 46 Abs. 2 StaRUG endete, dessen Meinung die Schuldnerin durch Streichung einer Gruppe 3 im Planentwurf berücksichtigte, da es sich bei der Forderung des Planbetroffenen der Gruppe 3 nicht um eine Restrukturierungsforderung im Sinne des § 2 Abs. 1 Nr. 1 StaRUG handelte. Die Schuldnerin reichte sodann einen revidierten Plan „in der Fassung vom 27.04.2021“ ein und beantragte die gerichtliche Planabstimmung. Dann verschlechterte sich die Liquiditätslage der Firma erheblich.

Am 03.05.2021 zeigte die Schuldnerin ihre Zahlungsunfähigkeit an (§ 32 Abs. 3 Satz 1 StaRUG), die dadurch verursacht worden war, dass ein am 01.05.2021 fälliges Gesellschafterdarlehen nicht vollständig bezahlt werden konnte. Allerdings seien, so das AG Dresden, die Verhandlungen über die Restrukturierung fortgeschritten, die fragliche Forderung werde im Plan in Eigenkapital umgewandelt (vgl. § 2 Abs. 3 StaRUG, gesellschaftsrechtliche Änderungen durch den Plan, hier in Gestalt eines Debt Equity Swap) und es bedürfe nur noch des Erörterungs- und Abstimmungstermins, um den Plan zu verabschieden und die Zahlungsunfähigkeit zu beseitigen.

Daraufhin sah das Gericht von einer Aufhebung der Restrukturierungssache ab (§ 33 Abs. 2 Nr. 1 Halbsatz 2 StaRUG, eine diskretionäre Entscheidung des Gerichtes) und legte den Erörterungs- und Abstimmungstermin auf den 31.05.2021 fest. In diesem Termin stimmten von den verbliebenen fünf die Gruppen 1, 2, 4, 5 für den Plan, die Gruppe 6 dagegen, in der lediglich ein einziger Planbetroffener vertreten war. Dieser Antragsteller stellte offenbar im Termin den Antrag auf Planbestätigung (§ 60 Abs. 1 Satz 2 StaRUG). Das Gericht entschied jedoch in diesem Termin nicht und verlegte auch den anberaumten Verkündungstermin am 02.06.2021 auf den 07.06.2021 und verkündete die Bestätigung an diesem Tag (vgl. § 65 Abs. 1 StaRUG).

Inhalt der Bestätigungsentscheidung ist die Feststellung der Voraussetzungen eines Cross Class Cram Down nach § 26 StaRUG im Hinblick auf diese Plangruppe 6 beziehungsweise den dortigen Planbetroffenen, so dass die Zustimmung dieser Gruppe fingiert wurde und der Plan strukturell mit dem Einverständnis aller Gruppen zustande gekommen ist (§ 26 Abs. 1 Nr. 1, 2 i.V.m. Nr. 3 Halbsatz 1 StaRUG).

Weitere Begründung des Cram Down, Unbeachtlichkeit der Zahlungsunfähigkeit

Die Voraussetzungen des Cross Class Cram Down nach §§ 26–28 StaRUG im Hinblick auf den dissentierenden Gläubiger der Gruppe 6 bejaht das AG Dresden. Er werde durch den Plan nicht schlechter gestellt (Schlechterstellungskriterium), als er ohne Plan stünde. Im Falle der Regelinsolvenz betrage die Insolvenzquote nur 5,93%, der Plan sieht eine Quote von 50% vor.

Als bestes Alternativszenario (§ 6 Abs. 2 StaRUG, Vergleichsrechnung) zum Plan sei hier die Liquidation der Schuldnerin anzunehmen, da deren Fortführung in der Insolvenz ausgeschlossen sei, denn deren Kunden sind bevorzugt öffentliche Auftraggeber, die an insolvente Unternehmen keine (neuen) Aufträge vergeben dürften. Die Annahme des Gerichts beziehungsweise der Beteiligten ist vertretbar, wenn auch bei etwas abstrakter Betrachtung nicht ganz zutreffend. Diese fußt nämlich auf der Vermutung, dass das insolvente Unternehmen nicht hinreichend zuverlässig beziehungsweise leistungsfähig sei. Es ist daher nicht von öffentlichen Aufträgen ausgeschlossen, sondern es steht im pflichtgemäßen Ermessen der Vergabestelle, dem Insolvenzschuldner, der seine Situation ausdrücklich offen legen muss, den Auftrag zu erteilen oder nicht. Der Zugang zu öffentlichen Aufträgen auch bei nur drohender Zahlungsunfähigkeit ist sicherlich dennoch erschwert.

Ein schlüssiger Restrukturierungs- oder Insolvenzplan, der von der Unternehmensfortführung ausgeht, muss nicht zum automatischen Ausschluss von der Vergabe durch öffentliche Auftraggeber führen, da ansonsten Unternehmen in der Krise, deren operatives Geschäft im Wesentlichen von öffentlichen Auftraggebern abhängt, generell nicht fortführungsfähig wären, da mangels Vergabe durch die öffentliche Hand das Geschäftsmodell in der Krise zusammenbrechen würde.

Der Planbetroffene werde angemessen am Planmehrwert im Sinne der §§ 36, 27 StaRUG beteiligt, sodann arbeitet der Beschluss die Tatbestände des § 27 Abs. 1 Nr. 1, 2 StaRUG ab. Kein Planbetroffener erhalte einen wirtschaftlichen Wert, der seine Forderung übersteige, weder nachrangige Planbetroffene, noch Schuldnerin, noch Gesellschafter erhielten einen Wert, so dass die Absolute Priority Rule des § 27 StaRUG insoweit eingehalten war. Kein Gläubiger sei im Insolvenzverfahren gegenüber dem widersprechenden Planbetroffenen nachrangig im Sinne des § 39 InsO.

Die in der Gruppe 5 repräsentierte Gesellschafterin werde zwar im Hinblick auf eines ihrer beiden Gesellschafterdarlehen, die in der Insolvenz nachrangig gewesen wären, befriedigt. Die Problematik des Nachrangs beträfe beide Darlehen, auf das eine hatte der Gesellschafter-Gläubiger aber verzichtet. Im konkreten Fall war jedoch der maßgebliche § 39 Abs. 1 Nr. 5 i.V.m. Abs. 4, 5 InsO hier nicht einschlägig, weil dieser pandemiebedingt vorübergehend durch das COVInsAG ausgesetzt war und die Voraussetzungen der Aussetzung hier zu bejahen waren.

Daher war die Kernfrage, ob ein Gesellschafter oder die Gesellschaft durch den Plan einen Wert zugewiesen bekomme (§ 27 Abs. 1 Nr. 2 StaRUG). Die Fortführung des Schuldnerunternehmens bedeute nicht ohne Weiteres, dass diesem ein Sanierungsmehrwert auf Kosten der Gläubiger zufließe. Das sei nur dann zu bejahen, wenn ein Dritter anstelle des Schuldners das Unternehmen fortführe, diesem also einen Fortführungswert beimesse, nicht nur den Zerschlagungswert.

Das AG Dresden kann sich hier auf eine frühe Stimme aus der Rechtsprechung zum Insolvenzplan (LG Mühlhausen, 2 T 190/06) und Kommentarliteratur zu § 245 InsO (Obstruktionsverbot und Cram Down) berufen. Dieser primär marktwirtschaftlichen Sicht wird man zustimmen, ist kein Dritter zur kompletten Übernahme und Fortführung bereit, ist mit der Fortführung für das Krisenunternehmen im Zweifel, so das AG Dresden im Ergebnis, auch kein Planmehrwert verbunden. Der dem Plan widersprechende Gläubiger der Gruppe 6 werde nicht günstiger gestellt als der Gläubiger der Gruppe 5, der Gesellschafter mit einem Gesellschafterdarlehen, dessen formelle Besserstellung (er erhält eine Quote von 66,6% anstelle der sofort zahlbaren Quote der anderen Gläubiger in Höhe von 50%) der Anlass für die Beanstandung des Gläubigers der Gruppe 6 war, der dem Plan nicht zugestimmt hat. Das Gericht hat die Besserstellung der Gruppe 5 verneint. Seine formelle Besserstellung hinsichtlich der Befriedigungsquote einschließlich der Zinsen steht gegenüber, dass die Zahlung nur ratenweise über einen Zeitraum von 225 Monaten, also über nahezu 19 Jahren erfolgen soll und zudem ohne zusätzliche Sicherheiten.

Damit ist mit dem AG Dresden nicht nur ein deutlich erhöhtes statistisches Ausfallrisiko verbunden, sondern auch eine Liquiditätseinbuße im Unterschied zu diesen Gläubigern mit der um 16,6% geringeren Quote, die sofort bezahlt wurde. Man muss sogar annehmen, dass bei sofortiger Auszahlung an den Gläubiger der Gruppe 6 die Quote, infolge der sofortigen höheren Belastung der Liquidität der Schuldnerin, insgesamt geringer als 50% gewesen wäre.

Wirtschaftlich erhält der scheinbar begünstigte Gläubiger nur eine Risikoprämie für die lange Tilgungszeit im Umfang von 16,6% seiner Forderung, eine Abzinsung in Höhe einer angenommenen Inflationsrate ist dabei nicht einmal berücksichtigt. Der Gläubiger der Gruppe 5 wird damit nicht besser gestellt als der gleichrangige dissentierende Gläubiger der Gruppe 6. § 27 Abs. 1 Nr. 3 StaRUG ist daher ebenfalls eingehalten, die Voraussetzungen des Cram Down sind daher erfüllt, weil auch die Mehrzahl der Gruppen dem Plan zugestimmt hat, § 26 Abs. 1 Nr. 3 StaRUG.

Eintritt der Zahlungsunfähigkeit als Versagungsgrund der Bestätigung

Einem Plan sei die Bestätigung, so das AG Dresden, nach dem Wortlaut des § 63 Abs. 1 Nr. 1 zu versagen, wenn der Schuldner nicht drohend zahlungsunfähig sei. Die Schuldnerin hier war aber hier seit dem 03.05.2021, also vor der Abstimmung am 31.05.2021, sogar endgültig zahlungsunfähig im Sinne des § 17 InsO, nicht nur drohend zahlungsunfähig im Sinne des § 18 InsO.

Die drohende Zahlungsunfähigkeit sei zu bejahen, wenn der Eintritt der Zahlungsunfähigkeit in dem zweijährigen Prognosezeitraum des § 18 Abs. 2 Satz 2 InsO wahrscheinlicher sei als der Nichteintritt. Nur bei drohender Zahlungsunfähigkeit seien Eingriffe in die Rechte der Planbetroffenen zulässig. Das damit entstehende methodische Problem löst das AG Dresden mit dem Argument, der Wille des Gesetzgebers gehe dahin, dass § 63 Abs. 1 Nr. 1 StaRUG meine, es müsse mindestens die drohende Zahlungsunfähigkeit vorliegen, dass dieses Argument fehlgeht, denn die Gesetzesbegründung lässt diese Deutung nicht zu (vgl. BTag, 2020c, S. 162).

Richtig ist aber diese anschließende Erwägung des AG Dresden, vorliegend sei § 33 Abs. 2 Nr. 1 Halbsatz 2 StaRUG anzuwenden, der dem Gericht ermöglicht, trotz Anzeige der Zahlungsunfähigkeit das Verfahren fortzusetzen und eben nicht aufzuheben, wenn der Verhandlungsstand zeige, die Eröffnung eines Insolvenzverfahrens liege nicht im Interesse der Gläubigergesamtheit.

Es war der Fall, da nach Vorprüfung und Entwurfskorrektur der fertige Plan bei der Anzeige der Zahlungsunfähigkeit vorlag sowie diese wiederum auf einem Sonderfall der Fälligkeit einer aus dem Plan restrukturierten (Gesellschafter)Forderung beruhte und der Plan auch entsprechend mit Zustimmung der Gruppe 5, das heißt des betroffenen Gesellschafters, dessen fällige Forderung die Zahlungsunfähigkeit ausgelöst hatte, zustande kam. Methodisch ist daher § 63 Abs. 1 Nr. 1 StaRUG teleologisch, also unter Betrachtung von Sinn und Zweck der Norm, zu reduzieren.

Ist das Restrukturierungsverfahren materiell so weit fortgeschritten, dass die Aufhebung sowie die Einleitung des Insolvenzverfahrens unter der gebotenen wirtschaftlichen Betrachtung unter voller Wahrung der rechtlich geschützten Interessen der Gläubigergesamtheit fehlerhaft wäre. Die Gesetzesmaterialien bringen das wie folgt zum Ausdruck (vgl. BTag, 2020c, S. 139, Begründung zu § 35 Abs. 2 Nr. 1 StaRUG-RegE gleich § 33 Abs. 2 Nr. 1 StaRUG).

Demnach ist: „[...] Eine Fortführung der Restrukturierungssache trotz eingetretener Insolvenzreife ist nur dann denkbar, wenn die angestrebte Restrukturierung kurz vor ihrem Abschluss steht, insbesondere weil die Bestätigung eines bereits angenommenen Restrukturierungsplans unmittelbar bevorsteht, und zu erwarten ist, dass sie auch zur Beseitigung der eingetretenen Insolvenzlage führt [...]. In einer solchen Konstellation kann der Übergang in ein Insolvenzverfahren [...] nicht im Interesse der Gesamtheit der Gläubiger liegen.“

Ohne die teleologische Reduzierung des § 63 Abs. 1 Nr. 1 StaRUG, wie vorstehend beschrieben, würde die zitierte Ausnahmeregel des § 33 Abs. 2 Nr. 1 StaRUG ins Leere gehen, insoweit ist dem AG Dresden zuzustimmen (dem Argument des AG Dresden zu § 33 StaRUG auch zustimmend Ziegenhagen, 2021, 2053 ff., 2057 ff.).

Die Fortsetzung des Verfahrens rechtfertigt sich auch vor dem Hintergrund folgender Erwägung. In den Fällen der außergerichtlichen Sanierung, an deren Stelle das StaRUG treten sollte, die aber bisher wohl prioritär in der Praxis der Finanzindustrie fortgesetzt wird, besteht nicht selten das Problem, dass die Zahlungsunfähigkeit vorübergehend eintritt. Ist die Sanierung nach ersten Prüfungen aussichtsreich, wird man in der Praxis die Zahlungsunfähigkeit durch ein Stillhalteabkommen abwenden, so dass fällige Forderungen nicht in die Zahlungsfähigkeitsprüfung eingehen.

Im Rahmen der Erstellung des Sanierungskonzepts ist zu überprüfen und zu beachten, dass jegliche Zahlungsunfähigkeitsrisiken und Überschuldungsrisiken, die eine Insolvenz auslösen, nachhaltig beseitigt oder vermieden werden. Dies aus ökonomische Gründen, ebenso wie aus rechtlichen, hier unter anderem zur Vermeidung von Anfechtungsrisiken gemäß §§ 129 ff. InsO oder aus Risiken der Insolvenzverschleppung (vgl. BGH, 04.12.1997, IX ZR 47/97).

Weitere Versagungsgründe lagen hier nicht vor, dem Hinweisbeschluss infolge des Vorprüfungstermins war entsprochen worden, was die Bedeutung der gerichtlichen Vorprüfung nach § 46 StaRUG unterstreicht. Den Antrag des Gläubigers der Gruppe 6 („Minderheitenschutzantrag“ gemäß § 64 StaRUG) hat das Gericht mit gesondertem Beschluss vor der gerichtlichen Planbestätigung zurückgewiesen (§ 64 StaRUG). Der Gläubiger habe die tatsächlichen Grundlagen seines Antrags nicht glaubhaft gemacht, zudem habe die Schuldnerin im Plan für solche Fälle der Kompensation einer Schlechterstellung durch den Plan einen Betrag in Höhe von 50.000 Euro bereitgestellt (§ 64 Abs. 2 Satz 1 StaRUG), hierüber sei außerhalb des Verfahrens vor dem Prozessgericht zu streiten. Die Beschwerde dazu war erfolglos.

Fazit, Kritiken in Entscheidungsrezensionen

Der Entscheidung des AG Dresden ist um Begründungsdetails bemüht, der Entscheidung ist jedoch zuzustimmen. Es ist richtig, dass sogar bei zwischenzeitlich eintretender Zahlungsunfähigkeit oder Überschuldung ein Verfahren nach StaRUG erfolgreich zu Ende geführt werden kann.

Das Spannungsverhältnis zwischen der Frage, ob das Restrukturierungsgericht bei einem Eintritt der Zahlungsunfähigkeit während der Planungsphase die Restrukturierungssache aufhebt oder nach Maßgabe des § 33 Abs. 2 Nr. 1 StaRUG fortbestehen lässt, löst die zitierte Rezension (vgl. Grauer/Münzel, 2021, S. 895) dahin auf, dass dissentierende Gläubiger auf einen eigenen Insolvenzantrag hingewiesen werden können. Dieser Weg wird dissentierenden Gläubigern nicht versperrt, die Voraussetzungen eines Gläubigerantrags nach §§ 13, 14 InsO liegen vor, führen zur Konkurrenz zwischen Restrukturierungsverfahren und Insolvenzverfahren, die im vorliegenden Rahmen nicht im Einzelnen erörtert werden kann.

In der Praxis wird man angesichts des § 33 Abs. 1 Nr. 1 Fall 2 StaRUG (Aufhebung der Restrukturierungssache bei Eröffnung des Insolvenzverfahrens) aber zunächst den Fortgang des Restrukturierungsverfahrens abwarten müssen und zunächst den Beschluss des Restrukturierungsgerichts nach § 33 Abs. 2 Nr. 1 StaRUG. Hebt dieses die Restrukturierung nicht auf, wird der Fortgang eines Insolvenzeröffnungsverfahrens auszusetzen sein, weil unter Beachtung der Wertung des Gesetzgebers in § 33 Abs. 2 Nr. 1 StaRUG dem Gläubigerinsolvenzantrag des Planbetroffenen das Rechtsschutzinteresse im Sinne des § 14 Abs. 1 InsO fehlt.

Zusammenfassend ist positiv festzustellen, dass mit dem Bestätigungsbeschluss des AG Dresden, der rechtskräftig geworden ist, eine finale Entscheidung im Restrukturierungsverfahren nach dem StaRUG erfolgt ist, die sehr viele Einzelprobleme eines keineswegs besonders komplexen Falles anschneidet und mindestens vertretbar beantwortet. Eine Achillesferse stellt insbesondere stets die Vergleichsrechnung und die Frage des nächstbesten Alternativszenarios dar, wenn es um den Cram Down sowie die Schlechtstellung geht beziehungsweise um die Frage der zulässigen Reichweite des richterlichen Entscheidungsspielraums.

(4) Voraussetzungen der Planbestätigung, AG Hamburg

Das AG Hamburg (61a RES 1/21) hat in dem Beschluss zum StaRUG vom 12.04.2021 den Restrukturierungsplan eines Logistikunternehmens, das auf Überseetransporte sowie Cargo-Projektversand spezialisiert ist, bestätigt (vgl. Grau/Pohlmann/Radunz, 2021, S. 522 ff.) sowie damit gegenüber allen Planbetroffenen verbindlich gemacht. Die Wirkungen des Plans sind eingetreten (vgl. § 67 StaRUG). Hintergründe der Unternehmenskrise und die Sanierungsstrategie der Schuldnerin lassen sich nicht der Bestätigungsentscheidung entnehmen, aber dem zitierten Praxisbericht, hierauf ist nur punktuell einzugehen.

Die Gesellschaft refinanzierte sich über Gesellschafterdarlehen, Lieferantenfinanzierungen und Factoring, aber ohne Bankfinanzierung. Die Tochtergesellschaften, die später in den Restrukturierungsplan als Planbetroffene eingebunden wurden, arbeiten überwiegend für die Muttergesellschaft, die Schuldnerin. Die Gesellschaft leitete angesichts der eingetretenen Liquiditätskrise sowie der bilanziellen Überschuldung im Jahr 2020 leistungswirtschaftliche Sanierungsanstrengungen ein und straffte die gesellschaftsrechtlichen wie organisatorischen Strukturen.

Der Gesellschafter-Geschäftsführer (Beteiligung zunächst 50%) wurde durch Kapitalherabsetzung zum Mehrheitsgesellschafter mit 75% Beteiligung, der weitere Gesellschafter wurde von bisher 50% Beteiligung auf 25% herabgesetzt. Die Maßnahmen im Jahr 2020 reichten zur Sanierung nicht aus. Im Januar 2021 wurde drohende Zahlungsunfähigkeit aufgedeckt, Zwistigkeiten unter den Gesellschaftern traten auf (Grau/Pohlmann/Radunz, 2021, S. 523 ff.).

Im Ergebnis erfolgte die Restrukturierung aus dem Konzern heraus ohne Außenstehende als Planbetroffene. Insbesondere gewinnt man den Eindruck, die Restrukturierung sei jedenfalls auch aufgrund der Konflikte unter Stakeholdern, den beiden Gesellschaftern, notwendig, da die Krise durch diese Konflikte maßgeblich befeuert wurde (vgl. Grau/Pohlmann/Radunz, 2021, S. 523 ff.). Damit hätte eine Dauerkrise der Stakeholder sich in einer Ergebnis- und schließlich einer Liquiditätskrise fortgesetzt, so dass am Ende ein klares Restrukturierungskonzept zur Rettung des Unternehmens und Vermeidung der Insolvenz umgesetzt werden musste.

Gruppenbildung des Plans und Planbedingung nach § 62 StaRUG

Dieser zeitliche Ablauf des Verfahrens von der Anzeige des Restrukturierungsvorhabens bis zum Planbestätigungsbeschluss umfasste den Zeitraum vom 08.02.2021 bis zum 12.04.2021, also gerade zwei Monate. Der 2021 entwickelte Plan sah drei Gruppen von Planbetroffenen vor, die hier atypisch ausgefallen sind. Gruppe 1 waren die Tochtergesellschaften mit einfachen Restrukturierungsforderungen zugeordnet. Es bestanden vier Gesellschaften, die alle sämtlich diesem Plan zugestimmt haben, so dass lediglich eine Gesamtforderung aller mit insgesamt 595 TEuro mitgeteilt wurde (§ 9 Abs. 1 Satz 2 Nr. 2 StaRUG).

Gruppe 2 umfasste Gesellschafter sowie nahestehende Unternehmen, insbesondere die Tochtergesellschaften G.T. GmbH und D. Holding GmbH und die beiden Gesellschafter als nachrangige Restrukturierungsgläubiger (§ 9 Abs. 1 Satz 2 Nr. 3 StaRUG). Von vier Planbetroffenen haben zwei zugestimmt, die beiden anderen abgelehnt, so dass die Zustimmung der letzteren nur unter den Voraussetzungen des Cram Down (vgl. §§ 26 ff. StaRUG) fingiert werden konnte, da die Summenmehrheit von 75% bei diesen nachrangigen Restrukturierungsgläubigern gemäß §§ 24, 25 StaRUG nicht erreicht wurde. Von 2,9 Mio. Euro Forderungen in der Gruppe stimmten Planbetroffene mit Beträgen von 1,92 Mio. Euro zu, Gegenstimmen umfassten 960 TEuro.

Eine Mehrheit von 75% in der Gruppe nach § 25 Abs. 1 StaRUG hätte die Zustimmung von Planbetroffenen mit rund 2,2 Mio. Euro Forderungen bedurft. Eine weitere finnische Tochtergesellschaft, die zeitlich nach der Anzeige der Restrukturierungssache (§ 31 Abs. 1 StaRUG) der Muttergesellschaft und der Schuldnerin ein Darlehen eingeräumt hatte, wurden in den Plan nicht eingebunden.

In Gruppe 3 waren „Inhaber von Anteilsrechten" (§ 9 Abs. 1 Satz 2 Nr. 4) zusammengefasst, von zwei Beteiligten hat nur einer zugestimmt. Da zu dieser Gruppe diese beiden Gesellschafter gehörten und der Mehrheitsgesellschafter-Geschäftsführer als Folge der Transaktion im Jahr 2020 insgesamt 75% der Stimmrechte hielt, bestand keine Blockadesituation. Die Stimmrechte des Mehrheitsgesellschafters gewährleisteten die Mehrheit nach den §§ 25, 24 Abs. 1 Nr. 3 StaRUG.

Verfahrensrechtlich war dieser Plan als bedingter Plan (§ 62 StaRUG) konzipiert, bedingt durch eine positive verbindliche Auskunft des Finanzamts, wonach der Forderungserlass (§ 397 BGB) zu einem steuerfreien Sanierungsgewinn führe (vgl. §§ 3a Abs. 1 Satz 1, Abs. 2 EStG, 7b GewStG). Die steuerlichen Folgen der Restrukturierung sind in der Praxis jeweils eingehend zu prüfen sowie steuerliche Zweifel an der gewählten konkreten Struktur mit dem zuständigen Finanzamt im Rahmen einer verbindlichen Auskunft nach § 89 Abs. 2 AO abzuklären. Vorliegend hatte das Finanzamt die erbetene verbindliche Auskunft erteilt, die Planbedingungen war eingetreten, ein Hemmnis für die Planbestätigung (§ 62 StaRUG) damit beseitigt.

Cross Class Cram Down im Hinblick auf die Gruppe 2

Da dieses notwendige Quorum in Gruppe 2 nicht erreicht wurde, der Plan aber nur bestätigt werden kann, wenn alle Gruppen zugestimmt oder wie hier die Mehrheit der Gruppen für den Plan votiert hat und die fehlende Zustimmung einer Gruppe gemäß § 26 StaRUG fingiert werden kann, prüft das AG Hamburg die Voraussetzungen des Cram Down. Die erforderliche Zustimmung der Mehrheit der Gruppen (siehe § 26 Abs. 1 Nr. 3 Halbsatz 1 StaRUG) war, wie erwähnt, unproblematisch.

Damit ging es des Weiteren um die Frage der Schlechterstellung der dissentierenden Gruppe durch den Plan, verglichen mit deren rechtlicher und wirtschaftlicher Position ohne den Restrukturierungsplan, § 26 Abs. 1 Nr. 1 StaRUG. Das AG Hamburg betont mit der Kommentarliteratur (vgl. Pannen/Riedemann/Smid-Smid, 2021, § 26, Rn. 13), maßgeblich sei das ohne Umsetzung des Plans bestehende voraussichtliche nächstbeste Alternativszenario, das nicht automatisch die Liquidation sei.

Wenn aber kein Beteiligter eine Alternativbetrachtung unter Ansatz von Fortführungswerten vornehme (s. § 6 Abs. 2 Sätze 2, 3 StaRUG), dann müsse die Insolvenz des Schuldners als Vergleichsmaßstab herangezogen werden. Gemeint ist damit die Liquidation im Rahmen der Einzelzerschlagung, denn auch die übertragende Sanierung unter Veräußerung sanierungswürdiger Unternehmensteile führt zum Ansatz von Fortführungswerten im Sinne des § 6 Abs. 2 Satz 2 StaRUG.

Wird zu einem Alternativszenario nichts vorgetragen, kann der Richter im Rahmen etwaiger Amtsermittlung (§ 39 StaRUG) im Rahmen des Planbestätigungsverfahrens kein eigenes Alternativszenario entwickeln. Er prüft allein die Schlüssigkeit des Vorhabens und die vorhandene Vergleichsrechnung. Wird zu der Fortführung, gleich in welcher Form, nichts als Alternative zum Plan vorgetragen, muss er daher von Zerschlagungswerten ausgehen. Damit lautet auch das Ergebnis des AG Hamburg, dass die nachrangigen Gläubiger der dissentierenden Gruppe 2 in der Insolvenz keine Befriedigung ihrer Forderung zu erwarten hätten.

Zum Weiteren bejaht das Gericht die Voraussetzungen des § 26 Abs. 1 Nr. 2 StaRUG, wonach eine angemessene Beteiligung der vom Cram Down betroffenen Planbetroffenen am Planmehrwert erforderlich ist. Zur Begründung wiederholt das Gericht im Wesentlichen die Subsumtion unter die gesetzlichen Voraussetzungen der §§ 26 Abs. 1 Nr. 2, 27 Abs. 1 StaRUG. Der Einwand der den Plan ablehnenden Planbetroffenen ging hier dahin, ihr Sanierungsbeitrag sei größer als derjenige des Mehrheitsgesellschafters, da dieser eine Vergütung als Geschäftsführer erhalte. Dies sei, so das Gericht, unbeachtlich, weil die Leistung eben aus der Geschäftsführerlage und nicht aus der Gesellschafterposition resultiere. Dem ist zuzustimmen, denn der Mehrheitsgesellschafter war in der Parallelfunktion als Geschäftsführer nicht Planbetroffener.

Prüfung der Planbestätigung am Maßstab des § 63 Abs. 1 Nr. 2 StaRUG

Nachdem das Vorliegen der drohenden Zahlungsunfähigkeit nicht streitig wurde, war eine Prüfung durch das Gericht nicht geboten. Dasselbe gilt für § 63 Abs. 1 Nr. 3 StaRUG, wonach negative Bestätigungsvoraussetzung ist, wenn die Ansprüche der Planbetroffenen sowie der übrigen Gläubiger „offensichtlich nicht erfüllt werden“. Mangels offenbarer Anhaltspunkte hierfür musste das Gericht sich hierzu nicht äußern, so dass die Prüfung des Gerichts sich im Rahmen des § 63 Abs. 1 Nr. 2 StaRUG auf wenige Punkte beschränken konnte.

Der Plan sei ordnungsgemäß im Sinne des § 5 StaRUG mit den nötigen Anlagen eingereicht worden. Entgegen der Meinung widersprechender Planbetroffener sei die Vergleichsrechnung im Ergebnis nicht zu beanstanden (vgl. § 6 Abs. 2 StaRUG). Die Untergrenze der Liquidation als alternatives Vergleichsszenario gegenüber dem Plan sei eingehalten. Eine alternative Fortführung ohne Plan beziehungsweise die Möglichkeit der Veräußerung ohne Plan habe die Schuldnerin verneint. Dazu werde nichts vorgetragen beziehungsweise eine solche Möglichkeit sei auch nicht ersichtlich. Zudem sei es an den Planbetroffenen derartige alternative Szenarien aufzustellen. Die Auswahl der Planbetroffenen nach § 8 StaRUG sei gleichfalls nicht zu beanstanden. Die Einbindung der Gläubiger aus Lieferung und Leistung in den Plan war nach Stellungnahme des Restrukturierungsbeauftragten der §§ 73 ff. StaRUG obsolet, da zahlreiche Gläubiger aus diesem Segment wohl ein Frachtführerpfandrecht innehaben, so dass diese in einer Insolvenz mit vollständiger Befriedigung rechnen könnten. Sie waren in den Plan nach § 8 Satz 2 Nr. 1 StaRUG nicht aufzunehmen.

Die finnische Tochtergesellschaft habe nicht eingebunden werden müssen, weil sie erst nach Anzeige der Restrukturierungssache ein Darlehen an die Schuldnerin, ihre Muttergesellschaft, gegeben habe, das sei ein zulässiges Abgrenzungskriterium (vgl. § 8 Abs. 1 Satz 1 StaRUG). Ferner begegne die Gruppenbildung, die nach § 9 StaRUG deutlich weiter sei als nach § 222 InsO, keinen Bedenken.

Die dissentierenden Planbetroffen hatten zudem offenbar eingewandt, Voraussetzung der Planbestätigung sei eine vorherige Ankündigung des Restrukturierungsvorhabens gegenüber den Planbetroffenen beziehungsweise eine vorausgehende erfolglose Suche nach möglichen Alternativen. Die Vorschrift des § 31 Abs. 2 Nr. 2 StaRUG, die vorschreibt, dass der Anzeige der Restrukturierungssache eine Darstellung des Verhandlungsstandes mit den Planbetroffenen beizufügen ist, habe, so das AG Hamburg, lediglich Informationscharakter.

Diese ermöglichten „dem Restrukturierungsgericht eine Einschätzung, ob und welchen Rückhalt das Restrukturierungsvorhaben hat und mit welchen Widerständen zu rechnen ist, die gegebenenfalls über die Inanspruchnahme der Instrumente des Stabilisierungs- und Restrukturierungsrahmens zu bewältigen sind“ (BTag, 2020c, S. 135, zu § 33 Abs. 2 Nr. 2 StaRUG-RegE gleich § 31 Abs. 2 Nr. 2 StaRUG).

Auch dem ist zuzustimmen, richtig ist allerdings, dass eine vorausgehende intensive Kommunikation mit den Planbetroffenen im Allgemeinen das schnellere Zustandekommen des Restrukturierungsplans fördern dürfte. Der vorliegende Fall der Restrukturierung aus dem Konzern heraus zeigt, werden die verschiedenen Einwände gegen den Plan betrachtet, dass dort ein tiefgreifender Konflikt dieser beiden Gesellschafter der Unternehmensgruppe besteht, den man durch den Plan aufzulösen versucht. Ein Minderheitenschutzantrag (§ 64 StaRUG) sei nicht gestellt worden, zudem würden die Voraussetzungen gemäß § 64 Abs. 3 StaRUG vorliegen, so dass im Plan offenbar vorsorglich eine Rückstellung im Sinne dieser Vorschrift vorgesehen war, um den Plan trotz etwaiger Begründetheit des Minderheitenschutzes bestätigen und den Minderheitenschutzantrag abweisen zu können (§ 64 Abs. 2 Satz 1 StaRUG).

Mit dem Praxisbericht kann festgestellt werden, dass sich die Unternehmenssanierung mittels der Hilfe des StaRUG schnell und geräuschlos umsetzen lässt und zwar unter Erhaltung der Arbeitsplätze, wie die zitierte Studie zum Ausdruck bringt sowie ohne Störung des Marktumfeldes (vgl. Grau/Pohlmann/Radunz, 2021, S. 522 ff.).

Unabhängig davon, ob man der Kritik der zitierten Autoren folgen mag, der Gesetzgeber habe mit Streichung des § 51 StaRUG-RegE, der die Möglichkeit der Vertragsbeendigung eines gegenseitigen Vertrages auf Antrag des Schuldners durch das Restrukturierungsgericht vorsah, ein wirksames leistungswirtschaftliches Sanierungsinstrument aus der Hand gegeben, wird man einer grundsätzlicheren Kritik dort zustimmen. Das StaRUG zielt im Fokus auf die finanzwirtschaftliche und nicht die leistungswirtschaftliche Sanierung ab. Die letztere ist aber meist die Bedingung für den nachhaltigen Erfolg des Unternehmens.

(5) Hinweisbeschluss, § 46 Abs. 2 StaRUG, Vorprüfung von Amts wegen, AG Köln

Der Beschluss des AG Köln (03.03.2021, 83 Res 1/21) ist, soweit ersichtlich der erste und bisher einzige veröffentlichte Hinweisbeschluss nach § 46 Abs. 2 StaRUG, wobei die Vorprüfung sogar von Amts wegen angeordnet wurde (§ 46 Abs. 3 StaRUG). Der Restrukturierungsplan bezog allein ein Bankkonsortium in den Plan ein, unter anderem war Gegenstand auch die Frage der Beteiligung an einer neuen Finanzierung der Schuldnerin in Höhe von 1,971 Mio. Euro (vgl. § 12 StaRUG und § 63 Abs. 2 StaRUG zur Versagung der Planbestätigung bei einer neuen Finanzierung, wenn Umstände erkennbar sind, welche bei einer Schlüssigkeitsprüfung durch das Gericht eine Gefährdung der neuen Finanzierung darstellen), an der sich alle Konsortialbanken beteiligen konnten.

Der Vorprüfungstermin fand bereits am 02.03.2021 statt, der Erörterungs- und Abstimmungstermin war auf den 09.03.2021 anberaumt, so dass eines schnelle verfahrensfördernde Hinweisentscheidung des AG Köln im Interesse der Ziele des StaRUG erfolgte und positiv hervorzuheben ist (vgl. Ziegenhagen, 2021, S. 2053).

Das für den Plan desaströse Ergebnis der Vorprüfung ist zunächst, dass das Gericht vom Vorliegen der drohenden Zahlungsunfähigkeit nicht überzeugt sei, der Richter hat positiv geprüft. Aus den dem Gericht vorliegenden Erkenntnissen ging hervor, dass in den Plan lediglich ein Bankenkonsortium einbezogen wurde, das nach Lage der Dinge nur ein Außenkonsortium sein konnte, das dadurch gekennzeichnet ist, dass sämtliche Banken, Darlehensgeber des Krisenunternehmens im Außenverhältnis sind. Die Konsortialbanken des (Betriebsmittel-)Kredits hatten die Finanzierung jeweils für einen Jahreszeitraum bewilligt, zuletzt bis 31.12.2021.

Diese Schuldnerin hatte die drohende Zahlungsunfähigkeit damit begründet, unabhängig vom Restrukturierungsplan wolle sie den Verkaufsprozess einer ihr zugehörigen E-Gruppe einleiten, sie rechne vor dem „Hintergrund bisheriger Gespräche" damit, dass der Konsortialkredit nicht nochmals um ein Jahr verlängert werde, sollte dieser Verkauf bis 31.12.2021 nicht gelingen.

Damit wäre sie innerhalb der zweijährigen Prognosefrist des § 18 Abs. 2 InsO i.V.m. § 29 Abs. 1 StaRUG i.V.m. § 46 Abs. 1 Satz 2 Nr. 3 StaRUG drohend zahlungsunfähig und dies sei im Hinweisbeschluss auch so zum Ausdruck zu bringen. Eine der Konsortialbanken, die potentiell dem Plan widersprechen würde, habe indes erklärt, der Kredit sei mehrfach prolongiert worden und es gebe keinen Anhaltspunkt, warum dieses Vorgehen nicht auch künftig wiederholt werde, denn derzeit sei eine solche Verlängerung zu erwarten. Andere Konsortialbanken haben erklärt, den Kredit nicht ewig zu verlängern. Das Gericht hat im Rahmen seiner Amtsermittlungspflicht nach § 39 StaRUG das Vorliegen der drohenden Zahlungsunfähigkeit geprüft sowie dann letztendlich verneint. Dieses Ergebnis ist richtig, es würde auch bei Behandlung der drohenden Zahlungsunfähigkeit als negative Voraussetzung bei der Bestätigung des Plans (siehe § 63 Abs. 1 Nr. 1 StaRUG) zutreffen.

Eine Bank wird kaum zehn Monate vor Ablauf eines Kredites zusagen, denselben zu verlängern, sondern dies von einer Entscheidung zu gegebener Zeit nach Vorlage und Auswertung neuerer Unterlagen entscheiden. Wenn es sich gar, wie dieser Beschluss anzudeuten scheint, um einen Sanierungskredit gehandelt hat, ist es zunehmend schwierig, eine Verlängerung abzulehnen, soweit der Schuldner im Rahmen der getroffenen Sanierungsvereinbarung handelt und die dortigen wirtschaftlichen Voraussetzungen eingehalten werden.

War die Kreditlaufzeit zum Zeitpunkt dieser Sanierungsvereinbarung nicht hinreichend und hat man dennoch einen zu kurzen Zeitraum gewählt, war der Schuldner schon zum Zeitpunkt der ersten formalen Kreditlaufzeit drohend zahlungsunfähig. Man darf daher die Befristung dahingehend auslegen, dass die Verlängerung erfolgen werde, soweit die Sanierung planmäßig voranschreitet, jedenfalls keinen substanziellen Verwerfungen ausgesetzt ist.

Das belegt auch die Aussage der wahrscheinlich widersprechenden Konsortialbank. Drohende Zahlungsunfähigkeit lag offensichtlich gerade nicht vor. Dem AG Köln ist zuzustimmen. Eine Stimme in der Literatur (vgl. Ziegenhagen, 2021, S. 2054) sieht das mit beachtlichen Gründen allerdings kritisch, in der Praxis werde in Situationen wie hier eine „Wohlwollenserklärung" von den Finanzieren gefordert, in einer wirtschaftlichen Krise ansonsten die drohende Zahlungsunfähigkeit in den Fokus rücke und damit Haftungsrisiken für Organmitglieder.

Prüfungspflichtige Gesellschaften würden ferner vom Wirtschaftsprüfer mit Zweifeln an der Bewertung nach Going-Concern-Grundsätzen nach § 252 Abs. 1 Nr. 2 HGB konfrontiert. Überraschend sei, dass das Restrukturierungsgericht eine eigene Einschätzung zur Wahrscheinlichkeit der drohenden Zahlungsunfähigkeit vorgenommen habe. Die zitierte Literaturmeinung (vgl. Ziegenhagen, 2021, S. 3054) vertritt die Überlegung, es seien strengere Maßstäbe an die Wahrscheinlichkeit von Kreditprolongationen wie hier anzulegen, da ansonsten die Rechtsunsicherheit erheblich ansteigen würde. Als Fazit fordert der Autor zumindest eine Wohlwollenserklärung der betroffenen Banken. Eine derartige Erklärung kann bis zur rechtsverbindlichen Erklärung der Prolongation gehen, wird aber bei einem syndizierten Kredit als Außenkonsortium nur einheitlich erfolgen können.

Dasselbe gilt für eine unverbindliche Erklärung, man werde wohlwollend prüfen, was im Ergebnis nichts bedeutet, auch keine Haftung der Banken bei Ablehnung. Verlässlicher scheint bei Eintritt in eine Sanierungsfinanzierung durch ein Konsortium, dass sich die Laufzeit aus den oben umrissenen Gründen nur sekundär an der Befristung orientiert, primär aber am Sanierungsverlauf. Dabei ist darauf hinzuweisen, dass der BGH die ordentliche Kündigung bei einem Sanierungsdarlehen ausgeschlossen hat. Der Kündigungsausschluss könne auch konkludent vereinbart worden sein (BGH, 06.07.2004, XI ZR 254/02). Die außerordentliche Kündigung ist nur rechtmäßig, wenn eine wesentliche Verschlechterung eingetreten ist, die die Sanierung nicht mehr aussichtsreich erscheinen lässt (BGH, 14.09.2004, XI ZR 184/03).

Anders ist dies, wenn die Finanzierungsvereinbarungen zeitliche und sachliche Vorgaben zum Sanierungsablauf vorsehen und diese Merkmale nicht eingehalten sind. Die Grundsätze dürften gleichermaßen heranzuziehen sein, wenn der Sanierungskredit befristet ist und immer wieder verlängert wird wie hier. Es lässt sich zudem argumentieren, dass die Auslegung einer Finanzierung als Sanierungskredit nach Maßgabe des § 157 BGB bereits in sich eine Wohlwollenserklärung birgt, ja sogar eine verbindliche Erklärung des Inhalts, im Rahmen der stillschweigend gebilligten Sanierungsziele die hingegebenen Kredite zu prolongieren.

Eine Sanierungsfinanzierung wird außerdem nicht nur dadurch zu einer solchen, dass die Finanzierung in ihrer Dokumentation ausdrücklich als solche bezeichnet wird, es genügt völlig, dass die bestehende Kreditierung in Kenntnis der Krisenlage des Schuldners, mangels Alternative etwa, immer wieder verlängert wird. Die Erklärung von Konsorten, nicht „ewig" prolongieren zu wollen, hat dabei kaum Gewicht, sie kann nur so gelesen werden, dass man nicht weiter prolongieren werde, wenn die Sanierungsziele verfehlt würden. Dem AG Köln ist daher ungeachtet der erwähnten kritischen Betrachtung zuzustimmen.

Restrukturierbarkeit von Konsortialkredit und Sanierungsvereinbarung

Das AG Köln hat in seinem Hinweisbeschluss des Weiteren geprüft sowie zutreffend herausgearbeitet, dass das StaRUG und die dazu gehörige Gesetzesbegründung die Restrukturierung eines Konsortialkredits und einer Sanierungsvereinbarung ermöglichen, auch im Hinblick auf einzelne Regelungen darin, die als besonders restriktiv vom Schuldner angesehen würden, das Gericht bezieht sich hier auf § 2 Abs. 1 Sätze 1, 3 StaRUG. Es sei hinreichend, wenn die vorgesehenen Änderungen zweckmäßig seien. Diesem ist zuzustimmen, da sonst kaum ein Restrukturierungsplan zustande käme, da die „Zweckmäßigkeit" kaum von der „Notwendigkeit" abgrenzbar wäre. Hinzuweisen ist auf erforderliche Liquiditätspuffer in Sanierungsplänen, sogenannte „Headrooms", als Schutzmaßnahmen gegen unerwartete Verläufe bei der Liquiditätsentwicklung, zum Beispiel aufgrund verzögerter Bezahlung an das Krisenunternehmen durch dessen Kunden (vgl. Ziegenhagen, 2021, S. 2054).

Hierzu kann man sich auf die jeweilige Marktkompetenz der Planbetroffenen verlassen, die immerhin mit einem Quorum von 75% in jeder Gruppe dem Plan zustimmen müssen, sieht man von den spezifischen Anforderungen des Cram Down ab. Mindestens die Sophisticated Creditors, zu denen die Banken gehören, können zumeist unangemessene Best-Case-Planpositionen von denen unterscheiden, die im Interesse der Planerreichung bei wirtschaftlicher Betrachtung der kaufmännischen Zweckmäßigkeit und Risikostrategie entsprechen.

Anpassungen syndizierter Kredite oder auch von Sicherheitenpoolverträgen mit und ohne Fresh Money, soweit die Schuldner über Sicherungsverträge und Rangabsprachen dort eingebunden sind, können umfassend erfolgen, wenn der Schuldner die notwendigen Quoren bei der Abstimmung erlangen kann.

Details der Umstrukturierung betreffen etwa überschießende Financial Covenants, Kennzahlen des Schuldnerunternehmens, deren Verfehlungen die Möglichkeit der Kündigung entsprechend den kreditvertraglichen Absprachen vorsieht. In der Praxis der Krisenfinanzierung werden Covenants regelmäßig durch einen Waiver, einen Verzicht auf die Einhaltung in der fraglichen Periode, beiseitegeschoben.

Die in diesem Fall des AG Köln vorliegende Konstellation ist diejenige eines Außenkonsortiums, das dadurch gekennzeichnet ist, dass zwischen den Konsorten sowie dem Kreditnehmer so viele einzelne Finanzierungsverträge bestehen als es beteiligte Banken gibt (vgl. Obermüller, 2017, S. 134 ff.). Die das Konsortium führende Bank vertritt als Konsortialführer die Konsorten nach außen beim Abschluss des Kreditvertrages und der Sicherungsverträge (§§ 164 ff. BGB) und verwaltet die Sicherheiten treuhänderisch quotal für sich selbst und für alle, ausgenommen die akzessorischen (Personal)Sicherheiten wie Bürgschaften, die strukturell nicht quotiert werden können, an deren Stelle treten dann abstrakte Garantien.

Nur unter den Banken besteht eine GbR nach Maßgabe der §§ 705 ff. BGB, die aber reine Innengesellschaft als Gelegenheitsgesellschaft mit dem Zweck der Administration des durch alle Beteiligten gewährten Konsortialkredits ist und als GbR nicht nach außen gegenüber dem Kreditnehmer auftritt. Als Außengesellschaft wäre diese rechtsfähig im Rahmen des § 124 HGB und damit Kreditgeber. Die Ansprüche gegen den Kreditnehmer wären dann Ansprüche der Gesamthand und nicht Einzelansprüche der jeweiligen Konsorten. Der Konsortialführer fungiert unter anderem auch als Zahlstelle für die Konsorten (vgl. Kreuzberg, 2020, S. 18 ff.).

Von dem Außenkonsortium ist das offengelegte oder das stille Innenkonsortium zu unterscheiden. Dort ist Planbetroffener ausschließlich Konsortialführer, denn dieser allein ist Kreditgeber und Sicherungsnehmer, die Konsortialbanken sind am Kredit des Konsortialführers unterbeteiligt, der Konsortialführer reicht die Finanzierung im Umfang der Quoten der Konsorten im Innenverhältnis „für fremde Rechnung" aus (vgl. Obermüller, 2017, S. 138, Kreuzberg, 2020, S. 18 ff.).

Auswahl der Planbetroffenen

Der Beschluss des AG Köln ist ein Lehrstück der Praxis der Vorprüfung auch insoweit, als kontrolliert wird, ob die Auswahl der Planbetroffenen sachgerecht im Sinne des § 8 StaRUG war. Anlass bestand dazu, weil vorgetragen wurde, die Fokussierung allein auf die Konsortialbanken sei nicht sachgerecht. Vielmehr hätte man die Anteilseigner und Gläubiger nachrangiger Gesellschafterdarlehen in den Plan einbeziehen müssen. Dem AG Köln ist zuzustimmen, beide Gruppen von Stakeholdern müssen nicht in den Plan einbezogen werden. Hintergrund ist der, dass Banken zurecht ein Engagement der Anteilseigner fordern und zwar in ihrer Eigenschaft sowie als Darlehensgeber von etwaigen Gesellschafterdarlehen, die unter den Voraussetzungen gemäß § 39 Abs. 1 Nr. 5, Abs. 4, 5 InsO im Insolvenzverfahren verloren sind, weil sie mangels anderweitiger Regelung im Plan als erlassen gelten (§ 225 InsO).

Sollen diese bei Einbeziehung in den Restrukturierungsplan nach § 9 Abs. 1 Satz 2 Nr. 3, 4 StaRUG eine Quote erhalten und lehnen sie diesen Plan in ihrer Gruppe ab, weil sie schlechter gestellt seien als die einfachen Restrukturierungsgläubiger, wird die Zustimmung der Gruppe über den Cram Down der § 26, 27 StaRUG ersetzt, wenn die Mehrheit der Gruppen zustimmt (§ 26 Abs. 1 Nr. 3 StaRUG). Der Vergleich im Plan mit dem nächstbesten Alternativszenario, gegebenenfalls die Insolvenz der Gesellschaft, belegt, dass die betroffenen Gesellschafter keine Quote erhielten.

Die Gruppenstruktur bestand nach diesem Fall gemäß § 9 StaRUG praktisch nur aus der Gruppe der Konsortialbanken. Es läge an diesen, dem Plan die Zustimmung zu versagen, wenn sie Leistungen der Gesellschafter fordern, die auch etwa über Verpflichtungserklärungen gemäß § 15 Abs. 3 StaRUG in Verbindung mit einem bedingten Plan bis zur Aufbringung von Gesellschafterleistungen, ohne die formelle Einbindung der Gesellschafter in den Plan.

Prüfung der Ungleichbehandlung

Den Gläubigern der jeweiligen Gruppe sind jeweils gleiche Rechte anzubieten, eine Ungleichbehandlung ist insoweit unzulässig (§ 10 Abs. 1 StaRUG) soweit die Betroffenen nicht sämtlich zustimmen (§ 10 Abs. 2 StaRUG). Sonderabkommen mit einer Vorzugsbehandlung für einzelne Gläubiger sind unlauter sowie nichtig (§ 10 Abs. 3 StaRUG). Vorliegend hatte eine der Konsortialbanken betont, sie habe anders als die weiteren Mitkonsorten keine Nachbesicherung gefordert und dadurch werde dann der Gleichbehandlungsgrundsatz verletzt.

Das AG Köln weist dieses Argument zurück, denn die neue Finanzierung in einem zweiten Fresh-Money-Konsortialkreditvertrag stehe optional allen Konsortialbanken zur Verfügung. Wer sich dafür entscheide, der erhalte Sicherheiten an dem Vermögen einer nach dem Plan noch zu erwerbenden „Zielgesellschaft". Ferner erhielten die optierenden Banken eine nachrangige Sicherheit für ihre Forderungen aus dem ersten Konsortialkredit. Eine Ungleichbehandlung liege darin nicht.

Dem ist zuzustimmen, denn die teilnehmenden Konsorten gehen ein neues Risiko ein, das mit der Nachrangbesicherung an einer „Zielgesellschaft" bei einer vorläufigen Prüfung durch das Gericht wie hier nach § 46 StaRUG nicht zu einer Ungleichbehandlung der widersprechenden Konsortialbank führt. Anders könnte dies sein, wenn sich im weiteren Verfahren herausstellte, dass mit der Nachrangbesicherung und eben trotz des Nachrangs in tatsächlicher Hinsicht eine entscheidende Sicherheitenverstärkung bei den anderen Konsortialbanken für die in den Plan einbezogenen Forderungen einträte und sich die Sicherheitenposition erheblich verbessert.

Diese wirtschaftliche Betrachtung ist daher auch maßgeblich. Wenn eine erhebliche Sicherheitenverstärkung erfolgt ist dies anders zu bewerten als wenn lediglich wertlose Nachrangsicherheiten vergeben werden, die letztendlich die Blankopositionen der Institute, die diesen gewährt werden, nicht verändern.

Überprüfung der Gruppeneinteilung

Richtigerweise hat das AG Köln die wichtige Gruppeneinteilung (§ 9 StaRUG) geprüft, deren Gestaltung, von den Pflichtgruppen abgesehen, vom Schuldner gegebenenfalls manipulativ genutzt werden kann, um seinen Plan dann durchzubringen. Hier kritisiert das Gericht die Aufstellung von drei Gruppen mit vollkommen identischen Planbetroffenen, nämlich den Konsorten des Konsortialkredits.

Der Sachverhalt führt dazu nichts eindeutig aus, jedoch wurde wohl eine Gruppe der einfachen Restrukturierungsgläubiger gebildet, eine der Absonderungsanwartschaftsberechtigten und eine Gruppe von Gläubigern aus gruppeninternen Kreditsicherheiten. Andere Planbetroffene und demgemäß andere Plangruppen existieren nicht. Das Stimmrecht, darauf weist das AG Köln hin, muss in allen Gruppen identisch sein (§ 24 StaRUG). Ohne Bedeutung war für das Gericht der Umstand, dass den Konsorten wohl Sicherheiten zur Verfügung stehen, da diese den Konsorten jeweils quotal hafteten, so dass die gesonderte Festlegung der Stimmrechte für Kreditsicherheiten nach deren Wert keine Rolle spiele, vorausgesetzt, die Sicherheiten haften tatsächlich quotal.

Die Zuordnung zu drei gegenständlich identischen Gruppen widerspreche dem geltenden Differenzierungsverbot und somit sei die Gruppenbildung fehlerhaft und gerade nicht sachgerecht. Im Grunde liege hier ein Eingruppenplan vor. Die Gruppeneinteilung könne aber ausnahmsweise bestehen bleiben, weil in dieser gegebenen Konstellation kein Planbetroffener „einfacher überstimmt werden könne" als dieses bei Bildung nur einer einzigen Gruppe der Fall sei.

Ganz überzeugend erscheint das nicht, denn bei einem Außenkonsortium mit einer Mehrzahl von Kreditforderungen des jeweils einzelnen Kreditgebers können Sicherheiten keineswegs quotal den einzelnen Banken zustehen. So etwa widerspricht es jeder praktischen Handhabbarkeit, etwa Grundschulden geteilt einzutragen. Bei der Globalzession und bei der Sicherungsübereignung von Warenlager, Vorräten ist die Aufteilung schlechterdings unmöglich. Im Ergebnis bleibt nur, dass dinglich Berechtigter ein benannter Sicherheitentreuhänder oder regelmäßig der Konsortialführer ist, der die Sicherheiten treuhänderisch hält.

In diesen Fällen ist Absonderungsanwartschaftsberechtigter aber allein der Konsortialführer als Rechtsinhaber für sich und zugleich treuhänderisch für die anderen Konsorten. Diese sind dann nur über die einheitliche Sicherungszweckvereinbarung mit dem Schuldner mit der jeweiligen Sicherheit verbunden. Die Problemfelder können nicht weiter behandelt werden, der Sachverhalt der Entscheidung enthält dazu keine hinreichenden Angaben. Dennoch ist der Kritik an der Auffassung dieses Gerichts zuzustimmen (vgl. Thole, 2021, S. 36 ff.), denn § 9 StaRUG geht davon aus, dass unterschiedliche Rechtspositionen verschiedenen Gruppen zuzuordnen sind. Dies gilt auch, wenn die Mitglieder der hier drei Gruppen identisch sind und untereinander als Konsorten verbunden.

Die dissentierende Konsortialbank hatte moniert, ihr unterschiedliches wirtschaftliches Interesse, geprägt dadurch, dass sie keine Nachbesicherung ihrer Restrukturierungsforderung verlange, sei nicht bei dieser Gruppenbildung beachtet worden (§ 9 Abs. 2 Sätze 1–3 StaRUG). Dies sei nicht nur bei Rechtshängigkeit der Restrukturierungssache (§ 31 Abs. 3 StaRUG), sondern auch bei der Planbestätigung zu beachten. Das Gericht hat den Einwand der Planbetroffenen als absurd bezeichnet, soweit sie vorgetragen hatte, bereits im Vorfeld der Sanierungsplanung widersprochen zu haben. Eine Ungleichbehandlung der betroffenen Bank sei zu verneinen, ein unterschiedliches wirtschaftliches Interesse und die Bildung einer eigenen Gruppe könne nicht deshalb verlangt werden, weil man von Anfang an nicht mit der geplanten Art der Restrukturierung einverstanden sei. Der Umstand, dass ein Restrukturierungsverfahren durchgeführt werde, so das AG Köln überzeugend, habe die Ursache gerade darin, dass man sich nicht konsensual außergerichtlich über die Restrukturierung einigen konnte, das heißt im Wege einer freien Sanierung.

Vergleichsrechnung und Schlüssigkeit der Unternehmensbewertung

Der Vergleichsrechnung nach § 6 Abs. 2 Satz 1 StaRUG widmet sich das AG Köln mit mehreren Aspekten. Die Schuldnerin legte dem Plan die Unternehmensbewertung durch einen Sanierungsberater aus dem Jahr 2018 zugrunde, die dem Gericht vorgelegen hat, die das Gericht auf Schlüssigkeit geprüft hat und die der Richter bejaht hat. Danach hat der Gutachter auf der Basis einer Multiplikatoren-Bewertung für den Unternehmenswert einen Faktor von 6,4 für den Fall ohne Restrukturierungsplan sowie ohne Akquisition der Zielgesellschaft ermittelt und ein Multiple von 9,2 mit Restrukturierungsplan und Akquisition festgestellt.

Für die relevante Plausibilitätsprüfung bedurfte es anderer aufwendigerer Verfahren der Ermittlung des Unternehmenswertes nicht (vgl. Ziegenhagen, 2021, S. 2055). Die der Unternehmensbewertung zugrunde gelegten konkreten Bewertungsparameter enthält die Entscheidung nicht. Das ist in der Begründung des Gerichtsbeschlusses auch nicht erforderlich, da das prägende Ergebnis die als schlüssig beurteilte Erhöhung des Unternehmenswerts infolge dieses umzusetzenden Restrukturierungsplans ist. Das Gericht ist bei der Bestätigungsprüfung, die das AG Köln in den Fokus nimmt, nach der Begründung des Gesetzes auf die „Schlüssigkeitsprüfung und die Berücksichtigung offensichtlicher Mängel beschränkt“ (BTag, 2020c, S. 162). Allerdings seien im Rahmen der Prüfung der Planbestätigung auch „die wirtschaftlichen Annahmen des Plans zu prüfen“.

Für unschlüssig hat das AG Köln aber die im Plan gegeneinander gestellten beiden Szenarien gehalten. Der Stand-Alone-Fortführung mit Veräußerung der „E-Gruppe“ wurde die Fortführung unter Akquisition einer Zielgesellschaft mit Veräußerung der „E-Gruppe“ gegenüber gestellt. Eine Planbetroffene hatte eingewandt, dass im Rahmen der Vergleichsrechnung das nächstbeste Szenario zu berücksichtigen sei und dieses bestehe in der Stand-Alone-Fortführung ohne Verwertung der „E-Gruppe“.

Keine Notwendigkeit des Vergleichs mit einem anderen Restrukturierungsplan

Der offenbar erhobene Einwand der Planbetroffenen, der Plan sei nicht mit einem anderen Restrukturierungsplan verglichen worden, gehe dahin, die Erforderlichkeit jeder Regelung in einem vorgelegten Plan zu überprüfen. Das sei nicht Absicht des Gesetzgebers, es genüge Zweckmäßigkeit. Letzten Endes würde kaum erfolgreich über einen Plan abgestimmt werden können beziehungsweise es würde mittelbar eine Plankonkurrenz gefordert. Dieser Einwand beeinträchtige die Schlüssigkeit der Vergleichsrechnung nicht.

Zu Recht wird in der Literatur (vgl. Thole, 2021, S. 436 ff.) darauf hingewiesen, das von dem Planersteller, in der Regel dem Schuldner, dargestellte alternative nächstbeste Szenario zum vorgelegten Plan müsse plausibel sein. Nur wenn dies nicht der Fall sei, seien mehrere andere Varianten zu prüfen. Es darf hinzugefügt werden, dass dissentierende Gläubiger, welche die Alternativlösung in Frage stellen, nicht nur „substanziierte Hinweise" (vgl. Thole, 2021, S. 437), geben müssen, sondern ein anderes Alternativszenario positiv belegen müssen.

Dieses alternative Szenario sollte realistisch und konkret sein. Es ist daher ebenfalls sorgfältig auszuarbeiten, damit es wirksam gegenübergestellt und zur Abstimmung gebracht werden kann. Eine bloße Argumentation und Kritik zur Veränderung der vorgestellten Szenarios ist nicht konkret genug und bietet letztendlich keine Grundlage für eine realistische Alternativlösung.

Keine Unlauterkeit bei dem Zustandekommen des Plans

Im Rahmen der Vorprüfung wurde offenbar von einer Planbetroffenen eingewandt, diese sei von Informationen vor der Anzeige der Restrukturierungssache (§ 31 Abs. 1 StaRUG) abgeschnitten gewesen. Daher prüfte das AG Köln, ob Unlauterkeit zur Annahme des Plans geführt habe und ob insbesondere ein Planbetroffener begünstigt worden sei (§ 63 Abs. 4 StaRUG).

Das Gericht verneinte dieses, denn es gebe keine Verpflichtungen der Beteiligten zu Informationen vor der Anzeige einer Restrukturierungssache. Diese Norm des § 63 Abs. 4 StaRUG befasse sich nur mit der Unlauterkeit der Plananahme. Der Hauptgedanke dieser Rechtsnorm geht dahin, Missbrauch zu bekämpfen. Die Verletzung irgendwelcher Informations- und Treuepflichten innerhalb der Konsorten als Folge des Konsortialvertrags berühre den Plan nicht, wenn nicht weitergehende Folgen dadurch einträten, auf die aber die Entscheidung nicht näher eingeht.

Die Grundsätze des fairen Verfahrens und des rechtlichen Gehörs gewährleisteten, dass jeder Beteiligte in der laufenden Restrukturierung seine Rechte wahren könne. Diese beiden letzten Aspekte sind grundrechtlich geschützte Positionen. Der Grundsatz des fairen Verfahrens ist Folge des Art. 2 GG i.V.m. dem Rechtsstaatsprinzip, das rechtliche Gehör ist ein Verfahrensgrundrecht, das in Art. 103 Abs. 1 GG seine Grundlage hat (vgl. Thomas/Putzo-Seiler, 2021, Einl I Rn. 9–26 und Rn. 27).

(6) Bestellung eines Sanierungsmoderators, Hinweisbeschluss, AG Düsseldorf

Das AG Düsseldorf (5.3.2021, 601 SAN 1/21) hat auf den Antrag des Schuldners zur Bestellung eines Sanierungsbeauftragten im Rahmen einer Restrukturierung auf der Grundlage einer Sanierungsmoderation (vgl. §§ 94–100 StaRUG) einen Hinweisbeschluss erlassen, da der Schuldnerantrag offenbar unstrukturiert war und eine Reihe von Mängeln zeigte (vgl. Ziegenhagen, 2021, S. 2060).

Das Ergebnis des Hinweisbeschlusses ist, dass zunächst kein Sanierungsmoderator bestellt wurde, da es an den Voraussetzungen fehlte. Dennoch hat das Gericht den Antrag nicht zurückgewiesen, sondern Nachbesserung ermöglicht und zwar unter Fristsetzung einer Woche. Dieses Vorgehen war im Interesse des Schuldners, einer natürlichen unternehmerisch tätigen Person (§ 30 Abs. 1 Satz 2 StaRUG), richtig und entspricht der Vorgehensweise im Zivilprozess, wonach das Gericht unter anderem auf Bedenken hinsichtlich der Anträge und Erklärungen der betroffenen Partei aufmerksam machen muss, die von Amts wegen zu beachten sind (§ 139 Abs. 3 ZPO). Zudem hat das zuständige Restrukturierungsgericht das Verfahren zu strukturieren (§§ 39, 38 StaRUG i.V.m. § 139 Abs. 1 ZPO).

Das AG Düsseldorf weist darauf hin, dass Voraussetzung der Bestellung eines Sanierungsmoderators die Einhaltung der Vorgaben des § 94 Abs. 2 StaRUG ist. Danach ist der Gegenstand des Unternehmens in dem Antrag anzugeben und die Art seiner wirtschaftlichen beziehungsweise finanziellen Schwierigkeiten. Ferner sei ein Gläubigerverzeichnis und ein Vermögensverzeichnis einzureichen, wobei alle Gläubiger anzugeben seien, da das Gericht auch prüfen müsse, ob offensichtliche Zahlungsunfähigkeit vorliege. Diese sperrt den Zugang zur Sanierungsmoderation.

Dieses Verfahren ist ebenso wie die Restrukturierung nach Teil 2 des StaRUG, dem „Stabilisierungs- und Restrukturierungsrahmen“, nur auf Grundlage der drohenden Zahlungsunfähigkeit der §§ 29 Abs. 1 StaRUG, 18 Abs. 2 InsO zugänglich. Es kann eigenständig geführt oder einer Restrukturierung vorgeschaltet werden.

Bei juristischen Personen beziehungsweise Gesellschaften ohne Rechtspersönlichkeit (BGB-Außengesellschaft, OHG, KG, bei denen keine natürliche Person unmittelbar oder mittelbar persönlich unbeschränkt haftender Gesellschafter ist, vgl. § 11 Abs. 2 Nr. 1 InsO) erstreckt sich diese Prüfung des Gerichts auch auf die Frage der offensichtlichen Überschuldung der Schuldnergesellschaft (§ 94 Abs. 1 Satz 3, Abs. 2 Satz 2 StaRUG. Diese Konstellation lag im Fall des AG Düsseldorf nicht vor.

Lückenhaftigkeit des Gläubigerverzeichnisses, widersprüchliche Angaben

Das Gläubigerverzeichnis zeigte allerdings Lücken auf. Angegeben waren unter den Gläubigern zwar der Insolvenzverwalter einer GmbH & Co. KG, die Mutter des Antragstellers und die Finanzverwaltung Nordrhein-Westfalen. Die beigefügten Unterlagen zeigten jedoch zudem zwei debitorisch geführte Konten des Schuldners bei einer Bank, die daher auch hätte als Gläubiger angegeben werden müssen.

Der Schuldner müsse sich hierzu äußern und auch angeben, ob die dortigen Rückstände sich innerhalb eines Kreditrahmens bewegten beziehungsweise wann sie fällig seien. Die Frage dieser offensichtlichen Zahlungsunfähigkeit sei zu prüfen, da der Schuldner angab, vermögenslos zu sein.

Im Unterschied dazu hatte er angegeben, der Eigentümer einer Eigentumswohnung und eines bebauten Grundstücks zu sein, beides drittfinanziert und vermietet, ohne dass weitere Angaben dazu gemacht wurden.

Das zuständige Gericht bittet um aussagekräftige Unterlagen und Angaben darüber, ob der Schuldner für die Immobilienfinanzierung haftet. Insbesondere wird er aufgefordert, Angaben zur konkreten Mietsituation beziehungsweise zur Eigentumslage und Nutzungsart bezüglich des bebauten Grundstücks zu machen. Ferner sei ein Miteigentumsanteil von 50% angegeben. Hier will das Gericht wissen, wer der andere Miteigentümer ist und wie die Valuta der Grundschuld aussieht, um die Besicherungssituation beurteilen zu können.

Verfahrensrechtliche Vorgaben und Kosten des Verfahrens

Neben den sachlich-rechtlichen Vorgaben setzt das Gericht den Stundensatz für das Honorar des Sanierungsmoderators fest sowie den Höchstbetrag des Honorars von 200 Euro pro Stunde. Somit ergaben sich insgesamt 4.500 Euro (§ 98 Abs. 2 StaRUG i.V.m. § 81 Abs. 4 Satz 1 StaRUG). Das Gericht setzt zur Stellungnahme insoweit eine Frist von drei Tagen. Dem Schuldner wird ferner eine Vorschussleistung an die Gerichtskasse auferlegt von insgesamt 5000 Euro, davon 4.500 Euro Honorar des Sanierungsmoderators und 500 Euro Gerichtskosten.

Nach Leistung des Vorschusses werde der bereits namentlich benannte Sanierungsmoderator bestellt, der seine Unabhängigkeit von den Beteiligten und seine Bereitschaft zur Amtsübernahme gegenüber dem Restrukturierungsgericht (§ 34 StaRUG und § 94 StaRUG) bereits erklärt habe.

Seine Bestellung wird erst erfolgen, wenn der Schuldner seine Angaben entsprechend dem Hinweisbeschluss vervollständigt beziehungsweise seine Erklärung zur Vollständigkeit und Richtigkeit des Gläubigerverzeichnisses korrigiert hat.

Die vorliegende, soweit ersichtlich erste veröffentlichte Entscheidung zu einer Sanierungsmoderation, zeigt die vermutlich öfter vorkommenden Mängel auf, die bei der Zielgruppe der Sanierungsmoderation, den Kleinstunternehmen oder den kleinen Unternehmen, nicht selten auftreten dürften. Der Grund ist, wie hier erkennbar, fehlendes Know How der Unternehmer beziehungsweise Unternehmen und von auf diesem Segment potentiell nicht erfahrenen Beratern. Da auch die Sanierungsmoderation eine Insolvenz und damit verbunden hohe wirtschaftliche Schäden verhindern soll, ist in Frage zu stellen, ob hier ein vereinfachtes Vergleichsverfahren der Sanierungsmoderation ausreicht. Auch Restrukturierungen von kleinen Firmen sind professionell vorzubereiten und leistungswirtschaftlich mit Plan anzugehen.

3.9 Publizierter Restrukturierungsfall

Einer der wenigen veröffentlichten Restrukturierungsfälle ist der des Hemdenherstellers Eterna. Die Eterna Mode Holding GmbH ist ein Hersteller von Herrenhemden und Damenblusen mit Sitz in Passau. Im Jahr 2020 setzte die Eterna-Gruppe unter anderem rund 2,2 Millionen Hemden und eine halbe Million Blusen um. Eterna ist an rund 3.600 Verkaufspunkten in mehr als 40 Ländern vertreten.

Als vertikal tätiger Anbieter verfügt Eterna mit eigenen Geschäften und dem Onlinehandel auch über unternehmenseigene Vertriebskanäle. Eterna-Produkte werden in eigenen Retail-Stores und in Franchise-Stores vertrieben. Trotz eines erfolgreichen operativen Krisenmanagements, das auch durch ein unabhängiges IDW S 6 Gutachten bestätigt wurde, war Eterna infolge der Covid-19-Pandemie aus einer gesunden und vielversprechenden Unternehmenssituation mit profitablem Wachstum in eine akute Krisenlage geraten.

Eterna hat anschließend erfolgreich mit Zustimmung ihrer Gläubiger die Weichen für eine künftige nachhaltige Finanzierung gestellt. Die Gläubiger haben einem vom Unternehmen vorgeschlagenen Restrukturierungsplan gemäß StaRUG zugestimmt. Die Umsetzung des Restrukturierungsplans erfolgt nach Bestätigung des zuständigen Restrukturierungsgerichts. Das operative Geschäft wird von der Sanierung der Holding nicht berührt. Primär geht es um die kapitalmarktrechtliche Restrukturierung einer bestehenden emittierten Anleihe.

Um die finanzwirtschaftliche Lage zu verbessern liegt der Fokus des Restrukturierungsplans auf der Umstrukturierung der bestehenden Anleihe. Das Konzept sieht einen Schuldenschnitt bei einer unbesicherten Anleihe vor, im Rahmen dessen die Forderungen der Anleihegläubiger sowie die noch ausstehenden Zinsen mit einer Quote von 12,5% auf den Nominalwert bedient werden. Diese Quote wird vollständig aus Gesellschaftermitteln gezahlt.

Zudem verzichtet die Mehrheitsgesellschafterin vollständig auf die Forderungen aus Gesellschafterdarlehen in Höhe von rund 32 Mio. Euro und stellt zusätzliches Eigenkapital zur Verfügung, das neben der Zahlung der Quote auch zur Finanzierung des operativen Geschäfts eingesetzt wird. Zur Abstimmung über den Plan war die Versammlung der Gläubiger der Anleihe von externer Seite zu organisieren, in der ein gemeinsamer Vertreter zu bestellen war, der die Rechte der Anleihegläubiger in diesem StaRUG-Verfahren vertritt.

Im Fall Eterna Mode Holding GmbH konnte die Weiterführung des Unternehmens im außerinsolvenzlichen Restrukturierungsverfahren durch den erheblichen Schuldenschnitt mit einer Quote von 12,5 Prozent auf den Nominalwert der unbesicherten Anleihen erreicht werden. Ob zusätzlich eine umfassende leistungswirtschaftliche Sanierung, beispielsweise zur Verbesserung der operativen Profitabilität, angestrebt wird, ist den Berichten nicht zu entnehmen. Dies erscheint aber im Hinblick auf eine langfristig erfolgreiche Sanierung erforderlich zu sein.

3.10 Best Practices bei Restrukturierungsfällen

Es kristallisieren sich in der Praxis folgende Eigenschaften der publizierten Restrukturierungsfällen sowie der Rechtsprechung heraus:

- Vielfach werden die Verfahren in der Praxis still abgewickelt: Diese nicht öffentliche Abwicklung vermeidet Reputationsschäden und ist für die Fortführung der Geschäfte der betroffenen Firmen oft von erheblicher Bedeutung:
- In Einzelfällen wurde durch die Restrukturierung die Insolvenz verhindert: Über Kapitalschnitte und die Einleitung eines Restrukturierungsverfahrens konnte in vereinzelten Fällen die Insolvenz mit Imageschäden vermieden werden.
- Restrukturierungsverfahren sind aufwändig vorzubereiten: In den dargestellten Fällen zeigte sich erheblicher Vorbereitungsaufwand, den ein Schuldner nicht allein bewältigen kann. Externe kostenintensive Beratung ist erforderlich.
- Bei guter Vorbereitung ist eine schnelle Verfahrensabwicklung möglich: Dies ist ein Vorteil des Verfahrenswegs. Wird die Restrukturierung gut ausgearbeitet ist die Umsetzung meist innerhalb weniger Monate möglich.
- Im Regelfall werden Finanzverbindlichkeiten über den Plan restrukturiert: Das Verfahren eignet sich zur Neustrukturierung von Verbindlichkeiten häufig verbunden mit einem Haircut. Dies kann die finanzielle Lage extrem verbessern.
- Eine leistungswirtschaftliche Sanierung unterbleibt häufig: Der Fokus lediglich auf die Umstrukturierung der Passivseite kann nachteilig sein, wenn in diesem Zuge wesentliche Neuordnungen des Geschäftsmodells nicht erfolgen.
- Nicht mögliche Kündigungen von Verträgen erschweren die Sanierung: Es fehlen bei einer Restrukturierung wichtige Instrumente wie das Insolvenzgeld oder die Möglichkeit der Kündigung von Dauerschuldverhältnissen.
- In einigen Restrukturierungsfällen ist die Insolvenz unabdingbar: Die Umstrukturierung von Finanzverbindlichkeiten kann überdecken, dass die Insolvenzreife längst schon eingetreten ist, aufgrund des gescheiterten Geschäftsmodells.

Es werden allerdings nur Einzelfälle publiziert. Daher lässt sich kein Überblick über die Gesamtanzahl der Verfahren gewinnen. Zudem ist unklar, welche Ausprägungsvarianten in der Praxis präferiert werden. Aus diesem Grund sind auch bestmögliche Methoden oder hier Module der Restrukturierung schwerlich auszumachen.

Des Weiteren gilt für die Restrukturierung wie auch für die außergerichtliche Sanierung, dass diese immer auf den Einzelfall bezogen zu betrachten ist und die konkreten Fallkonstellationen und Lösungen in der Regel einen hohen Komplexitätsgrad aufweisen. Daher ist bei Restrukturierungen und auch bei Sanierungsmoderationen anzuraten, auf erfahrene Berater zurückzugreifen, da es letztendlich um viel geht.

Neben der Sanierung oder Restrukturierung ist auch die Alternativen der Insolvenz zu betrachten, da hier bewährte Instrumente existieren, beispielsweise mit dem Insolvenzplan, der unter der Erleichterung des Insolvenzgeldes ausgearbeitet wird.

4 Zusammenfassung

Das Unternehmensrestrukturierungs- und Stabilisierungsgesetz bietet bislang noch keine ausreichenden Praxiserfahrungen, um beispielsweise ein optimales Vorgehen zu empfehlen. Das modulartige Instrumentarium ermöglicht in einer Art Baukastenprinzip neuere Alternativen, um Unternehmen erfolgreich zu restrukturieren. Dabei existieren bereits vielfältige Wege, um deutsche Firmen über einen Verfahrensweg aus der Krise zu führen. Jetzt liegt ein neues Procedere vor.

Zur Sanierung gibt es gerichtliche und außergerichtliche Lösungen sowie stille und öffentliche Verfahrensweisen. Das Unternehmensrestrukturierungs- und Stabilisierungsgesetz liefert einen weiteren Restrukturierungsweg, um einen Turnaround zu erreichen. Dieser kann privatisiert durchgeführt werden oder mit einer Einbindung des Restrukturierungsgerichts. Des Weiteren kann der Schuldner das Verfahren eigenständig organisieren oder mit der Bestellung eines Restruktierungsbeauftragten. Daneben besteht die Sanierungsmoderation, die die Vergleichslösung herbeiführen oder das Restrukturierungverfahren vorbereiten kann.

Der Erfolg des Restrukturierungsverfahrens oder der Sanierungsmoderation erweist sich in der Praxis. Erst die häufige Anwendung zeigt, ob diese Verfahrensarten auch durch die Praxis angenommen werden. Eine namhafte Konkurrenz bieten die außergerichtlichen Sanierungen, die mit Hilfe der Hausbanken gestaltet werden oder die Insolvenzverfahren in den Spielarten der Eigenverwaltung, der Regelinsolvenz oder dem Insolvenzplanverfahren beziehungsweise der übertragenden Sanierung.

Damit die Annahme dieser neuen Restrukturierungslösung überprüft wird, sollte in den nächsten Jahren eine Evaluation, ähnlich wie bei der Eigenverwaltung erfolgen. Problematisch ist, dass nicht alle Restrukturierungsverfahren unbedingt öffentlich werden. Aber nur durch eine genaue empirische Untersuchung kann sich zeigen ob sowie in welchen Ausprägungsvarianten das StaRUG letztendlich angewendet wird und welche Erfolge und Kostenstrukturen es im Ergebnis zeigt.

An den Nahtstellen zur Restrukturierung nach StaRUG stehen die außergerichtliche und stille Sanierung, die der Unterstützung der Gläubiger bedarf, auf der einen Seite und das Insolvenzverfahren auf der anderen Seite mit Hilfen wie dem Insolvenzgeld oder der möglichen Kündigung von Dauerschuldverhältnissen. Allerdings ist dieses Verfahren belastet mit dem Stigma der Insolvenz. Dazwischen liegt das Restrukturierungsverfahren nach dem StaRUG, mit Instrumenten wie dem Restrukturierungsplan und den Stabilisierungsmaßnahmen und dem Cram Down, zur Überstimmung obstruierender Gläubiger, ähnlich wie beim Insolvenzplanverfahren.

Es ist jedoch zu beachten, dass Stabilisierungsmaßnahmen sowie Cram Down zwar kurzfristige Lösungen ermöglichen, aber dennoch ein Konsens des Schuldners mit den Gläubigern und den sonstigen Planbetroffenen meist zielführender ist, um eine langfristige Sanierung-, Restrukturierungs- oder Insolvenzlösung zu finden.

https://doi.org/10.1515/9783110742220-004

Restrukturierung bedeutet das neue Auffinden oder Wiedergewinnen einer Marktlösung und nicht nur finanzielle Haircuts, denn diese wirken nur kurz. Die leistungswirtschaftliche Umstrukturierung mit Maßnahmenumsetzung ist zentral. Ein Turnaround kann nur gelingen, wenn das betreffende Unternehmen durch externe und interne Fachleute auf Fehlerquellen und auf Unwirtschaftlichkeiten untersucht wird und diese abgestellt werden. Das Geschäftsmodell ist kritisch zu beleuchten.

Viele der identifizierten Krisenunternehmen waren in der Vergangenheit erfolgreich und finden sich unter neuen Rahmenbedingungen, des meist auch internationalen und digitalisierten Marktes, nicht mehr zurecht. Andere Unternehmen, auch die der gleichen Branche, passen sich dagegen kontinuierlich an und bleiben am Markt, da sie weiterhin einen Kundennutzen erfüllen. Diese Firmen überprüfen sich oft selbst kritisch über externe Qualitätsmanagementsysteme.

Ein Verfahrensweg wie die Restrukturierung nach dem StaRUG kann ebenfalls dazu beitragen eine Krisensituation, mit eigenen Kräften und der Hilfe anderer, zu bewältigen. Von Bedeutung ist aber, dass im Krisenbewältigungsprozess nicht erhebliche finanzielle Ressourcen an externe Berater abfließen. Ein bekanntes Beispiel ist das Unternehmen Märklin, das erst durch das Abstellen hoher Beratungskosten einen erfolgreichen Gesundungsprozess beginnen konnte. Hier war das eingeleitete Insolvenzverfahren ein Segen für das Unternehmen, die Mitarbeiter sowie das später erneuerte und auf Gewinne eingestellte Geschäftsmodell.

Die gesetzlichen Restrukturierungsalternativen sind derart zu nutzen, um ein Unternehmen betriebswirtschaftlich erfolgreich zu gestalten. Es bedeutet im Kern, ein Unternehmen muss nachhaltig Gewinne erzielen. Die Gewinne sollten zeitnah in Form von flüssigen Mitteln, den Cash Flows, vorliegen und nicht allein durch Buchungen entstehen. Die Gewinngröße sollte kalkulatorische Kosten berücksichtigen. Zudem sollte der Gewinn immer in Relation zum eingegangenen Risiko stehen und teilweise zum Aufbau einer branchenüblichen Eigenkapitalquote, passend zur Risikostruktur und zu den Fristigkeiten der Aktiva in der Bilanz, verwendet werden.

Die Rendite, das Risiko und die Liquidität sind in den Profit Centern und insgesamt anhand von Kennzahlen zu überwachen. Dazu ist ein Controlling, angepasst an die jeweilige Firmengröße, als eigenständige Abteilung oder innerhalb der Buchhaltung zu installieren. Es ist eine moderne integrierte Planungssoftware zur Entscheidungsunterstützung für die Geschäftsleitung einzusetzen.

Zu überwachende Kennzahlen und Berichte sollen einfach generiert werden und der Geschäftsleitung sowie externen Stakeholdern wie Kreditinstituten, zur Verfügung gestellt werden können. Die eingeleitete Restrukturierung sollte dem Unternehmen dazu verhelfen auf diesem einschneidenden Weg im Ergebnis erfolgreicher zu werden. Die Restrukturierungsverfahren verfolgen insgesamt keinen Selbstzweck, sondern sollen der durchgreifenden Gesundung von Unternehmen dienen, bei geringen Transaktionskosten, schnell und professionell umgesetzt.

Literaturverzeichnis

Verzeichnis der Fachquellen

Arlt, R./Brägelmann, T. H./Ludwig, J. (2021): Unbegrenzte Gestaltungsmöglichkeiten bei Konsortialkreditverträgen und Kreditentscheidungen per Restrukturierungsplan? Zeitschrift für das gesamte Insolvenz- und Sanierungsrecht, 24, 2021, S. 1485–1487.

Andersch, T. (2017): Sanierungskonzepte und Sanierungsgutachten, Frankfurt, 2017.

Ansoff, H. I. (1976): Managing surprise and discontinuity – Strategic response to weak signals, in: Schmalenbachs Zeitschrift für betriebswirtschaftliche Forschung, 28, 1976, S. 129–152.

BaFIN (2021): Mindestanforderungen an das Risikomanagement – MaRisk, Rundschreiben 10/2021 (BA) vom 05.11.2021.

Bieberstein, B./Cranshaw, F.L./Fischer, M., Hrsg. (2021):-Sicherheitenkompendium, 6. Auflage, Heidelberg, 2021.

Biendl, L. (2021): § 10 Flankierende Neuregelungen, in: Desch, W., Hrsg.: Das neue Restrukturierungsrecht: Praxisfragen des StaRUG, München, 2021. S. 127–143.

Braun, E., Hrsg. (2019): Insolvenzordnung, 8. Auflage, München, 2019.

Braun, E., Hrsg. (2021): StaRUG, Unternehmensstabilisierungs- und –restrukturierungsgesetz, München, 2021.

BTag (1994): Beschlußempfehlung und Bericht des Rechtsausschusses zu dem Gesetzentwurf der Bundesregierung (Drucksache 12/2443) – Entwurf einer Insolvenzordnung, in: BT-Drs. 12/7302 vom 19.04.1994.

BTag (2009): Entwurf eines Gesetzes zur Neuregelung des Rechtsverhältnisses bei Schuldverschreibungen aus Gesamtemissionen und zur besseren Durchsetzbarkeit von Anlegern aus Falschberatung, in: BT-Drs. 16/12814 vom 26.04.2009.

BTag (2011): Entwurf eines Gesetzes zur weiteren Erleichterung der Sanierung von Unternehmen (ESUG) vom 04.05.2011.

BTag (2020a): Referentenentwurf des Bundesministeriums der Justiz und für Verbraucherschutz Entwurf eines Gesetzes zur Fortentwicklung des Sanierungs- und Insolvenzrechts vom 19.09 2020.

BTag (2020b): Gesetzentwurf der Bundesregierung Entwurf eines Gesetzes zur Fortentwicklung des Sanierungs- und Insolvenzrechts vom 16.10.2020, in: BR-Drs. 619/20.

BTag (2020c): Gesetzentwurf der Bundesregierung Entwurf eines Gesetzes zur Fortentwicklung des Sanierungs- und Insolvenzrechts (Sanierungs- und Insolvenzrechtsfortentwicklungsgesetz – SanInsFoG), in: BT-Drs. 19/24181 vom 09.11.2020.

BTag (2020d): Gesetz zur Fortentwicklung des Sanierungs- und Insolvenzrechts (Sanierungs- und Insolvenzrechtsfortentwicklungsgesetz – SanInsFoG) vom 22.12.2020, BGBl. I 2020, S. 2356 ff.

BTag (2020e): Gesetz über den Stabilisierungs- und Restrukturierungsrahmen für Unternehmen (Unternehmensstabilisierungs- und –restrukturierungsgesetz – StaRUG) vom 22.12.2020.

BTag (2020f): Bericht des Ausschusses für Recht und Verbraucherschutz vom 16.12.2020, in: BT-Drs. 19/25353 zum SanInsFoG.

BTag (2020g): Beschlussempfehlung des Ausschusses für Recht und Verbraucherschutz vom 15.12.2020, in: BT-Drs. 19/25303 zum SanInsFoG.

Buschmann, H. (2004): Stakeholder–Management als notwendige Bedingung für erfolgreiches Turnaround–Management, in: Bickhoff, N./Blatz, M., Hrsg.: Die Unternehmenskrise als Chance, Heidelberg, 2004, S. 197–220.

Cranshaw, F. L. (2016): Problemlösungen durch Verkauf von Darlehensforderungen, in: Ahlers, H. et al., Hrsg.: Problematische Firmenkundenkredite, 5. Auflage, 2016, Heidelberg, S. 595–714.

https://doi.org/10.1515/9783110742220-005

Cranshaw, F. L./Portisch, W. (2020a): Präventiver Restrukturierungsrahmen in Konkurrenz zu bisherigen „Verfahrensweisen" der Sanierung, in: Zeitschrift für das gesamte Insolvenz- und Sanierungsrecht, 6, 2020, S. 226–244.

Cranshaw, F. L./Portisch, W. (2020b): Anforderungen an den Restrukturierungsplan im präventiven Restrukturierungsrahmen, in: Krisen-, Sanierungs- und Insolvenzberatung, 3, 2020, 106–111.

Cranshaw, F. L./Portisch, W. (2020c): Systemische Strukturen der Rettung von Krisenunternehmen – Teil 1, in: Zeitschrift für das gesamte Insolvenz- und Sanierungsrecht, 40, 2020, S. 2072–2089.

Cranshaw, F. L./Portisch, W. (2020d): Systemische Strukturen der Rettung von Krisenunternehmen – Teil 2, in: Zeitschrift für das gesamte Insolvenz- und Sanierungsrecht, 45, 2020, S. 2353–2364.

Cranshaw, F. L./Portisch, W. (2020e): Paradigmen des Unternehmensstabilisierungs- und -restrukturierungsgesetzes (StaRUG) nach dem Regierungsentwurf aus Gläubigersicht – Teil 1, in: Zeitschrift für das gesamte Insolvenz- und Sanierungsrecht, 49, 2020, S. 2561–2579.

Cranshaw, F. L./Portisch, W. (2020f): Paradigmen des Unternehmensstabilisierungs- und -restrukturierungsgesetzes (StaRUG) nach dem Regierungsentwurf aus Gläubigersicht – Teil 2, in: Zeitschrift für das gesamte Insolvenz- und Sanierungsrecht, 50, 2020, S. 2617–2630.

Cranshaw, F. L. (2021): Der Gläubigerbeirat nach § 93 StaRUG, in: Steinwachs, T./Vallender, H./Cranshaw, F. L., Hrsg.: Gläubigerausschuss und Gläubigerbeirat in Restrukturierung und Insolvenz des Firmenkunden, 3. Aufl., Heidelberg, 2021, , S. 108–128.

Cranshaw, F. L./Portisch, W. (2021): Neue MaRisk – Auswirkungen auf Problemkredite – Neuerungen, Änderungen und Handlungsbedarf in Kreditinstituten, in: ForderungsPraktiker, 1–2, 2021, S. 6–19.

David, S. (2001): Externes Krisenmanagement aus Sicht der Banken, Köln, 2001.

Depré, P., Hrsg. (2019): ZVG, Kommentar, 2. Auflage, Köln, 2019.

Desch, W. (2021a): § 2 Verfahrensbestimmungen, in: Desch, W., Hrsg.: Das neue Restrukturierungsrecht: Praxisfragen des StaRUG, München, 2021, S. 7–26.

Desch, W. (2021b): § 3 Der Restrukturierungsplan, in: Desch, W., Hrsg.: Das neue Restrukturierungsrecht: Praxisfragen des StaRUG, München, 2021. S. 27–51.

Doebert, A./Krüger, H. (2021): Die strategische Gestaltung von Restrukturierungsplänen, Zugleich erste Erfahrungen aus der StaRUG-Praxis, in: Neue Zeitschrift für Insolvenz- und Sanierungsrecht, 14, 2021, S. 614–619.

Exler, M. W./Werner, H. (2020): Frühwarnindikatoren gemäß der EU-Richtlinie zum präventiven Restrukturierungsrahmen, 2, 2020, S. 53–60.

EU (2003): Empfehlung der Kommission vom 6. Mai 2003 betreffend die Definition der Kleinstunternehmen sowie der kleinen und mittleren Unternehmen (2003/361/EG).

EU (2019): Richtlinie (EU) 2019/1023 des europäischen Parlaments und des Rates vom 26. Juni 2019 über präventive Restrukturierungsrahmen, über Entschuldung und über Tätigkeitsverbote sowie über Maßnahmen zur Steigerung der Effizienz von Restrukturierungs-, Insolvenz- und Entschuldungsverfahren und zur Änderung der Richtlinie (EU) 2017/1132 (Richtlinie über Restrukturierung und Insolvenz).

Faulhaber, P., Grabow, H.-J. (2009): Turnaround-Management in der Praxis, 4. Auflage, Frankfurt, 2009.

Flöther, L. F., Hrsg. (2021) Unternehmensstabilisierungs- und -restrukturierungsgesetz (StaRUG), München, 2021.

Foerste, U. (2008): Insolvenzrecht, 4. Auflage, München, 2008.

Freeman, R. E. (1984): Strategic Management – A Stakeholder Approach, Marchfield, 1984.

Frind, F (2021): Nutzen und Grenzen der gerichtlichen Vorprüfung im StaRUG-Verfahren, in: Neue Zeitschrift für Insolvenz- und Sanierungsrecht, 14, 2021, S. 609–614.

Fuhst, C. (2021): § 4 Stabilisierungsmaßnahmen, in: Desch, W., Hrsg.: Das neue Restrukturierungsrecht: Praxisfragen des StaRUG, München, 2021. S. 53–72.

Göb, M. A./Nebel, T. (2021): Aktuelle gesellschaftsrechtliche Fragen in Krise und Insolvenz, in: Neue Zeitschrift für Insolvenz- und Sanierungsrecht, 14, 2021, S. 626–631.

Grau, J./Pohlmann, U./Radunz, I. (2021).: Erste Praxiserfahrungen mit dem StaRUG, in: Neue Zeitschrift für Insolvenz- und Sanierungsrecht, 12, 2021, S. 522–527.

Grauer, P./Münzel, S. (2021): Anmerkung zu AG Dresden, 574 RES 2/21, in: Neue Zeitschrift für Insolvenz- und Sanierungsrecht, 20, 2021, S. 895–897.

Groß, J. H./Jungclaus, C. (2021): Stabilisierungs- und Restrukturierungsrahmen oder Insolvenzplanverfahren?, in: Der SanierungsBerater, 1, 2021, S. 6–11.

Grüneberg, C. (2022): Bürgerliches Gesetzbuch, 81. Auflage, München, 2022.

Harder, P.-B. (2022): § 9 Gerichtliche Planabstimmung und Vorprüfung, in: Kluth, D./Harder, P.-B./Harig, F./Kunz, D. (2022): Das neue Restrukturierungsrecht, Baden-Baden, 2022, S. 237–263.

Harig, F. (2022a): § 4 Sanierungsmoderation, in: Kluth, D./Harder, P.-B./Harig, F./Kunz, D. (2022): Das neue Restrukturierungsrecht, Baden-Baden, 2022, S. 91–102.

Harig, F. (2022b): § 8 Abstimmung über den Restrukturierungsplan, in: Kluth, D./Harder, P.-B./Harig, F./Kunz, D. (2022): Das neue Restrukturierungsrecht, Baden-Baden, 2022, S. 217–236.

Harig, F. (2022c): § 10 Gerichtliche Bestätigung des Restrukturierungsplans, in: Kluth, D./Harder, P.-B./Harig, F./Kunz, D. (2022): Das neue Restrukturierungsrecht, Baden-Baden, 2022, S. 265–282.

Heidel, T., Hrsg. (2020): Aktienrecht und Kapitalmarktrecht, 5. Auflage, Baden-Baden, 2020.

Heidel, T./Schall, A. (2020): Handelsgesetzbuch, Handkommentar, 3. Auflage, Baden-Baden, 2020.

IDW, Hrsg. (2015): IDW-Standard: Bescheinigung nach § 270b InsO (IDW S 9), Stand: 19.01.2015.

IDW, Hrsg. (2017): IDW Standard: Beurteilung des Vorliegens von Insolvenzeröffnungsgründen (IDW S 11), Stand: 22.08.2016, in: IDW Life, 3, 2017, S. 332–342.

IDW, Hrsg. (2018a): IDW Standard: Anforderungen an Sanierungskonzepte (IDW S 6), Stand: 16.05.2018, in: IDW Life, 8, 2018, S. 813–826.

IDW, Hrsg. (2018b): Fragen und Antworten: Zur Erstellung und Beurteilung von Sanierungskonzepten nach IDW S 6 (F & A zu IDW S 6), Stand: 16.05.2018, in: IDW Life, 8, 2018, S. 826–847.

IDW, Hrsg. (2020): Anforderungen an Insolvenzpläne (IDW S 2), Stand: 18.11.2019, in: IDW Life, 1, 2020, S. 45–60.

Jung, B./Meißner, F./Münz, A.-K. (2020): Die Qualifikationsvoraussetzungen des Restrukturierungsbeauftragten, In: Krisen-, Sanierungs- und Insolvenzberatung, 3, 2020, S. 101–105.

Kayser, G./Thole, C. Hrsg. (2020): Insolvenzordnung, 10. Auflage, Heidelberg, 2020.

Kluth, D. (2022): § 11 Öffentliche Restrukturierungssachen, in: Kluth, D./Harder, P.-B./Harig, F./Kunz, D. (2022): Das neue Restrukturierungsrecht, Baden-Baden, 2022, S. 283–294.

Kreuzberg, C. (2020): Aussonderungsrecht der Konsorten in der Insolvenz des Konsortialführers im Hinblick auf die vom Kreditnehmer veranlassten Rückzahlungen, in: Zeitschrift für Bank- und Kapitalmarktrecht, 1, 2020, S. 18–23.

Kunz, D. (2022): § 2 Modifizierung der Insolvenzantragsgründe, in: Kluth, D./Harder, P.-B./Harig, F./Kunz, D. (2022): Das neue Restrukturierungsrecht, Baden-Baden, 2022, S. 39–66.

Meffert, H./Burmann, C./Kirchgeorg, M. (2012): Marketing, 11. Auflage, Wiesbaden, 2012.

Müller, W.: (1985): Duden "Bedeutungswörterbuch", 2. Auflage, Mannheim, 1985.

Müller, R.: (1986): Krisenmanagement in der Unternehmung, 2. Auflage, Bern, 1986.

Noeske, M. (2005): Restrukturierung der Prozesse, in: Portisch, W./Shahidi, K., Hrsg.: Sanierung und Restrukturierung von kleineren und mittleren Unternehmen, Bern, 2005, S. 200–239.

Obermüller, M. (2017): Die Anwendung der Regeln über Gesellschafterdarlehen auf Bankkredite, in: Zeitschrift für das gesamte Insolvenz- und Sanierungsrecht, 2017, S. 134–139.

Pannen, K./Riedemann, S./Smid, S., Hrsg. (2021): Unternehmensstabilisierungs- und –restrukturierungsgesetz: StaRUG, München, 2021.
Porter, M. E. (2000): Wettbewerbsvorteile – Spitzenleistung erreichen und behaupten, 6. Auflage, Frankfurt am Main, 2000.
Porter, M. E. (2013): Wettbewerbsstrategie – Methoden zur Analyse von Branchen und Konkurrenten, 12. Auflage, Frankfurt am Main, 2013.
Portisch, W. (2016): Finanzierung im Unternehmenslebenszyklus, 2. Auflage, Berlin, Boston, 2016.
Portisch, W. (2018): Sanierung und Insolvenz aus Bankensicht, 4. Auflage, Berlin, Boston, 2018.
Portisch, W./Jansen, G. (2019): IDW ES 2 mit wesentlichen Neuerungen zur Sanierung, in: ForderungsPraktiker, 11–12, 2019, S. 230–234.
Portisch, W./Dirkes, M. (2020): Unternehmenssanierung mittels EFQM-Modell und Turnaround-Balanced-Scorecard, in: Krisen-, Sanierungs- und Insolvenzberatung, 2, 2020, S. 68–73.
Proske, S. (2021): Anmerkung zum Beschluss des AG Köln vom 3.3.2021, Az. 83 RES 1/21 – Zur Beweislast in Bezug auf die drohende Zahlungsunfähigkeit in § 63 Abs. 1 Nr. 1 StaRUG, in: Entscheidungen zum Wirtschaftsrecht, 10, 2021, S. 309–310.
Reichmann, T./Kissler, M./Baumöl, U. (2017): Controlling mit Kennzahlen, 9. Auflage, München, 2017.
Ringelspacher, E./Ruch, A. K. (2020): Der Restrukturierungsplan – das Herzstück des StaRUG-Entwurfs im Überblick, in: Zeitschrift für Restrukturierung und Insolvenz, 12, 2020, S. 636–641.
Schimansky, H,/Bunte, H.-J./Lwowski, G.-J.,Hrsg. (2017): Bankrechtshandbuch, Band 1, 5. Auflage, München, 2017.
Schmidt, K., Hrsg. (2022): Insolvenzordnung, 20. Auflage, München, 2022.
Schneider, St./Linkert, F./ von Buchwaldt, J., Hrsg. (2021): Handbuch zum neuen Sanierungsrecht, Heidelberg, 2021.
Schuppisser, S. W. (2002). Stakeholder Management, Bern, 2002.
Skauradszun, D./Blum. D. (2021): Anmerkung zu AG München, 21.10.2021 – 1542 RES 2180/21, in: Neue Zeitschrift für Insolvenz- und Sanierungsrecht, 2022, S. 31–34.
Smid, S. (2020): Der Restrukturierungsbeauftragte, in: Zeitschrift für das gesamte Insolvenz- und Sanierungsrecht 40, 2020, S. 2092–2099.
Steffan, B./Solmecke, H. (2018): Neufassung des IDW S 6, in: Krisen-, Sanierungs- und Insolvenzberatung, 1, 2018, S. 5–12.
Steinwachs, T./Vallender, H./Cranshaw, F. L. Hrsg. (2021): Gläubigerausschuss und Gläubigerbeirat in Restrukturierung und Insolvenz des Firmenkunden, 3. Auflage, Heidelberg, 2021.
Stürner, R./Eidenmüller, H./Schoppmeyer, H., Hrsg. (2019): Münchener Kommentar zur Insolvenzordnung Band 1, 4. Auflage, München, 2019.
Stürner, R./Eidenmüller, H./Schoppmeyer, H., Hrsg. (2020): Münchener Kommentar zur Insolvenzordnung Band 3, 4. Auflage, München, 2020.
Thole, C. (2021): Anmerkung zu AG Köln, 83 RES 1/21, in: Neue Zeitschrift für Insolvenz- und Sanierungsrecht, 10, 2021, S. 433–437.
Thomas, H./Putzo, H. (2021): Zivilprozessordnung, 42. Auflage, München, 2021.
Vallender, H. (2020a): Aufgaben und Befugnisse des Restrukturierungsgerichts nach dem Gesetz über den Stabilisierungs- und Restrukturierungsrahmen für Unternehmen (Teil 1), in: Zeitschrift für das gesamte Insolvenz- und Sanierungsrecht, 49, 2020, S. 2579–2587.
Vallender, H. (2020b): Aufgaben und Befugnisse des Restrukturierungsgerichts nach dem Gesetz über den Stabilisierungs- und Restrukturierungsrahmen für Unternehmen (Teil 2), in: Zeitschrift für das gesamte Insolvenz- und Sanierungsrecht, 51–52, 2020, S. 2677–2688.
Ziegenhagen, A. (2021): Sechs Monate StaRUG – Bewertung der ersten Rechtsprechung zur Anwendung des neuen Restrukturierungsgesetzes, in: Zeitschrift für das gesamte Insolvenz- und Sanierungsrecht, 40, 2021, S. 2053–2061.

Verzeichnis der gerichtlichen Entscheidungen

AG Dresden, 07.06.2021, 574 Res 2/21, in: Zeitschrift für das gesamte Insolvenz- und Sanierungsrecht, 2021, S. 1398 ff., Neue Zeitschrift für Insolvenz- und Sanierungsrecht, 2021, S. 893 ff.

AG Düsseldorf, 05.03.2021, 601 SAN 1/21, in: Zeitschrift für das gesamte Insolvenz- und Sanierungsrecht, 2021, S. 1453 ff.

AG Hamburg, 12.04.2021, 61a RES 1/21, in: Neue Zeitschrift für Insolvenz- und Sanierungsrecht, 2021, S. 544 ff., Zeitschrift für Restrukturierung und Insolvenz, 2021, S. 473 ff.

AG Köln, 03.03.2021, 83 Res 1/21, in: Zeitschrift für das gesamte Insolvenz- und Sanierungsrecht, 2021, S. 686 ff., Neue Zeitschrift für Insolvenz- und Sanierungsrecht, 2021, S. 433 ff.

AG München, 21.10.2021, 1542 RES 2180/21, in: Neue Zeitschrift für Insolvenz- und Sanierungsrecht, 2022, S. 31 ff.

BGH, 10.10.1991, III ZR 308/89, BGHZ 115, 307 ff., in: Zeitschrift für Wirtschaftsrecht, 1991, S. 1503 ff., Neue Juristische Wochenschrift, 1991, S. 3274 ff.

BGH, 12.11.1992, IX ZR 236/91, in: Zeitschrift für Wirtschaftsrecht, 1993, S. 276 ff.

BGH, 04.12.1997, IX ZR 47/97, in: Zeitschrift für Wirtschafts- und Bankrecht, 1998, S. 248 ff., Zeitschrift für Wirtschaftsrecht, 1998, S. 248 ff.

BGH, 04.05.1999, XI ZR 137/98, in: Zeitschrift für Wirtschaftsrecht, 1999, S. 1093 ff., Zeitschrift für Wirtschafts- und Bankrecht, 1999, S. 1206 ff.

BGH, 22.01.2004, IX ZR 39/03, in: Zeitschrift für Wirtschafts- und Bankrecht, 2004, S. 517 ff.

BGH, 06.07.2004, XI ZR 254/02, in: Zeitschrift für Wirtschafts- und Bankrecht, 2004, S. 1676 ff., Neue Juristische Wochenschrift, 2004, S. 3779 ff.

BGH, 14.09.2004, XI ZR 184/03, in: Zeitschrift für Wirtschaftsrecht, 2004, S. 2131 ff., Neue Juristische Wochenschrift, 2004, S. 3782 ff.

BGH, 24.05.2005, IX ZR, 123/04, in: Neue Juristische Wochenschrift, 2005, S. 3062 ff.

BGH, 21.11.2005, II ZR 277/03, in: Zeitschrift für Wirtschaftsrecht, 2006, S. 279 ff.

BGH, 16.02.2006, IX ZR 26/05, in: Entscheidungen des Bundesgerichtshofes in Zivilsachen, 166, 2006, S. 215 ff.

BGH, 22.05.2014, IX ZR 95/13, in: Zeitschrift für Wirtschaftsrecht, 2014, S. 1289 ff., Zeitschrift für Wirtschafts- und Bankrecht, 2014, S. 1296 ff.

BGH, 12.05.2016, X ZR 65/14, in: Zeitschrift für Wirtschaftsrecht, 2016, S. 1235 ff.

BGH, 21.07.2016, IX ZR 252/15, in: Zeitschrift für Wirtschaftsrecht, 2016, S. 1586 ff.

BGH, 26.01.2017, IX ZR 285/14, in: Zeitschrift für Wirtschaftsrecht, 2017, S. 15 ff.

BGH, 14.06.2018, IX ZR 22/15, in: Zeitschrift für Wirtschafts- und Bankrecht, 2018, S. 1703 ff.

BGH, 12.01.2017, IX ZR 87/16, in: Zeitschrift für Wirtschaftsrecht, 2017, S. 383 ff.

BFH, 11.12.2001, VIII R 34/99, in: Deutsches Steuerrecht, 2002, S. 541 ff.

BFH, 02.07.2021, XI R 21/19, in: Bundessteuerblatt, 2021, S. 918 ff.

BVerfG, 18.12.2014, 2 BvT 1978/13, in: Zeitschrift für Wirtschafts- und Bankrecht, 2015, S. 72 ff., Zeitschrift für das gesamte Insolvenz- und Sanierungsrecht, 2015, S. 84 ff.

LG Dresden, 01.07.2021, 5 T 363/21, in: Zeitschrift für Restrukturierung und Insolvenz, 2021, S. 868 ff., Zeitschrift für Wirtschaftsrecht, 2021, S. 2596 ff.

LG Mühlhausen, 17.09.2007, 2 T 190/06, in: Neue Zeitschrift für Insolvenz- und Sanierungsrecht, 2007, S. 724 ff.

LG Hamburg, 24.01.2019, 326 O 227/13, in: Rechtsprechungsdatenbank in beck-online, 2019, S. 1426 ff.

OLG Celle, 01.07.2009, 3 U 37/09, in: Zeitschrift für Wirtschafts- und Bankrecht, 2010, S. 402 ff., Neue Juristische Wochenschrift, 2010, S. 206 ff.

VG Frankfurt, 24.06.2021, 7 K 2337/20.F, in: Zeitschrift für Wirtschafts- und Bankrecht, 2021, S. 1490 ff., Zeitschrift für Wirtschaftsrecht, 2021, S. 1749 ff.

Stichwortverzeichnis

https://doi.org/10.1515/9783110742220-006

www.ingramcontent.com/pod-product-compliance
Lightning Source LLC
LaVergne TN
LVHW081334011026
849161LV00013BB/2918
* 9 7 8 3 1 1 0 7 4 2 1 6 9 *